Beck'sche Reihe
BsR 401

W0077105

Vor einem halben Jahrhundert wurden Europa und die Welt durch eine von Deutschland ausgehende Aggression in die Katastrophe des Zweiten Weltkrieges gerissen. Damit hat Deutschland in verhängnisvoller Weise Weltgeschichte gemacht und ist unter nationalsozialistischer Führung für grauenhafte, bis zum Genozid sich steigernde Verbrechen verantwortlich geworden. Die historische Forschung der vergangenen vierzig Jahre hat nicht nachgelassen in der Bemühung, die Erkenntnis der Zusammenhänge für dieses Geschehen zusammenzutragen.

So ist auch immer die Frage gestellt worden, welche Rolle die alten nationalkonservativen deutschen Eliten in Militär, Diplomatie, Wirtschaft, aber auch im akademischen Bereich bei der materiellen und geistigen Kriegsvorbereitung gespielt haben, wieweit sie durch Versäumnis, durch Fehlverhalten, durch Blindheit oder falsche politische Einschätzung Hitlers mitverantwortlich in die Vorgeschichte des Zweiten Weltkriegs hineinverwickelt gewesen sind.

Zum ersten Mal haben Historiker aus der Bundesrepublik und der DDR versucht, dieses zwischen marxistischer und nichtmarxistischer Geschichtswissenschaft lange Zeit antagonistisch behandelte Thema zum Gegenstand eines fairen Diskurses zu machen. Die politische Zensur in der DDR erlaubte es aber schließlich nicht, das Ergebnis in einem Sammelband gleichzeitig in der DDR und in der Bundesrepublik herauszubringen. In der vorliegenden Publikation werden die Stadien dieser Projektgeschichte geschildert und die westdeutschen Beiträge vorgestellt.

Die Herausgeber und die Autoren:
Martin Broszat ist seit 1972 Direktor des Instituts für Zeitgeschichte und Honorarprofessor an der Münchener Universität. *Klaus Schwabe* ist Professor für Neuere Geschichte an der RWTH in Aachen. *Ludolf Herbst* ist stellvertretender Direktor des Instituts für Zeitgeschichte und außerordentlicher Professor an der Universität München. *Heinz Hürten* ist Professor für Neuere und Neueste Geschichte an der Katholischen Universität in Eichstätt. *Peter Krüger* ist Professor für Neuere Geschichte an der Philipps-Universität in Marburg. *Klaus-Jürgen Müller* ist Professor für Neuere Geschichte an der Universität der Bundeswehr in Hamburg. *Hans-Erich Volkmann* ist Leitender Wissenschaftlicher Direktor am Militärgeschichtlichen Forschungsamt und Professor für Neuere und Neueste Geschichte an der Universität Freiburg.

Die deutschen Eliten und der Weg in den Zweiten Weltkrieg

Herausgegeben von
Martin Broszat und Klaus Schwabe
in Verbindung mit Ludolf Herbst, Heinz Hürten,
Peter Krüger, Klaus-Jürgen Müller und Hans-Erich Volkmann

VERLAG C.H. BECK MÜNCHEN

CIP-Titelaufnahme der Deutschen Bibliothek

Die deutschen Eliten und der Weg in den Zweiten Weltkrieg /
hrsg. von Martin Broszat u. Klaus Schwabe in Verb. mit Ludolf
Herbst ... – Orig.-Ausg. – München : Beck, 1989
  (Beck'sche Reihe ; 401)
  ISBN 3-406-33993-X

NE: Broszat, Martin [Hrsg.]; GT

Originalausgabe
ISBN 3 406 33993 X

Einbandentwurf von Uwe Göbel
Gesamtherstellung: Georg Appl, Wemding
Printed in Germany

Inhalt

Erfolg und Scheitern eines deutsch-deutschen Zeitgeschichts-Dialogs

1. Der Antagonismus der 50er und 60er Jahre

Der folgende Bericht handelt von dem Versuch eines publizistisch-wissenschaftlichen deutsch-deutschen Historiker-Dialogs anläßlich des 50. Jahrestages des Beginns des Zweiten Weltkrieges, der über zwei Jahre hindurch erfolgversprechend schien, dann aber doch scheiterte. Er war 1986 initiiert worden in der Hoffnung, daß bei den inzwischen erfreulich verbesserten Historiker-Beziehungen zwischen der Bundesrepublik und der DDR ein Zeichen der Überwindung jahrzehntelang vorangegangener Gespaltenheit und ideologischer Grabenkämpfe gesetzt werden könne. Er muß deshalb zunächst von dieser Vorgeschichte her verstanden und erklärt werden.

Die Auseinandersetzung mit dem Nationalsozialismus – Ursprung und Grundimpuls der jungen, nach 1945 entstandenen Zeitgeschichtsdisziplin in der Bundesrepublik – war seit der Gründung beider deutscher Staaten zugleich Angelpunkt des Antagonismus zwischen den Historikern der Bundesrepublik und der DDR. Das fing bei der Terminologie an, hatte seinen Hauptgrund aber darin, daß geschichtswissenschaftlicher Antifaschismus in der DDR in erster Linie dem Staats-Selbstverständnis der DDR als des einzigen antifaschistischen Staates deutscher Nation zu legitimieren hatte. Vor allem im Zeichen des kalten Krieges gewannen die Verteufelung der Bundesrepublik als Protektor und neuer Nährboden des Faschismus und umgekehrt der dogmatisch-intolerante Antikommunismus in der Bundesrepublik den Charakter gegensätzlicher Staatsdoktrinen, in der auch die gegensätzliche Programmatik der auf beiden Seiten postulierten Wiedervereinigung impliziert war.

Die in der historischen Faschismusforschung in der DDR erst in jüngster Zeit aufgelockerte Dimitroff-Formel von 1935, wonach der Faschismus die Herrschaft der am meisten verbrecherischen, imperialistischen und reaktionären Elemente des Monopolkapitalismus darstelle, tat ein übriges, um den gesellschaftspolitischen Gegensatz zwischen der sich als „Arbeiter- und Bauernstaat" stilisierenden DDR und der „kapitalistischen" Bundesrepublik auf die Geschichtswissenschaft zu übertragen. Vom Hitler-Faschismus, so lautete in den 50er und 60er Jahren in der DDR die stereotype Devise, die in historischen Artikeln und Geschichtsbüchern immer wieder neu variiert wurde, unterscheide sich die Bundesrepublik nur insofern, als sie sich nun in den Sold der amerikanischen kapitalistisch-imperialistischen Vormacht des Westens und der NATO begeben habe und die Hegemonie über Westeuropa mit wirtschaftsimperialistischen, statt mit den kriegerischen Methoden Hitlers verfolge. Die DDR-Geschichtswissenschaft, soweit sie sich mit dem „Hitler-Faschismus" befaßte, suchte im Rahmen dieser Staatslegitimation und -propaganda, nicht zuletzt mit dem Blick auf den IG-Farben-Konzern und andere Großkonzerne, zwischen dem NS-Regime und der Bundesrepublik vergleichbare wirtschaftliche Herrschaftsstrukturen herauszuarbeiten oder an Hand von Einzelbeispielen, wie im Falle Globke oder Oberländer, die Bundesrepublik als Sammelbekken ehemaliger nationalsozialistischer Eliten zu denunzieren. Die in diesen Jahren mit Hilfe beflissener SED-Historiker und -Archivare angezettelten Weißbuch-Kampagnen und inszenierten Tribunale sind noch in guter Erinnerung. Für die Geschichtswissenschaft typisch waren auch die angestrengten Versuche, von der unbestreitbaren Ausbeutung der nationalsozialistischen Expansion und selbst der KZ-Insassen durch große deutsche Wirtschaftsunternehmungen auch auf deren ursächliche und bestimmende Rolle für die Kriegspolitik Hitlers zu schließen. Trotz ihres logischen Denkfehlers ist diese Bemühung zum Teil bis heute fortgesetzt worden, ohne daß sich dafür in den Quellen eine überzeugende Beweiskette finden ließe, obwohl die Historiker in der DDR über die Archive der dort enteigneten Wirtschaftsunternehmen ungehemmt verfügen können.

Legion waren in dieser Atmosphäre ideologisch induzierter Animosität auch die Fälle, in denen DDR-Historiker, die man persönlich kannte und die privat, bei Studienreisen in der Bundesrepublik, ihre Anerkennung für das hier bei der Aufarbeitung der NS-Vergangenheit Geleistete freimütig zum Ausdruck brachten, dann aber, in die DDR zurückgekehrt, ihren dortigen Zeitschriften gegenüber sich veranlaßt sahen, sich von dem „NATO-Historiker", bei dem sie einige Wochen zuvor noch zugast gewesen waren, zu distanzieren und allenfalls zwischen den Zeilen erkennen zu lassen, was sie wirklich von seinen Arbeiten hielten. Auch diese erzwungene Mimikry führte dazu, daß die mehr oder weniger stereotypen Produkte der DDR-Geschichtswissenschaft zur Vorgeschichte und Geschichte des „deutschen Faschismus" während der 50er und 60er Jahre von der Zeitgeschichtsforschung in der Bundesrepublik kaum noch genau beachtet, sondern „links liegen" gelassen wurden.

Daran änderte sich seitens der Geschichtswissenschaft in der Bundesrepublik erst etwas, nachdem die lange Tabuisierung marxistischer Geschichtstheorien und der Vorrang ideologie- und personenbezogener politischer Geschichtsschreibung in der zweiten Hälfte der 60er Jahre vor allem unter den jüngeren Historikern der Bundesrepublik durch die stärkere Aufnahme wirtschafts- und sozialgeschichtlicher Fragestellungen, zum Teil auch unter Einbeziehung marxistischer Thesen, bei der Erforschung des Nationalsozialismus und seiner bis in die wilhelminische Zeit reichenden Voraussetzungen abgelöst wurde. Jetzt gewann bei der Erkundung der Ursachen des Nationalsozialismus und des Zweiten Weltkrieges die unter anderem von dem „linken" britischen NS-Forscher Tim Mason aufgeworfene Frage „Primat der Wirtschaft oder der Politik?" auch in der Bundesrepublik und in West-Berlin starke Resonanz und löste heftige Debatten in kulturpolitischen Gazetten aus. Nicht ganz zu Unrecht, wenn auch mit überscharfer Polemik, wurden nun auch von westdeutschen neomarxistischen Historikern manche bisherigen Darstellungen Hitlers und der „Tragik" des deutschen Verhängnisses als Exempel einer mehr rhetorischen Beschwörung als analytischen Erkenntnisvermittlung durch den „hilflosen Antifaschismus" der bürgerlichen Geschichtswissenschaft angegriffen.

Im Rahmen dieser vor allem in der Zeit der Studentenrebellion hochschießenden Welle marxistisch beeinflußter westlicher politologisch-zeitgeschichtlicher Publizistik, die nun selber den aus der Kampfparole des Antifaschismus abgeleiteten allgemeinen Faschismusbegriff an die Stelle des konkreten Begriffs Nationalsozialismus setzte, sind bleibende neue Erkenntnisse zwar kaum gewonnen worden. Aber von dieser Publizistik und öffentlichen Diskussion gingen doch mittelbar manche fruchtbaren Impulse und Veränderungen von Fragestellungen der Nationalsozialismus-Forschung aus, nicht zuletzt auch die Wiedererinnerung an manche bemerkenswert undogmatischen marxistischen Deutungsmuster, die schon seit den frühern 30er Jahren vorlagen, wie die der „Frankfurter Schule" oder die Ausgrabung der marxistischen Bonapartismus-These durch den Linkssozialisten Otto Thalheimer und ihre Anwendung auf den Nationalsozialismus. Das führte mittelbar auch zu einer Differenzierung der Faschismusforschung in der DDR. Nach dem Deutschlandvertrag (1971) wurden schließlich auch die spektakulären Faschismus-Anprangerungen der Bundesrepublik durch bestimmte DDR-Agenturen schlagartig eingestellt, und ihre bisherigen Akteure, soweit sie Historiker waren, bemühten sich, Anschluß an eine mehr seriöse akademische Forschung zu gewinnen, die nun auch in der DDR stärker zum Tragen kam. Wenn meist auch noch mit manchen Tributen an die Doktrin des historisch-dialektischen Materialismus versehen, kamen seit den 70er Jahren nicht nur in bezug auf ältere Perioden der deutschen Geschichte erstaunlich ideologiefreie Geschichtsdarstellungen heraus. Die Bücher von Ingrid Mittenzwei über Friedrich II. und von Ernst Engelberg über Bismarck sind dafür die wohl herausragenden Beispiele. Auch im engeren Bereich der Zeitgeschichte wuchs das Bemühen um vorbehaltlose Erkundung mancher bisher tabuisierter Probleme. Die allgemeine Erosion der dogmatischen Form marxistischer Grundauffassungen spiegelte sich auch auf dem Gebiet der Geschichtstheorie und Geschichtswissenschaft, machte dadurch aber die Faschismusforschung der DDR für die Bundesrepublik wieder interessanter. Vor allem auf Nebengebieten der Kultur-, Sozial-, Kirchen- oder Medizingeschichte konnten mancherlei ganz undoktrinäre, mit entsprechenden Forschungen in der Bundesrepublik durchaus vergleichbare Darstellungen sich zumindest in den entsprechenden Fachorganen der DDR Publizität verschaffen.

Diese erfreuliche intellektuelle Veränderung und der parallel dazu seit den 70er Jahren wieder angewachsene formelle und informelle Kontakt zwischen Historikern beider deutscher Staaten – eine Entwicklung, die Mitte der 80er Jahre eine, wie es schien, unumkehrbare Eigendynamik angenommen hatte – lieferten letzten Endes auch die Ermunterung zu dem Experiment, über dessen Zielsetzung und Genesis nun genauer und persönlicher zu berichten ist.

2. *Die erfolgversprechende Anbahnung des Projekts*

Nach einer schon halb vergessenen Begegnung in Weimar 1976 machte ich im Zusammenhang verschiedener Vorhaben des Instituts für Zeitgeschichte, die mich nach Ostberlin und zu Gesprächen mit Historikerkollegen aus der DDR führten, die Bekanntschaft mit Dr. Ludwig Nestler, dem Leiter des dem Innenministerium der DDR unterstehenden Dokumentationszentrums der staatlichen Archivverwaltung. Ich lernte dabei auch diese Dienststelle als potente Informationszentrale zur Geschichte der NS-Zeit kennen. Die Stelle hatte lange Zeit den Generalstaatsanwalt der DDR bei Verfahren gegen NS-Verbrechen mit einschlägigem Dokumentenmaterial versorgt, das mittelbar auch der in der Bundesrepublik in Ludwigsburg bestehenden Zentralstelle der Landesjustizminister für die staatsanwaltschaftliche Untersuchung von NS-Massenverbrechen zugute gekommen war. Seit einer Reihe von Jah-

11

ren ist der Aufgabenkreis des Dokumentationszentrums über diese Funktion aber weit hinausgewachsen. Basierend auf ihren exzellenten Informationsquellen begann sie, wohl vor allem auf Initiative ihres politisch wie intellektuell ebenso beweglichen wie engagierten Leiters, die strafrechtliche Aufarbeitung der NS-Vergangenheit ins Historische zu übersetzen. Es entstand daraus unter anderem ein großes, noch im Gange befindliches, in engem Einvernehmen mit dem Ostberliner Akademieinstitut für Geschichtswissenschaft erarbeitetes Programm zur umfassenden Darstellung der deutschen Aktivitäten in den während des Zweiten Weltkrieges von Deutschland besetzten europäischen Ländern, die in einer Serie von Bänden herauskommen soll.

Die Berührungspunkte, die sich daraus mit der Arbeit des Instituts für Zeitgeschichte ergaben, führten seit dem Sommer 1986 zu einer Reihe von Gesprächen mit Ludwig Nestler, in denen eine große Bereitschaft zur Zusammenarbeit und gegenseitigen Unterstützung zutage trat. Nachdem das persönliche Vertrauensverhältnis gewachsen war, kam dabei im Herbst 1986 der zuerst von Ludwig Nestler vorgebrachte Gedanke auf, zum 50. Jahrestag des Beginns des Zweiten Weltkrieges, d. h. für den Sommer 1989, einen Sammelband mit paritätischen Beiträgen von Historikern der DDR und der Bundesrepublik zu erarbeiten und gleichzeitig und identisch in der DDR und der Bundesrepublik herauszubringen.

Etwas Ähnliches war, jedenfalls auf dem Gebiet der Zeitgeschichte und Nationalsozialismus-Forschung, noch nie geschehen und wohl auch nicht versucht worden. Allein schon die Perspektive, mit einem solchen Vorhaben eine neue Dialogfähigkeit nach Jahren eines heillosen Antagonismus zu demonstrieren, erschien uns ebenso reizvoll wie verpflichtend. Wir wollten aber auch bewußt vermeiden, das Experiment nur auf irgend einem Nebengebiet der Zeitgeschichte durchzuexerzieren. Deshalb einigten wir uns auf das Thema „Die deutschen Eliten und der Weg in den Zweiten Weltkrieg".

Es ist nicht auszuschließen, daß die Motive, die zur Wahl dieses Themas führten, und die Erwartungen, die auf seine

Ausführung gesetzt wurden, beiderseits verschieden waren. Aber Ludwig Nestler und ich, ebenso wie alle dann auf beiden Seiten für das Unternehmen angeworbenen Historikerkollegen, waren sich doch darin einig, daß es sich um ein zentrales Thema der Geschichtswissenschaft in beiden Teilen Deutschlands handelt.

Ziel des Vorhabens war es, in jeweils sieben Beiträgen von Historikern beider Staaten die Rolle derjenigen deutschen Führungsschichten zu behandeln, die bei der Erörterung der historischen Verantwortlichkeit für die Kriegsvorbereitung im Vordergrund des Interesses stehen, und für diese Gruppen oder Themenfelder jeweils sowohl einen Autor der Bundesrepublik wie der DDR zu gewinnen. In den ersten Wochen des Jahres 1987 gelang es, dementsprechend vier Hauptthemengruppen und folgende paritätische Autoren-Besetzung zu verabreden: Militär: Prof. Dr. Klaus-Jürgen Müller (Hamburg) und Prof. Dr. Paul Heider (vom Militärgeschichtlichen Forschungsinstitut in Potsdam); Diplomatie- bzw. Außenpolitik: Prof. Dr. Peter Krüger (Marburg) und Prof. Dr. Wolfgang Ruge (Babelsberg); Wirtschaft: Prof. Dr. Ludolf Herbst (München) und Prof. Dr. Walter Schumann (Ost-Berlin); NSDAP/Hitler: Prof. Dr. Martin Broszat (München) und Prof. Dr. Manfred Weißbecker (Jena).

Im Herbst 1987 entschloß sich die Gruppe, auch das Thema „Kirchen" in den Sammelband aufzunehmen und doppelt zu besetzen, wofür der Eichstätter Historiker Prof. Dr. Heinz Hürten (für die katholische Kirche) und der Leipziger Kirchengeschichtler Prof. Dr. Kurt Meier (für die evangelische Kirche) gewonnen wurden. Zusätzlich vereinbarten wir, eine Reihe von Sonderthemen aufzunehmen, die bislang kaum oder erst in der jüngsten Forschung im Zusammenhang mit der Geschichte der NS thematisiert worden sind. Daraus ergab sich die „Beauftragung" von Dr. Ludwig Nestler (Ost-Berlin) für den Bereich Justiz, von Prof. Dr. Hans-Erich Volkmann (Freiburg) für die großagrarischen Eliten, von Prof. Dr. Joachim Thom (Leipzig) für die Medizin und von Prof. Dr. Klaus Schwabe (Aachen) für die Elite der Hochschullehrer.

Die Gewinnung der jeweiligen Autoren geschah auf beiden Seiten autonom, ohne daß die jeweils andere Seite darauf Einfluß zu nehmen suchte. Daß diese Toleranz seitens der Projektpartner der DDR ohne Abstriche gewährt wurde, konnte als ein erster Beweis fairer Zusammenarbeit gewertet werden. Beide Seiten waren sich auch darüber einig, daß das Vorhaben nicht an irgendwelche Institutionen gebunden, sondern als freie Initiative einzelner Historiker bzw. der daraus hervorgehenden Autorengruppe ins Werk gesetzt werden sollte. Ludwig Nestler und ich verstanden unsere Rolle dabei lediglich als die von Koordinatoren und Quartiermachern. Zusammen mit Ludwig Nestler bzw. mir waren Klaus Schwabe (für die Bundesrepublik) und Wolfgang Ruge (für die DDR) Herausgeberfunktionen zugedacht.

Am 10. März 1987 fand im Ermeler-Haus in Ost-Berlin, einem vorbildlich restaurierten schönen ehemaligen Patriziergebäude am Spreeufer, eine erste Zusammenkunft zwischen jeweils vier der bis dahin gewonnenen Autoren beider Seiten statt. Aufgrund der Vorgespräche, die ich in Ost-Berlin geführt hatte, sandte ich an meine westdeutschen Autorenkollegen zur Vorbereitung der Berliner Zusammenkunft am 16. Februar ein dreiseitiges Papier.

Ausgehend von der Annahme, daß das Erinnerungsdatum 1. September 1989 in der Öffentlichkeit des In- und Auslandes wahrscheinlich große Beachtung finden würde, formulierte ich dabei folgende Leitlinien:

– „Im Zusammenhang mit der historischen Erinnerung an den Zweiten Weltkrieg, der von Deutschland ausging, steht es den Historikern beider deutscher Staaten wohl an, eine Sammlung wissenschaftlicher Studien herauszubringen, die sich thematisch mit den Voraussetzungen des Zweiten Weltkrieges in der deutschen Gesellschaft und Politik bzw. im deutschen nationalen und politischen Denken befaßt.

– Wenn auch von unterschiedlichen geschichtstheoretischen Prämissen ausgehend, stimmen die Gesprächspartner doch weitgehend darin überein, daß es wesentlich dem Versagen der traditionellen deutschen Eliten zuzuschreiben ist, daß der

Aufstieg des Nationalsozialismus und der Zweite Weltkrieg nicht verhindert wurden. Das für den Sammelband in Aussicht genommene Rahmenthema entstammt dieser Einschätzung.

– Die Behandlung verschiedener Aspekte dieses Themas durch Historiker beider deutscher Staaten erscheint auch deshalb reizvoll, weil sich dabei zeigen wird, ob und inwieweit sich nach Jahrzehnten antagonistischer Forschung aus marxistischer und nichtmarxistischer Sicht inzwischen Teilübereinstimmungen oder wenigstens Berührungspunkte in perspektivischer und methodischer Hinsicht bei der Erforschung der Ursache des NS in beiden deutschen Staaten ergeben haben.

– Die politisch-weltanschaulichen Standpunktverschiedenheiten auf beiden Seiten sollen dabei nicht verschwiegen oder wohlwollend zugedeckt werden. Es kann sogar in positiver Weise der Erkenntnis und Verständlichmachung dienen, wenn die unterschiedlichen theoretischen und methodischen Prämissen deutlich herausgearbeitet werden. Im Rahmen solcher um Klarheit bemühter Darstellungen kann und soll aber auf wissenschaftlich unnötige Polemik verzichtet werden.

– Der Band soll inhaltsgleich und gleichzeitig vor dem Erinnerungsdatum des 1. September 1989 in der Bundesrepublik und in der DDR herauskommen."

Bei der Zusammenkunft in Ost-Berlin wurden diese Gesichtspunkte bekräftigt, von mir in einer Protokollnotiz festgehalten und von den Teilnehmern bestätigt. In der Protokollnotiz war vermerkt, es solle „ein Experiment der Zusammenarbeit gewagt werden, bei dem Konsens, soweit er möglich ist, angestrebt, aber die mit Sicherheit verbleibenden Differenzen nicht wegharmonisiert oder gänzlich ausgeklammert, sondern bewußt als Dissens pluralistisch nebeneinander gestellt werden sollen". Es gehe nicht darum, „trotz unterschiedlicher weltanschaulicher Ausgangslage antifaschistische Gemeinsamkeit sozusagen um jeden Preis zu demonstrieren", sondern durch „gewissenhaftes Abtasten" der Konsensreichweite einen „neuen, unaggressiven Stil des wissenschaftlichen Umgangs zwischen Historikern der Bundesrepublik und DDR" zu entwickkeln.

Bei der Berliner Zusammenkunft vereinbarten wir auch, nach dem Vorliegen aller Beiträge ein mehrtägiges „Konklave" aller Autoren einzuberufen, bei dem endgültig darüber zu entscheiden sei, ob die Ergebnisse des Experiments als genügend zufriedenstellend betrachtet und von allen Autoren getragen werden könnten.

Am 23. April 1987 teilt mir Dr. Nestler mit, daß der Direktor des Ost-Berliner Verlages der Akademie der Wissenschaften, Prof. Dr. Berthold, sich „außerordentlich für diesen Sammelband" interessiere. Aufgrund der in anderen Fällen schon bewährten Zusammenarbeit wurde für die Veröffentlichung und den Vertrieb der geplanten Publikation in der Bundesrepublik und im westlichen Ausland der Siedler Verlag in Aussicht genommen.

Um allen Autoren vor der Abfassung ihrer Beiträge nochmals Gelegenheit zu umfassender Aussprache zu geben, wurde die Abhaltung einer weiteren Zusammenkunft verabredet, die dann am 5. Oktober 1987 wiederum im Ermeler-Haus unter Beteiligung von jeweils sechs Autoren beider Seiten stattfand. Eine darüber am 6. 10. 1987 von mir verfaßte und von den Gesprächsteilnehmern gebilligte Protokollnotiz hielt die schon zuvor vereinbarten Grundsätze nochmals fest: „Mit dem Vorhaben soll ausprobiert werden, inwieweit in einem Band mit paritätischen Beiträgen von Autoren der Bundesrepublik und der DDR aus marxistischer und nichtmarxistischer Sicht Übereinstimmung erreicht werden kann. Dabei sollen aber auch die Grenzen des Konsens in ebenso ehrlicher wie fairer Weise bestimmt werden." Es wurde dabei auch ausgemacht, daß die vereinbarte Schlußklausur in den Tagen vom 17. bis 19. Oktober 1988 in München stattfinden solle und rechtzeitig vorher alle Beiträge allen Autoren zugänglich zu machen seien.

Es zeugt von der Disziplin aller Beteiligten, daß dieser Termin gerade noch eingehalten werden konnte und damit eine wesentliche Grundlage des Vorhabens, die Parität von jeweils sieben Beiträgen, gewahrt blieb. Es gelang auch, wenigstens ein Minimum der aufgrund der Besprechungen den Teilnehmern zugemuteten Kosten zu erstatten. Die Thyssen-Stiftung bewilligte auf meinen Antrag am 1. 10. 1987 DM 3970,– zur Erstattung anderswo nicht auffangbarer Reisekosten der westdeutschen Teilnehmer an der zweiten Berliner Zusammenkunft, und das Ministerium für Innerdeutsche Beziehungen gewährte einen Betrag von DM 10 000,– zur Abhaltung der Schlußkonferenz in München. Beiden Institutionen gebührt dafür besonderer Dank. Wenn das Unternehmen schließlich auch scheiterte, so rechtfertigen doch der Versuch als solcher und die dabei gemachten Erfahrungen die bescheidenen Finanzmittel, die dafür investiert wurden.

In Korrespondenzen bzw. Gesprächen mit Vertretern der beiden für die Publikation vorgesehenen Verlage im April bzw. Juni 1987 betonte ich, daß rechtsverbindliche Abmachungen erst nach der Münchener Klausur getroffen werden könnten und wir uns frei fühlen müßten, das Unternehmen auch wieder fallenzulassen, wenn es nicht interessant und innovativ genug ausfallen sollte. Um dieses Ziel zu erreichen, trafen sich die westdeutschen Autoren zu einer separaten Sitzung am 8. Juli 1988 in Frankfurt. Es wurde dabei vereinbart, daß die Bereitschaft zum Konsens mit der anderen Seite nicht der Deutlichkeit der Aufzeigung nach wie vor bestehender Beurteilungs-Differenzen aufgeopfert werden dürfe, weil solche intellektuellen Opfer die Überzeugungskraft des ganzen Bandes beeinträchtigen würden. Von diesen Empfehlungen wurde von den Autoren der Bundesrepublik nur ein moderater, vielleicht sogar zu sehr auf Zurückhaltung bedachter Gebrauch gemacht. Niemand wollte brüskieren. Manche Auseinandersetzung mit der DDR-Literatur unterblieb auch deshalb, weil es bei einigen Darstellungen kaum einschlägige Forschungen auf der anderen Seite gab oder weil man bemüht war, in stillschweigender Voraussetzung wissenschaftlich bekannter gegenteiliger Auffassungen innerhalb der Geschichtswissenschaft der DDR nur und vor allem die eigene Argumentation vorzubringen und sich bei der gebotenen Umfangsbegrenzung darauf zu konzentrieren.

3. Erfolg und Scheitern

Nach der Chronologie der Genesis ist schließlich das Schluß-kapitel der Geschichte zu erzählen. Wie geplant fand die Klausur am 17.–19. Oktober 1988 in München statt, begünstigt durch schönes Herbstwetter und das Ambiente des in der Nähe des Englischen Gartens gelegene Kardinal-Wendel-Haus, in der die Teilnehmer aus Ost und West im Gästehaus logieren und ihre Mahlzeiten einnehmen konnten und wo uns ein hübsches Konferenzzimmer im Dachgeschoß eines restaurierten Altschwabinger Bauernhauses eingeräumt war. Aufgrund dieser äußeren Bedingungen des „Konklaves" tagte die Gesprächsrunde (leider konnten Dr. Nestler und Dr. Schumann aus Krankheitsgründen nicht dabei sein) sozusagen in Permanenz, am vorletzten Abend bis in die späte Nacht hinein.

Mit Erleichterung war nach Durchsicht aller Papiere festzustellen, daß das intellektuelle Niveau und auch der Neuigkeitswert der gebotenen Informationen doch als recht befriedigend betrachtet werden konnten, zumal manche bisher wenig bearbeiteten Themen-Felder, wie das der Medizin und Kirchengeschichte (Thom, Meier, Hürten) oder der akademischen Eliten (Schwabe) einbezogen waren. Wir hatten uns vorgenommen, alle Manuskripte nacheinander zu erörtern. Das geschah im Prinzip auch, im Plenum oder in Einzelgesprächen. Dabei wurde eine ganze Reihe von Verbesserungsvorschlägen ausgetauscht und den Autoren auch empfohlen, bei der Überarbeitung besonders auf eine stilistisch gute Form und Lesbarkeit zu achten, da die Veröffentlichung sich nicht nur an ein akademisches Publikum richten sollte. Aber es war natürlich, daß sich die Diskussion vor allem bei einigen Beiträgen festmachte, deren Ausführungen in einigen Punkten von dem einen oder anderen Diskussionsteilnehmer entweder als zu apologetisch oder als zu polemisch empfunden wurden. So wurde Herr Hürten gebeten, eine Invektive gegen einen westdeutschen Kollegen zu unterdrücken, während die ostdeutschen Kollegen mit Rücksicht auf die Leser in der DDR einige Präzisierungen und Erweiterungen seines Beitrages über die katholische Kirche anregten, den sie im übrigen als interessante Leistung zu schätzen behaupteten. Auch mein eigener Beitrag wurde von einigen Autoren der DDR vor allem deswegen kritisiert, weil ich auf bestimmte noch immer bestehende Defizite oder ideologische Formeln der Faschismus-Forschung der DDR hingewiesen und in einer kurzen Passage bei der Beschreibung der allgemeinen politischen Verhältnisse der Weimarer Zeit auch vermerkt hatte, daß nicht nur die Nationalsozialisten auf der rechten Seite, sondern auch die Kommunisten damals von einer ideologisch bestimmten starren Freund-Feind-Vorstellung beherrscht waren, ihren politischen Kampf oft mit militanter Aggressivität führten und zu der bürgerkriegsähnlichen und gewalttätigen Form der damaligen politischen Auseinandersetzungen beigetragen hatten. Die später vorgebrachte, meines Erachtens haltlose Kritik, ich hätte bei der Zitierung aus den vor kurzem vom Institut für Zeitgeschichte herausgegebenen Goebbels-Tagebüchern aus den späten dreißiger Jahren, die ich als Exempel der unterschiedlichen Einstellung Hitlers und hoher Parteifunktionäre in bezug auf den Kriegswillen und die Kriegsrisiko-Bereitschaft heranzog, Goebbels in apologetischer Weise herausgestellt, wurde meiner sicheren Erinnerung nach während der Diskussion in München nicht vorgebracht. In den genannten wie in allen anderen Fällen streitiger Diskussion bestand die „Geschäftsgrundlage" darin, daß die gemachten Einwendungen nur in der Form von Empfehlungen an die Adresse der anderen Autoren gerichtet wurden, in keinem einzigen Falle wurden bestimmte Änderungswünsche zur Bedingung der Aufnahme in den Sammelband oder gar zur Voraussetzung der Realisierung des ganzen Vorhabens gemacht.

Vielmehr kam die Gesprächsrunde mit Befriedigung zu dem Ergebnis, daß das Experiment als Ganzes gelungen sei; man war vor allem von dem ruhigen und fairen Stil, in dem die Diskussion geführt wurde, angetan. Das galt in besonderem Maße für die Art, wie die schwierige Aufgabe, ein gemeinsames, von allen Autoren getragenes Vorwort für den Sammelband zu verfassen, in einer Serie von Kommissions- und Plenumssitzungen schließlich erfolgreich bewältigt und buchstäblich in letzter Minute vor Konferenzschluß absolviert werden konnte. An der letzten Gesprächsrunde hierüber beteiligten sich auch die Vertreter der mit der Publikation betrauten Verlage, die zum Schluß der Konferenz erwartungsvoll angereist waren: Dr. Tesche vom Ost-Berliner Akademie-Verlag und Herr Karlauf vom Siedler Verlag. In ihrer Anwesenheit wurden nun auch, nachdem die Entscheidung zur Veröffentlichung des Bandes getroffen war, vertragliche, technische und Termin-Fragen im Zusammenhang mit der Veröffentlichung verbindlich geregelt.

Alle Teilnehmer haben, soweit ich das registrieren konnte, die Tage dieser Münchener Besprechungen als eine eindrucksvolle Erfahrung deutsch-deutschen wissenschaftlichen Dialogs und persönlichen Umgangs miteinander empfunden. Am 26. Oktober 1988 konnte ich aufgrund dessen dem wegen Krankheit verhinderten Dr. Nestler euphorisch schreiben: „Es ist Ihnen wahrscheinlich schon mitgeteilt worden, wie die Klausur in München verlaufen ist. Nach meinem Eindruck war sie spannend, trotz einiger Streitigkeiten im Grunde sehr konstruktiv und vor allem erfolgreich."

Die Verabredung, daß die Beiträge nach einer nochmaligen Überarbeitung durch die Autoren spätestens Ende November 1988 dem mit der Drucklegung beauftragten Akademie-Verlag zugeleitet werden sollten, wurde pünktlich erfüllt, und bis Jahresende 1988 kamen von seiten der DDR-Autoren uns gegenüber auch keine Einwände mehr in bezug auf die Endfassung der Manuskripte. Aber es war etwas anderes geschehen, was offenbar das Klima der seit längerem angebahnten größeren Publikationstoleranz in der DDR nachhaltig beeinträchtigte. Im November 1988 hatten die zuständigen DDR-Stellen den weiteren Vertrieb der sowjetischen Zeitschrift „Sputnik" in der DDR untersagt, weil dieses Blatt sich im Zeichen von Glasnost kritisch auch zum Verhalten der deutschen Kommunistischen Partei in der Zwischenkriegszeit geäußert hatte.

Nach internen Vorgängen in der DDR, über die wir nur Mutmaßungen anstellen konnten, teilte mir Ludwig Nestler um den 10. Januar 1989 herum telefonisch mit, daß das gemeinsame Vorhaben nun doch nicht realisiert werden könne, ein entsprechender offizieller Brief an mich sei unterwegs. Wir verabredeten daraufhin ein persönliches Gespräch, das in deprimierter Stimmung am 18. Januar 1989 in Ostberlin stattfand. Ludwig Nestler versicherte mir dabei, woran ich bis heute keinen Zweifel habe, daß es „an ihnen" (den Autoren der DDR) bestimmt nicht gelegen habe. Es war klar, daß die politische Zensur „von oben" eingegriffen hatte. Wir erwogen noch, ob die Autoren der DDR einer gemeinsamen Veröffentlichung aller Beiträge wenigstens im Westen zustimmen könnten, was sich jedoch nicht erreichen ließ.

Nach München zurückgekehrt, bekam ich schließlich den offiziellen Absagebrief von Dr. Nestler vom 17. Januar 1989. Das Offiziöse des Schreibens drückte sich schon in der von unserer bisherigen Korrespondenz abweichenden förmlichen Anrede („Sehr geehrter Herr ...") aus, noch mehr aber in der Begründung. Es hieß darin, die Durchsicht aller Beiträge zu dem Sammelband habe ergeben, „daß leider einige Beiträge der BRD-Seite dem vereinbarten Minimum an Konsens widersprechen". Insbesondere die Beiträge von Hürten und mein Beitrag seien „unzumutbar", letzterer, weil ich angeblich eine „sachlich unhaltbare Gleichsetzung von KPD und NSDAP" und eine „einseitige Auswertung des Goebbels-Tagebuches" vorgenommen habe. In Anbetracht dessen sähen sich die DDR-Autoren sehr zu ihrem Bedauern „gezwungen, die weitere Mitarbeit an dem Sammelband hiermit aufzukündigen". Ich antwortete daraufhin mit folgendem Schreiben vom 30. 1. 1989: „Ich habe nun Ihr Schreiben vom 17. Januar 1989 bekommen. Es ist noch schlimmer ausgefallen, als ich nach unserer Unterredung am 18. Januar anzunehmen Grund hatte. Ich muß aufgrund dessen feststellen, daß seitens der DDR die jahrelangen gemeinsamen Anstrengungen, die auch auf unserer Seite mit viel Engagement, Arbeits- und finanziellen Investitionen verbunden waren, mit einem Strich annulliert wurden. Keinen Punkt der in Ihrem Schreiben enthaltenen Begründung kann ich akzeptieren. Es war seit langem fest verabredet, daß der Beschluß darüber, ob der Band erscheinen soll oder nicht, nach beiderseitiger Durchsicht aller Manuskripte bei dem ‚Konklave‘ in München gefaßt werden sollte, und dies ist in München am Schluß der Konferenz am 19. Oktober 1988, nachdem wir uns schließlich auch über das gemeinsame Vorwort geeinigt hatten, im positiven Sinn geschehen. Bei dieser Besprechung wurden zwar beiderseitig Empfehlungen ausgesprochen, dieses oder jenes Manuskript noch zu überarbeiten, was auch geschehen ist. Aber diese Überarbeitung sollte im freien Ermessen der Autoren stehen und war keineswegs an die Bedingung geknüpft, daß darüber noch einmal begutachtet werden soll. Zu keinem Zeitpunkt haben Sie oder die Autoren der DDR erkennen lassen, daß es nach dem positiven Beschluß in München noch einmal einer Kontrolle und Genehmigung auf Ihrer Seite bedarf. Daß politisch auf Ihrer Seite grünes Licht für den Sammelband gegeben war, hatten Sie mir schon vor rund eineinhalb Jahren verbindlich versichert ... Besonders hat mich irritiert, daß Sie in Ihrem Schreiben darlegen, die Autoren der DDR hätten ihre Mitarbeit an dem Sammelband aufgekündigt, nachdem sie in München ja zugestimmt hatten. Tatsächlich handelt es sich ja wohl um ein Verbot von höchster politischer Stelle. Daß es notwendig erschien, dies auch noch zu verschleiern und die Autoren für etwas in Anspruch zu nehmen, was an ganz anderer Stelle negativ entschieden wurde, bedauere ich sehr, hoffe aber, daß die kollegialen Beziehungen zu den Autoren der DDR nicht darunter leiden."

In den folgenden Wochen erfuhr ich, daß seitens der Autoren der DDR und vor allem auch durch den Leiter des Akademie-Verlages, Prof. Berthold, nochmals Bemühungen in Gang gebracht worden seien, um das Ganze zu retten. Wir wurden mehrfach gebeten, noch keine Konsequenzen zu ziehen und noch einige Wochen zu warten. Schließlich, Anfang April, kam dann der zu erwartende Bescheid, daß die Bemühungen vergeblich geblieben seien. Ich zweifle nicht am Nachdruck dieser Bemühungen. Aber ich habe es auch nicht verstehen können, daß sich die Autoren der DDR gegen das in ihrem Namen getriebene Falschspiel drei Monate lang nicht öffentlich in der DDR zur Wehr setzten und in dieser Zeit keiner von ihnen den Autoren der Bundesrepublik gegenüber zum Ausdruck brachte, daß sie von den politischen Stellen der DDR fälschlicherweise für die erteilte Absage in Anspruch genommen worden waren. Das Risiko einer solchen Bekundung wäre zumutbar gewesen. Dementsprechend habe ich mir die Freiheit genommen, nach dem definitiven Scheitern der Rettungsversuche in einem Rundbrief an alle Autoren der DDR vom 5. April 1989 dieses Ärgernis noch einmal zur Sprache zu bringen und schrieb ihnen: „Ich glaube zu wissen, daß die politisch erzwungene Absage die meisten von Ihnen ebenso betroffen gemacht hat wie uns. Aber daß von keinem der Autoren der DDR uns gegenüber ausgedrückt wurde, daß es nicht an Ihnen gelegen habe und daß die mir in dem Schreiben von Herrn Nestler mitgeteilte, ihm oktroyierte Sprachregelung, *Sie* hätten abgesagt, unwahr ist, finde ich auch im nachhinein recht enttäuschend. Wir hatten uns in dem Band vorgenommen, die Mitwirkung und vor allem das Versagen der alten konservativen Eliten im Zusammenhang mit der Hitlerschen Kriegsvorbereitung zum gemeinsamen Thema zu machen und anläßlich des 50. Jahrestags des Beginns des Zweiten Weltkrieges herauszubringen. Der Kern der historischen Schuld und des Versagens dieser alten Eliten bestand in ihrer submissiven Erbötigkeit gegenüber den damals Herrschenden. Welche Legitimation, darüber zu urteilen und dies zu verurteilen, gibt es eigentlich, wenn im politischen Kleinbereich unseres gemeinsamen Vorhabens die Vertreter der wissenschaftlich-geistigen Elite der DDR selbst den Rücken beugen oder vorsichtig den Mund halten? Man hätte glauben sollen, daß gerade die Beschäftigung mit diesem Thema mehr zumutbare Standfestigkeit auch bei der ehrlichen und notfalls öffentlichen Verfechtung seiner Verwirklichung erbringt. Es ist sehr betrüblich, daß die Dinge anders gelaufen sind."

Nach dem Scheitern des ursprünglichen deutsch-deutschen

Gesamtunternehmens werden in diesem Band lediglich die sieben westdeutschen Beiträge veröffentlicht, sämtlich in unveränderter Fassung.

Die Autoren der DDR werden leider einen entsprechenden separaten Sammelband nicht herausbringen. Wäre es der Fall gewesen, würde dem interessierten Leser wenigstens auf diese Weise eine Rekonstruktion des ursprünglich gemeinsamen Vorhabens und aller 14 Beiträge ermöglicht worden sein. Da wir aus urheberrechtlichen Gründen ohne Zustimmung der DDR-Autoren das gemeinsam verfaßte Vorwort nicht veröffentlichen können, bleibt uns leider auch eine Text-Dokumentation dieses beachtlichen Ergebnisses versagt.

Herr Schwabe hat sich, zunächst gegen meine Bedenken, sehr dafür eingesetzt, nach dem Scheitern des gemeinsamen deutsch-deutschen Vorhabens wenigstens die sieben Beiträge aus der Bundesrepublik in einem Band herauszubringen. Diese Arbeitsteilung findet in der gemeinsamen Herausgeberschaft dieses Bandes ihren Ausdruck.

Allen Autoren dieses Bandes liegt weiterhin an guten wissenschaftlichen Beziehungen zur DDR. Aber mit Rücksicht auf sie kann doch nicht alles hingenommen und mit Schweigen zugedeckt werden. Am Ende bleibt das Gefühl trauriger, auch zorniger Frustration, aber auch die starke Hoffnung: Es ist noch nicht aller Tage Abend!

München, im April 1989   *Martin Broszat*

Martin Broszat
Der Zweite Weltkrieg:
Ein Krieg der „alten" Eliten,
der Nationalsozialisten oder der Krieg Hitlers?

I. Vorbemerkung

Der Titel dieses Sammelbandes (Die deutschen Eliten und der
Zweite Weltkrieg) rückt *einen* der vielerlei Aspekte der Vorgeschichte des Zweiten Weltkrieges in den Vordergrund, nämlich die besondere historische Mitverantwortung der traditionellen nationalkonservativen Eliten in Wehrmacht, Diplomatie, Wirtschaft, in den Kirchen, im kulturellen Leben etc. für
den am 1. September 1939 von der nationalsozialistischen
Führung Deutschlands entfesselten Krieg. Die Auswahl dieses
Aspekts ist angesichts des 50. Jahrestages des Beginns des
Zweiten Weltkrieges aus deutschen Sicht wohlbegründet. Sie
bedeutet allerdings gewiß nicht, die Eliten der anderen Staaten, die in den Prozeß der Vorgeschichte des Krieges mehr
oder weniger stark hineinverwickelt waren, hätten alles ihnen
Mögliche getan, um diesen Krieg zu verhindern und seien
gänzlich frei von historischer Mitverantwortung. Es bedeutet
auch nicht, daß es „Kriegsgeist" und seine mannigfaltigen
Voraussetzungen (nationalistische Überheblichkeit, völkische
und nationale Feindbilder etc.) nicht auch außerhalb Deutschlands in verschiedener Form und Dosierung gegeben habe.
Aber viel eindeutiger als im Falle des Ersten Weltkrieges lag
die ganz primäre und ausschlaggebende Schuld am Ausbruch
des Zweiten Weltkrieges bei der deutschen Führung. In dieser
Hinsicht besteht zwischen den Historikern der Bundesrepublik und der DDR durchaus Übereinstimmung. Solchen Konsens gibt es aber nicht mehr in gleichem Maße bei der Beant-

wortung der Frage, welche konkreten Kräfte bei dem historischen Weg Deutschlands in den Zweiten Weltkrieg den entscheidenden Einfluß ausübten. Deshalb unterscheiden sich wohl auch die Motive der Mitarbeiter dieses Bandes in bezug auf das gemeinsame Thema, je nachdem, ob und in wie strengem Sinne sie dabei von marxistischen Deutungsmustern ausgehen oder nicht. Aus diesem Grund scheinen mir einige Vorbemerkungen zu den Implikationen der wissenschaftlichen Beschäftigung mit dem gewählten Thema angebracht.

In der nichtmarxistischen „bürgerlichen" Geschichtsschreibung ist es üblich und beinahe Gemeingut geworden, die nationalsozialistischen Weltanschauungsziele, wie sie insbesondere Hitler vorschwebten, als die eigentlichen Motive der Kriegsvorbereitung und Kriegführung anzusehen[1] und dabei auch strikt und mitunter überscharf zu unterscheiden zwischen den traditionellen nationalen deutschen Zielsetzungen in der Folge von Versailles, bei denen es im wesentlichen um begrenzte Revisionen ging, und den weitreichenden, letzten Endes uferlosen rasse- und raumpolitischen Zielen der Nationalsozialisten. Diese gewiß nicht unbegründete Unterscheidung ist gleichwohl geeignet, den Blick dafür zu verstellen, daß die nationalsozialistischen bzw. hitlerischen Weltanschauungsziele sich nicht in einem gesellschaftlich luftleeren Raum bewegten und keineswegs historisch voraussetzungslos waren. Sie konnten vielmehr in der zweiten Hälfte der 30er Jahre nur deshalb von Hitler mit zunehmender Intransigenz und Ungeduld verfolgt werden, weil ein breiter Sockel dieser Zielsetzungen durchaus mit traditionellen deutschnationalen Vorstellungen von der Wiederherstellung einer souveränen deutschen Großmachtstellung übereinstimmte und auf dem Sockel dieser Gemeinsamkeit und des „Machtkartells" zwischen den alten Eliten und den Nationalsozialisten nach 1933 auch massive materielle und politische Vorbereitungen für den Fall eines Krieges gemeinsam geschaffen worden waren. Selbst noch in dem Ziel, Deutschland militärisch zur Führung schneller Angriffskriege fähig zu machen, waren sich die nationalsozialistische Führung und die nationalkonservativen Führungskräfte in der Wehrmacht und Diplomatie weitgehend einig. Da es in der Bundesrepublik Deutschland zweifellos die Tendenz gibt, bei der Darstellung der Vorgeschichte des Zweiten Weltkrieges den Blick auf Hitler und den Nationalsozialismus zu verengen, was auch bewußten oder unbewußten apologetischen Bedürfnissen entsprechen kann, hat es seinen guten Grund, in diesem Band deutlich zu machen, daß die Entstehung des Zweiten Weltkrieges nicht allein im Macht- und Expansionswillen des nationalsozialistischen Diktators, sondern historisch weit tiefer begründet war und ein gutes Stück der deutschen Anstrengungen auf dem Weg in den Krieg von den vor-nationalsozialistischen, meist nationalkonservativen deutschen Eliten, die Hitler zur Macht verhalfen und auch nach 1933 Mitträger der Macht blieben, voll mitgetragen worden ist.

Es mag aber sein und liegt wohl sogar nahe, daß aus marxistischer Sicht die Wahl dieses Themas noch anders begründet und akzentuiert ist. Sie wird möglicherweise von dem einen oder anderen DDR-Historiker als subtilere Form der in den 20er und 30er Jahren von seiten der Komintern standardisierten Faschismus-Formel verstanden, die – von nicht-marxistischer Seite als „Agententheorie" apostrophiert – den Nationalsozialismus grundsätzlich als Schöpfung und Werkzeug des „imperialistischen Monopolkapitalismus" bzw. der (wie immer definierten) „herrschenden Klassen" betrachtet. Die marxistische Geschichtswissenschaft in der DDR steht, so scheint mir, noch immer im Banne solcher letzten Endes weltanschaulich bestimmter Formeln. Sie hat sie aber in bemerkenswertem Maße in wissenschaftliche Thesen zu verwandeln vermocht, sie auch partiell zur Disposition gestellt, stark differenziert und abgewandelt. Sie hat längst eingeräumt, daß bei der Erfassung und Darstellung der Geschichte des Nationalsozialismus eine Multikausalität und Interdependenz verschiedenster Faktoren und, ab einer bestimmten Phase der Entwicklung der nationalsozialistischen Bewegung und Herrschaft, auch eine gewisse Autonomie der politischen (nationalsozialistischen) Führung zu veranschlagen sei.[2] Mit den dennoch weiterbestehenden grundsätzlichen Auffassungsunterschieden zwischen marxistischer und nicht-marxistischer Faschismus-Forschung kann gleichwohl auch eine jeweils andere Einordnung der historischen Beschäftigung mit dem Thema dieses Bandes verbunden sein.

Aus meiner Sicht und der Sicht mancher anderer Historiker-Kollegen nicht nur aus der Bundesrepublik erscheint die Erforschung und Darstellung der Haltung der „alten" Eliten bei der Kriegsvorbereitung oder -ermöglichung vor allem wichtig, weil sie eine Einordnung des Nationalsozialismus in die unheilvolle historische Erbschaft des deutschen völkischen Nationalismus, Imperialismus und Pangermanismus ermöglicht, die schon seit der bismarckisch-wilhelminischen Zeit das deutsche nationale Denken und die deutsche Nationalstaatspolitik auf die Bahn eines gefährlichen „Sonderweges" brachte. Das heißt aber auch, daß es beim Rückblick auf die Vorgeschichte des Zweiten Weltkrieges mit der einfachen Distanzierung vom „Hitler-Faschismus" nicht getan ist, sondern bei der kritischen Erörterung des Nationalsozialismus immer auch ein Stück jener deutschen Nationalstaatsgeschichte auf dem Prüfstand steht, auf die sich die Bundesrepublik Deutschland mit dem Anspruch der Rechtsnachfolge des Deutschen Reiches als ein Stück ihrer eigenen Vorgeschichte beruft. Demgegenüber läßt sich aus dem historischen Selbstverständnis der DDR als eines deutschen antifaschistischen Staates, gegründet auf den Traditionen der sozialistischen deutschen Arbeiterbewegung, allzu leicht folgern, daß die Erforschung der Geschichte des Nationalsozialismus im wesentlichen Erforschung der Geschichte der einstigen weltanschaulichen und politischen Gegnergruppen ist und wenig mit Selbstbetroffenheit zu tun hat. Einem differenzierteren Geschichtsverständnis beginnt sich jedoch zu erschließen, daß auch die deutsche Teil-Nation der DDR, wie immer ihre heutige politische und gesellschaftliche Verfassung aussieht, auch das ungute Erbe des deutschen Nationalstaates mitzutragen hat. Die „Abwälzung" der historischen Schuld nur oder primär auf den im eigenen Lande gründlich abgeschafften Monopolkapitalismus, die jahrelang die Tendenz verstärkte, den Nationalsozialismus der historischen Traditionslinie des anderen kapitalistischen deutschen Staates, nämlich der Bundesrepublik, zuzuordnen, und die geschichtliche Auseinandersetzung mit ihm auch als Element der ideologischen Auseinandersetzung mit der neuen Spielart des „Imperialismus" der Bundesrepublik zu betrachten, ist, so scheint es, inzwischen einer anderen Einschätzung gewichen.

Die folgenden Darlegungen, basierend auf solchen grundsätzlichen Fragen, wollen bewußt keinen spezialistischen Beitrag zu dem Gesamtthema liefern, sondern mehr seiner „generalistischen" Erörterung dienen. Sie gliedern sich in folgende fünf Abschnitte:

- einige mehr oder weniger methodische Reflexionen zur historischen Ortsbestimmung der Rolle der „alten" Eliten auf dem Weg in den Krieg,
- einem Überblick über verschiedene Aspekte der Verbreitung nationalen „Kriegsgeistes" in Deutschland durch Meinungsführer der „alten" Eliten seit der Reichsgründung,
- einer Darlegung der Rolle der nationalsozialistischen Bewegung und Partei bei der Kriegsfähigmachung der deutschen Gesellschaft und der Verstärkung militanter Einstellungen und Organisationen,
- einer Dokumentation aus den kürzlich vom Institut für Zeitgeschichte veröffentlichten Goebbels-Tagebüchern zur Spiegelung der Einflußverhältnisse bei der Vorgeschichte und Vorbereitung des Zweiten Weltkrieges
- und schließlich einer Bewertung der persönlichen Rolle Hitlers in diesem Prozeß auf der Grundlage der führerunmittelbaren Strukturen, wie sie sich in den Jahren vor 1939 entwickelt hatten.

Ich gehe davon aus, daß die drei genannten Faktoren – die „alten" Eliten, die neuen politischen Eliten des Nationalsozialismus und der Faktor Hitler – sich in starkem Maße gegenseitig ergänzten und stützten und deshalb auch in bezug zueinander und nicht nur isoliert voneinander zu betrachten sind. Ihre Verzahnung soll vor allem im letzten Abschnitt zu Wort kommen.

II. Methodische Bemerkung zur historischen Ortsbestimmung der Rolle der „alten" Eliten bei der Kriegsvorbereitung

Nach meiner Auffassung spricht die überwiegende historische Fakten-Evidenz dafür, daß die große Mehrheit der deutschen vor-nationalsozialistischen Eliten zwar nicht oder kaum in der vordersten Front derjenigen Kräfte stand, die 1938/39 eine gefährliche Kriegsrisiko-Politik vorantrieben, daß sie aber diese Politik vielfach mitmachten und unterstützten, auch wenn manche ihr mit erheblicher Besorgnis gegenüberstanden. Ein erheblicher Teil dieser Eliten hat auf die verschiedenste Art und Weise sehr wirkungsvoll dazu beigetragen, der Hitlerschen Kriegspolitik zum Erfolg zu verhelfen, sei es durch routinierte diplomatische Abschirmung nach außen im Stile des Staatssekretärs Ernst von Weizsäcker, durch geniale Aufrüstungsfinanzierung im Stile Hjalmar Schachts oder durch die umsichtige Vermehrung und Modernisierung der Wehrmacht im Stile der Generäle Beck und Fritsch. Sie und andere führende Exponenten des konservativen Deutschland gingen auch ein weites Stück mit auf dem Weg der erpresserischen fait-accompli-Diplomatie, die Hitler schon im November 1933 mit dem Austritt aus dem Völkerbund, 1935 mit der Aufkündigung der Beschränkung der deutschen Wehrmacht und Rüstung und 1936 mit der militärischen Besetzung der entmilitarisierten Zone des Rheinlandes in Gang setzte. Die große Mehrheit der nationalkonservativen Eliten, selbst im kirchlichen und kulturellen Bereich bejahten und förderten auf ihre Weise die von Hitler forcierte Kriegstüchtigkeit Deutschlands. Sie folgten Hitler zumindest so lange, als es den Anschein hatte, daß dessen Außenpolitik die traditionellen Ziele nationaler Revisionspolitik verfolgte. Nicht wenige von ihnen wandten sich allerdings von Hitlers Politik ab, als deutlich wurde, daß dieser viel weiter gesteckte raum- und rassepolitische Ziele verfolgte. Die lange Zeit Hitler gewährte und für ihn unentbehrliche Unterstützung durch einen großen Teil der „alten" Eliten begründet zweifellos auch deren historische Mitverantwortung für die daraus erwachsenden Folgen. Halfen sie doch, ganz wesentliche materielle, organisatorische und auch geistige Voraussetzungen zu schaffen, die es Hitler ab 1938 erst ermöglichten, nun auch ohne Rücksichtnahme auf diese „alten" Eliten seine Kriegspolitik ins Werk zu setzen.

Die genauere Bestimmung des historisch-gesellschaftlichen Platzes, den die „alten" Eliten auf dem Weg Deutschlands in den Zweiten Weltkrieg einnahmen, wird in einer Reihe von Beiträgen dieses Bandes versucht. Im Rahmen meiner allgemeinen Betrachtung, will ich dazu vorerst nur bemerken, daß jeder solcher Versuch, wenn er unhistorische Pauschalurteile vermeiden oder überwinden will, sich an bestimmte Kriterien und Unterscheidungsmerkmale halten muß. Ich greife dabei zwei mir besonders wichtig erscheinende Gesichtspunkte heraus:

Erstens: Aus dem Nachweis der aktiven Protektion und Unterstützung der Nationalsozialisten in der Phase ihres politischen Aufstieges oder ihrer „Machtergreifung" in den Jahren 1932–1934 seitens militärischer, großagrarischer und großindustrieller Eliten kann allein noch nicht auf deren Mitverantwortung auch an der Vorbereitung des 1939 begonnenen Krieges zwingend geschlossen werden, wie das in der DDR-marxistischen Historie nicht selten geschieht.[3] So bemerkenswert es ist, daß seitens der sozialistischen Arbeiterbewegung schon in den Jahren vor 1933 prognostiziert und plakatiert wurde, „Hitler bedeutet Krieg", so wenig kann doch aus der gewiß schon vor 1933 aufgrund der Reden und Schriften führender Nationalsozialisten erkennbaren Expansions- und Kriegslüsternheit eine „logische" Zwangsläufigkeit des Weges in den Zweiten Weltkrieg gefolgert werden. Nachträglich feststellbare Ursache-Folge-Wirkungen erlauben es nicht, rückblickend die Glieder solcher Ereignis-Ketten als Stationen bewußter Zielgerichtetheit zu interpretieren. Auf unser Problem angewandt heißt das: Förderung der Nationalsozialisten 1922/23 oder 1932/33 durch Repräsentanten der „herrschenden Klassen" lassen sich als mitursächlich für den Zweiten Weltkrieg nur dann bezeichnen, wenn die Absicht, mit solcher

Förderung auch eine kriegerische Expansion Deutschlands zu erreichen, im Einzelfall konkret nachweisbar ist. Solche Zielsetzung kann auch nicht einfach dadurch impliziert werden, daß man einen Teil der „alten" Eliten a priori als Akteure „des Imperialismus" in die geschichtliche Darstellung einsetzt.

Zweitens: Gerade unter dem Gesichtspunkt des Herrschafts- und Verantwortungsanteils der „alten" Eliten ist die Geschichte und Verfassung des sogen. Dritten Reiches kein statischer Block, sondern sie war wesentlichen strukturellen Veränderungen unterworfen. Die Entwicklung der politischen Herrschaft des Nationalsozialismus in den Jahren 1933 bis 1938/39 läßt sich als ein Prozeß kontinuierlicher Verminderung des anfänglich starken Macht- und Einflußpotentials der nationalkonservativen Eliten beschreiben. Wie vor 1933 in der nationalsozialistischen Partei und „Bewegung" so bildete sich auch nach 1933 im nationalsozialistischen Herrschaftssystem in zunehmendem Maße ein Führer-Absolutismus heraus, der das Entscheidungszentrum mehr und mehr auf die engste Umgebung Hitlers und die führerunmittelbaren Amtsinhaber und Institutionen verlagerte. Das Problem des Einflußverlustes der konservativen Mitträger der Macht in Wehrmacht, Diplomatie und Wirtschaft gerade während der Phase der unmittelbaren Vorgeschichte des Krieges in den Jahren 1938/39 ist auch in diesem Zusammenhang zu sehen.

III. Die Meinungsführer-Rolle der „alten" Eliten bei der Verbreitung nationalistischen Kriegsgeistes

Neben der Teilnahme an der konkreten materiellen Kriegsvorbereitung in den Jahren vor 1939 ist auf jeden Fall die historisch langfristige Meinungsführerrolle konservativer und deutschnationaler Eliten bei der Verbreitung nationalistischen Kriegsgeistes hoch zu veranschlagen. Sie bestand vor allem im Salonfähigmachen antidemokratischer und scharf antisozialistischer Ideen, der Propagierung heroisch-nationaler deutscher Geschichts- und Weltbilder, sowie der Projizierung einer elitären Herrenmoral auf das nationale Bewußtsein der Deutschen und des Bewußtseins ihres Verhältnisses zu anderen Völkern.

Schon in der bismarckisch-wilhelminischen Zeit wurde nationalistischer Ungeist in einer ganzen Anzahl von bürgerlich-nationalen Honoratioren-Vereinen (Kolonial-, Flotten- und Wehr-Verein, Alldeutscher Verband u. a.) gezüchtet und systematisch propagiert. Mit Recht haben H. U. Wehler und andere Historiker der Bundesrepublik diese von oben geförderte Verbreitung eines lautstarken Macht-Nationalismus in den bürgerlichen und z. T. auch den proletarischen Volksschichten als „sozialimperialistische Ablenkung" von den dringend notwendigen Demokratisierungs-Defiziten des Kaiserreiches gedeutet, als Vehikel zur Verlängerung einer längst obsolet gewordenen politischen Vorrangstellung des preußischen Junkertums und Militärs in der sich rapide entwickelnden deutschen industriellen Gesellschaft während der letzten Jahrzehnte vor dem Ersten Weltkrieg.[4] Nicht ganz zu Unrecht kann man zumindest in bezug auf diese stark von oben gelenkte und geförderte nationalistische Vereinstätigkeit und Betriebsamkeit von einer Instrumentierung nationalistischer Massendemagogie im Interesse bestimmter herrschender Klassen sprechen. Diesem Aspekt steht freilich gegenüber, daß sich auch im bäuerlich-kleinbürgerlich-katholischen und im proletarischen Lager der deutschen Gesellschaft des Kaiserreiches trotz dessen protestantisch-deutscher Vormacht und der Vorrangstellung von Aristokratie und (vielfach geadelter) Großbourgeoisie infolge der progressiven wirtschaftlichen und zivilisatorischen Entwicklung aber auch der nationalen Reputation des jungen Reiches allmählich eine patriotische Identifikation mit diesem „Vaterland" anbahnte und durch das Erlebnis des Ersten Weltkrieges noch weiter gefördert wurde. Dem manipulativen Aspekt der Verbreitung eines militanten und imperialistischen deutschen Nationalismus im Interesse „der Herrschenden" entsprach schon vor 1914 auch eine von unten kommende Bereitschaft zur Adaption an diesen Nationalismus in seiner nun einmal gegebenen, durch die Blut- und Eisen-Politik Bismarcks und die cäsaristische Attitüde Wilhelms II. wesentlich geprägten Form. Die Muster dieser nationalen „Sozialisation" waren in prekärer Weise mitbestimmt durch die Tatsache des geschichtlichen Scheiterns der bürgerlich-nationalen Revolution in Deutschland (1848/49) und den Mythos der stattdessen durch den preußischen Militär- und Obrigkeitsstaat von oben herbeigeführten nationalen Einigung ebenso wie durch die besondere Spielart der ungeduldig auf weiteren Machtgewinn spekulierenden imperialen Politik des Kaiserreiches mit seiner herausfordernden Flotten-, Wehr- und Kolonial-Politik.

Neben diesem offiziösen Nationalismus des Kaiserreiches gab es schon seit den 80er Jahren des 19. Jahrhunderts eine völkisch-antisemitische Unterströmung, die den oberflächlichen Vereins-Nationalismus quasi-religiös und ideologisch zu vertiefen suchte und die dabei auch vorgab, daß der wilhelminische Klassenstaat durch eine völkisch-soziale Volksgemeinschaft neuen Stils abgelöst werden müsse. In den Schriften Paul de Lagardes oder Heinrich Claß' kommt dies besonders deutlich zum Ausdruck. Mit Recht ist, und hier im wesentlichen übereinstimmend in der Geschichtswissenschaft sowohl der Bundesrepublik wie der DDR, darauf hingewiesen worden, daß fast alle Elemente der späteren nationalsozialistischen Ideologie schon vor 1914 im Gedankengut zum Beispiel des Alldeutschen Verbandes enthalten gewesen sind.[5] Der Weltkrieg wirkte dabei als Katalysator zur Verbreitung und Intensivierung dieses Gedankenguts. Weil die äußere nationale Einheit und der kaiserfromme Patriotismus die inneren Brüche und sozialen Diskrepanzen des Kaiserreiches nicht genügend übertünchen konnte, hatte der alldeutsch völkische Nationalismus auch die Funktion einer kompensatorischen Integrationsideologie. Die Ablenkung auf die groben äußeren Ziele des Pangermanismus und der Bekämpfung völkischer Feinde im Innern (vor allem von Juden und Marxisten) war geeignet, die inneren Bruchlinien zwischen den sozialen Klassen und heterogenen sozial-kulturellen Milieus vergessen zu machen. Erst aufgrund dieser starken inneren Brüche ist es auch zu verstehen, daß der Ausbruch des Ersten Weltkrieges in weiten Kreisen der deutschen intellektuellen Elite nicht nur wegen der damit verbundenen weltmachtpolitischen Erwartungen, sondern auch aus politisch-sozialen und sozusagen „seelischen" Gründen als eine Art reinigendes Gewitter so enthusiastisch begrüßt wurde. Eine volksgemeinschaftliche Verschmelzung von Klassen- und Standesunterschieden sowie Konfessionsgegensätzen durch den gleichen Kriegseinsatz aller Schichten und Landsmannschaften versprachen sich nicht nur zahlreiche nationalgesinnte Akademiker, sondern selbst manche Wortführer der Arbeiterschaft und der Gewerkschaften. An diesen stimmungsmäßigen Kriegssozialismus knüpften später nicht nur Hitler und die Nationalsozialisten an, sondern ein breites Spektrum konservativ-nationalrevolutionärer Bestrebungen. Die „deutschen Ideen von 1914" stilisierte man dabei als geschichtliche Alternative zu den „französischen Ideen von 1789".[6]

In wilhelminischer Zeit fanden die pangermanistischen und antisemitischen Strömungen im nationalgesinnten deutschen Bürgertum noch eine Grenze in der grundsätzlich rechtsstaatlichen, bildungsbürgerlich-humanistischen und liberalen Substanz der „besseren Gesellschaft". Aufgrund der Gewalterfahrungen des Ersten Weltkrieges, der durch die Niederlagen von 1918 ausgelösten tiefen nationalen Depression und der einschneidenden sozialen Folgen des Krieges brachen diese Dämme rechtsstaatlich-humanistischer Gesinnung im deutschen Bürgertum aber weitgehend ein, vor allem in der jungen Generation der Kriegsteilnehmer. Der Weltkrieg erwies sich als entscheidender Umbruch der politischen Kultur und auch als der eigentliche Nährboden des Nationalsozialismus. Charakteristisch für den Klima-Umschlag war die auch im gebildeten Bürgertum jetzt weit vergrößerte Bereitschaft zur Rezeption antisemitischer und völkischer Weltanschauungselemente. Die anscheinend so plötzliche, nach so lange gehegten Siegeshoffnungen eingetretene Niederlage und erzwungene Abdankung der Monarchie schufen einen breiten Resonanzboden für die Dolchstoßlegende, mit der die nationalen Rechte, unterstützt vom letzten kaiserlichen Feldmarschall und späteren Reichspräsidenten von Hindenburg, systematisch den Anschein zu erwecken suchte, als seien dem „im Felde unbesiegten" deutschen Heer feige jüdische und marxistische Volksverhetzer in den Rücken gefallen und hätten die Kapitulation erzwungen. Vor allem nachdem im Sommer 1919 die demütigenden Bestimmungen des Versailler „Diktats" bekannt wurden, verflüchtigte sich schnell die im November 1918 schockartig gewonnene Einsicht in das schmähliche Versagen der Reichs- und Heeresleitung, die das Volks mit eitlen Siegeshoffnungen über den Ernst der Kriegssituation hinweggetäuscht hatten. Jetzt machte sich in weiten Teilen des Bürgertums und der nur eine kurze Zeit sprachlos gebliebenen alten Eliten schnell eine gegenrevolutionäre Tendenz breit. Den aus der Wahl zur Nationalversammlung im Januar 1919 mit großer Mehrheit hervorgegangenen Kräften der gemäßigten Mitte, welche die Träger der Weimarer Republik darstellten (Sozialdemokratie, Deutsche Demokratische Partei, Zentrum) blies schnell der Wind der Konterrevolution ins Gesicht, der im März 1920 mit dem Kapp-Putsch einen ersten, wenn auch kläglich gescheiterten Versuch zur Wiederherstellung einer autoritären Staatsordnung anfachte. Bei den Reichstagswahlen vom Juni 1920 erreichten die Parteien der „Weimarer Koalition" schon keine Mehrheit mehr.

Die Massivität des Trotz-Nationalismus, der sich jetzt ausbreitete und die Träger der Republik als November-Verbrecher diffamierte, war radikaler Ausdruck des schweren Schocks, den die Niederlage ausgelöst hatte. Anders als nach dem Zweiten Weltkrieg waren nach dem Ersten Weltkrieg in Deutschland die nationalen Groß- und Weltmachtträume noch keineswegs ausgeträumt und die nationalen Energien noch lange nicht erschöpft. Eine besonders verhängnisvolle Wirkung der Demütigung durch den Versailler Vertrag war es, daß sie die selbstkritische Auseinandersetzung mit der wilhelminischen imperialistischen Vorkriegspolitik verhinderte und die nationale Politik fast aller Parteilager auf die Revision von Versailles festlegte. Das hatte fatale innenpolitische Auswirkungen schon deshalb, weil dadurch die gemäßigten Kräfte der Republik, zu deren Hauptrepräsentant in der Mitte der zwanziger Jahre Gustav Stresemann wurde, psychologisch-politisch stets am schwächeren Hebel saßen und sich nolens volens immer wieder veranlaßt sahen, mit den nationalistischen Kräften der Rechten zu paktieren oder sie gewähren zu lassen, auch wenn diese, wie z. B. die bayerischen Einwohnerwehren oder die „Schwarze Reichswehr" in Mecklenburg die konspirative Militarisierung klar mit antirepublikanischen Aktivitäten verbanden. Infolgedessen entwickelte der Weimarer Staat im Kampf gegen Versailles selbst illegale Strukturen der nationalen Resistenz, die sich besonders im Falle der Reichswehr mit ihrer systematischen Verschleierung geheimer militärischer Rekrutierungs- und Rüstungsmaßnahmen – auch aufgrund geheimer Abkommen mit der Roten Armee in der Sowjetunion – mit den offiziellen staatlichen Aufgaben der militärischen Ordnungsmacht kaum vereinbaren ließen. Dieser Zustand erschwerte es auch der republikanischen Regierung unter Otto Braun in Preußen außerordentlich, die nationalistischen Kräfte, die, wie z. B. der Stahlhelm und später auch die SA, von der Reichswehrführung als eine willkommene Verbreiterung des Wehrpotentials angesehen wurden, wegen ihrer antirepublikanischen Aktivitäten von der polizeilichen Exekutive und Justiz strafrechtlich zu verfolgen. Hier lag in den entscheidenden Jahren der beginnenden Zerstörung der Republik ab 1929/30 eine charakteristische Konfliktlinie vor allem im Verhältnis zwischen der sozialdemokratisch gesteuerten polizeilichen Exekutive in Preußen und der vom Reichspräsidenten-Generalfeldmarschall gedeckten Reichswehrführung.[7] Eine Folge war, daß die Justiz vielfach auf dem rechten Auge blind blieb und sich, wenn es um politische Gewalttäter ging, die „ideale" nationale Ziele vorschützen konnten, eine gebrochene Rechtsmoral und zunehmende Tendenz zur Entschuldigung und Amnestie politischer Verbrechen in den Rechtsstaat hereinfraß. Das sollte in der Endphase der Republik vor allem der Ausbreitung und Bagatellisierung nationalsozialistischen Terrors in verhängnisvoller Weise Vorschub leisten.

Nicht zuletzt auch in geistiger Hinsicht verursachte die Präponderanz des von den Meinungsführern der deutschen Gesellschaft, einschließlich der akademischen Eliten, in der Weimarer Zeit proklamierten Kampfes gegen Versailles vielfach eine in ihren Auswirkungen fatale Desorientierung und Korrumpierung politisch-nationalen Denkens. Dazu gehörte, daß die schweren wirtschaftlichen Depressionen der frühen zwanziger und der beginnenden dreißiger Jahre fälschlich primär als Folge der Deutschland in Versailles auferlegten Reparationslasten und mithin als „Tributversklavung" Deutschlands durch die westlichen plutokratischen Siegermächte hingestellt werden konnten. Der Kampf gegen eine vernünftige Revision der Reparationszahlungen, wie sie 1924 mit dem Dawes-Plan und 1929 mit dem Young-Plan vorgeschlagen wurde, geriet so zum erfolgreichen Vehikel einer antirepublikanischen nationalen Rechtsopposition und einer massiven Verunglimpfung Stresemanns und anderer gemäßigter Repräsentanten der Republik als schwächlicher „Erfüllungspolitiker".

Kaum geringere Bedeutung hatte die qualitative Veränderung des Nationalbewußtseins als Folge des vorrangigen Zieles der Revision von Versailles. Anstelle des vor 1914 dominanten Kaiser- und Reichspatriotismus begann nach 1918 die Idee der deutschen Volkstumsnation das Nationalbewußtsein zu beherrschen. Vor allem infolge der Grenz- und Abstimmungskämpfe, die in den Jahren 1919 bis 1921 die nationalen Emotionen in Deutschland stark bewegten, erwuchs in der Weimarer Republik das Gefühl einer besonderen Verpflichtung und Verantwortlichkeit für die Erhaltung des Volksdeutschtums in den abgetrennten Gebieten, aber auch jenseits der Grenzen von 1914. Die offizielle und illegale Unterstützung für die bedrängten Volksdeutschen außerhalb der Grenzen förderte die Entstehung einer nationalen Volkstumsideologie und die Grundvorstellung einer Vorrangigkeit des naturgegebenen ethnischen „Volkskörpers" vor dem künstlichen und veränderlichen Gebilde des Staates. Unter Anknüpfung an ältere volkskulturelle Bewegungen aus den Zeiten Johann Gottfried Herders und später der deutschen Romantik sowie an den quasi-religiösen Volksnationalismus eines Paul de Lagarde griff ein keineswegs nur noch defensiver, sondern aggressiver völkischer Nationalismus um sich. Die offizielle Weimarer Volkstumspolitik erzeugte in ideologischer Hinsicht eine Zone vieldeutiger Redundanz, welche kaum noch eine klare Abgrenzung ermöglichte zwischen berechtigter und begründeter Solidarität mit den Volksdeutschen und einer quasi-religiösen Intensivierung völkischen Nationalgefühls mit seinen zum Teil auch biologistisch-rassistischen und pangermanistischen Implikationen.

Die qualitative Veränderung und ideologische Überhöhung des deutschen Nationalbewußtseins in der Weimarer Zeit zeigte sich nicht zuletzt an dem breiten Spektrum jenes revolutionären und integralistischen Nationalismus, der gewöhnlich unter der Sammelbezeichnung „Konservative Revolution" oder „Jungkonservative Bewegung" rubriziert wird. Auf diese neue Spielart des antirepublikanischen Nationalismus, produziert in elitären intellektuellen Zirkeln und Clubs der nationalen Rechten, aber ideologisch weit hineinreichend in die Deutschnationale Volkspartei und später auch in die Hitler-Bewegung, haben Kurt Sontheimer und zahlreiche andere Autoren in der Bundesrepublik schon seit den sechziger Jahren als eine wesentliche Komponente der Vorgeschichte des Nationalsozialismus mit Nachdruck hingewiesen. Unter den DDR-Historikern hat vor allem Joachim Petzold in einer interessanten Studie die Wegbereiter-Rolle der Jungkonservativen herausgearbeitet.[8] Mit Recht konstatiert er, daß diese Wortführer eines intellektuellen Rechtsnationalismus (Edgar Jung, Oswald Spengler, Möller van den Bruck, Heinrich von Gleichen, Max Hildebert Böhm, Eduard Stadler u. v. a. m.) durch das Salonfähigmachen antidemokratischer und scharf antisozialistischer Ideen sowie die Propagierung eines heroisch-kämpferischen Geschichts- und Weltbildes und einer elitären Herrenmoral dem Nationalsozialismus kräftig vorgearbeitet haben, auch wenn sie dessen rüden Straßenkampfmethoden und seiner „plebejischen" Massendemagogie meist distanziert gegenüberstanden.

Diese Richtung der politischen Publizistik, die auch in einer reichhaltigen rechtsnationalen Zeitschriften-Kultur Niederschlag fand, bildete jedoch nur einen Bereich, in dem mittelbar oder unmittelbar die Werte internationaler Völkerverständigung und kollektiver Friedensordnung denunziert und stattdessen völkisch-nationale Egozentrik und der Geist des Krieges gerechtfertigt wurden. Ähnliches geschah in den großen Bereichen rechtsgerichteter schöngeistiger Kriegs-, nationaler Heimats- und Erbauungsliteratur, von den in Deutschland besonders stark rezipierten nordischen Romanen eines Knut Hamsun bis zu Hans Grimm oder Ernst Jünger, die schon in der Weimarer Zeit quantitativ eine weit größere Rolle spielten als die vielgepriesene avantgardistische Literatur, die im hauptstädtischen Berlin die Szene bestimmte und international am meisten von sich reden machte.[9] Aber auch in vielerlei Bezirken des akademisch-wissenschaftlichen oder populärwissenschaftlichen Schrifttums, in nationaler Geschichtsschreibung und Geopolitik, in nationalkonservativer Staats- und Völkerrechtslehre, in Rassenkunde und Eugenik oder in manchen Bereichen der Erlebnis- und Reformpädagogik wurden mancherlei Töne gesetzt, die in den 20er und 30er Jahren ein antirationalistisches, antiliberales und antihumanistisches, stark national- und sozialutopisches oder national-emotionales intellektuelles Klima schufen, das einen fruchtbaren Nährboden für den Nationalsozialismus und den nationalen Kriegsgeist abgeben sollte.

IV. Die nationalsozialistische Partei und die neuen nationalsozialistischen Eliten

Wie das vorstehend erörterte Thema der historischen Mitverantwortung der „alten" Eliten für die Entfesselung des Zweiten Weltkrieges nur unter einigen Aspekten skizziert werden konnte, so läßt sich auch die Frage nach der Rolle der nationalsozialistischen Partei und Bewegung im Rahmen dieses Beitrags nur unter einigen wesentlichen Gesichtspunkten behandeln.

Schon die sogenannte nationalsozialistische Weltanschauung war in mehrfacher Hinsicht von der Bejahung des Krieges und Kampfes tief geprägt. In der Abwendung von der universalistischen bürgerlich-aufklärerischen Geschichtsphilosophie mit ihrer grundsätzlichen Vorstellung einer progressiven zivilisatorischen Höherentwicklung der Menschheit war im Umkreis nationalistischen Denkens schon in der zweiten Hälfte des 19. Jahrhunderts, und nicht nur in Deutschland, unter dem Einfluß auch sozial-darwinistischer und anderer Zeitströmungen eine eher fatalistisch biologistische Vorstellung vom ewigen Kampf der Völker in das Geschichtsdenken eingegangen und hatte eine wohlfeile Legitimation auch für die imperialistische Kolonialpolitik der „weißen Rasse" geliefert. Im engeren Umkreis völkisch-nationalsozialistischen Denkens war diese Grundvorstellung noch weiter verengt worden zur Idee eines permanenten Ausleseprozesses durch den Kampf der Völker um Landgewinn und Macht, bei dem die jeweils höhere, stärkere Rasse den Sieg davonträgt. Daraus ergab sich auch das Blut-und-Boden-Postulat einer Revitalisierung völkischer Wehrhaftigkeit, Landnahme und Siedlung und die Zukunftsprojektion der Expansion der germanischen Rasse und der Zurückdrängung der inferioren slawischen Rasse im europäischen Osten. Im Rückgriff auf germanische und nordische Geschichtsmythen waren solche Ideen zugleich durchsetzt worden mit der pseudoreligiösen Vorstellung des ewigen Kampfes zwischen den schöpferischen Kräften der hellen, arischen Rasse und den dunklen, zersetzenden Kräften des Weltjudentums. Der geforderte Kampf gegen den äußeren Feind und die proklamierte Bekämpfung des inneren Rasse-Feindes verschmolzen in dieser Vorstellung. Die innenpolitischen Gegenpole der proklamierten völkischen Regeneration – Liberalismus, Marxismus und humanistischer Pazifismus – galten ebenso als Ausdruck zersetzenden jüdischen Geistes wie die außenpolitischen Gegenpole: die demokratisch-„plutokratische" Herrschaft im Westen und der Bolschewismus in der Sowjetunion. Erfolgreiche Machtdurchsetzung im Innern und erfolgreicher äußerer Machtkampf eines nach völkischen

Prinzipien erneuerten Deutschland waren gemäß dieser Grundvorstellung der Beweis der rassetheoretischen Höherwertigkeit und metaphysischen Prädestination. Es bedarf keiner weiteren Darlegung, um deutlich zu machen, daß im Rahmen einer solchen „Weltanschauung" Kampf und Krieg höchste Werte darstellen und die Erziehung zur Kampf- und Kriegsentschlossenheit ein Kernelement nationalsozialistischer Zielsetzungen bilden mußten.

Aber auch abgesehen von diesen weltanschaulichen Voraussetzungen, die in vieler Hinsicht nur pseudowissenschaftliche oder pseudoreligiöse Legitimationen eines aggressiven und hybriden nationalistischen Voluntarismus bildeten, waren die nationalsozialistische Bewegung und ihre führenden Repräsentanten von Anfang an auf Krieg und militanten Aktivismus fixiert. Die 1919 gegründete „Nationale Deutsche Arbeiterpartei" (so die ursprüngliche Bezeichnung, ehe die Partei im Februar 1920 in „Nationalsozialistische Deutsche Arbeiterpartei" umbenannt wurde) war wie die meisten anderen damals in Deutschland aufkommenden völkisch-nationalistischen Gruppierungen aus Protest sowohl gegen den Versailler Vertrag wie gegen die Ergebnisse der Novemberrevolution und insbesondere in der Gegenwendung zu den revolutionären kommunistischen Bestrebungen entstanden. In München bildete vor allem der kurzfristige kommunistische Umsturzversuch der Räterepublik (April/Mai 1919) den politisch-psychologischen Hintergrund für die Bildung der kleinen nationalistischen Parteigruppe, deren Führung sich seit 1920/21 Adolf Hitler mehr und mehr bemächtigte. Die Aktivität der NSDAP war, was sich aus den Reden und Schriften Hitlers besonders klar herauslesen läßt, von Anfang an fixiert auf das Bestreben, die „Schmach von Versailles" auszulöschen, d. h. die deprimierenden Ergebnisse des Ersten Weltkrieges rückgängig zu machen und eines Tages, nach der Wiederherstellung einer neuen autoritären Ordnung und deutschen Großmachtstellung wieder an die Weltmachtbestrebungen von vor 1914 anzuknüpfen, wenn auch mit z. T. veränderter und weitergehender Zielsetzung. Hier lag das Grundmotiv der meist jungen Aktivisten, die sich der NSDAP oder ihren pseudomilitärischen Sturmabteilungen (SA) anschlossen. Die meisten von ihnen waren Kriegsteilnehmer, viele auch Offiziere gewesen und nicht wenige hatten, ehe sie der SA oder NSDAP beitraten, in nationalistischen Freikorps schon eine aktivistische Rolle gespielt. Soziologischer Prototyp der Aktivisten des deutschen wie des italienischen Faschismus war der heimgekehrte Frontsoldat, der aus psychologischen oder sozialen Gründen den Wiedereintritt in das zivile Leben nicht schaffte oder aus politisch-ideologischen Gründen nicht wünschte, statt dessen in nationalen Kampfbünden die Fortsetzung einer heroisch-kriegerischen Existenz suchte und die Methoden militanter Gewalt auf die Austragung politischer und weltanschaulicher Gegensätze übertrug. Es war vor allem diese aktivistische Militanz, welche den neuen völkischen Trotz-Nationalismus der jungen Generation vom bürgerlichen Vereins-Nationalismus der Zeit vor 1914 unterschied. Er kennzeichnete auch den Unterschied zwischen der NSDAP mit ihrem aggressiven Agitations- und Straßenkampfstil und anderen ihr ideologisch durchaus gesinnungsverwandten Gruppierungen der nationalen Rechten, etwa der Deutsch-völkischen Freiheitspartei, die soziologisch und habituell weit stärker den Typus der traditionellen Honoratiorenpartei verkörperten. Nicht zuletzt aufgrund ihrer pseudorevolutionären Militanz und des über die Grenzen der Legalität hinausgehenden Aktivismus vermochte die NSDAP in den Krisenzeiten der Weimarer Republik zur durchschlagskräftigsten politischen Organisation der nationalen Rechten zu werden und vor allem die junge Generation des nationalen Bürgertums, in beachtlichem Maße aber auch jüngere Kräfte aus den proletarischen Unterschichten in Stadt und Land anzuziehen.[10]

Für die meisten Aktivisten der NSDAP und SA, die nicht erst seit 1929/30 aus Opportunismus oder Zwängen der sozialen Not zur Hitler-Bewegung kamen, sondern schon vorher aus, ihrer Meinung nach, „idealistischen" Gründen zur NS-Bewegung gestoßen waren und als „Alte Kämpfer" ihren harten Kern bildeten, ist der politische Kampf mit seinen Sensationen und seiner existentiellen Erhöhung des Selbstgefühls zweifellos eine suggestive existentielle Erfahrung und Daseinsform geworden, die ihnen das Gefühl gab, jenseits bürgerlicher Normen und Konventionen einer großen politischen Mission dienen zu können. Wie die Utopie der Verschmelzung von Nationalismus und Sozialismus hat vor allem dieser militante, den „ganzen Mann" fordernde, pseudorevolutionäre Aktivismus, dem die NS-Bewegung weiten Raum bot, zu ihrer Attraktivität besonders bei der jungen Generation ganz wesentlich beigetragen.

Dieser Aspekt der NS-Bewegung ist in der marxistischen Geschichtswissenschaft bei der Erforschung und Darstellung des Nationalsozialismus bisher weitgehend vernachlässigt und zur Erklärung der breiten Massenbasis des Nationalsozialismus statt dessen in erster Linie nur die raffinierte nationale und soziale Demagogie der nationalsozialistischen Führer und überhaupt das manipulative Element der nationalsozialistischen Massenbeeinflussung besonders hervorgehoben worden.[11] Ein Erklärungsgrund hierfür liegt gewiß auch in der Tatsache, daß es hier einen peinlichen Punkt der Berührung mit dem militanten Kommunismus in der Weimarer Zeit gibt, der aus unserer Betrachtung nicht völlig ausgeklammert werden kann. Gegenüber dem legalistischen Reformsozialismus der SPD vor und nach dem Ersten Weltkrieg waren auch Weltanschauung und Aktionsstil der kommunistischen Bewegung in der Weimarer Zeit mit ihren vergleichsweise jungen Aktivisten in substantieller Weise vom Geist des Bürgerkrieges und/oder der Idee des Klassenkampfes geprägt. Wie im Lager des rechten bürgerlichen Nationalismus hatten Krieg und Revolution auch im Lager des linken Sozialismus eine qualitative Veränderung erfahren und einer vor 1914 unbekannten Militanz und Radikalität Auftrieb gegeben. Das leninistische Beispiel der Oktoberrevolution in Rußland trug dazu wesentlich bei. Von dem rundum auf Kampf und Bejahung des Völkerkrieges eingestellten Rechts-Nationalismus unterschied sich die „Militanz" des Kommunismus gewiß in gravierender Weise. Leninismus wie Spartakismus waren historisch ja gerade aus der Kriegsverneinung hervorgegangen und hatten sich aus jener linken Fronde der Arbeiterbewegung entwickelt, die die massenhafte Aufopferung und Verelendung der unteren Volksschichten durch den Krieg und die patriotische Einbindung in die Kriegssolidarität nicht mehr mitzumachen gewillt waren. Aber diese pazifistische Ausgangsmotivation verhinderte doch nicht, daß schon in den leninistischen Ideen von der besonderen revolutionären Mission der elitären Avantgarde der Arbeiterklasse eine ideologische Bejahung voluntaristischer militanter Revolution angelegt war und sich infolge der tatsächlichen Revolutionskämpfe, die daraus folgten, auch eine erlebnishafte Fixierung auf den aufopferungsvollen „Kampf" der Arbeiterklasse vollzog. Und es war gewiß auch von erheblicher Bedeutung, daß italienische Faschisten wie deutsche Nationalsozialisten sich dem durch kommunistische Revolutionsversuche oder -drohungen verängstigten Bürgertum gegenüber als kämpferische „Ordnungskraft" zur Sicherung bzw. Wiederherstellung der „guten alten Verhältnisse", und sei es mit terroristischen Mitteln, präsentieren konnten.

Nach der nationalsozialistischen Machtübernahme und raschen Monopolisierung der politischen Macht im Jahre 1933 bestand der wichtigste Beitrag der NSDAP und ihrer Gliederungen zur Kriegsvorbereitung sicherlich darin, daß sie schon in Friedenszeiten eine Art Kriegsorganisation des politischen Systems und der deutschen Gesellschaft herbeiführten. Schon die Beseitigung des Parteien-Pluralismus zugunsten einer geschlossenen sogenannten Volksgemeinschaft war dem Muster des Ausnahme- und Kriegszustandes und dem historischen Vorbild des 1914 von Wilhelm II. proklamierten vaterländischen Burgfriedens verpflichtet. Hinter der totalitären Erfassung und Durchorganisation der gesamten deutschen Gesellschaft durch die verschiedenen Gliederungen der NSDAP und die ihr angeschlossenen Verbände, hinter der ganzen Uniformisierungstendenz und dem forcierten Einheitszwang stand letzten Endes vor allem das Ziel einer optimalen Mobilisierung der deutschen Gesellschaft. Die totalitäre Erfassung diente der Mobilisierung aller Leistungsreserven und materiellen Ressourcen vor allem für die bald nach 1933 angekurbelte Rüstungs- und Autarkiewirtschaft und die Verbreiterung und Vertiefung der militärischen oder quasi-militärischen Ausbildung. Nicht zufällig wurde Hermann Göring, der nächst Hitler gewichtigste Mann der NS-Führung, an die Spitze der Organisation des Vier-Jahres-Plans gestellt, und erhielt auch die Vollmacht, Exponenten und Gliederungen der Partei für die Ziele dieses Plans einzusetzen. Und neben der Wehrmacht waren es vor allem die militanten Parteigliederungen, SA und SS, aber auch die Hitlerjugend (HJ) mit ihren Spezialabteilungen (Flieger-, Marine-HJ u. a.), ferner das Nationalsozialistische Kraftfahrer-Korps (NSSKK) und nicht zuletzt der unter Leitung des ehemaligen Stabsoffiziers Konstantin Hierl streng militärisch aufgebaute Reichsarbeitsdienst (RAD), welche die Tiefen- und Breitenwirkung der quasi-militärischen Ausbildung besorgten.

Das NS-Regime verstand es dabei in erstaunlichem Maße, solche durchgängige Militarisierung und Uniformierung umzusetzen in die Inszenierung großartiger Heerschauen volksgemeinschaftlicher Geschlossenheit, wie sie zwischen 1933 und 1938 z. B. bei den jährlichen Reichsparteitagen der NSDAP in Nürnberg stattfanden. Mit Hilfe monumentaler Choreographie, der grandiosen Flaggen-, Licht- und Steinarchitektur Albert Speers sowie der mindestens ebenso suggestiven nachträglichen Filmstilisierung durch Leni Riefenstahls Reichsparteitags-Film „Triumph des Willens" wurde das jährliche Nürnberger Spektakel zu einem Erlebnis für die ganze Nation gemacht und sollte ihr das Gefühl unübertrefflicher Stärke und Größe vermitteln.[12] Es waren primär solche Formen der militanten Selbststilisierungen, durch die die NSDAP und ihre Gliederungen zur Förderung nicht nur der Kriegstüchtigkeit sondern auch des Kriegsgeistes beitrugen; denn auch für die NSDAP blieb bis 1938/39 nach außen hin die Beteuerung grundsätzlichen Friedenswillens, mit der Hitler über seine wirklichen Ziele hinwegtäuschte, verpflichtend. Dies hatte insofern auch reale Bedeutung, als die große Mehrheit selbst der Mitglieder der NSDAP bis 1938/39 an den Friedenswillen Hitlers glaubte. Auch der enthusiastische Applaus für die großen nationalen Erfolge Hitlers in den Jahren 1935 bis 1938 beruhte wohl wesentlich darauf, daß diese Ziele ohne kriegerische Auseinandersetzung erreicht wurden. Wie schnell dieser Enthusiasmus brüchig werden konnte, zeigte sich im August/September 1938, als die von Hitler herbeigeführte internationale Krise wegen der Sudetenfrage bedrohliche Kriegsgefahr heraufführte und auch die lokalen Führer der NSDAP einen bedenklichen Stimmungsumschwung der Bevölkerung wegen der Furcht vor einem neuen Krieg zu registrieren hatten. In den erst zwanzig Jahre zurückliegenden schweren Kriegserfahrungen, die die deutsche Bevölkerung im Ersten Weltkrieg gemacht hatte, und der noch lebhaften Erinnerung vor allem der älteren Generation an diese Jahre lag auch für die NSDAP eine schwer übersteigbare Grenze der Verbreitung von Kriegsbegeisterung.[13]

Für den Kriegsfall waren der NSDAP, wie u. a. aus den geheimen Weisungen des Reichsverteidigungsausschusses vom 14. April 1937 hervorgeht, eine Reihe ganz bestimmter kriegswichtiger Aufgaben an der „Heimatfront" zugedacht. Sie sollte vor allem zur sozialen und psychologischen Abfederung der Kriegsbelastung der Bevölkerung beitragen und der Gefahr defaitistischer Volksstimmungen begegnen. Aus der genannten Weisung des Reichsverteidigungsausschusses, aus der hervorgeht, daß die NSDAP mit der „Aufklärung und Erziehung des Volkes für die Aufgaben im (!) Kriege" beauftragt wurde, kann allerdings nicht schon auf eine allgemeine „Einbeziehung der NSDAP in die unmittelbare Vorbereitung des Krieges" geschlossen werden.[14]

So sehr die NSDAP Militanz als Prinzip des ganzen nationalsozialistischen Organisationswesens und heroische Bejahung des Kampfes und Krieges in den vielerlei Bereichen nationalsozialistischer Erziehung und Schulung förderte, so war die Partei als solche doch an der unmittelbaren Kriegsvorbereitung kaum beteiligt. Ihre Hauptrepräsentanten, Rudolf Heß, der sogenannte Stellvertreter des Führers, sowie die meisten Reichsleiter und Gauleiter der NSDAP, wurden von Hitler bei der Planung seiner außenpolitischen Schachzüge auch kaum oder nur vereinzelt zu Rate gezogen und auch nur dürftig über sie unterrichtet. Eine Ausnahme bildeten nur diejenigen hohen Amtsträger der Partei, die, vor allem in Berlin und in München, zur engeren Entourage Hitlers gehörten und sein besonderes Vertrauen genossen. Insofern hält wohl auch das Nürnberger Urteil des Internationalen Kriegsgerichts, das der NSDAP und ihren führenden Hoheitsträgern insgesamt eine aktive verschwörerische Mitbeteiligung an der Herbeiführung der nationalsozialistischen Angriffskriege anlastete und sie deshalb als „verbrecherische Organisation" einstufte,[15] der nachträglichen historischen Einsicht nicht stand. Um nicht mißverstanden zu werden: Die Hauptrepräsentanten der NSDAP hatten kaum weniger Skrupel als Hitler, wenn es galt, mit erpresserischen propagandistischen und diplomatischen Mitteln ziemlich weit bis an den Rand des Kriegsrisikos zu gehen. Auch z. B. Göring, der nächst Hitler in den Jahren 1933 bis 1939 in der Außenpolitik die am meisten eigenständige Rolle spielte, war auf weite Strecken zu einer solchen halsbrecherischen Politik, die auf die Schwäche, Unentschlossenheit oder Nachgiebigkeit der potentiellen Gegner setzte, in hohem Maße fähig und bereit. Göring war es auch, noch mehr als Hitler, der mit solchen Methoden den Hilferuf der österreichischen Nationalsozialisten und die Kapitulation der österreichischen Regierung vor dem massiven deutschen Druck im März 1938 und mithin den Erfolg des „Anschlusses" erreicht hatte. Er und andere führende Nationalsozialisten, sogar Goebbels eingeschlossen, scheuten aber 1938/39 erkennbar einen großen Krieg.[16] Sie waren trotz der zunehmenden nationalen Hybris, von denen vor allem ihre nichtöffentlichen Äußerungen zeugen, dennoch primär an einem Ausbau der schon 1938 erreichten deutschen Hegemonialstellung und auch am persönlichen Genuß ihrer Machtstellung interessiert, die durch einen Krieg mit unwägbaren Folgen aufs äußerste gefährdet werden mußte. Noch weniger als die alten vornationalsozialistischen Eliten riskierten sie aber offenen Widerspruch gegen Hitler und sorgten im Gegenteil dafür, daß dessen kriegstreiberische Entschlüsse mit Hilfe der Partei- und nationalsozialistischen Propaganda unterstützt wurden. Die 1987 im Institut für Zeitgeschichte erfolgte Veröffentlichung umfangreicher bisher unbekannter Teile der Goebbels-Tagebücher aus den Jahren 1924 bis 1941 geben Gelegenheit, dies wenigstens am Beispiel des nationalsozialistischen Propagandaministers zu dokumentieren.

V. Dokumentation aus den Goebbelstagebüchern 1936–1939

Die vom Institut für Zeitgeschichte veröffentlichte Edition der Goebbels-Tagebücher,[17] auf der die folgende Dokumentation beruht, geht für die Jahre 1936–1939 auf einen Mikrofilm zurück, den sowjetische Archivare nach Auffindung der allerdings schon vorher ausgeplünderten und nicht mehr vollständigen Serie Goebbelscher handschriftlicher Tagebuch-Kladden in Berlin bald nach 1945 angefertigt haben. Es fällt auf, daß in dieser Filmkopie, die Anfang der 70er Jahre über die DDR in die Bundesrepublik gelangte, jeweils in besonders wichtigen Etappen der Innen- und Außenpolitik die einschlägigen Aufzeichnungen von Goebbels fehlen. Das gilt auch für die entscheidenden Wochen vor dem Anschluß Österreichs, vor dem Münchener Abkommen, dem Einmarsch in Prag und vor Beginn des Krieges gegen Polen. Es ist anzunehmen, daß diese Teile des ursprünglichen Tagebuches von daran besonders interessierten sowjetischen Amtsstellen oder Personen (möglicherweise für Prozeßzwecke o. a.) entnommen wurden, bevor die Verfilmung stattfand. Die folgende Dokumentation ist deshalb sehr viel schmaler als sie mit Sicherheit aufgrund des ursprünglichen vollständigen Tagebuchs ausgefallen wäre. Dennoch enthalten die ansonsten relativ vollständigen Tagebucheintragungen aus den Jahren 1936–39 interessante Elemente für unsere Dokumentation. Diese konzentriert sich auf vier sachliche bzw. ereignisgeschichtliche Schwerpunkte:
– die Besetzung der entmilitarisierten Zone des Rheinlandes und die Aufkündigung des Locarno-Paktes am 7. 3. 1936

- das Verhältnis zu Großbritannien, insbesondere im Zusammenhang mit dem Halifax-Besuch in Berlin im November 1937
- die Anzettelung der Tschechoslowakei-Krise durch Hitler im Sommer 1938
- die Vorgeschichte und den Beginn des Zweiten Weltkrieges.

Bei Hitlers Entschluß zu der besonders riskanten Besetzung der entmilitarisierten Zone des Rheinlandes zählte Goebbels im Kreis der Berater Hitlers zu denen, die anfänglich zur Vorsicht rieten. Am 29. Februar 1936 notierte er über ein Gespräch, das zwei Tage vorher in Berlin mit Hitler stattgefunden hatte:

„Mittags Führer. Göring auch da. Thema: Remilitarisierung des Rheinlandes. Noch etwas verfrüht ... Führer ringt schwer mit sich. Russenpakt (gemeint: der französisch-russische Beistandspakt) in der (französischen) Kammer angenommen. Nun noch zum Senat. Und nächste Woche Genf (gemeint: das Zusammentreffen der Außenminister der westlichen Mächte beim Völkerbund in Genf). Ich rate gegen Handeln in diesem Augenblick. Noch keine Handhabe. Locarno kann erst ange(packt)[18] werden, wenn Russenpakt perfekt ist. Der Führer trägt schwere Verantwortung ..."

Es ist nicht auszuschließen, daß Goebbels mit diesen Notizen auch einen Teil der Bedenken wiedergab, die nicht nur von ihm, sondern möglicherweise auch von Göring bei dem Gespräch mit Hitler vorgebracht worden waren. Unter demselben Tagebuchdatum (29. 2. 1936) folgen dann Eintragungen über eine Unterredung, die Goebbels am Freitag, 28. 2. 1936 während der Eisenbahnfahrt von München nach Berlin mit Hitler hatte.

„Im Zug lange Unterhaltung. Der Führer ist noch unschlüssig. Ich plädiere: nicht Handeln, bevor der Russenpakt nicht endgültig ratifiziert. Dann aber die Gelegenheit beim Schopfe fassen. So wird's wohl auch gemacht ..."

Hier irrte Goebbels. Hitler dachte gar nicht daran, noch lange zu warten. Schon am Sonntag, dem 1. März, ließ er bei einer Tischrunde in München wissen, daß er zum Handeln entschlossen sei. Daraufhin schwenkte auch der in der Regel hitlerhörige Goebbels schnell ein. Seine wahrscheinlich nach wie vor bestehenden Bedenken verraten sich in den Aufzeichnungen des folgenden Tages (2. 3. 1936) nur noch in dem forcierten Wortreichtum, mit dem er sich selbst gut zuzureden und Mut zu machen suchte:

„Führer kommt. Er ist nun fest entschlossen ... Er legt Papen ... und mir nochmal alle Gründe dar. Es ist wieder ein kritischer Augenblick, aber nun muß gehandelt werden. Dem Mutigen gehört die Welt! Wer nichts wagt, der gewinnt auch nichts. Wir reden über allerlei bei Tisch. Alle sind ganz feierlich, aber gelassen. Es wird wieder Geschichte gemacht! ..."

Am Montag, dem 2. März 1936, waren Hitler und Goebbels wieder in Berlin, und Hitler hatte einen kleinen Kreis seiner engsten politischen und militärischen Berater zur Erörterung der Rheinlandbesetzung für den späten Vormittag in die Reichskanzlei geladen. Wenige Stunden davor notierte Goebbels an diesem Morgen: „Ein entscheidender Tag. 11 h Reichskanzlei. Herr, segne unser Werk und gib uns Mut und Kraft und Klugheit." Über den Verlauf der Besprechung und das anschließende Tischgespräch mit Hitler berichtete er zwei Tage später in seinem Tagebuch am 4. März:

„... Reichskanzlei: Führer, Göring, Blomberg, Fritsch, Raeder, Ribbentrop. Führer trägt vor. Er hat Entschluß gefaßt: Am Sonnabend Reichstag. Dort Proklamation der Remilitarisierung Rheinland unter gleichzeitigem Angebot Rückkehr Völkerbund, Luftpakt, Nichtangriffspakt Frankreich. Damit wird aktuelle Gefahr vermindert, unsere Isolierung durchstoßen, unsere Souveränität endgültig wieder hergestellt ... Ein groß angelegter Plan. Fritsch hat 6 Tage nötig. Wir können aber nicht handeln, solange Genf noch tagt. Das ist der einzige unsichere Faktor. Wir überlegen lange hin und her ... Mittags Führer. Er ist sehr ernst. Fritsch ist nun klar über den Transport der Truppen. Nacht von Freitag auf Samstag. Alles muß blitzschnell geschehen. Wir tarnen durch S. A. und Arbeitsfront-Aufmärsche. Es wird gelingen. Die Militärs sind am bedenklichsten ..."

Drei Tage später fand wieder eine Tischrunde bei Hitler in der Reichskanzlei statt, an der auch Goebbels teilnahm. Er vermerkte darüber am folgenden Tag (Freitag, den 6. März 1936) in seinem Tagebuch:

„... Von allen Seiten kommen nun die Angstmeier im Gewand des Warners. Ich mag sie gar nicht mehr anhören. Das hat keinen Zweck. Gehandelt wird ja doch. Vor allem im A.(uswärtigen) A.(mt) sitzen sie in dicken Klumpen. Zu jedem kühnen Entschluß sind sie unfähig ... Hess und Frick sind gestern abend noch informiert worden ..."

Die späte Unterrichtung von Rudolf Hess, der ja zumindest nominell als Stellvertreter des Führers der NSDAP nächst Hitler die ranghöchste Führungsfigur der Partei war, zeigt, wie wenig Hitler bei seinen außenpolitischen Entscheidungen auf die Partei Wert legte. Noch geringeren Respekt hatte er offensichtlich vor dem Regierungskabinett. Erst Freitag, den 6. März, d. h. wenige Stunden vor der in der darauffolgenden Nacht anlaufenden Truppenverschiebung, unterrichtete Hitler das Reichskabinett über die Aktion. Goebbels schrieb dazu zwei Tage später (8. 3. 1936):

„Kabinett: Der Führer entwickelt seine Pläne. Mit tiefem Ernst. Aber auch fester Entschlossenheit. Das ganze Kabinett steht hinter ihm. Alle sind maßlos verblüfft. Aber nun gibt es kein Zurück mehr. Ich gebe Meldung von Einberufung des Reichstages (für den folgenden Samstag, 7. 3. 1936) heraus. Das ist die große Weltsensation. Alles weiß, was nun passiert."

Dann folgen unter demselben Datum (8. 3. 1936) Eintragungen über Hitlers Reichstagsrede am 7. März, den planmäßigen Gang der Aktion im Rheinland und schließlich über die mit großer Erleichterung aufgenommenen ersten Nachrichten über die im wesentlichen nur passiven Reaktionen Frankreichs und Großbritanniens:

„Frankreich will Völkerbund befassen. Recht so! Es wird also nicht handeln. Das ist die Hauptsache. Alles andere ist Wurscht. Flandin (der damalige französische Ministerpräsident) ziemlich ratlos. Die Reaktion in der Welt war vorgesehen. Der Führer ist maßlos glücklich ... Stimmen aus dem

Ausland immer besser. Abgehörte Telefonate ergeben: Die Diplomatie ist ganz ratlos. Und das Rheinland ein Freudenmeer. Der Einmarsch planmäßig verlaufen. Den Mutigen gehört die Welt. Nachher mit unserer ganzen Gesellschaft beim Führer ... Der Führer strahlt. England bleibt passiv. Frankreich handelt nicht allein ..."

Außenpolitische Spannungen, wie die der Rheinlandbesetzung, stachelten den Reichspropaganda-Minister, dessen ganze politische Karriere auf Aktivismus beruhte, immer wieder an, brachten ihn „in Form" und propagandistische Kampfesstimmung. Typisch seine Eintragung kurz vor der Rheinlandbesetzung am 6. 3. 1936: „Es ist wieder etwas los, und es gibt wieder etwas zu tun. Darauf freue ich mich vor allem. Man muß sich aufs Neue bewähren. Und das ist mir am liebsten." Aber die schnelle Bereitschaft zur propagandistischen Aktivität und Aggressivität wurde bei Goebbels damals und auch in den folgenden Jahren in bezug auf Hitlers riskante Außenpolitik doch immer wieder begleitet von der Furcht vor einem großen Krieg. Als durch Francos Intervention im Sommer 1936 zwischen der spanischen republikanischen Linken und den Franco-Nationalisten der förmliche Bürgerkrieg ausbrach, wechselten Goebbels' Tagebuchkommentare zwischen wütenden Attacken auf „die Roten" und solcher Besorgnis (so z. B. am 9. 8. 1936: „Algeciras in Flammen. Hoffentlich geht daran nicht die Welt in Brand.") Zum Jahreswechsel 1936/37 zeigte sich Goebbels in seinem Tagebuch angetan von der Friedlichkeit, mit der das Dritte Reich im vergangenen Jahr seine Ziele erreicht hatte und kommentierte einen telefonischen Neujahrsglückwunsch Hitlers an die Familie Goebbels mit der emphatischen Notiz (1. 1. 1937): „Ja, Glück und Frieden für uns alle!"

Das kommende Jahr 1937 entschied u. a. darüber, ob das von Hitler schon in seiner Schrift „Mein Kampf" und in seinem „Zweiten Buch" proklamierte Bündnis sowohl mit Italien wie mit Großbritannien verwirklicht werden konnte. Tatsächlich kam es nur zur Bildung der „Achse" Berlin–Rom, während Hitler selbst am meisten dafür sorgte, daß es mit Großbritannien zu keiner tragfähigen Verständigung kam. Das lag vor allem daran, daß internationale Verständigung aus seiner Sicht keine multilaterale Sache war, nicht auf dem Prinzip kollektiver Staatenbeziehungen beruhte, sondern auf der Grundvorstellung einer bilateralen Interessen-Sphären-Abgrenzung, innerhalb deren der jeweilige Bündnispartner in seinem Bereich mehr oder weniger souverän und unangefochten schalten und walten konnte. Wie das 1937 gefestigte Bündnis mit dem faschistischen Italien in Hitlers Augen darauf basierte, daß zwischen den italienischen imperialistischen Ambitionen (in Nordafrika und im Mittelmeerraum) und dem deutschen Expansionsdrang (in Mittel- und Osteuropa) kaum Berührung und Konkurrenz bestand, so lag auch seiner Vorstellung von einem Bündnis mit Großbritannien der Gedanke zugrunde, daß England sich aus Mittel- und Osteuropa heraushalten und Deutschland in diesem Raum „freie Hand" gewähren könne, während umgekehrt Deutschland Englands überseeisches Imperium respektieren würde. An der Tatsache, daß die britische Regierung nur unter der Bedingung einer Rückkehr Deutschlands zu einem wie immer gearteten System der kollektiven Sicherheit bereit war, deutsche Revisionswünsche oder Kolonialforderungen zu unterstützen, scheiterte letzten Endes Hitlers unrealistische Utopie eines Bündnisses zwischen den beiden „germanischen Völkern". In seinen öffentlichen Reden ebenso wie in seinen diplomatischen Gesprächen polemisierte Hitler während des Jahres 1937 aus solchem Grund zunehmend gegen die von London und Paris ausgehenden Bemühungen, Deutschland in ein neues Konzert der europäischen Mächte einzubinden, wobei auch Goebbels in seinem Tagebuch Hitler durchweg beipflichtete, so zum Beispiel am 29. 6. 1937:

„Führerrede in Würzburg hat großes Echo in London und Paris. Scharfe Absage an den Kollektivismus. Kein Vertrauen mehr zu internationalen Konferenzen. Auf die eigene Kraft vertrauen. Das verstehen die Brüder."

Und einen Tag später (30. 6. 1937):

„London hat es jetzt sehr eilig mit der Verständigung. Aber

im Rahmen des Kollektivsystems. Führer hat ihm die richtigen Antworten gegeben."

Aus dem Tagebuch ergibt sich gleichwohl der Eindruck, daß Goebbels der ursprünglichen Hitlerschen Idee einer Bündnispolitik mit Großbritannien länger anhing als Hitler selbst. Charakteristisch die Tagebucheintragung vom 5. 8. 1937: „Wir und London und Rom, das wäre eine echte Lösung der Europa-Krise." Im November 1937, im Zusammenhang mit dem Besuch des britischen Lordsiegelbewahrers und (ab 1938) Außenministers Viscount Halifax in Berlin, auf den Goebbels große Hoffnungen setzte, drang sogar Kritik an Hitler und an seiner einseitigen außenpolitischen Beratung (durch den zum Botschafter in London ernannten Joachim von Ribbentrop) in das Tagebuch ein. So am 16. November 1937, als infolge einer möglicherweise von Ribbentrop inspirierten scharfen deutschen öffentlichen Kritik an Londoner Kommentaren zu dem bevorstehenden Halifax-Besuch dessen Mission fraglich zu werden drohte: „Ich habe Sorge um unser Verhältnis zu England. Der Führer wird da von lauter Scharfmachern orientiert. Ribbentrop ist wütend, weil er in London nicht reüssiert." Aufgrund der Nachrichten des folgenden Tages notierte er dann unter dem selben Datum (16. 11. 1937) erleichtert: „Die Engländer reagieren nicht auf die Anzapfung ... Halifax kommt trotzdem. Das wird wohl Ribbentrop ärgern." Auch die weiteren Goebbels-Kommentare zum Halifax-Besuch sind stark auf einen pro-englischen Ton abgestimmt. Am 19. 11. 1937 notierte er: „Halifax beim Führer. Hoffentlich geht alles gut ..." Und dann am 22. 11. 1937:

„Zum Tee beim englischen Botschafter. Unterredung mit Halifax. Er ist ein sehr ruhiger, überlegter, kluger Mann ... Er ist von der Unterredung mit dem Führer sehr befriedigt. Macht sich keine Illusionen, aber will im Sinne der Verständigung wirken. Kein Wort von Italien. Aber Deutschland und England müßten zusammenkommen. Er werde dafür arbeiten ... Ich erkläre mich bereit, daß Meinige dazu zu tun ... Man muß diese Rasse bewundern ... Ich hoffe, daß nun die Verhältnisse besser werden. Das ist die Vorbedingung eines neuen fruchtbaren Verhältnisses. Und Kolonien bekommen wir auch. Man muß nur Geduld haben und warten können. Die Unterredung hat mich sehr befriedigt und in der Überzeugung bestärkt, daß wir mit England irgendwie zusammenkommen müssen . . ."

Am 24. November äußerte er wieder Besorgnisse:

„Mit Funk (damals Staatssekretär im Reichspropagandaministerium) über unser Verhältnis zu England gesprochen. Der Führer wird da glaube ich etwas einseitig informiert. Von Ribbentrop und Rom. Auch Neurath hat da Sorgen".

Am 26. November 1937 gab Hitler Goebbels gegenüber seiner viel schärferen Einstellung England gegenüber deutlichen Ausdruck. Goebbels schrieb darüber am 27. 11. 1937:

„Der Führer kommt nochmals auf den Halifax-Besuch zu sprechen. England will Kolonien geben – d. h. nicht selbst – aber nur im Rahmen einer Gesamtregelung. Also Rückkehr zum Völkerbund. Das kommt nicht infrage. In Mitteleuropa wolle es uns entgegenkommen. Aber das hat der Führer zurückgewiesen. Mitteleuropa geht England nichts an . . ."

Auf diese intransigente Linie, die praktisch eine Verständigung mit Großbritannien unmöglich machen sollte, schwenkte dann schließlich auch Goebbels nolens volens immer mehr ein. Aber selbst noch ein halbes Jahr später, nachdem wegen der Sudetenfrage eine massive deutsche diplomatische und propagandistische Kampagne gegen die Tschechoslowakei eingesetzt hatte, wurde Goebbels von zwiespältigen Gefühlen über Hitlers außenpolitischen Kurs bewegt. Das drückt sich unter anderem in der Tagebuchaufzeichnung vom 3. 6. 1938 aus. Sie bezeugt einerseits, daß Goebbels die Kampagne gegen „die Tschechei" voller Aggressivität unterstützte („dieser Dreckstaat muß weg. Je eher, desto besser . . ."), zeigt andererseits aber auch, daß nicht der Propagandaminister, sondern Hitler der Hauptantreiber war („der Führer geht jetzt stark gegen die Tschechei los. Da müssen wir immer wieder aufs Neue hetzen und putschen . . .") und gibt ferner erneut auch der Sorge über das Verhältnis zu England Ausdruck:

„Lange Aussprache mit Ribbentrop . . . Das Bild, das er von

der Außenpolitik entwirft, ist sehr mangelhaft und unklar. Er hat einen starken Haß gegen England und sieht in ihm unseren Erzfeind. Ich halte das nicht ganz für richtig. Er arbeitet auf eine allmähliche Dramatisierung der Prager Frage hin und meint, die Westmächte würden im Ernstfalle nichts unternehmen . . ."

Wie anläßlich der Rheinlandbesetzung Anfang März 1936 war Goebbels auch bei Hitlers Vabanque-Spiel gegenüber der Tschechoslowakei im Sommer 1938 offensichtlich nicht ganz wohl. Das äußerte sich aber jetzt meist nur noch darin, daß er sich trotz solcher bestehender Zweifel guten Mut zuzusprechen suchte; so etwa am 17. 6. 1938, als er notierte: „Der Führer ist fest entschlossen, bei der nächsten besten Gelegenheit Prag anzufassen. Und das ist auch richtig so. Auf andere Weise kommen wir doch nicht zum Ziel."

Darauf folgten, einen Monat später, am 17. 7. 1938, aber wieder Äußerungen starker Besorgnis:

„Ich finde, wir schimpfen zu oft und entwerten dadurch etwas unsere Kampagne. Unser Feldzug gegen Prag ermüdet das Publikum ein wenig. Man kann nicht monatelang eine Krise offenhalten . . . Im übrigen wächst im Lande Kriegspanik. Man glaubt, daß der Krieg unvermeidlich geworden sei. Wohl ist keinem dabei. So war es auch im Juli 1914. Wir müssen also mehr aufpassen. Sonst schliddern wir eines Tages in eine Katastrophe, die niemand will und die trotzdem kommt."

Durch den Abbruch der Tagebuchüberlieferung Ende August 1938 lassen sich leider keine weiteren Äußerungen von Goebbels aus den kommenden Wochen der sich mehr und mehr zuspitzenden Krise beibringen. Seine Eintragungen vom Juli und August 1938 zeigen immerhin, daß der Wechsel zwischen auftrumpfenden und stark besorgten Äußerungen anhielt. Wenn sich Goebbels dabei meist auf die unkommentierte Wiedergabe von Hitler-Äußerungen beschränkte, so verrät sich darin doch auch etwas Wesentliches: Er klammert sich verzweifelt an den Glauben an Hitlers überlegenes politisches Genie. Die folgende knappe Auswahl von Tagebucheintragungen vom Juli/August 1938 dient vor allem der Spiegelung sol-

cher Hitler-Äußerungen und der wachsenden Entschlossenheit Hitlers zur kriegerischen Auseinandersetzung.

25. 7. 1938: „Der Führer steckt ganz voll Sorgen und Planung. Die Frage der Sudetendeutschen muß mit Gewalt gelöst
werden ... Befestigungen im Westen sind noch nicht fertig.
Unsere Generäle in Berlin haben natürlich wieder die Hosen
voll. Aber das nützt nun doch nichts."

1. 8. 1938: „Was soll mit den sechs Millionen Tschechen
werden, wenn wir das Land einmal haben? Schwere, fast un-
lösbare Frage ..."

3. 8. 1938: „Verschärfung im Fernen Osten zwischen Tokio
und Moskau. Frage Krieg und Frieden steht auf des Messers
Schneide. Hoffentlich im Augenblick kein Krieg."

10. 8. 1938: „Der Führer grübelt nun über die Frage Prag
nach. Er hat sie im Geist schon gelöst und teilt bereits die neu-
en Gaue ein. Das ist großartig!"

12. 8. 1938: „Zwischen Tokio und Moskau Waffenstillstand.
Alles atmet erleichtert auf ... Dieser Krieg hätte uns gerade
noch gefehlt."

18. 8. 1938: „Göring spricht zu den Gauleitern. Nimmt Stellung gegen die Kriegspanik. Erklärt, daß alles auf das Beste
vorbereitet sei. Im übrigen verträgt unser Volk keinen langen
Krieg. Wir müssen Überraschungserfolge erreichen ... Der
Führer erzählt von den Westbefestigungen. Bis zum Eintritt
des Frostes werden sie fertig sein. Dann sind wir im Westen
unangreifbar. Frankreich kann dann nichts machen. Dann
reift die Lösung der mitteleuropäischen Pläne heran. Jedenfalls haben wir dann den Rücken frei. Der Führer ist entschlossen zu handeln, wenn es soweit ist."

21. 8. 1938: „... abends beim Führer. Wir unterhalten uns
über England. Er erklärt noch einmal, wie gerne er mit England in ein gutes Verhältnis kommen möchte ... Aber England
steht unserem expansiven Drang im Wege ..."

22. 8. 1938: „Nachmittags beim Führer zum Essen. Er hat
mit Brauchitsch und Keitel militärische Besprechungen. Da
steckt er jetzt ganz drin. Wir kommen auf die außenpolitische
Lage, speziell auf den Balkan zu sprechen ... Was da was

taugt, hat deutsches Blut. Wir sollen auch die ganzen Balkanstaaten nicht durch deutsches Blut auffrischen ... Wir dürfen diese Völker, speziell die Tschechen u. ä. Gelichter nicht hochpäppeln, wir werden sie vielmehr einmal herausdrücken. Wir wollen nicht diese Völker, wir wollen ihr Land. Der Führer ist in seinen außenpolitischen Anschauungen sehr klar, hart, aber auch folgerichtig ..."

24. 8. 1938: „Alles ist voller Sorge wegen der Frage Prag ... Das ist in der entscheidenden Frage immer eine Frage des Gefühls und des Glücks. Hoffentlich hat der Führer es wieder mal ..."

Für das Jahr 1939 fehlen, wie schon dargelegt, in den überlieferten Goebbels-Tagebüchern sowohl Eintragungen aus den Wochen vor der Zerschlagung der Rest-Tschechoslowakei (15. März 1939) als auch aus der Phase der unmittelbaren Vorgeschichte des Krieges gegen Polen bis zum Ende des Polen-Feldzuges (genau für die Zeit von Anfang Juni bis 8. Oktober 1939). Zum Abschluß dieser Dokumentation sollen trotzdem aus den Goebbels-Tagebüchern einige Notizen aus dem Jahre 1939 wiedergegeben werden, die die Einstellung des Verfassers zur Kriegsfrage und vor allem den zunehmenden Kriegswillen Hitlers beleuchten.

1. 2. 1939: „Mittags beim Führer. Er will auf den Berg (Obersalzberg) fahren und über seine nächsten außenpolitischen Maßnahmen nachdenken. Vielleicht kommt wieder die Tschechei dran, denn dieses Problem ist ja nur zur Hälfte gelöst. Aber er ist sich noch nicht ganz klar darüber. Vielleicht auch die Ukraine."

3. 2. 1939: „Mittags beim Führer. Der Führer spricht jetzt fast nur noch von Außenpolitik. Er wälzt wieder neue Pläne. Eine napoleonische Natur."

Nach dem deutschen Einmarsch in Prag, der Angliederung des Memel-Gebietes und dem Druck auf Warschau (wegen Danzig und der Korridor-Frage) der schließlich zur britisch-französischen Garantieerklärung für Polen führte, notierte Goebbels am 15. 4. 1939:

„London arbeitet weiter an der Einkreisung. Man spricht

vom bevorstehenden Krieg mit uns. Abenteurer. Wir müssen aber auf der Hut sein. Dieser altersschwachen Demokratie ist doch noch eine (...) Nervenstärke zuzutrauen."

Nachdem der Polenfeldzug beendet und es im Westen nach der Kriegserklärung Englands und Frankreichs (3. 9. 1939) nur zu einem fast bewegungslosen „Sitzkrieg" gekommen war, rechnete Goebbels in seinem Tagebuch noch mit der Möglichkeit der Vermeidung eines weltweiten Krieges, so am 12. 10. 1939: „Ob's zum richtigen Weltkrieg kommen wird? Das kann ja noch niemand sagen." Durch Hitler-Äußerungen wurde er aber rasch korrigiert (14. 10. 1939: „Der Führer ... ist froh, daß es nun gegen England losgehen kann und glaubt kaum noch an eine Friedensmöglichkeit". 18. 10. 1939: „Der Führer hat nur noch Verachtung für die englische Politik übrig").

22. 10. 1939: „... Empfang für die Reichs- und Gauleiter. Der Führer spricht zwei Stunden. Schildert unsere militärische und wirtschaftliche Überlegenheit und unsere Entschlossenheit, es, wenn es zum Kampfe (kommt), den er nun für fast unvermeidbar hält, (Deutschland) mit allen Mitteln und ohne Rücksicht zum Siege zu bringen. Und das Ende ist dann das große und umfassende Volksreich ..."

24. 10. 1939: „Der Führer denkt gar nicht mehr an Frieden. Er möchte England vor die Klinge bekommen. Über Böhmen und Mähren läßt er von den Engländern überhaupt kein Gespräch zu. Sie haben im Osten nichts zu suchen. Und die Regelung der Frage Polen ist ausschließlich eine Sache Deutschlands und Rußlands."

3. 11. 1939: „Wir sprechen über die Umsiedlung der Südtiroler. Der Führer hat für sie Burgund ausgedacht. Er teilt nämlich schon französische Provinzen auf. Er eilt in allen Maßnahmen der Entwicklung weit voraus. Wie übrigens jedes Genie."

7. 11. 1939: „Beim Führer. Er ist der Meinung, daß England einen k. o.-Hieb bekommen muß ... Der Schlag gegen die Westmächte wird nicht lange mehr auf sich warten lassen. Vielleicht gelingt es dem Führer, eher als wir alle denken, den

Westfälischen Frieden zu annullieren. Damit wäre dann sein geschichtliches Leben gekrönt ..."

17. 11. 1939: „Der Führer spricht über unsere Kriegsziele. Wenn man schon einmal anfängt, dann muß man auch die fälligen Fragen lösen. Er denkt an eine restlose Liquidation des Westfälischen Friedens, der in Münster abgeschlossen worden ist, und den er in Münster beseitigen will. Das wäre unser ganz großes Ziel. Wenn das gelungen ist, dann könnten wir beruhigt die Augen schließen."

VI. Die Rolle Hitlers auf der Grundlage der führerstaatlichen Struktur des NS-Regimes

Sinn der vorstehenden Dokumentation ist es nicht nur, die Haltung von Goebbels zur Frage Krieg oder Frieden zu beleuchten, sondern aus dem Blickwinkel seiner Tagebücher auch eine neue Beleuchtung der Anteile sowohl der alten konservativen wie der neuen nationalsozialistischen Eliten an der von Hitler inszenierten Kriegs- und Eroberungspolitik zu gewinnen. Aus dieser Sicht, die natürlich eng begrenzt ist, wird immerhin deutlich, daß die konservativen Spitzen sowohl der Wehrmachtsführung wie des Auswärtigen Amtes bei besonders riskanten Schachzügen Hitlers wie der Rheinland-Besetzung und der massiven Kampagne gegen die Tschechoslowakei noch am ehesten Bedenken und Warnungen, wenn auch nicht sehr entschieden geltend machten. Dagegen konnte Hitler bei den aus der NSDAP selbst hervorgegangenen neuen Potentaten des Dritten Reiches, auch wenn diese wie Göring und z. T. auch Goebbels erhebliche Bedenken hatten, letzten Endes immer auf eine fast vollständige Unterwerfung unter seinen Willen rechnen. Hier war das Führer- und Gefolgschaftsverhältnis fest eingespielt.

Nicht wenige Tagebuch-Notizen Goebbels über Hitler-Äußerungen zur Außenpolitik in dieser Phase beziehen sich auf die mittäglichen Tischrunden in der Reichskanzlei, bei denen Hitler am liebsten nur Parteileute um sich hatte und er sich

61

entsprechend offen und rückhaltlos aussprechen konnte. Die von Goebbels wiedergegebenen, oft zynisch-brutalen Äußerungen Hitlers über seine außen- und kriegspolitischen Zielsetzungen in dieser Runde lassen diese in makabrer Weise als tatsächliche Verkörperung jenes Zerrbildes einer kriminellen Verschwörung zur Kriegs- und Eroberungsplanung erscheinen, das das interalliierte Militärtribunal in Nürnberg später seinen Anklagen wegen „conspiracy and aggression" zugrundelegte. Hier sprach Hitler, wie aus der vorstehenden Dokumentation ersichtlich, offen aus, daß England „unserem expansiven Drang im Wege" stehe und gab seine rasse- und raumpolitischen Expansionsziele in ungeschminkter Offenheit zu erkennen, so wenn er (vgl. oben S. 59) laut Goebbels-Tagebuch vom 22. August 1938 in bezug auf die slawischen Nachbarvölker Ostmitteleuropas, erklärte: „Wir wollen nicht diese Völker, wir wollen ihr Land." Ebenso bemerkenswert ist die vor allem für die Jahre 1938/39 bei Goebbels bezeugte immer ungeduldiger und rabiater werdende Aggressivität Hitlers, die jetzt mehr und mehr Selbstzweck wurde und sich kaum noch einer rationalen Kontrolle und auch nicht mehr unbedingt den an sich in Hitlers Denken vor-fixierten weltanschaulichen und programmatischen Prioritäten unterordnete. Deshalb das Schleifenlassen der ab Herbst 1937 kaum noch ernsthaft betriebenen Versuche, mit England zu einer Verständigung zu gelangen. Deshalb nach München, wo Hitler sich gezwungen sah, an den gehaßten internationalen Konferenztisch zurückzukehren, der anschließend umso größere Drang, bald zu einem anderen gewaltsamen Schlag auszuholen. Bezeichnend für die Auswechselbarkeit der Aggressionsziele Hitlers ist in diesem Zusammenhang die von Goebbels in seinem Tagebuch am 1.2. 1939 bezeugte Äußerung Hitlers, daß es zwar zu neuen außenpolitischen Überraschungsschlägen entschlossen sei, aber noch nicht wisse, ob er zuerst gegen Prag vorgehen oder die Ukraine-Frage hochspielen solle. Letzteres bezog sich auf die nach München mithilfe auch nationalistischer ukrainischer Exilgruppen in Deutschland ventilierten Absichten, die tschechoslowakische Karpatho-Ukraine als eine Art Sprungbrett und „Piemont" für eine gegen die Sowjetunion (und gegebenenfalls auch gegen Polen) zielende ukrainische Staatsbildung unter deutschem Protektorat zu benutzen. Dem schließlich seit April 1939 gefaßten Entschluß, gegen Polen mobil zu machen, opferte Hitler, zum Entsetzen mancher seiner weltanschauungs-treueren Gefolgsleute, z. B. Alfred Rosenbergs,[19] durch den Pakt mit Stalin auch die bisher unverbrüchlich erscheinende antibolschewistische Grundeinstellung wenigstens zeitweilig auf. Nicht minder bemerkenswert erscheinen die letzten in der vorstehenden Dokumentation zitierten Hitler-Äußerungen vom Spätherbst 1939, in denen er im Gegensatz zu den grundsätzlichen – durch den Pakt mit Stalin aber blockierten – nach Osten zielenden Expansions- und Kriegsabsichten, nunmehr die nach Westen gerichtete Utopie der Wiederherstellung des alten mittelalterlichen Reichsbodens, unter Einschluß von Burgund, und die Liquidierung des Westfälischen Friedens als finales Kriegsziel ausgab. Auch dies ist ein Zeugnis dafür, wie sehr Hitler im Rahmen seiner sogenannten Weltanschauung doch bereit und fähig war, konstellationsbedingt Ziele und Legitimationen seines überbordenden Macht- und Expansionswillens unbedenklich auszuwechseln.

Gewiß, für alle diese diversen Ziele – die Herstellung Großdeutschlands, die Hegemonie über Mittel- und Osteuropa, die antibolschewistische wie die antislawische Stoßrichtung ebenso wie für die Beschwörung der alten Reichsidee oder des postulierten großgermanischen Reiches – gab es im Erbgut deutschen nationalistischen Denkens Vorläufer und vorangegangene Optionen, auf die Hitler bei wechselnden machtpolitischen Konstellationen und Zielsetzungen jeweils zurückgreifen konnte. Insofern handelte und plante er nicht voraussetzungslos und nicht nur höchstpersönlich. Aber die zitierten Goebbels-Tagebucheintragungen bestätigen und bekräftigen doch andererseits eine Evidenz, die auch aus zahlreichen anderen Quellen hervortritt: die letzten Endes beherrschende Rolle Hitlers bei dem Weg Deutschlands in den Zweiten Weltkrieg. Dabei ist noch einmal zu wiederholen, was in diesem Beitrag schon mehrfach festgestellt wurde: Die nationalkonservativen Mitträger des NS-Regimes haben unleugbar wesentlich dazu beigetragen, Deutschland möglichst schnell kriegsfähig zu machen, und die Organisationen und Funktionäre der NSDAP sorgten dafür, jene Geschlossenheit und Mobilisationsfähigkeit der deutschen Gesellschaft herbeizuführen, die für einen optimalen Kriegseinsatz gebraucht wurde. Aber schließlich war es doch Hitler persönlich, der, mit bemerkenswert geringer Rücksicht auf seine alten konservativen Regierungspartner wie auch gegenüber der eigenen Partei, in der Außen- und Kriegspolitik schließlich seinen Willen durchsetzte und sich zuletzt als der eigentliche Motor des Geschehens erwies. Diese höchstpersönliche Entschlußbildung Hitlers in fast allen relevanten Stadien der deutschen Außenpolitik in den Jahren vor dem Krieg wird aus der Sicht Goebbels' durch eine Reihe bemerkenswerter Charakteristika unterstrichen:

– die Einsamkeit der Entschlüsse Hitlers, der sich, um große „Geschichte" zu machen, immer wieder aus dem politischen Tagesgeschehen Berlins in die entrückte Welt seines Berghofs zurückzog;

– die späte, nur partielle und ganz unzulängliche Unterrichtung der wichtigsten Behörden- und Organisationschefs des Dritten Reiches über solche weitgehenden Entschlüsse sowie der rapide Verfall jeglicher Form kollegialer Beratung in dem zunehmend auf Hitler ausgerichteten und fragmentierten politisch-administrativen System des NS-Regimes;

– die mit der wachsenden Absolutsetzung Hitlers und seiner Abkehr von geregelten Formen kollegialer Regierung gleichfalls wachsende Intransigenz und Radikalität seiner Zielsetzungen, die offenbar sogar Goebbels gelegentlich erschrecken ließ.

Diese Evidenz wirft die generelle Frage nach der Bedeutung des persönlichen Faktors Hitler in der Geschichte der nationalsozialistischen Bewegung und der NS-Herrschaft auf. Diese Frage ist auch in der Geschichtswissenschaft der Bundesrepublik bisher keineswegs einheitlich beantwortet worden. In der Geschichtswissenschaft und historischen Faschismus-Forschung der DDR ist sie, offenbar auch aus stark weltanschaulich bedingter Verlegenheit, eher umgangen und kaum überhaupt systematisch gestellt worden. Daher auch das auffällige Fehlen jeder Hitler-biographischen Darstellung in der DDR im Rahmen ihrer ansonsten doch inzwischen recht ausgebreiteten Forschungen zur Geschichte des Nationalsozialismus. Besonders bedauerlich ist dabei auch, daß die für die Faschismus-Theorie zweifellos produktive Marxsche Bonapartismus-Analyse nicht weiterentwickelt und nicht auf die faschistischen „charismatischen" Führerfiguren angewandt wurde.

Für das offensichtlich große Zögern und Widerstreben innerhalb der marxistischen Faschismus-Forschung, den Faktor Hitler als ernst zu nehmende Ursache in dem Geschichtsprozeß einzusetzen,[20] läßt sich auch aus der Perspektive der nicht-marxistischen Geschichtswissenschaft manches Verständnis aufbringen. Auch hier sind immer wieder starke Bedenken gegen eine Hitler-zentristische Deutung der Geschichte des Nationalsozialismus geäußert worden.[21] Solche Bedenken beruhen einmal darauf, daß jede Form der biographischen Annäherung an Hitler ihn schon implizit in die Reihe der großen Persönlichkeiten der Geschichte zu stellen und einer Überhöhung der Idee von der Rolle der Persönlichkeit in der Geschichte Vorschub zu leisten geeignet ist, was gerade im Falle Hitlers in höchstem Maße peinlich erscheint. Die stärksten Bedenken gegenüber Hitler-biographischer oder überhaupt stark Hitler-bezogener historischer Darstellung der NS-Zeit gründen aber wohl auf der Befürchtung, daß dadurch unausgesprochen eine apologetische Entlastung der vielen großen und kleinen Mitträger des NS-Regimes und – geleitet von der Vorstellung einer auch das deutsche Volk beherrschenden Hitler-Diktatur – eine allgemeine Exkulpation „der Deutschen" nolens volens impliziert sein könnte. Die im engeren Sinne wissenschaftlichen bzw. erkenntnistheoretischen Skrupel einer Hitler-personenbezogenen Geschichtsdarstellung beruhen schließlich auch auf der Tatsache des in diesem Falle extremen Mißverhältnisses zwischen den enormen geschichtlichen Auswirkungen der Tätigkeit dieses Mannes und der kaum faßbaren, in Nichtigkeit und Mediokrität zerfließenden privat-persönlichen und geistigen Statur dieser deshalb gelegentlich auch als „Unperson" bezeichneten Figur. Bestand doch die Bedeutung dieses Mannes in extremem Maße nicht darin, was er persönlich war, sondern darin, was er demagogisch und agitatorisch artikulierte, was er an von außen kommenden Energien in sich aufspeicherte und wieder entlud, was er mobilisierte und integrierte. In vieler Hinsicht kann man Hitler deshalb als Medium oder Katalysator von Energien und Prozessen bezeichnen, die außerhalb dieses Mannes entstanden und begründet waren, aber ohne die Bündelung und Umsetzung in und durch diesen Mann nicht in gleichem Maße geschichtsmächtig gewesen wären. Ich neige deshalb dazu, nicht von der Person Hitlers, sondern von dem „Faktor Hitler" zu sprechen, und ich halte es für wichtig, diesen Personen-Faktor selbst als eine Struktur zu begreifen und zur Darstellung zu bringen.

Mit der Ausklammerung Hitlers aus der historischen Betrachtung oder seiner Herabstufung zum „Staragenten" des Monopolkapitalismus wird die Geschichtsmächtigkeit des „Faktors Hitler", der für das Verständnis der Wirkungsweise des Nationalsozialismus unentbehrlich ist, aber grundsätzlich verfehlt. Dabei ist einzuräumen, daß auch die Hitler-Forschung und die Hitler-Biographik in der Bundesrepublik und überhaupt innerhalb der westlichen Geschichtswissenschaft, so umfangreich und vielgestaltig sie ist, der gegenteiligen Gefahr einer naiv-persönlichkeitsgeschichtlichen Darstellung und Bewertung Hitlers nicht immer entgangen ist und die schwierige, aber notwendige Aufgabe einer gleichzeitig personen- wie strukturgeschichtlichen Erklärung des „Faktors Hitler" noch keineswegs befriedigend gelöst hat.

Gerade aus der komplizenhaften Nähe, der Gesinnungs- und Sprachverwandtschaft eines Joseph Goebbels zu Hitler, der schon Monate vor der Besetzung Böhmens und dem Feldzug gegen Frankreich die Provinzen dieser Länder in Gedanken aufteilte und in der eingebildeten metaphysischen Höhe seines Berghauses ausgrübelte, wie er die nächsten großen Kapitel deutscher Geschichte despotisch diktieren könne, kommt das von Goebbels adorierte napoleonische „Genie" Hitlers auch in seiner ganzen Fratzenhaftigkeit zum Ausdruck. Wenn die vorstehende Dokumentation aus den Goebbels-Tagebüchern insofern durchaus geeignet ist, bei der historischen Einordnung Hitlers jegliche schöngeistig-idealistische Version geschichtlicher Größe zu verbannen, so läßt sich doch andererseits auch erkennen, daß der persönliche Faktor Hitler sich weder strukturgeschichtlich noch marxistisch-dialektisch einfach auflösen läßt. Schon bei der historischen Bestimmung der großen Bedeutung, die Hitler vor 1933 sowohl parteiintern wie in bezug auf die Massenwirksamkeit des Nationalsozialismus zukam, sind mindestens zwei Gründe zusammenzusehen: einerseits das herausragende agitatorisch-demagogische Vermögen Hitlers und seine außerordentliche missionarische Passion und politische Zielstrebigkeit, andererseits die hochgradige historisch und sozialpsychologisch vorgeformte Führer-Erwartung vor allem in den national gesinnten unpolitischen Schichten des deutschen Mittelstandes und der bäuerlichen Unterschichten. Die halb politische, halb pseudoreligiöse Führer-Heils-Erwartung kam naturgemäß in den Zeiten nationaler und wirtschaftlich-sozialer Depression besonders zum Zuge, so 1922/23 und später ab 1929/30. Daß sie in so erstaunlichem Maße auf Hitler projiziert werden konnte, hing auch davon ab, daß die Partei, die er anführte, mangels genügender ideologisch-programmatischer Kohärenz das Führer-Charisma als politisches Integrations- und Erfolgsmittel dringend brauchte und dementsprechend den Hitler-Nimbus systematisch steigerte und immer wieder als ihr wirksamstes Propaganda-Instrument einsetzte. Die aus monarchisch-obrigkeitsstaatlicher Tradition, nicht zuletzt aus der deutsch-protestantischen Verquickung von nationalem, sozialem und seelischem Erlösungsbedürfnis stammende, stark religiös getönte Führer-Erwartung lieferte dafür einen besonders günstigen Resonanzboden. Hitlers persönlich-psychologische Fixierung auf solche Erlösungsbedürfnisse und seine Kunst, sie rethorisch-demagogisch zu beschwören sowie der massive Einsatz nationalsozialistischer Propaganda waren weitere wesentliche Gründe der Geschichtsmächtigkeit des Hitlerschen Führer-Mythos. In der Zeit nach 1933, als dieser Mythos mit den Mitteln des totalitären Staates noch ins Unermeßliche vergrößert wurde, spielten als Hintergrund vor allem die Erfolge des NS-Regimes bei der Überwindung der Wirtschaftskrise und der Massenarbeitslosigkeit und die Sensationen der erfolgreichen Außenpolitik, die nun fast ausschließlich Hitler zugerechnet wurden, eine wesentliche Rolle. Neben der bewußten Propaganda wirkten bei der Steigerung des Hitler-Nimbus auch zahlreiche Meinungsführer in der Gesellschaft einschließlich der Kirchen z. T. ungewollt mit. Die dauernde öffentliche Berufung auf Hitler, auch wenn es nur darum ging, eigene Interessen zu besorgen oder die eigene Unabhängigkeit zu bewahren, waren dabei ebenso öffentlichkeitswirksam[22] wie die opportunistisch-legitimatorischen intellektuellen Anstrengungen bedeutender Staatsrechtslehrer, die das theoretische Konstrukt des Führerstaates entwarfen und idealisierten.[23] Kaum zu unterschätzen ist auch das, was man als sozialpsychologische Kettenreaktion des Führer-Mythos bezeichnen könnte. Sie bestand darin, daß zahlreiche hochgestellte und einflußreiche Personen in Staat und Gesellschaft des Dritten Reiches, z. T. auch des Auslandes, die mit Hitler zu tun hatten, schon durch den ihm vorauseilenden Führer-Mythos stark befangen und dann ihrerseits vielfach schnell geneigt waren, bestimmte Äußerungen und Wesenszüge Hitlers ins Hochbedeutsame und Grandiose zu stilisieren.

Für das Verständnis unseres engeren Themas, der ausschlaggebenden Rolle Hitlers bei der Entfesselung des Zweiten Weltkrieges, ist es dabei besonders wichtig, die rasante Steigerung des Führer-Nimbus seit 1935/36 infolge der machtpolitischen Konsolidierung und großen Erfolge des NS-Regimes und die daraus folgende führerstaatliche Strukturveränderung ins Auge zu fassen. Schon seit den großen außenpolitischen Erfolgen der Jahre 1935/36 gewann Hitler auch bei zahlreichen hohen Offizieren der Wehrmacht und Diplomaten des Auswärtigen Amtes zunehmend das Ansehen überlegener politischer Instinktsicherheit und Unfehlbarkeit. Vor allem er selbst aber begann sich, wie aus den Zeugnissen von Zeitgenossen ersichtlich, mehr und mehr im Bunde mit der „Vorsehung" zu fühlen, wandte sich zunehmend von den innen- und parteipolitischen Tagesgeschäften ab, die er anderen (vor allem Göring, Himmler, Goebbels, Bormann) überließ und widmete sich selbst in wachsendem Maße den großen außen- und kriegspolitischen Weltanschauungsprojektionen.[24] Einige Hitler-Biographen haben die zunehmende Ungeduld, mit der Hitler, ohne eine Reifung der sensationellen Erfolge des Jahres 1938 abzuwarten, sich schon im Winter 1938/39 wieder neuen Expansions- und Kriegsplänen zuwandte, auch als Folge von Krankheitsanzeichen gedeutet, die Hitler fürchten ließen, nicht mehr lange zu leben.[25] Im Hintergrund dieser auffälligen Ungeduld, bei der Hitler auch sein früher bewiesenes taktisches Geschick des Abwarten-Könnens oft vermissen ließ, stand aber wohl vor allem die Furcht, daß der Rüstungsvorsprung Deutschlands vor den Westmächten aufgrund der seit München in Frankreich und Großbritannien stärker angekurbelten Rüstungsanstrengungen nicht lange gehalten werden könne und so schnell wie möglich in erfolgreiche Blitz-Feldzüge umgesetzt werden müsse. Bis zu einem gewissen Grade wurde Hitler hier mithin auch Sklave eines Handlungszwanges, den er mit der überstrapazierten Rüstungs- und Autarkiewirtschafts-Politik gegen manchen Rat, z. B. Schachts, selbst gesetzt und nicht abgemildert hatte.

Eine wichtige Rolle spielte ferner die schleichende Außerkraftsetzung derjenigen Instrumente rationaler Politikkontrolle, die bis 1935/36 in der Form noch einigermaßen regelmäßiger Kabinettssitzungen oder anderer Beratungen mit den kompetentesten Chefs in Wehrmacht, Diplomatie und Wirtschaft noch leidlich stattgefunden hatte. Hitlers Bedürfnis, sich durch nicht nur kompetente, sondern auch unabhängige Köpfe überhaupt noch objektiv informieren und beraten zu lassen, nahm seit 1936/37 rapide ab. Die Entlassung Schachts erst als Reichswirtschaftsminister (1937), dann (1939) auch als Reichsbankpräsident sowie die Ersetzung des erfahrenen Diplomaten und Außenministers von Neurath durch Ribbentrop Anfang 1938 und die gleichzeitige, durch die Verabschiedung Blombergs und Fritschs ermöglichte Übernahme des Oberkommandos der Wehrmacht durch Hitler selbst bzw. durch ihm weitgehend hörige Stabsoffiziere wie Keitel und Jodl waren Anzeichen dieser führerstaatlichen Umstrukturierung des Regimes. Ihre Folgen bestanden darin, daß persönlich eher schwache und willfährige Figuren wie Ribbentrop und Keitel, die Hitler mehr oder weniger nur nach dem Munde redeten, in militärisch-politische Spitzenstellungen gelangten. Sie fand auch darin Ausdruck, daß neue exklusive Machteliten, die in besonderem Maße auf das Führer-Gefolgschafts-Verhältnis festgelegt waren, wie die von Himmler und Heydrich mit der SS verschmolzene Sicherheitspolizei und der SD, zunehmend Einfluß gewannen und die regulären Organe des Staates gegenüber führerunmittelbaren Institutionen oder Sonderbevollmächtigten mehr und mehr zu bloß technischen Exekutiv-Organen des Führerwillens herabsanken.[26] Auch in bezug auf die Partei verschwand ab 1937/38 die vorher von Hitler immer wieder einmal vorgebrachte Idee der Bildung eines kollegialen obersten Parteiführungsgremiums, etwa in der Form eines dem italienisch-faschistischen Großrat nachgebildeten Parteisenats. Über die Belange der Partei befand immer weniger die in München residierende Dienststelle von Rudolf Heß in seiner Eigenschaft als Stellvertreter des Führers der NSDAP, sondern zunehmend der Hitler persönlich zugeordnete Parteisekretär Martin Bormann.

Es ist hier nicht der Ort, die komplizierte Form und Funktionsweise der führerstaatlichen Umstrukturierungen des NS-Regimes seit 1937/38 im einzelnen darzulegen. Diese schuf aber zweifellos entscheidende institutionelle, prozedurale und machtpolitische Voraussetzungen dafür, daß Hitler sich bei seinen außenpolitischen Entschlüssen in den Jahren vor Beginn des Zweiten Krieges mehr und mehr von der Staats- und Parteiorganisation absetzte und mithilfe persönlicher Stäbe und ihm besonders ergebener Sonderbevollmächtigter und Sonderinstitutionen eine Form der verabsolutierten Führerherrschaft begründen konnte, die sich deutlich von der Struktur des nationalsozialistischen Regimes in den ersten Jahren nach 1933 unterschied. Die Verabschiedung und/oder Degradierung von Exponenten der alten nationalkonservativen Eliten war dabei eine wesentliche Begleiterscheinung dieser Umstrukturierung. Gerade sie hatten in den ein bis zwei Jahren vor Beginn des Kriegs einen gravierenden Einfluß- und Machtverlust zu verzeichnen, nachdem sie lange vorher – auch durch die unwillkürliche Verquickung des Charismas des Volksführers Hitler mit der Tradition konservativer Verehrung monarchischen Gottesgnadentums zur Vergrößerung des Hitler-Mythos selbst wesentlich beigetragen hatten.

Ludolf Herbst
Der Krieg und die Unternehmensstrategie deutscher Industrie-Konzerne in der Zwischenkriegszeit

I.

Das Verhältnis der deutschen Großindustrie zum Zweiten Weltkrieg scheint einer Klärung nicht mehr zu bedürfen: Sie bereitete ihn rüstungswirtschaftlich vor, schaltete sich nach den ersten Siegen in die Ausbeutung Europas ein, brachte die Speersche Rüstungsmaschinerie zur Maximalleistung und verstrickte sich schließlich tief in die Verbrechen des nationalsozialistischen Regimes. Ohne die aktive Mitwirkung der deutschen Großindustrie hätte der Zweite Weltkrieg weder vorbereitet noch geführt werden können. Offenbar benötigten die maßgeblichen Industriellen die Erfahrungen zweier Weltkriege, um zu begreifen, daß Krieg sich nicht auszahlt und weder als Mittel der Politik noch als Instrument wirtschaftlicher Expansion taugt.

Mitwirkung an einem Verbrechen begründet zwar in jedem Fall Mitschuld, läßt aber in der Schuldzuweisung Abstufungen zu. Waren die Industriellen die Anstifter, die heimlichen Drahtzieher und Kriegstreiber oder hatten sie sich von den Politikern funktionalisieren und Stück für Stück in Aufrüstung und Krieg hineinziehen lassen, bis es kein Zurück mehr gab? War der Handel nolens volens der Flagge gefolgt oder hatte er dieser den Weg bereitet? Wie war die im Vierjahresplan und in der Speerschen Rüstungsorganisation zu beobachtende enge Zusammenarbeit zwischen NS-Bürokratie und Industriemanagern zu verstehen? Wer gab den Ton in dieser augenscheinlichen Interessengemeinschaft an? Die Antworten auf diese Fragen hängen vom Standort des jeweiligen Betrachters ab, sei dieser nun erkenntnistheoretisch oder politisch begründet.

Die Extrempositionen, die sich lange Zeit mit den Maximen „Primat der Politik" oder „Primat der Wirtschaft" verbanden, haben inzwischen im großen und ganzen differenzierteren Positionen Platz gemacht.[1] Die marxistische Theorie, wonach die in Monopolgruppen aufgesplitterten Wirtschaftsinteressen sich der staatlichen Institutionen als „Agenten" bedienten, gehört heute in der seriösen Wissenschaft ebenso der Vergangenheit an wie die apologetische These von der totalen Gleichschaltung der Industrie.[2] Der prinzipielle Gegensatz der „marxistischen" und der „bürgerlichen" Wissenschaft in der Frage des Verhältnisses von Politik und Wirtschaft besteht freilich trotzdem fort. Um so verblüffender ist das stille Einverständnis, das in beiden Lagern über den methodischen Zugang zum Thema zu herrschen scheint. Man sucht das Heil hier wie dort in einer politischen Analyse. Auf dem Prüfstand steht die „Politik" der Großkonzerne und der Industrieverbände gegenüber den Parteien, den Gewerkschaften und den Regierungen. Besonderes Interesse beansprucht das Verhalten der Industrie bzw. einzelner Industrieller gegenüber der NSDAP, der Machtergreifung Hitlers und den von der nationalsozialistischen Regierung verfolgten Zielen. Die Frage, wer in der Industrie wann und wieviel Geld für die Unterstützung der NSDAP aufgewendet hat und wer auf welchem Wege Hitler zum Reichskanzler vorschlug, hielt eine ganze Forschergeneration in Ost und West in Atem.[3]

Für ein großes Industrieunternehmen – kleinere tun sich da ohnehin schwer – ist die Pflege der Außenbeziehungen zum politischen Umfeld, die „Politik" aber nur ein Teil der Unternehmensstrategie, dessen politisch-ideologische Orientiertheit und Auffassungstreue zudem gern überschätzt wird. Im Grunde hat ja auch die Debatte um die Finanzierung Hitlers gezeigt, daß Industriekonzerne bemüht sind, sich auf alle politischen Eventualitäten einzustellen und möglichst viele Optionen offenzuhalten. Präferenzen, die es immer gibt, entspringen zudem nur zum Teil dem allgemein-politischen Umfeld oder den persönlichen Auffassungen der Industrieführer. Bis zum Beweis des Gegenteils sollte die Hypothese erlaubt sein, daß die Gesamtstrategie eines Unternehmens vorwiegend von ökonomischen Interessen geprägt ist.[4]

Um der Klischee-Vorstellung vom unpolitischen deutschen Unternehmer nicht Vorschub zu leisten, die nur zu oft in apologetischer Absicht vorgetragen wurde, ist es nützlich, einen Blick auf einen „unverdächtigen" Dritten zu werfen: Mit dem nationalsozialistischen Regime kooperierte ja nicht nur die deutsche Industrie – man weiß das, macht es sich aber zu selten bewußt. Zum Beispiel befanden sich die größten Autohersteller im damaligen Deutschland – Ford und Opel – in amerikanischem Besitz.[5] Das hinderte sie nicht daran, die deutsche Wehrmacht mit den im modernen Bewegungskrieg dringend benötigten Kraftfahrzeugen auszurüsten. Beide Werke zusammen lieferten 90% der leichten Lastwagen und 70% der schweren Lastwagen. Zudem wurden seit Kriegsbeginn etwa 50% aller Triebwerke des an den Fronten besonders gefürchteten deutschen Sturzkampfbombers Ju 88 bei Opel gefertigt. Später kam auch ein großer Teil der Turbinen der Me 262, des ersten fronttauglichen deutschen Düsenjägers, hinzu. Die Muttergesellschaft von Opel, General Motors, behielt während der gesamten Nazizeit die technisch-kaufmännische Leitung der deutschen Tochter, auch wenn sich die Verbindungen nach der Kriegserklärung des Reichs an die Vereinigten Staaten im Dezember 1941 schwieriger gestalteten und nur mit Hilfe der neutralen Schweiz aufrechterhalten werden konnten.[6]

Zur Rechtfertigung dieser politisch brisanten Unternehmensstrategie formulierte das Vorstandsmitglied von General Motors, Alfred Sloan, im April 1939 die Maxime: „an international business operating throughout the world should conduct its operations in strictly business terms, without regard to the political beliefs of its management, or the political beliefs of the country in which it is operating".[7] Offenbar behielt diese Maxime auch nach 1945 ihre Gültigkeit. Obgleich General Motors auf beiden Seiten der Front verdient hatte und durch seine deutsche Tochter auch in Hitlers schmutzigen Krieg verwickelt worden war, blieb der Konzern nicht nur vor peinlichen Nachforschungen bewahrt, sondern kassierte aus Mitteln der Bundesrepublik Deutschland sogar 33 Millionen Dollar Entschädigung für kriegsbedingte Zerstörungen an seinen westdeutschen Produktionsanlagen.[8]

Gleichwohl gibt es Unterschiede im Ausmaß der Verstrickung, die nicht verwischt werden sollen. General Motors kann da eine bessere Bilanz vorweisen als zum Beispiel Krupp oder die IG-Farbenindustrie AG. Aber darauf kommt es hier nicht an. Bemerkenswert ist vielmehr die Selbstverständlichkeit, mit der unterstellt und akzeptiert wird, die Unternehmensstrategie multinationaler Industriekonzerne folge einer sachimmanenten Logik und könne frei vom politischen Umfeld gestaltet werden. Auch wenn man diese Prämisse nicht teilt – die deutsche Entwicklung hat ja gezeigt, daß sie in dieser Radikalität wirklichkeitsfremd ist –, wird man doch von der Hypothese ausgehen dürfen, daß sich die Unternehmensstrategie großer Konzerne nicht primär im politischen, sondern primär im ökonomischen Koordinatensystem entwickelt und vorwiegend auf dieses Koordinatensystem bezogen bleibt. In der allgemeinen ökonomischen Entwicklung, in der Lage der Branche und in der Situation des eigenen Konzerns sind die zentralen Bezugspunkte jeder Unternehmensstrategie zu suchen. Behauptet man eine Kongruenz zwischen jeweiliger Regierungspolitik und Konzerninteressen, so hat man nachzuweisen, daß sich der Unternehmensstrategie keine anderen Handlungsalternativen boten, als sie die Regierung offerierte bzw. daß die Regierung auch aus der Perspektive des Firmeninteresses über die attraktiveren Möglichkeiten verfügte, zu Problemlösungen und zur Profitmaximierung zu kommen. Im Falle unseres Themas wäre zu zeigen, daß der kriegerischen Expansion aus der Sicht der Konzerninteressen der Vorzug vor friedlichen Alternativen wie der finanziellen und handelspolitischen Durchdringung (Penetration) oder der weltmarktorientierten Exportpolitik gebührten, und warum dies so war, wenn es denn so war.

Einer solchen Untersuchung steht eine Reihe von Schwierigkeiten entgegen. Zunächst reicht der Forschungsstand der Unternehmensgeschichte nicht aus, um genügend zuverlässige und hinlänglich repräsentative Daten darüber zu liefern, wie die großen deutschen Industrieunternehmen bei der Gestaltung der Firmenstrategie verfuhren, wie sie auf Krisen reagierten, ihre Absatzmärkte sicherten und neue eroberten, den Verkauf im Inland und weltweit organisierten, ihre Produktepalette der wechselnden Marktsituation anpaßten, ihre Produktion rationalisierten und ihre Forschung gestalteten.[9] Hier und da gibt es Daten, werden Umrisse erkennbar oder treten Konturen deutlicher hervor, aber die Unsicherheit bleibt insgesamt viel zu groß. Im Grunde gibt es auch heute nur ganz wenige Darstellungen, die wirklich Firmengeschichte bieten, den einzelnen Großbetrieb oder den Konzernverbund zum Bezugsrahmen nehmen und den handfesten wirtschaftlichen Teil der Unternehmensstrategie beschreiben.[10] Während wir relativ viel über die politischen Anschauungen und Präferenzen der bedeutenden Konzernherren und Industriemanager erfahren, tappen wir nur zu oft im Dunkeln, wenn es um die Frage nach den Interessen geht, die diese professionell verfolgten. Nur wenn wir sie genauer kennen, lassen sich aber erst jene Aktivitäten beurteilen, mit denen sie direkt in den politischen Raum hineinwirkten und die bisher das Interesse der Historiker vorwiegend gefangen hielten.

Eine weitere Schwierigkeit stellen die Begriffe dar. Unter dem Einfluß der leninistischen wie der bürgerlichen Imperialismustheorie ist es üblich geworden, die Unterschiede zwischen militärisch-kriegerischer Expansion und den Formen wirtschaftlicher Expansion – Ausdehnung der Exportmärkte, Gewinnung marktbeherrschender Positionen, Penetration fremder Staatswesen mit finanziellen und handelspolitischen Mitteln – zu verwischen. Sehr unterschiedliche Formen der Herrschaft, der Abhängigkeit und der Interdependenz werden mit dem politischen Kampfbegriff „Imperialismus" belegt und damit pejorativ besetzt: Imperialismus ist immer aggressiv, nützt in der Regel dem Industriestaat und schadet dem Rohstoffproduzenten oder dem Agrarland, kennt oder erlaubt keine Beziehungen, die beiden Partnern nützen, vor allem dann nicht, wenn ein Machtgefälle zwischen ihnen besteht. Der Erkenntnisgewinn, der mit der kategorialen und analytischen Verfeinerung der Begriffe „Handels"- und „Finanzimperialismus" an sich erzielt wurde,[11] geht auf diese Weise wieder verloren; denn der Begriffsverbund suggeriert, daß wir es beim Kriegs-, Finanz- und Handelsimperialismus nur mit verschiedenen Ausprägungen ein und derselben Sache zu tun haben und daß der „friedliche" Imperialismus dem kriegerischen nur zu oft vorangeht und die eine Form nur zu leicht in die andere umschlägt.[12] Wissenschaftliche Ergebnisse sind aber nicht zu erwarten, wenn man den im Rahmen einer weltweiten Verkaufsstrategie unternommenen Versuch deutscher Konzerne, den südosteuropäischen Markt für ihre Produkte zu „erobern", mit der Absicht verwechselt, einen blockadesicheren Großraum für Kriegszwecke zu schaffen. Hierauf wird noch zurückzukommen sein.

Ähnliche Probleme gibt es auch mit dem Begriff „Großraum". Er konnte in der Zwischenkriegszeit recht verschiedene Vorstellungen hervorrufen. Die Nationalsozialisten oder wenigstens ihr harter ideologischer Kern um Hitler, Rosenberg und Himmler verwandten ihn synonym mit dem Begriff „Lebensraum".[13] Dieser Raum sollte bekanntlich im Osten – in Rußland und seinen Randstaaten – liegen, mit militärischen Mitteln erobert und unterworfen werden und den Schauplatz für eine rassistisch-kolonialistische Vernichtungs- und Siedlungspolitik liefern.

Der Begriff wurde aber auch auf den Rückerwerb der ehemaligen deutschen Kolonien bzw. die Neubildung eines Kolonialreiches in Mittelafrika angewandt.[14] Auch in diesem Zusammenhang dachte man an Siedlung, aber wohl ohne jene extreme rassistische Komponente. Wichtiger war hingegen die Gewinnung eines Bezugsgebietes für Rohstoffe und Nahrungsmittel sowie eines Absatzmarktes für Industrieprodukte. Über die Art und Weise des Erwerbs dieses Kolonialreiches bestanden unterschiedliche Auffassungen.

Man mochte ihn sich als Ergebnis eines europäischen Kongresses, eines begrenzten europäischen Krieges oder gar eines Krieges gegen die großen Kolonialmächte vorstellen können.

Der Begriff Großraum wurde daneben aber auch für regionale Märkte angewandt, deren Mitglieder in besonderer Weise ökonomisch miteinander verbunden waren, sei es nun durch eine Zollunion, durch ein Präferenzhandelssystem oder durch andere Formen der wirtschaftlichen Kooperation.[15] Die Europäische Wirtschaftsgemeinschaft wäre im damaligen Sprachverständnis ein Großraum genannt worden. Vergleichbare Überlegungen, regionale Wirtschaftsräume in Europa – „Großräume" – zu schaffen, gab es bekanntlich auch schon in der Zwischenkriegszeit, und zwar nicht nur auf deutscher Seite.[16] Auch hierauf wird zurückzukommen sein. Sowohl im Interesse der Fragestellung dieses Beitrages als auch im Interesse des Erkenntnisfortschritts ist für die Verwendung einer Begrifflichkeit zu plädieren, die die Unterschiede zwischen den vielfältigen Formen „friedlicher" Expansion und der kriegerischen Expansion nicht verwischt. Außenhandelspolitik, zum Beispiel, ist, wenn sie Erfolg hat, immer expansiv, kann aber von kriegerischer Expansion und politischem Einfluß völlig unabhängig agieren.

Die Unternehmensstrategie der großen deutschen Konzerne wurde in der Zwischenkriegszeit vornehmlich von zwei exogenen Ereigniskomplexen bestimmt: vom Ersten Weltkrieg und den Nachkriegswirren sowie von der Weltwirtschaftskrise und der Machtergreifung der Nationalsozialisten. Beide Ereigniskomplexe prägten die Rolle in entscheidender Weise, die die kriegerische Expansion als Faktor oder als Kalkül in der Unternehmensstrategie und als mögliche Alternative zu anderen Strategien spielte.

II.

Die Vorstellung vom Krieg, vom Risiko und von den Möglichkeiten offener militärischer Expansion pflegt sich am vorangegangenen Krieg zu orientieren. Dies galt in besonderer Weise für die Zwischenkriegszeit; denn der Erste Weltkrieg gehörte nicht nur zum Erfahrungshorizont der in dieser Zeit Verantwortung Tragenden, sondern man war auch weithin davon überzeugt, daß dieser Krieg das Modell des modernen Krieges schlechthin gezeigt hatte. Man brauchte die erkennbaren Entwicklungslinien nur in die Zukunft auszuziehen, um eine realistische Vorstellung vom kommenden Krieg zu gewinnen. Für die deutsche Industrie stellte sich damit eine doppelte Frage. Wie war die materielle Bilanz des Ersten Weltkrieges aus ihrer Perspektive zu beurteilen, und was konnte man auf diesem Hintergrund von einem zukünftigen Krieg bestenfalls erhoffen, und was mußte man schlimmstenfalls befürchten?[17]

Ein wesentlicher Faktor der materiellen Bilanz waren die Profite. Die Profite der Einzelfirmen sind zunächst einmal unabhängig von der gesamtvolkswirtschaftlichen Gewinn- und Verlustrechnung und auch unabhängig von der Frage zu betrachten, ob ein Krieg gewonnen oder verloren wird. Auch wenn die volkswirtschaftliche Gesamt- und die betriebliche Einzelbilanz natürlich in vielfältiger Weise zusammenhängen, so kann die Bilanz einzelner Firmen doch auch bei hohen gesamtvolkswirtschaftlichen Verlusten und selbst nach einem verlorenen Krieg positiv sein.

Vom Krieg profitieren freilich nicht alle Firmen in gleicher Weise. Die größten Profite haben diejenigen Branchen zu verzeichnen, die im Zentrum des kriegswirtschaftlichen Bedarfs stehen. Eine Tabelle der Abschlüsse ausgewählter Aktiengesellschaften in den Jahren 1913/14 und 1915/16 zeigt die kriegsbedingte Verzerrung:[18] Sieht man auf die Höhe der Abschreibungen, der Reingewinne, der Dividenden und der Rückstellungen, so ragen neben den exorbitanten Zuwachsraten der Waffen- und Munitionsfabriken vor allem die klassischen Branchen der Schwerindustrie (Eisen- und Stahlwerke, gemischte Berg- und Hüttenwerke, metallverarbeitende Industrie, Schiffswerften) und der technologisch modernen Industrien (Elektrizitätsindustrie, Automobilindustrie, chemische Industrie) hervor. Von den „alten" Industrien verzeichnen einige wenige große Aktiengesellschaften der Textilindustrie und einige Betriebe der Lederindustrie Gewinnsteigerungen. Sie konnten sich, während es der Branche sonst eher schlecht ging, offenbar erfolgreich in die Bekleidung der Massenheere einschalten. Von den Konsumgüterindustrien weisen nur die Betriebe Gewinnsteigerungen auf, die wie die Zuckerindustrie und die Brauereien billigen Massenbedarf produzierten. Damit ist der Kreis der am Krieg verdienenden Branchen im großen und ganzen umschrieben. Die anderen Branchen hatten einen Rückgang der Gewinne zu verzeichnen oder schrieben gar rote Zahlen. Eine Sonderstellung nahmen die Betriebe des Stein- und Braunkohlenbergbaus ein: Obgleich der Schwerindustrie zugehörig und extrem kriegswichtig, konnten sie wegen begrenzter Ressourcen und rückläufiger Arbeitskräftezahlen – auch verminderte sich die Qualität der Arbeiter – offenbar nicht am Krieg verdienen.

Gewinner und Verlierer im industriellen Spektrum lassen sich auch an der Wanderung der Arbeitskräfte ablesen: Bei einem durchschnittlichen Rückgang der Arbeitskräfte infolge von Einberufungen um 8% verzeichnete einen Zuwachs: die chemische Industrie (+170%), die Maschinenbau- und Elektroindustrie (+49%), die Holzindustrie (+13%) und die Metallverarbeitung (+8%). Der Bergbau hatte einen Rückgang um 5% zu verzeichnen, lag damit aber noch um 3% über dem Durchschnitt. Überdurchschnittlich viele Arbeiter verloren dagegen: Steine und Erden (−59%), die Textilindustrie (−58%), das Baugewerbe (−57%), die Bekleidungsindustrie (−32%), das graphische Gewerbe (−31%), die Nahrungs- und Genußmittelindustrie (−24%), die Papiererzeugung und -verarbeitung (−20%) und die Lederverarbeitung (−17%).[19]

Neben den Profiten und dem Zuwachs an Arbeitskräften,

der freilich nicht in allen Fällen nach dem Kriege behauptet werden konnte, stehen andere Faktoren auf der positiven Seite der materiellen Bilanz einiger Branchen. Vor allem die großen Unternehmen der Schwerindustrie und der modernen Industrien profitierten in hohem Maße von den strukturellen Veränderungen im Zuge der Kriegswirtschaft. Sie wurden durch die Zusammenarbeit mit dem Staat bevorzugt und erhielten leichter Aufträge und staatliche Kredite, weil sie größere Mengen und diese oft besser, billiger und schneller produzieren konnten. Auch konnten sie ihre Interessen in der Zusammenarbeit mit staatlichen Stellen durch die Entsendung von Lobbyisten wahren, wozu kleinere Betriebe meist schon personell gar nicht in der Lage waren. Mit massiver staatlicher Hilfe wurden in wenigen Jahren die Produktionskapazitäten bei Nichteisenmetallen und Stickstoff ohne Rücksicht auf die Kosten hochgefahren, was im Frieden sehr viel länger gedauert hätte. In diesen Bereichen lag die Produktion 1918 mehr als doppelt so hoch wie 1913.[20] Zu den Veränderungstendenzen, die im Krieg außerordentlich beschleunigt wurden, sich im Frieden fortsetzten und die Wettbewerbsfähigkeit der großen Betriebseinheiten langfristig erhöhten, zählen zudem Konzentrations-, Zentralisierungs- und Rationalisierungsbestrebungen. Die kleinen und mittleren Betriebe hingegen wurden entweder aufgesogen oder fanden sich in einem von Konzernen und Syndikaten bestimmten Geschäftsumfeld wieder.

Unterstellt man eine rationale Interessenwahrnehmung, so wird die kriegerische Expansion für jene Branchen die größte Attraktivität besessen haben, die im Krieg Profite machten, in den Genuß langfristig vorteilhafter Strukturveränderungen kamen oder sich doch zumindest gut zu behaupten vermochten. In ihren Reihen befanden sich die meisten großen Industriekonzerne, deren „Geschäfte" für die gesamte Volkswirtschaft Bedeutung besaßen und deren Unternehmensstrategie schon allein deswegen von historisch-politischem Interesse ist. Ins Zentrum der Betrachtung rücken also die großen Konzerne der Schwerindustrie, des Maschinenbaus, der chemischen Industrie und der Elektroindustrie.

Die materielle Kriegsbilanz dieser Konzerne setzt sich freilich nicht nur aus den Gewinnzunahmen im Krieg, den wachsenden Belegschaften und ihren relativen Positionsgewinnen
im Vergleich zu den anderen Branchen zusammen, sondern
da ist auch noch eine Reihe anderer Faktoren zu berücksichtigen: die absolute Höhe der Produktion, die Produktivität, die
Rohstoffversorgung, die Investitionstätigkeit, die Marktanteile
im In- und Ausland, die Auslandsverbindungen, das Auslandsvermögen und der Patentschutz im Ausland sowie der Ver-
schleiß von Maschinen und Menschen.[21] Zu berücksichtigen
ist ferner, daß der Krieg verlorenging und daß sich infolge des
Versailler Friedensvertrages politische Schwierigkeiten von erheblicher ökonomischer Relevanz einstellten, die eine rasche
und durchgreifende Erholung verhinderten. Erst seit 1924/25
löste sich die wirtschaftliche Entwicklung der Weimarer Republik allmählich von den unmittelbaren Kriegsfolgen.

Zieht man dieses erweiterte Indikationsfeld in Betracht, so
ergibt sich ein etwas anderes Bild. Der gesamtgesellschaftliche
Verarmungsprozeß, den ein moderner Krieg wohl immer darstellt und der jedenfalls im Ersten Weltkrieg in Deutschland
eintrat, ließ die Großindustrie in den obengenannten Sektoren
keineswegs unberührt. So partizipierte die Schwerindustrie
zum Beispiel am absoluten Produktionsrückgang der Industrie, der von 1913 bis 1918 etwa 40% betrug. Im Bergbau
nahm die Produktion im gleichen Zeitraum um 17% und bei
Eisen und Stahl um 47% ab.[22] Die Gründe hierfür sind vielfältig: Die Zahl und Qualität der Arbeitskräfte nahm ab, die Ar-
beitsproduktivität ging zurück, und in der Versorgung mit
Rohstoffen und Energie traten Engpässe auf. Anders als in der
chemischen Industrie, die in der Produktion von Stickstoff
und NE-Metallen hohe Zuwachsraten erzielte, gelang es der
Schwerindustrie nicht, an der Kriegskonjunktur in vollem
Umfang zu partizipieren.[23]

Das Kriegsende und der Versailler Frieden brachten der
Schwerindustrie zudem überproportional hohe Verluste an
Produktionsstätten. So büßte das Reich rund 11% der Kapazi-
täten der Produktionsgüterindustrien und etwa 6,5% der Ka-

pazitäten der Konsumgüterindustrien ein. Verloren gingen im einzelnen: 79,9% der Erzförderung, 43,5% der Roheisengewinnung, 35,8% der Flußstahlgewinnung und 32,4% der Walzwerkfabrikation.[24] Die Produktion von Kriegsgerät, von jeher eine Domäne der Schwerindustrie, mußte zudem von einem Tag auf den anderen nahezu völlig eingestellt werden. Produktionsanlagen, die im Krieg einen wesentlichen Teil der Investitionen auf sich gezogen hatten, mußten auf den Friedensbedarf umgestellt werden und entpuppten sich als partielle oder völlige Fehlinvestitionen. Fehlinvestitionen bestimmten auch in anderen Branchen die Kriegsbilanz in hohem Maße. Die hohen Abschreibungssummen der großen Aktiengesellschaften erwiesen sich daher als durchaus berechtigt. Die Schwerindustrie kann also nicht so ohne weiteres als „Gewinner" des Krieges angesehen werden.

Aber auch die modernen Branchen der chemischen Industrie, der Elektrotechnik und des Maschinenbaus mußten erhebliche Einbußen hinnehmen. Zwar konnten sie ihre Produktion absolut steigern und besaßen in der Regel eine breite Produktionspalette, die sich relativ leicht vom Kriegs- auf den Friedensbedarf umstellen ließ, aber sie waren durch den Krieg für vier Jahre von den Auslandsmärkten abgeschnitten und wurden nach dem Krieg zunächst in zum Teil nachhaltiger Weise bei dem Versuch behindert, auf diese Märkte zurückzukehren. Insgesamt besaß das Reich 1913 einen Anteil von 22,9% an der Weltfertigwarenausfuhr. Diese Position ging im Krieg verloren. 1925 waren erst wieder 14,8% erreicht.[25]

In der Maschinenausfuhr hatte Deutschland 1913 den ersten Platz vor Großbritannien und den USA inne. 1925 lag der deutsche Maschinenexport weit abgeschlagen auf dem dritten Platz hinter den USA und Großbritannien. Erst 1929 übertraf der Gesamtwert des deutschen Maschinenexports (1,4 Milliarden RM) den des britischen (1,1 Milliarden RM), blieb aber immer noch weit hinter dem amerikanischen (2 Milliarden RM) zurück.[26] Ähnlich erging es Deutschland im Bereich der Elektroindustrie. So sank der Anteil Deutschlands an der Weltproduktion zwischen 1913 und 1925 von

34,9% auf 23,3%, während der der USA im gleichen Zeitraum von 28,9% auf 48,1% anstieg. Der Anteil Deutschlands am Weltexport sank von 46,4% 1913 auf 25,8% 1925, während der der USA von 15,7% 1913 auf 24,9% 1925 anstieg. Da die Weltproduktion und der Weltexport in dieser Branche stark expandierten, korrespondierte dem relativen Rückgang kein absoluter. So lag die deutsche Elektroproduktion 1925 (2 Milliarden RM) über der von 1913 (1,3 Milliarden RM), und der Export des Jahres 1925 (366 Millionen RM) übertraf den des Jahres 1913 (330 Millionen RM) knapp. Die dominante deutsche Vorkriegsposition am Weltmarkt war freilich dahin.[27]

Am deutlichsten kann an der chemischen Industrie abgelesen werden, was sich für den deutschen Export durch Krieg und Nachkriegszeit änderte. Vor dem Krieg besaßen die Deutschen für die Herstellung der die Branche völlig bestimmenden Teerfarben mit einem Anteil an der Weltproduktion von 88% beinahe ein Monopol. Nur in der Schweiz gab es eine nennenswerte Konkurrenz, auf die 6% der Weltproduktion entfiel. Der Weltmarkt wurde völlig von den Deutschen beherrscht. Im Krieg und in den ersten Jahren der Nachkriegszeit ging diese Position verloren. Frankreich, Großbritannien und die USA, deren Märkte zuvor von Deutschland aus beliefert worden waren, bauten eine eigene Farbenindustrie auf. Den Grundstock bildeten die enteigneten deutschen Filialen und die deutschen Patente. Infolgedessen halbierte sich Deutschlands Anteil an der Teerfarbenproduktion der Welt bis 1924 nahezu. Er fiel von 88% im Jahre 1913 auf 46% im Jahre 1924. Das Volumen des deutschen Teerfarbenexports ging noch stärker zurück. Es sackte bei gleichbleibender Weltproduktion bis 1925 auf weniger als ein Drittel des Vorkriegswertes ab, von 108 000 t im Jahre 1913 auf 34 400 t 1925. Neben den USA, Großbritannien, Frankreich und der Schweiz hatten sich nun auch Italien und Japan eine Teerfarbenproduktion aufgebaut. In der Regel wurden die neuen heimischen Industrien, die noch nicht voll wettbewerbsfähig waren, durch hohe Schutzzölle abgeschirmt, was den deutschen Export in der Nachkriegszeit erheblich behinderte.[28] „Der Krieg", so schrieb

Carl Duisberg später in seinen Lebenserinnerungen, „war zwar offiziell beendet, wurde aber in anderer Form weitergeführt. Der Wirtschaftskrieg hatte den menschenmordenden Krieg abgelöst".[29]

Der Negativbilanz im Farbensektor stand freilich eine positive Bilanz in der Stickstoffproduktion gegenüber. Die alliierte Blockade hatte Deutschland im Krieg vom Bezug von Chilesalpeter abgeschnitten, der zur Herstellung von Sprengstoff benötigt wurde. Um die Versorgung der Truppe mit Munition sicherzustellen, wurde die synthetische Produktion von Stickstoff – das Verfahren war bereits vor dem Krieg entdeckt worden – mit massiver staatlicher Unterstützung ausgebaut. Die größte Produktionsstätte errichtete die BASF in Leuna in der Nähe von Merseburg. Auf diese Weise entstand eine neue zukunftsträchtige Sparte chemischer Produktion – die Hochdruckchemie. Weil sie die Konkurrenz des Naturstickstoffs (Chilesalpeter) im Krieg nicht zu fürchten hatte und weil der Staat half, gelang es in wenigen Jahren, die synthetische Produktion von Stickstoff wettbewerbsfähig zu machen. Dies wurde freilich nur möglich, weil Stickstoff nicht nur zur Herstellung von Munition, sondern auch von Düngemitteln dient. Der Anteil des synthetischen Stickstoffs an der chemischen Weltproduktion nahm durch den Krieg einen ungeahnten Aufschwung, zumal auch andere Staaten dem deutschen Beispiel folgten. Er stieg von 7% im Jahre 1913 auf 39% im Jahre 1924 und auf 55% im Jahre 1927. Die deutsche chemische Industrie besaß einen erheblichen technischen Vorsprung und wurde nicht nur der wichtigste Hersteller synthetischen Stickstoffs, sondern produzierte allein auch mehr als alle anderen Länder zusammen.[30] Für eine kurze Zeitspanne – bis zur Weltwirtschaftskrise – hatte es den Anschein, als ob die Marktverluste im Farbensektor durch den Stickstoffexport nahezu wieder ausgeglichen werden könnten. Gleichwohl fand sich die deutsche chemische Industrie nach dem Krieg auf den Weltmärkten einer erschwerten Wettbewerbslage gegenüber.[31]

Versucht man ein Gesamtbild der Lage jener Branchen zu

gewinnen, die den vergleichsweise größeren Nutzen aus dem Krieg zogen bzw. den geringeren Nachteil in Kauf zu nehmen hatten, muß der Blick auch auf die politische Seite der Medaille fallen. Nur mit Mühe war es der Großindustrie gelungen, ihre Macht über die Revolution von 1918/19 zu retten und ihre Betriebe vor der Sozialisierung zu bewahren. Gleichwohl blieb das politische Umfeld, das die Weimarer Republik bot, aus der Perspektive der Industrie unwirtlich. Politisch gehörte sie zu den Verlierern der neuen Zeit. Zwar waren große Industrieführer wie Paul Silverberg, Robert Bosch, Carl Duisberg, Carl Bosch, Paul Reusch, Ernst Poensgen, Carl Friedrich von Siemens und Gustav Krupp von Bohlen und Halbach klug genug, sich ohne Umschweife auf den Boden der Tatsachen zu stellen, aber mehr als eine Haltung abwartender Neutralität brachten sie der Republik nicht entgegen.[32] Pragmatismus war Trumpf. „Das deutsche Unternehmertum", so konstatierte Paul Silverberg 1926 vor dem RDI, „steht restlos auf staatsbejahendem Standpunkt. Es mag der eine oder andere noch mehr oder weniger beeinflußt von Ressentiments mehr persönlicher Art sein: Alle ernsthaften und pflichtbewußten Menschen haben sich auf den Boden des heutigen Staats und der Reichsverfassung gestellt: der Reichsverfassung, die in allen Bestimmungen, mögen sie uns gefallen oder nicht gefallen, Respekt erheischt ..."[33] „Der bestverwaltete Staat", so meinte Carl Duisberg 1925 vor dem Reichsverband der deutschen Industrie, „ist nun einmal der beste Staat. Dabei hängt das Staatswohl nicht davon ab, ob monarchisch oder republikanisch regiert wird, sondern davon, wie regiert wird, davon, ob die Regierung das Wohl des Ganzen als oberstes Gesetz anerkennt und sie damit über allen persönlichen Interessen steht."[34] Davon freilich waren die Industrieführer, je länger die Republik dauerte, desto weniger überzeugt.

Die Zahl der Beschwerdepunkte wuchs von Jahr zu Jahr: Die Sozialpolitik sei nicht genügend an der Leistungskraft der Wirtschaft orientiert, die Steuerpolitik im Begriff, die Sozialisierung auf kaltem Wege nachzuholen, die Löhne seien zu hoch und die Arbeitszeiten zu kurz. Man beklagte eine fortschreitende Entwicklung zum Fürsorgestaat oder meinte gar konstatieren zu müssen, man lebe in einem „Gewerkschaftsstaat". In dieser nörgelnden Kritik an der Politik der wechselnden Regierungen der Weimarer Republik schlug sich nicht nur die innere Distanz zur Demokratie von Industriellen und Managern nieder, die im Herzen monarchistisch geblieben waren und aus der autoritären Führungspraxis in der Industrie die Untauglichkeit demokratischer Entscheidungsprozesse herleiteten, sondern in ihr kam auch die gefährliche Überzeugung zum Ausdruck, daß die politischen Rahmenbedingungen die Wettbewerbsfähigkeit der deutschen Industrie beeinträchtigten. Diese Auffassung entwickelte in der Weltwirtschaftskrise eine enorme Sprengkraft und wurde die Grundlage für einen innenpolitischen Revisionismus, der schließlich die Option für die Präsidialdiktatur und, als diese keine Massenbasis fand, für die nationalsozialistische Diktatur begünstigte.[35]

Mit dem Begriff „Revisionismus" läßt sich auch das Konzept umschreiben, mit dem die Großindustrie auf die Positionsverluste reagierte, die – einer günstigen betrieblichen Gewinnbilanz zum Trotz – infolge des Krieges und der Nachkriegswirren eintraten. Es handelte sich hierbei freilich nicht um einen politischen, sondern um einen ökonomischen Revisionismus. Es ging darum, wie von Muralt am 10. November 1925 im Hinblick auf die chemische Industrie an Carl Duisberg schrieb, daß die deutsche Industrie in den Stand gesetzt werde, „ihren Platz an der Sonne und auf dem Weltmarkte wieder zu erobern und gegen alle Angriffe des neidischen Auslandes zu behaupten".[36] Anders formuliert: Die Unternehmensstrategie war darauf ausgerichtet, die Wettbewerbsfähigkeit der großen Konzerne so weit zu erhöhen, daß sie sich nicht nur wieder behaupten konnten, sondern in der Lage waren, in einen Aufholwettkampf ohnegleichen einzutreten, der der deutschen Industrie jene führende Position auf dem Weltmarkt zurückgeben sollte, die sie vor dem Ersten Weltkrieg besessen hatte.

Diesem strategischen Ziel diente eine Vielzahl wechselseitig aufeinander bezogener Maßnahmen, die den Trend zur Konzentration, Zentralisierung, Rationalisierung und Kartellisierung außerordentlich verstärkten, der die industrielle Entwicklung seit Beginn des Jahrhunderts zunehmend mehr geprägt hatte.[37] Dieser Trend war nicht zuletzt durch das Vorbild der rasch aufsteigenden amerikanischen Industrie stimuliert worden, deren Dynamik offenkundig auf einer rationelleren Produktion in größeren Betriebseinheiten beruhte. Im Krieg bestätigten sich die großen Möglichkeiten, die in der Bildung größerer Produktionseinheiten und in der Rationalisierung steckten, zugleich verstärkten sich aber die staatskapitalistischen Elemente in der Industriestruktur. Nach dem Krieg gab es viele Gründe, das Heil in einer Veränderung der Organisationsstrukturen und der Fertigungsmethoden zu suchen. Die moderne, rationeller produzierende amerikanische Industrie war nun zum Hauptkonkurrenten geworden, gegen den es sich zu behaupten galt. Zudem wurde die deutsche Industrie durch die Kapazitätsverluste von 1919, die die gewachsene Verbundstruktur der großen Konzerne und ihre innere Arbeitsteilung vor allem in der Schwerindustrie nachhaltig zerstört hatte, förmlich auf den Weg der Reorganisation verwiesen. Die politisch bedingte Benachteiligung der ersten Nachkriegsjahre, die den Wiederaufbau behinderte, wies in die gleiche Richtung. Mehr denn je mußte die deutsche Industrie versuchen, eine ökonomische Antwort auf ihre Lage zu finden.

Die Zunahme der Konzentration der deutschen Industrie war die augenfälligste Veränderung. Im Jahrfünft vor der Weltwirtschaftskrise bauten die bereits bestehenden Konzerne ihren Besitz durch Erwerbungen aus oder fusionierten andere zu großen Mammutkonzernen von amerikanischen Ausmaßen. Am spektakulärsten war die Entwicklung in der Chemie. Am 2. Dezember 1925 übernahm die BASF das Vermögen der fünf größten Chemiekonzerne des Reiches, darunter die Farbenfabriken Friedrich Bayer und Co. und die Farbwerke Höchst. Aus der Fusion entstand das größte Industrieunternehmen in Deutschland und in Europa und der größte Chemiekonzern der Welt: die IG Farbenindustrie AG (IG).[38] Der Ausbau des Konzerns wurde in den nächsten Jahren rasch vorangetrieben durch Erwerb von Mehrheitsbeteiligungen sowie durch horizontale und vertikale Konzentration. 1926 erwarb die IG mit der Aktienmehrheit an der Dynamit-Nobel AG den größten Teil der deutschen Sprengstoffindustrie und schuf sich durch die Übernahme der Riebeckschen Montanwerke eine solide Rohstoffbasis in der Braun- und Steinkohle, die konsequent erweitert wurde. Die IG war der mit weitem Abstand größte Chemieproduzent in Deutschland. Keines der außerhalb des Konzerns verbleibenden Unternehmen erreichte auch nur 10% des Kapitals oder der Beschäftigten der IG. In der chemischen Industrie stand dem Riesen IG vielmehr eine Vielzahl kleiner und kleinster Produzenten gegenüber, die nicht in der Lage waren, die dominante Rolle des Konzerns zu gefährden. Sie können für die Zwecke unserer Untersuchung daher vernachlässigt werden.

Eine annähernd vergleichbare Zusammenballung industrieller Macht fand nur noch in der Stahlindustrie statt. Hier waren 1925 mit der Auflösung des in der Inflation eilig zusammengekauften Stinnes-Konzerns zunächst gegenläufige Tendenzen wirksam geworden, die sich aber nicht behaupteten. Ein Jahr später fusionierten vier der größten Stahlproduzenten, die Rhein-Elbe-Union, Thyssen, Phoenix und die Rheinischen Stahlwerke zu der Vereinigten Stahlwerke AG.[39] Der neue Konzern wurde der größte Stahlkonzern in Europa und nahm als Wirtschaftsunternehmen in Deutschland den dritten Rang hinter der IG und der Reichsbahn ein. Die Vereinigten Stahlwerke (VSt) stellten 1928/29 50% des Roheisens, 43% des Rohstahls und 40% der Walzwerkprodukte im Reich her. Anders als in der chemischen Industrie standen den VSt aber mit Krupp, der Gutehoffnungshütte, den Kloeckner-Werken und Hoesch durchaus potente Konkurrenten gegenüber. Sie verblieben außerhalb des Konzernverbunds und verhinderten damit eine industrielle Machtzusammenballung, die sich an amerikanischen Verhältnissen hätte messen können. So produzierte die United States Steel Corporation 1926 nahezu dreimal so viel Roheisen, mehr als dreimal so viel Rohstahl wie die VSt und verfügte über viermal so viel Kapital.[40]

Die größten Stahlkonzerne in Deutschland verbesserten ihre Wettbewerbsfähigkeit gegenüber der ausländischen Konkurrenz andererseits aber durch den konsequenten Ausbau der vertikalen Konzentration: sie entwickelten durch die Kombination vor- und nachgeordneter Produktionsstufen, beginnend beim Rohstoff und endend beim Fertigprodukt, die sogenannte „Verbundwirtschaft". Durch die einheitliche Bewirtschaftung von Kokereien, Hochöfen, Stahl- und Walzwerken gelang eine zweckmäßige Auswertung der anfallenden Energien (Koks-, Gicht- und Generatorgas) und die Verarbeitung der gewonnenen Materialien „in einer Hitze", was einen erheblichen Rationalisierungseffekt ermöglichte. Dies führte unter anderem dazu, daß die großen Stahlkonzerne alle über ihre eigene Rohstoffbasis in der Kohle verfügten. So waren die VSt auch der mit Abstand größte Kohleproduzent in Deutschland.[41]

Die vertikale Konzentration macht es nicht möglich, die Maschinenbauindustrie unabhängig von der Stahlindustrie einerseits und der Elektroindustrie andererseits zu betrachten: Denn die Verbundwirtschaft tendiert allein schon aus Rentabilitätsgründen dahin, die Formen der Weiterverarbeitung mit der Rohstoffproduktion in einem Konzern zu verbinden. Die großen Stahlproduzenten sind also zugleich auch große Maschinenbauer, allen voran Krupp, die Gutehoffnungshütte und Kloeckner. Der Siemens Elektrokonzern verfügte mit den Siemens-Schuckert-Werken ebenfalls über eine große Maschinenbaufirma. Daneben verblieb freilich eine Vielzahl von nicht an die Konzerne gebundenen Maschinenbaufirmen. Insgesamt nimmt die Konzentration in der Maschinenindustrie zwar in der zweiten Hälfte der 20er Jahre ebenfalls zu, erreicht aber längst nicht den Grad wie in der chemischen und in der Stahlindustrie. So weist die Betriebszählung von 1933 insgesamt 41 834 Betriebe des reinen Maschinenbaus und verwandter Bereiche aus. Im Verein Deutscher Maschinenbau-Anstalten waren 1928 256 Betriebe mit einer Beschäftigtenzahl zwischen 1 und 50 und 13 Betriebe mit zwischen 3000 und 5000 Beschäftigten organisiert. Insgesamt stand die Struktur der Ma-

schinenbauindustrie dem Handwerk noch näher als der Großindustrie.[42] Auch in der Automobilindustrie blieb der Konzentrationsprozeß auf halbem Wege stecken: Zwar reduzierte
sich die Zahl der Kraftwagenhersteller zwischen 1924 und
1929 von 86 auf 17 und der Typen von 146 auf 40, aber die
enorme Überlegenheit, die die amerikanischen Automobilfir-
men besaßen, zeigte sich allein schon daran, daß die beiden
mit Abstand größten deutschen Automobilhersteller sich im
Besitz von General Motors und Ford befanden. Neben deren
Filialen erreichten nur noch Adler, Daimler und BMW eine
für deutsche Verhältnisse respektable Produktionshöhe.[43]

Einen sehr großen Konzentrationsgrad wies dagegen die
Elektroindustrie auf. Vor der Weltwirtschaftskrise entfielen ca.
60 bis 65% der Gesamtproduktion der Branche auf zwei Firmen: auf den Siemens-Konzern und die Allgemeine Elektrizi-
täts-Gesellschaft (AEG). Berücksichtigt man deren Beteiligungen an anderen Firmen, so kontrollierten sie ungefähr 80%
der Produktion der Branche. Der Siemens-Konzern setzte
sich aus zwei Firmengruppen zusammen, Siemens u. Halske,
spezialisiert auf den Schwachstromsektor – Telephon, Tele-
graph, Radiotechnik, Reglertechnik usw. –, und den Siemens-
Schuckert-Werken, spezialisiert auf den Starkstrombereich –
Dynamos, Motoren und Transformatoren. Beide Konzerne,
Siemens und AEG, hatten den Konzentrationsprozeß sowohl
horizontal wie vertikal vorangetrieben, um möglichst große
Rationalisierungseffekte zu erzielen und ihre marktbeherr-
schende Position in Deutschland nach allen Richtungen hin
abzusichern.[44]

Die Konzentration bot den organisatorischen Rahmen für
umfangreiche Rationalisierungsmaßnahmen. Ausgehend von
den Wirkungen unterscheidet man eine negative von einer positiven Rationalisierung. Die negativen Rationalisierungswir-
kungen stellen sich infolge der im großen Konzernverband
eintretenden verbesserten Arbeitsteilung ein. Sie ermöglicht
die Stillegung unrentabel produzierender und ungünstig gele-
gener Betriebe, die Spezialisierung einzelner Betriebseinheiten
auf wenige Produkte und die Verringerung der Zahl der Be-

schäftigten. Ähnliche Wirkungen werden auch durch die Zentralisierung der Forschung und des Verkaufssystems erreicht. Neben den „Einsparungen" stehen die positiven Rationalisierungseffekte: die Mechanisierung und Standardisierung der Produktion und der rationellere Einsatz von Rohstoffen, Energie und Arbeitskräften.

Die Vereinigten Stahlwerke etwa legten bis 1930 insgesamt 19 Hochöfen still und schlossen acht Stahlwerke mit insgesamt 39 Siemens-Martin-Öfen. Die Produktionspalette der Einzelbetriebe wurde drastisch vereinfacht, so wurde die Herstellung von Eisenbahnschienen, die zuvor auf neun verschiedene Betriebe verteilt war, in ein Werk verlegt. Bei der Wahl der Werke spielten Standortfragen eine erhebliche Rolle. So konzentrierten die VSt die Produktion von schweren Rohmaterialien in der Nähe der Wassertransportwege, während die Betriebe der ehemaligen Mitteldeutschen Stahlwerke auf Produktionen ausgerichtet wurden, die geringere Transportkosten verursachten. Die Rationalisierungseffekte, die erzielt werden konnten, waren recht beeindruckend. So gelang es, den Koks-Einsatz für 1000 Tonnen Roheisen zwischen 1924 und 1929 um 64 Tonnen zu senken. Der durchschnittliche Hochofenausstoß der deutschen Stahlindustrie erhöhte sich pro Hochofen und Woche von 1913 1127 über 1925 1866 auf 2567 t im Jahre 1929. Die Steigerung des Ausstoßes wird in ihrer Bedeutung freilich erst verständlich, wenn man sie mit den entsprechenden Ziffern in den USA und Großbritannien vergleicht. Während der deutsche Ausstoß 1925 zwar doppelt so hoch wie der britische war, aber nur ¾ des amerikanischen betrug, hatte die deutsche Industrie 1929 den Abstand zu den Amerikanern nahezu wettgemacht. Ähnliches galt auch für die Stahlproduktion.[45] Besonders große Rationalisierungsfortschritte erzielte man im Bergbau durch die Mechanisierung der Förderung: Der Anteil an der mechanisch geförderten Kohle stieg von 1913 2% über 1925 48% auf 91% im Jahre 1929. Im selben Jahr 1929 wurden in England erst 28% und in Frankreich 72% der Kohle mechanisch gefördert.[46]

Die Erfolge der Rationalisierung, die nahezu die gesamte

deutsche Industrie erfaßte, sind u. a. an den z. T. erheblichen Produktivitätssteigerungen abzulesen, die zwischen 1926 und 1930 erzielt wurden. Sie waren in der Metallverarbeitung am größten. Hier stieg die Produktion je Arbeitsstunde um 25%, der Bergbau folgte mit 18%. Die Großeisenindustrie kam auf 15% und die chemische Industrie auf 13%.[47] Diese Durchschnittsziffern geben freilich keine Auskunft über die in einzelnen Fällen erheblich darüber, in anderen Fällen darunter liegenden Produktivitätssteigerungen der großen Konzerne. So produzierte die zu den VSt gehörende August Thyssenhütte 1926 75 000 t Stahl mit 10 000 Arbeitern und 1928 170 000 t mit 9900 Arbeitern. Vergleichbare Steigerungen der Produktivität im Stahlbereich wiesen auch andere ehemals selbständige Teilkonzerne der VSt auf.[48] Neben der Produktivitätssteigerung sind freilich andere Effekte der Rationalisierung zu berücksichtigen wie die Verbesserung der Qualität der Produkte und die Senkung der Kosten. So gelang es den in der IG zusammengeschlossenen Firmen bereits im zweiten Vierteljahr des Jahres 1927, die Produktionskosten um 24% gegenüber dem Durchschnitt des Jahres 1925 zu senken.[49]

Die Frage, inwieweit es der deutschen Großindustrie bis zur Weltwirtschaftskrise gelang, ihre zum Teil erheblichen Positionsverluste aus der Kriegs- und der Nachkriegszeit mit den friedlichen Mitteln der Konzentration und der Rationalisierung auszugleichen, ist trotz der unverkennbaren Erfolge, die erzielt wurden, schwer zu beantworten. Die Antwort hängt zudem von dem Maßstab ab, den man anwendet. Insgesamt übertraf die Industrieproduktion den Stand des Jahres 1913 vor Beginn der Weltwirtschaftskrise (1929), orientiert am jeweiligen Gebietsstand, nur um 4%. Im Weltdurchschnitt nahm die Produktion dagegen im selben Zeitraum um 47% zu. Von den großen Industrienationen wies nur Großbritannien eine geringere Zuwachsrate auf, während Japan, die USA und Frankreich das Deutsche Reich erheblich überflügelten. Der Anteil Deutschlands an der Weltindustrieproduktion nahm daher von 15,7% im Jahre 1913 auf 11,6% im Durchschnitt der Jahre 1926–1929 ab. Dieser Rückgang entsprach der Bedeutungsminderung, die Europa insgesamt in der Weltindustrieproduktion erfuhr. In Europa konnte Deutschland seinen früheren Produktionsanteil dagegen wiedererlangen.[50]

Das Bild differenziert sich, wenn man einen Blick auf die Produktions- und Exportlage der einzelnen Branchen wirft. Auf dem Stahlsektor gelang es Frankreich durch die Annexion von Elsaß-Lothringen und die Kontrolle über das Saargebiet, seine Roheisenkapazität um 102%, seine Stahlkapazität um 92% und seine Walzwerkkapazität um 99% zu erweitern. Während die USA 1929 rund 23 Mio. t, Großbritannien 2 Mio. t und Belgien 4,3 Mio. t Stahl mehr produzierten als 1913, fiel die Stahlproduktion in Deutschland im gleichen Zeitraum um 2,6 Mio. t. Die Märkte der Stahlindustrie hatten sich, nachdem der Nachkriegsboom verebbt war, außerordentlich verengt; denn nun drängte nicht nur die vermehrte Produktion der großen ausländischen Konkurrenten auf den Markt, erweitert um neue Produzenten wie Polen und die Tschechoslowakei, sondern der Zugang zu den alten Märkten war in vielen Fällen durch Zollbarrieren erschwert. Gleichwohl gelang es Deutschland, seine Position als zweitgrößter Produzent und Exporteur von Stahl in der Welt hinter den USA zu behaupten, doch der Abstand zur amerikanischen Stahlindustrie nahm enorm zu, und der Vorsprung vor der französischen und britischen verringerte sich erheblich.[51]

Günstiger entwickelte sich die Lage im Maschinenbau. Die deutsche Produktion nahm wertmäßig im Zeitraum von 1913 bis 1929 von 2,8 Mrd. RM auf 4,2 Mrd. RM zu. In der Rangliste der größten Produzenten der Welt schob sich das Reich vom dritten Rang hinter den USA und Großbritannien auf den zweiten Rang hinter den USA vor, ohne den großen Abstand zu den USA aber verringern zu können. Der Anteil der deutschen Maschinenbauindustrie am Weltexport, der 1913 29,1% betragen hatte, konnte hingegen nicht wieder ganz erreicht werden. Er belief sich 1929 auf 25,2%, während die USA ihren Exportanteil im gleichen Zeitraum von 26,8% auf 35,5% erhöhten und damit auch zum größten Exporteur von Maschinen wurden.[52]

In der Elektroindustrie war Deutschland mit einem Anteil von 34,9% im Jahre 1913 der größte Produzent und mit einem Anteil von 46,4% auch der größte Exporteur der Welt gewesen. Während es die Position des größten Produzenten unwiderruflich an die USA verlor, gelang es im Export bereits 1925, wieder die Spitzenposition zu gewinnen, wenn auch mit einer fast halbierten Quote. Bis zur Weltwirtschaftskrise wurde die Position noch verbessert. 1929 betrug der Anteil der deutschen Elektroindustrie am Weltexport 27,8%. Da die Elektroindustrie weltweit expandierte, nahm das Volumen des Marktes freilich zu und auch der absolute Wert des deutschen Exports. Er verdoppelte sich bis 1929 beinahe.[53]

Die bedeutende Stellung, die die deutsche chemische Industrie vor 1914 in der Welt innehatte, konnte durch den Krieg und die Nachkriegswirren nicht grundsätzlich erschüttert werden. Vor dem Krieg war Deutschland der zweitgrößte Produzent chemischer Erzeugnisse hinter den Vereinigten Staaten gewesen und der mit Abstand größte Exporteur mit einem Anteil am Welthandel von 28,5%. Hieran änderte sich auch in der Zwischenkriegszeit nichts. Allerdings ging der Anteil Deutschlands am Welthandel zunächst leicht zurück, erreichte aber 1929 wieder 28%. Auch in der chemischen Industrie nahmen Produktion und Handel in der Zwischenkriegszeit weltweit zu, allerdings hatte sich zwischen der Zunahme der Weltproduktion und des Welthandels eine Schere geöffnet: Während vor dem Krieg rund ein Drittel der chemischen Weltproduktion international gehandelt wurde, war es vor der Weltwirtschaftskrise (1929) nur noch ein Fünftel.[54] Das Wachstum des Handels blieb also hinter dem Wachstum der Produktion zurück. Um so erstaunlicher ist die Tatsache, daß es der deutschen chemischen Industrie gelang, ihre Vorkriegsposition auf dem Weltmarkt wiederherzustellen. Allerdings war ihr das nur durch eine Veränderung der warenmäßigen Zusammensetzung und eine Verlagerung des regionalen Schwerpunktes des Exports gelungen. So erhöhte sich der Anteil der Stickstoffdüngemittel, der Kunstseide und der Pharmazeutika am Export, während der Anteil der Farben und

Sprengstoffe abnahm. Die Marktverluste, die der Export in Europa erlitt, konnte man in Ostasien und in den Überseegebieten ausgleichen. Die Erfolgsbilanz hatte freilich bereits Risse; denn – wie der Enquête-Ausschuß 1930 feststellte – stimmte es äußerst bedenklich, daß die Zukunftsperspektiven für den Stickstoffexport, dem man die Erfolge weitgehend dankte, höchst unsicher waren.[55]

Der relative Erfolg, den die deutsche Schwerindustrie, die Maschinenbauindustrie, die Elektroindustrie und die chemische Industrie bei dem Versuch erzielten, die alte „Weltgeltung" zurückzuerobern, kann freilich nicht nur als Ergebnis der Konzentration, der Rationalisierung und einer vor allem in den großen Konzernen möglichen Zentralisierung der Verkaufs- und Vertriebsstrukturen im In- und Ausland begriffen werden. Es kam etwas anderes hinzu, das man – eine Analogie zwischen staatlichen und betrieblichen Strukturen einmal unterstellt – die „Diplomatie" der großen Konzerne nennen könnte: die Kartellpolitik. Kartelle sind Vereinbarungen zwischen voneinander unabhängigen Unternehmen zur gemeinsamen Regulierung der Absatzbedingungen ihrer Produkte durch Preisfestsetzungen (Preiskartell), regionale Marktaufteilung (Gebietskartell) oder Quotenverteilung (Kontingentierungskartell). Zweck des Kartells ist die Ausschaltung oder Verringerung des Wettbewerbs auf definierten Märkten zur Vermeidung einer als ruinös empfundenen Konkurrenz. Kartellabsprachen werden sowohl für den Binnenmarkt als auch für Auslandsmärkte getroffen. Im Ersten Weltkrieg waren sie ein beliebtes Mittel der Kriegswirtschaft, behielten aber auch im Frieden ihre Bedeutung.[56] Am höchsten war der Kartellisierungsgrad im Durchschnitt der Jahre 1925 bis 1928 im Bergbau, in der chemischen Industrie, in der Glasindustrie und in der Papierindustrie. Sie spielte aber auch in den anderen Bereichen eine erhebliche Rolle.[57]

Im folgenden interessieren vor allem die Kartellabsprachen zwischen deutschen und ausländischen Unternehmen, die internationalen Kartelle. Am bekanntesten ist die Internationale Rohstahlgemeinschaft (IRG).[58] Sie wurde durch einen Vertrag gegründet, den private Produzentengruppen der luxemburgischen, lothringischen, belgischen und deutschen Stahlindustrie am 30. September 1926 in Brüssel schlossen. Die IRG setzte es sich angesichts weltweit bestehender Überkapazitäten zum Ziel, die Stahlerzeugung in ihrem Geltungsbereich der Nachfrage anzupassen. Pro Quartal wurde ein Rohstahlproduktionsprogramm aufgestellt, an dem jede nationale Gruppe mit einer bestimmten Quote beteiligt war. Die Quotenfestlegung erfolgte auf der Basis des ersten Quartals des Jahres 1926 und räumte der deutschen Gruppe 40,45%, der französischen 31,89%, der belgischen 12,89%, der luxemburgischen 8,55% und der saarländischen 6,54% der Gesamtstahlerzeugung der IRG von damals 25,287 Mio. t ein. Bei einer höheren Gesamtproduktion unterlagen die Quoten begrenzten Veränderungen. So konnte sich die deutsche Quote zu Lasten der anderen bis maximal 43,18% steigern. Wer seine Quote unerlaubt überschritt, mußte eine Ausgleichszahlung von 4 Dollar je Tonne Stahl zugunsten einer Gemeinschaftskasse zahlen, wer die Quote unterschritt, erhielt eine Kompensation in Höhe von 2 Dollar pro Tonne.

Wichtiger als die Regulierung der Produktion durch Quoten, die mehr schlecht als recht funktionierte, wurden die eng mit der IRG verknüpften Kontingentsabkommen. Sie räumten der lothringischen und luxemburgischen Stahlindustrie, die auf den deutschen Markt orientiert und angewiesen war (Reichsverbund bzw. Zollverbund bis 1918), Absatzquoten auf dem deutschen Binnenmarkt ein. Solche Abkommen wurden für insgesamt 18 Stahlprodukte, darunter Eisenbahnschienen, Röhren, Halbzeug, Formeisen, Stabeisen, Walzdraht, sowie für Roheisen abgeschlossen.[59] Die Kontingentsabkommen waren ein Geschäft auf Gegenseitigkeit: Einerseits festigten sie die Monopolstellung der Ruhrkonzerne auf dem deutschen Markt, die die ausländische Konkurrenz auf dem deutschen Binnenmarkt durch die Kartellabsprachen begrenzen und ihren Preiskonditionen unterwerfen konnte, andererseits sicherten sie der lothringischen und luxemburgischen Industrie einen wichtigen Absatzmarkt, auf dem zudem hohe Preise galten. Das konzentrisch um die IRG herumgebaute Netzwerk von Kartellabsprachen wurde im folgenden Jahr auf die Stahlindustrie der Nachfolgestaaten der österreichisch-ungarischen Monarchie erstreckt: am 1. Januar 1927 kamen die österreichische, ungarische und tschechoslowakische Stahlindustrie hinzu, am 1. Juni folgte die jugoslawische. Damit kontrollierte die IRG 30% der Weltstahlproduktion und ca. 70% des Weltstahlexports.[60] Die Wirksamkeit der IRG blieb freilich begrenzt. Die Weltwirtschaftskrise hat sie nicht überstanden, nur einige der Kontingentierungsabkommen blieben intakt.

Es ist gleichwohl mehr als eine Arabeske, daß der führende Kopf des Kartells, der luxemburgische Stahlindustrielle Emile Mayrisch der Auffassung war, daß mit der Rohstahlgemeinschaft ein ausbaufähiger Kern sowohl für eine im wirtschaftlichen Interesse solide fundierte deutsch-französische Entente als auch für eine darüber hinausgehende westeuropäische Zusammenarbeit geschaffen worden sei.[61] Jedenfalls war in dem Kartell der Versuch gemacht worden, das durch die Pariser Vorortverträge zerrissene internationale Netzwerk der Schwerindustrie Europas notdürftig wieder zusammenzuflicken und die europäische Konkurrenzfähigkeit gegenüber den Vereinigten Staaten zu kräftigen. Zweifellos vertraute die deutsche Stahlindustrie auf ihre strukturelle Überlegenheit, die ihr innerhalb des Kartells eine führende Rolle sicherte.

Ein wesentlicher Grund für die internationalen Kartellabsprachen in der Schwerindustrie waren die in der Branche bestehenden Überkapazitäten und die territorialen Veränderungen des Pariser Friedens. Einen ähnlichen Ausgangspunkt hatten auch die internationalen Kartellabsprachen der IG.[62] Zugleich wird auch hier die Absicht erkennbar, die gestärkte europäische Konkurrenz in ein Kartellsystem einzubinden, um die Position der europäischen Industrie gegenüber der amerikanischen zu stärken. Dabei handelte auch die IG im Bewußtsein der eigenen technologischen Überlegenheit und versuchte durch internationale Absprachen jenen Teil der alten Weltgeltung zurückzuerlangen, der aus eigener Kraft nicht mehr herzustellen war. Die Bemühungen der IG konzentrierten sich auf den Farbenbereich, jenen Bereich also, in dem die Bedeutungsminderung der deutschen chemischen Industrie am spürbarsten war. Der Aufbau eines europäischen Farbenkartells, das bald auch andere Bereiche der chemischen Produktion umschloß, begann ebenfalls 1926 mit einem deutsch-französischen Vertrag. 1929 kam die chemische Industrie der Schweiz hinzu und 1931/32 schließlich auch die Großbritanniens. Das Kartell sah eine Aufteilung des Weltexports der Partner vor, die der IG eine Quote von 65,61%, der chemischen Industrie der Schweiz von 17,39% und den beiden anderen Partnern zu gleichen Teilen die Restquote einräumte. Schon zuvor, ohne Großbritannien, kontrollierte dieses Kartell rund 61% der Weltproduktion an Farben und 89% des Weltfarbenexports. Dies war insgesamt etwas weniger als die deutsche Chemie 1913 allein kontrolliert hatte, aber der neue Verbund sicherte die alte Marktposition in neuer Weise für die IG; denn sie spezialisierte sich auf hochwertige Farben, die ihre Partner im Kartell noch nicht herzustellen vermochten und errang wenigstens auf diesem höchst lukrativen Markt die alte beherrschende Position wieder. Neben dem Farbenkartell gab es eine Vielzahl minder wichtiger Kartellabsprachen, mit denen die IG eine Politik der Sicherung und Kontrolle der Exportmärkte betrieb.[63]

Von Interesse, vor allem für den Stil der internationalen Diplomatie der IG, ist das Benzin-Abkommen mit Standard Oil. Der Verhandlungsprozeß begann ebenfalls 1926 und führte schließlich am 9. November 1929 zu einem Vertrag. Er beschränkte die IG für den Verkauf synthetischen Benzins auf den deutschen Binnenmarkt. Für den Weltmarkt wurde eine Gesellschaft gegründet, an der Standard Oil 80% und die IG 20% hielt. Auf sie übertrug die IG sämtliche Rechte und Patente auf dem Gebiet der synthetischen Produktion von Benzin. Zugleich wurden eine technische Zusammenarbeit und ein Erfahrungsaustausch vereinbart, die neben dem Hydriergebiet auch den ganzen Bereich der Ölchemie umfaßten. „Das Gebiet der Petroleumchemie", so rechtfertigte Carl Bosch das Vorgehen der IG 1928 gegenüber dem Enquête-Ausschuß, „ist so ungeheuer groß und wird durch drei große Konzerne so stark beherrscht, daß der Aufbau einer neuen Fabrikation im Kampf mit diesen sehr schwierig gewesen wäre. ... Wir hielten es deshalb für das Richtigste, uns mit den Petroleumkonzernen zu einigen."[64]

Der Vertrag war nicht ungünstig, verschaffte er der IG doch – wenn auch als Juniorpartner – den Zugang zum Welt-Öl-Markt, den Standard Oil, Shell und Du Pont praktisch untereinander aufgeteilt hatten. Zudem baute der Konzern seine Position in der Neuen Welt systematisch aus: Am 26. April 1929 wurde die American J. C. Chemical Co. in New York gegründet. Diese Holding faßte den amerikanischen Besitz der IG zusammen und diente als Ausgangspunkt für ein Geflecht von Beteiligungen und Industriebeziehungen: Über Agfa-Ansco Co. und General Aniline Works drang die IG in die amerikanische Produktion von Fotografika und Farben ein. Zugleich diente die American IG dazu, enge Beziehungen zur amerikanischen Bankenwelt herzustellen, insbesondere zur National City Bank und zur Warburgschen Bankengruppe sowie zum Ford-Konzern, der als Großabnehmer von Auto-lakken interessant war. Die engen Geschäftsbeziehungen spiegelten sich auch auf der personellen Ebene: Edsel Ford wurde Mitglied des Boards der American IG und Carl Bosch Vorsitzender des Board of Advisers der Ford-Gesellschaft in Deutschland.[65]

Ziehen wir eine Zwischenbilanz: Die Unternehmensstrategie, der die großen deutschen Konzerne bis zur Weltwirtschaftskrise folgten, ist in hohem Maße eine Folge des Krieges sowie der außenpolitischen Schwäche und der inneren Wirren der ersten Jahre der Weimarer Republik. Der Krieg hatte die starke Stellung der deutschen Industrie auf dem Weltmarkt erschüttert, und mit dem Ausgreifen der Industrialisierung auf überseeische Gebiete war eine schwierige Wettbewerbslage entstanden. Aus dieser Grundtatsache entwickelten sich die Elemente einer im Kern revisionistischen, aber rein ökonomischen Unternehmensstrategie, die den großen Konzernen gemeinsam war. Sie orientierte sich an dem Ziel, die alte Weltgeltung der deutschen Industrie wiederherzustellen. Die Basis für diesen Versuch wurde in nicht unerheblichem Maße im und durch den Krieg selbst geschaffen; denn die großen Konzerne hatten auch im Krieg nicht schlecht verdient. Zudem lernten sie in der Kriegswirtschaft neue Formen der Zentralisierung, der zwischenbetrieblichen Kooperation und der Rationalisierung der Produktion kennen, neue Produktionszweige konnten mit staatlicher Hilfe aufgebaut werden, und die Mechanisierung und Modernisierung wurden vorangetrieben. Die Kartellisierung nahm einen enormen Aufschwung und bahnte dem Gedanken den Weg, daß es schädlich sei, seine Kräfte im Konkurrenzkampf auf dem Binnenmarkt zu verzetteln.

Wie die ersten vergeblichen Versuche deutscher Konzerne zeigen, sich unmittelbar nach dem Kriege wieder ins internationale Kartellgeflecht einzufädeln, reichte die aus dem Krieg überkommene, nationale Basis der großen Konzerne nicht aus, den Weltmarkt zurückzuerobern. Vor allem die Auseinandersetzung mit dem neuen Hauptkonkurrenten auf dem Weltmarkt, den USA, erforderte die Bildung größerer, amerikanischen Maßstäben entsprechender Einheiten, um die bargaining power der deutschen Industrie zu erhöhen. Genau dies wurde seit 1925/26 auf zwei Wegen versucht: auf dem Weg der weiteren nationalen Konsolidierung und der internationalen Kartelldiplomatie. Die Konzernierung und Zentralisierung, die den organisatorischen Rahmen für die forcierte Rationalisierung bot, bildete dabei die Voraussetzung für einen Erfolg in der internationalen Kartellpolitik. Sie erhöhte den Konkurrenzdruck, der von der deutschen Großindustrie ausging, und schuf Marktpositionen, an denen die ausländische Konkurrenz einfach nicht vorbeigehen konnte. In der von den deutschen Konzernen weitgehend geprägten internationalen Kartellpolitik zeigt sich deutlich das Bestreben, den europäischen Markt zu ordnen und die starke Position, die die zu ca. 70% auf Europa orientierte deutsche Exportwirtschaft hier hatte, zu konsolidieren. Die Hauptdynamik richtete sich aber auf den außereuropäischen Weltmarkt, auf den

Markt des Hauptkonkurrenten USA, auf Japan, Ostasien, Südamerika und die Staaten des Britischen Commonwealth. Hier vermutete man die Märkte der Zukunft, die es zu erobern galt – mit Hilfe einer von deutschen Großkonzernen koordinierten europäischen Industrie. Bis zur Weltwirtschaftskrise war man auf diesem Weg ein beträchtliches Stück vorangekommen.

Zweifellos war dieses Konzept expansionistisch, aber nicht im militanten und schon gar nicht im kriegerischen Sinn. Der Gedanke, daß die deutsche Großindustrie in das Repertoire ihrer revisionistischen Unternehmensstrategie die kriegerische Expansion als Möglichkeit oder gar Alternative hätte aufnehmen sollen, ist bis zur Weltwirtschaftskrise absurd. Im Gegenteil: in dem täglichen Bemühen, die Folgen des Ersten Weltkrieges gewissermaßen ökonomisch abzuarbeiten, blieb die Erinnerung präsent, welche Risiken kriegerische Expansion für weltweit orientierte Wirtschaftsunternehmen allemal in sich trug. So spiegelt es denn kaum Vorkriegs-, aber gewiß Zwischenkriegsbewußtsein, wenn Carl Duisberg 1933 in seinen Lebenserinnerungen im Rückblick auf 1914 schreibt: „Wir wußten ganz genau, daß der Krieg, selbst wenn er, wie wir alle hofften, siegreich enden würde, eine schwere Beeinträchtigung der wirtschaftlichen Stellung Deutschlands in der Welt zur Folge haben mußte. Ging der Krieg aber verloren, so war es um uns ganz besonders schlecht bestellt."[66] Die Weltwirtschaftskrise, die Machtergreifung Hitlers und die Außenwirtschaftspolitik der nationalsozialistisch geführten Regierung veränderten freilich die Situation der Industrie.

III.

Wie sahen diese Veränderungen aus und welche Rückwirkungen hatten sie auf die Unternehmensstrategie der großen Konzerne? Ließen sie die kriegerische Expansion nun in einem neuen Licht erscheinen, ja, wurde sie sogar als Alternative zu friedlichen Strategien oder als rettender Ausweg aus einer aussichtslosen Situation ins Kalkül gezogen? Betrachten wir zunächst die Veränderungen, die die Weltwirtschaftskrise bewirkten.

Da die großen Konzerne weltweit agierten und die Krise – wie ihr Name sagt – ihre Wirkungen weltweit entfaltete, kommt es darauf an, die Lage der Industrie in diesen umfassenden Zusammenhang einzuordnen.[67] Am auffälligsten waren die tiefen Einbrüche, die die Weltwirtschaftskrise in der Produktion und im Außenhandel bewirkte. Zwischen 1929 und 1932 gingen die Volumina der Weltproduktion von der Indexziffer 141 auf 108 und die des Welthandels von 129 auf 86 zurück.[68] Bemerkenswert ist die Schere, die sich infolge des rascheren und durchgreifenderen Absinkens des Welthandels öffnet. Die Krise trug offenbar erheblich dazu bei, daß sich die Störfelder verstärkten, die den Welthandel bereits in der Zwischenkriegszeit beeinträchtigt hatten, und sie begünstigte die latente Tendenz zum Rückzug auf den Binnenmarkt. Interessant ist auch, daß die Volumina des Welthandels mit Fertigwaren zwischen 1929 und 1932 erheblich stärker zurückgingen (41%) als jene mit Rohstoffen und Halbfabrikaten (19,5%) sowie mit Lebensmitteln (11%).[69] Dem steht freilich eine andere Entwicklung gegenüber: Die Preise verfielen bei Rohstoffen und Halbfabrikaten sowie bei Lebensmitteln wesentlich rascher als bei den Fertigwaren. Dies hatte zur Folge, daß sich die Terms of Trade für die Hersteller von Fertigprodukten auf dem Weltmarkt zunächst einmal verbesserten: Sie kauften die Rohstoffe billiger ein als zuvor, ohne diesen Vorteil vollständig an die Käufer ihrer Produkte weitergeben zu müssen.[70] Hierin steckten für Industriestaaten Möglichkeiten, die die großen Konzerne in Deutschland durchaus zu nutzen wußten.

Zunächst stechen freilich an der deutschen Entwicklung die tiefen konjunkturellen Einbrüche ins Auge. Die Industrieproduktion sank zwischen 1929 und 1932 stärker als im Weltdurchschnitt, nämlich um 41%, so daß der „Aufschwung" der Jahre 1924 bis 1929 mehr als zunichte gemacht wurde. Die Ausfuhr ging zwischen 1929 und 1932 mengenmäßig um ca.

40% und wertmäßig um etwa 63% zurück, d. h. sie wurde mengenmäßig beinahe und wertmäßig weit mehr als halbiert.[71] Das Katastrophenbild bedarf freilich der Differenzierung. Für den Export begann der tiefe Einbruch erst 1931, als die internationale Bankenkrise die konjunkturelle Abwärtsentwicklung erheblich beschleunigte. Bis dahin hatte sich der deutsche Export einigermaßen behauptet. Der Index des Exportvolumens (1929 = 100) ging 1930 nur um 5,2 Punkte auf 94,8 zurück und stellte sich 1931 auf 86,2. Erst 1932 sackte er auf 59,4 und 1933 gar auf 55,8 ab.[72] Vergleicht man diese Entwicklung mit dem Welthandel, so verlief die Entwicklung in Deutschland bis 1931 günstiger, dann aber ungünstiger als im Weltdurchschnitt.

Im Vergleich zu den beiden Hauptkonkurrenten Großbritannien und den USA sank der deutsche Export aber weit weniger, so daß sich die deutsche Position auf dem Weltmarkt relativ verbesserte: Der Anteil Deutschlands an der insgesamt niedrigeren Weltfertigwarenausfuhr stieg von 18,6% im Jahre 1929 auf 22,5% im Jahre 1931 an, während sich der Anteil Großbritanniens und der USA im selben Zeitraum von 20,6 auf 17,1% bzw. von 18,3 auf 13,3% verringerte. Auf dem Höhepunkt der Krise in den Jahren 1931 und 1932 hatte Deutschland Großbritannien vorübergehend aus der Position des größten Exporteurs von Fertigwaren in der Welt verdrängt. Deutschland konnte seinen Anteil am Weltfertigwarenexport aber auch danach noch gut behaupten, als er absolut volumenmäßig scharf zurückging. Erst 1934 fiel sein Anteil unter den Stand von 1929.[73] Zweifellos konnte der Außenhandel während der Weltwirtschaftskrise auch in Deutschland nicht als „Absatzventil" und mithin krisenausgleichend wirken, wie das bei früheren Konjunktureinbrüchen der Fall gewesen war.[74] Das gab der Weltmarkt nicht her, aber er wirkte immerhin krisenabschwächend, und im Vergleich zu den beiden Hauptkonkurrenten Großbritannien und USA erwies sich der deutsche Fertigwarenexport als elastischer und leistungsstärker.

Die einzelnen Branchen der deutschen Industrie wurden, je

nach Absatzlage ihrer Hauptprodukte, unterschiedlich von der Entwicklung getroffen. Extrem war der Einbruch im Schiffbau, dessen Produktion 1932 auf drei Prozent des Standes von 1928 fiel. Bei Eisen und Maschinen fiel die Produktion 1932 auf 38,9 bzw. 38,4% des Standes von 1928 zurück. Etwas schlimmer standen die Bauwirtschaft und die Kraftfahrzeugindustrie da. Wichtige Grundstoffe wie Kohle und Nichteisenmetalle behaupteten sich hingegen besser. Hier wurden 1932 immerhin noch 68,9 bzw. 60,8% des Standes von 1928 produziert. Die Gas- und Elektrizitätsproduktion fiel überhaupt nur um sieben bzw. um zehn Prozent. Krisengewinner waren die Erdölproduktion, die auf das Zweieinhalbfache stieg, und die Kautschuk- und Kunstfaserproduktion, die leicht zunahm. Insgesamt läßt sich sagen, daß die klassische Schwerindustrie und die eng mit ihr zusammenhängenden Industriezweige am meisten unter der Krise litten. Als Indikator dafür kann die Produktion von Roheisen und Rohstahl gelten, die sich 1932 auf 24,2 bzw. 35% des Standes von 1929 stellte und damit noch stärker zurückging als in den Vereinigten Staaten.[75]

Etwas besser standen die modernen Industrien der Chemie, der Elektrotechnik und des Maschinenbaus da, obgleich auch hier die Einbrüche beachtlich waren. So ging z. B. der Umsatz des MAN-Konzerns von 126,8 Mio. RM im Jahre 1929/30 auf 47,5 Mio. RM im Jahre 1932/33 zurück.[76] Beim Zeiss-Konzern ging der Umsatz im selben Zeitraum von 34,7 Mio. RM auf 20,1 Mio. RM zurück.[77] Bei Siemens wurde der Umsatz im selben Zeitraum mehr als halbiert, während er bei AEG auf etwas mehr als ein Drittel zurückging.[78] Am relativ besten behauptete sich der Umsatz der IG, der sich 1929 auf 1,42 Mrd. RM und 1932 auf 876 Mio. RM belief.[79] Allerdings muß man bei diesen Ziffern berücksichtigen, daß sie den Rückgang aufgrund des Preisverfalls überzeichnen.

Die relativ viel größere Elastizität und Krisenfestigkeit der modernen Industrien zeigt sich vor allem im Export. So konnten die chemische, die elektrotechnische und die Maschinenbauindustrie zusammen ihren Anteil an der deutschen Ausfuhr während der Krise von 27,3% im Jahre 1929 auf 33,8% im Jahre 1932 steigern. Auch 1933 hielt er sich auf dem hohen Anteil von 32,2%.[80] Die relative Überlegenheit dieser Branchen bestätigte sich freilich auch im Verhältnis zur ausländischen Konkurrenz. Im Maschinenexport hatte Deutschland 1928 seine Position als zweitgrößter Exporteur der Welt gerade so eben vor Großbritannien zu behaupten vermocht, während der Abstand zu den USA beträchtlich war. Die Krise änderte bei insgesamt schrumpfendem Maschinenexport die Relation. 1932 hat der deutsche Export den britischen weit hinter sich gelassen, sensationell verändert war das Verhältnis zum amerikanischen Export: Die deutsche Maschinenindustrie führte 1932 wertmäßig genau doppelt so viele Maschinen aus wie die USA. Allerdings verringerte sich die führende Position des deutschen Exportes bereits 1933, und 1934 lag er hinter dem Großbritanniens und der USA zurück. Als Rückgrat erwies sich der Export von Werkzeugmaschinen, dessen Anteil an der Gesamtmaschinenausfuhr von 15,1% im Jahre 1929 auf 28,8% im Jahre 1932 anstieg, dann aber 1933 wieder auf 24,8% absackte.[81] Die großen Konzerne tätigten einen immer größeren Prozentsatz ihres insgesamt schrumpfenden Absatzes im Ausland. So stieg der Auslandsumsatz von MAN von 33% im Jahre 1928/29 auf 55% im Jahre 1930/31, um dann allerdings 1931/32 auf 49% und 1932/33 auf 44% zurückzugehen.[82]

Auch die deutsche Elektroindustrie lief bei insgesamt schrumpfendem Geschäft ihrer ausländischen Konkurrenz den Rang ab. Sie war schon 1929 der führende Exporteur, baute diesen zumindest gegenüber den USA äußerst knappen Vorsprung freilich erheblich aus. 1932 exportierte die deutsche Industrie noch elektrotechnische Erzeugnisse im Werte von 353 Mio., während die amerikanische auf 200 Mio. und die britische auf 142 Mio. RM kam. Auch im Bereich des Exports elektrotechnischer Erzeugnisse kam der entscheidende Einbruch 1933/34, ohne allerdings die führende Position dieser Branche auf dem Weltmarkt zunächst zu erschüttern. Ihrer starken Position entsprachen die hohen Exportquoten der

Elektrokonzerne Siemens und AEG, die sich während der Krise bemühten, ihre Absatzeinbußen im Inland durch den Export auszugleichen. So stieg der Anteil des Exports am Gesamtumsatz bei Siemens von 36% im Jahre 1928/29 auf 53% im Jahre 1931/32 an und blieb auch 1932/33 noch bei 44%. Bei AEG steigerte sich der Anteil des Auslandsumsatzes von 38% im Jahre 1928/29 auf 48% im Jahre 1931/32.[83] Noch höhere Exportquoten erreichte im Bereich der optischen Industrie der Zeiss-Konzern mit einer Quote, die während der ganzen Krise um die 60% herum oszillierte.

Die Exportsituation der deutschen chemischen Industrie war auf den ersten Blick noch etwas günstiger als die des Maschinenbaus und der Elektroindustrie und war etwa der Lage der optischen Industrie vergleichbar. Der Exportrückgang blieb bis auf das Jahr 1930 in der Chemie erheblich niedriger und durchschritt bereits 1932 seinen Tiefpunkt. Das Jahr 1933 stand für die chemische Industrie schon wieder im Zeichen der Exportsteigerung. Die deutsche chemische Industrie blieb der mit Abstand größte Exporteur, auf den 1929 28% und 1934 noch 27% der Weltausfuhr entfielen, während die britische in beiden Jahren konstant 14% zu behaupten vermochte und sich der Anteil der amerikanischen chemischen Industrie von 16 auf 13% verringerte. Der mit Abstand wichtigste Exporteur der Branche, die IG-Farbenindustrie, setzte während der ganzen Dauer der Krise gut 50% seiner Produktion auf dem Weltmarkt ab. Bei einzelnen Produkten, wie den Teerfarben und den Pharmazeutika, lag die Exportquote mit ca. 70% sogar noch höher.[85]

Eine verglichen mit den modernen Industrien ungünstigere Entwicklung nahm die Eisen- und Stahlbranche. Hier kam zum schwachen Inlandsgeschäft die wachsende Schwierigkeit, Eisen- und Stahlprodukte auf dem Weltmarkt abzusetzen. So verringerte sich die deutsche Ausfuhr von Walzwerkerzeugnissen von 3,6 Mill. t im Jahre 1929 (Produktion 11,3 Mill. t) auf 1,4 Mill. t 1932 (Produktion 4,2 Mill. t) und 1,2 Mill. t 1933 (Produktion 5,5 Mill. t). Der Exportrückgang betrug von 1929 bis 1933 also etwa 67%. Bei einzelnen Sorten lag der

Exportrückgang z. T. darüber, z. T. darunter. Eine Ausfuhr-Liste der wichtigsten Kartellgruppen weist etwa für Eisenbahnoberbaustoffe einen Rückgang von 88% zwischen 1929 und 1932 auf. Bei Walzdraht betrug er 85%. Stabeisen, Bleche und Röhren hielten sich dagegen besser. Der Export von Weißblechen konnte andererseits im selben Zeitraum um 273% gesteigert werden.[86] Im internationalen Vergleich konnte sich der deutsche Export von Walzwerkerzeugnissen nur recht und schlecht behaupten. Die Exportquote entwickelte sich in der Krise mit Ausnahme des Jahres 1932 ungünstiger als die Exportquoten von Frankreich, Belgien und Luxemburg und etwa so wie die Großbritanniens. Sie betrug im Durchschnitt der Jahre 1929 bis 1932 29,6%. Deutschland blieb freilich auch in der Krise der größte Exporteur von Walzwerkerzeugnissen in der Welt.[87]

Allerdings schlugen die Schwierigkeiten der Branche keineswegs voll auf die Konzernebene durch; denn der Export von Walzwerkprodukten bildete nur einen Teil der Exportpalette der großen Konzerne, die in ihrer vertikalen Struktur ja auch Fertigwaren wie Maschinen produzierten. So gelang es den Vereinigten Stahlwerken, deren Exportquote im Durchschnitt der Jahre 1926–1929 25,3% betragen hatte, ihre Außenhandelsquote in den Krisenjahren auf 29,4% anzuheben (Durchschnitt der Jahre 1930 bis 1932).[88]

Ziehen wir eine Zwischenbilanz: Die großen deutschen Konzerne erlitten zwar, wie die Industrie insgesamt, große Produktionseinbußen, aber ihr Auslandsumsatz verringerte sich erheblich viel weniger als der Inlandsumsatz. Dies führte zu einer steigenden Exportquote. Die Bedeutung des Exports für das Überleben der Konzerne nahm also während der Krise zu und verschaffte ihnen eine gewisse Krisenfestigkeit. Drückt sich hierin angesichts des weltweiten Charakters der Krise bereits eine starke Position der großen Konzerne auf dem Weltmarkt aus, so wird diese relative Stärke noch deutlicher, wenn man einen Blick auf die Lage der Hauptkonkurrenten wirft. Ihr Anteil am Weltmarkt schrumpfte schneller als das Volumen des Welthandels, während dies beim deutschen Export umgekehrt war. So stieg Deutschland sehr wesentlich infolge der Exportkraft der großen Konzerne während der Krise zur ersten Handelsmacht der Erde auf. Dabei ist es besonders bemerkenswert, daß die deutsche Industrie ihren Wettbewerbsvorsprung gegenüber den Hauptkonkurrenten zu behaupten bzw. auszubauen vermochte, obgleich diese sich während der Krise durch die Abwertung ihrer Währungen einen erheblichen Wettbewerbsvorteil verschafften. Es ist notwendig, sich die Gründe hierfür kurz zu vergegenwärtigen.

Zunächst kann man ganz allgemein konstatieren, daß die Unternehmensstrategien der großen Konzerne in der Zwischenkriegszeit, die während der Krise durchgehalten bzw. verstärkt wurden, sich als krisenfest erwiesen und der deutschen Industrie ihren Wettbewerbsvorsprung verschafften.[89] So gingen die großen Konzerne mit einem dichten und effektiven Netz von Auslandsvertretungen in die Krise, das es ihnen ermöglichte, überall in der Welt Marktlücken aufzuspüren, sich auf besondere Käuferwünsche einzustellen und einen Teil des Geschäftsrückganges durch die Lieferung spezieller, aus der Massenfertigung herausfallender und im Preis relativ stabiler Produkte aufzufangen. Hierbei kam ihnen der hohe Grad der Diversifizierung ihrer Produktion zu Hilfe. Überlegenheit besaßen die großen Konzerne auch durch eine langjährige systematische Förderung der Forschung, die ihnen eine technologische Spitzenposition in der Welt verschaffte. Dies ließ sich durch die Vergabe von Patenten und durch Lizenzverträge zum Teil direkt in die Absicherung von Marktpositionen, in die Schaffung zusätzlicher Absatzmöglichkeiten und in den Erwerb von Kapitalbeteiligungen im Ausland umsetzen. Dabei wirkten sich die Rahmenbedingungen außerordentlich günstig aus, die durch die nationale Konzentration und die konzerninterne Rationalisierung und Reorganisation der Produktionsabläufe und des Vertriebes in der zweiten Hälfte der zwanziger Jahre geschaffen worden waren. Nationale Konzentration und nationale Kartellierung wurden dabei gleichzeitig zu einer wichtigen Voraussetzung für internationale Kooperationsverhandlungen und Kartellabsprachen. Diese wiederum dienten der Sicherung der bereits erschlossenen Märkte und dem expansiven Vorgehen auf jenen Märkten, die große Chancen für die Zukunft versprachen. Besonders die Kartellpolitik wurde während der Krise nicht nur fortgesetzt, sondern intensiviert. Eine Ausnahme bildete lediglich die Stahlindustrie, die erst 1932/33 die Grundlage für einen neuen Kartellverbund zu schaffen vermochte: die Internationale Rohstahlexportgemeinschaft.[90] Es liegt nahe, die schwierigere Lage der Branche während der Krise hiermit in Verbindung zu bringen.

Obgleich man im großen und ganzen sagen kann, daß die Unternehmensstrategien der Zwischenkriegszeit sich in der Krise bewährten, gab es doch eine Reihe von wichtigen Modifizierungen. Sie haben weniger mit der konjunkturellen Seite der Krise zu tun als vielmehr mit der Art und Weise, wie die für die Handelspolitik verantwortlichen Staatsmänner in Europa und überall in der Welt auf die Krise reagierten. Eine solche für die deutsche Industrie problematische Reaktion stellten die Währungsabwertungen des Dollars, des Pfundes und des Yen dar, zumal sich die Reichsregierungen wegen der Reparationsverpflichtungen und wegen der in Deutschland besonders verbreiteten Inflationsängste nicht zu einer Abwertung der Reichsmark entschließen konnten. Es bedurfte zum Teil erheblicher Geschicklichkeit, größere Abwertungsverluste für die deutschen Firmen zu vermeiden, was keineswegs immer gelang. So entstanden dem Siemens-Konzern bis zum Jahre 1933 Abwertungsverluste in Höhe von 17,7 Mio. RM, die aus Rücklagen abgedeckt werden mußten. Auch die am Rußland-Geschäft beteiligten Firmen – hierzu später noch – erlitten nicht unerhebliche Abwertungsverluste, weil die Geschäftsabschlüsse in Dollar vorgenommen worden waren und die Regierung der UdSSR sich nach der Dollar-Abwertung nicht auf Neuverhandlungen einließ.[91]

Um solchen Währungsverlusten in Zukunft zu begegnen oder sie zumindest zu mildern, wurden verschiedene Maßnahmen ergriffen: Man verkürzte die Zahlungsfristen, fakturierte in Schweizer Franken oder verlangte Vorauskasse. In diesem Zusammenhang gewann auch der Gedanke immer mehr an Boden, die Preisgestaltung weniger am Weltmarkt als daran zu orientieren, was der jeweilige Markt maximal hergab. Hierin lag eine gewisse Tendenz zur Regionalisierung der Märkte. Sie wurde sowohl durch die in der Krise Auftrieb erhaltende Schutzzollbestrebungen als auch durch eine zunehmende Bilateralisierung der Handelsbeziehungen verstärkt. So gingen Konzerne wie Siemens, AEG, IG-Farben und Mannesmann in ihren Beziehungen zu Ungarn, Rumänien und Bulgarien dazu über, private Kompensationsgeschäfte abzuschließen und Clearingabkommen auszuhandeln. Liefen diese Bestrebungen schon mit handelspolitischen Tendenzen parallel, die in den letzten Reichsregierungen der Weimarer Republik in Erscheinung getreten waren, so galt dies für die allgemeinen Aspekte des Regionalisierungsgedankens erst recht.[92]

Die Parallele zur Politik, aber auch die einer offenen Weltmarktorientierung zuwiderlaufenden Tendenzen lassen den Regionalisierungsgedanken als die gravierendste und für unsere Fragestellung interessanteste Modifizierung der Unternehmensstrategie in der Zwischenkriegszeit erscheinen; denn Krieg und Welthandel waren zumindest im Falle Deutschlands unvereinbare Größen. Die Fähigkeit, Krieg zu führen, setzte voraus, daß sich der Handel zuvor so weit wie möglich regionalisiert, nämlich auf diejenigen Gebiete konzentriert hatte, die den Bezug von kriegswichtigen Rohstoffen und Nahrungsmitteln auch unter Blockadebedingungen sicherstellen konnten. In diesem Sinne ist ja die Südosteuropapolitik der nationalsozialistischen Regierung und der großen Konzerne von der Wissenschaft in Ost und West immer wieder als Vorstufe und Voraussetzung der militärischen Expansion betrachtet worden.[93] War also, so ist zu fragen, die deutsche Großindustrie aufgrund der Wirkungen der Krise im Begriff, ihre weltweite Exportorientierung aufzugeben und sich auf regionale Märkte zu konzentrieren? Und diente diese Regionalisierung objektiv oder sogar subjektiv der Vorbereitung einer kriegerischen Expansion?

Bevor wir uns mit den Regionalisierungstendenzen befassen, ist es nötig, sich die regionale Struktur des deutschen Außenhandels kurz zu vergegenwärtigen. Zunächst fällt der hohe Anteil auf, den die europäischen Länder am deutschen Export hatten. Er betrug bei der Maschinenindustrie im vierten Quartal 1929 76% und stieg im vierten Quartal 1930 auf 81%. Bei der Elektroindustrie belief er sich 1929 auf 77,2% und stieg 1931 auf 83,2% an. Lediglich der Export der chemischen Industrie wies eine geringere Europazentrierung auf. Er ging während der Krise nur zu etwa 60% nach Europa, und zwar im Jahre 1929 zu 57,9%, 1932 zu 63,9% und 1933 zu ca. 58%.[94] Die Europazentrierung entfaltete in der Krise einen erheblichen Vorteil: Die europäischen Märkte erwiesen sich als widerstandsfähiger als die Märkte der vorwiegend Agrarprodukte und Rohstoffe produzierenden überseeischen Gebiete, und sie gerieten später in die Krise. Hierin lag einer der „Platzvorteile", die die deutsche Industrie vor der britischen und amerikanischen Exportindustrie besaß, die stärker auf die Überseemärkte ausgerichtet war und daher größere und früher eintretende Einbußen zu verzeichnen hatte.

Innerhalb Europas wurde Deutschlands Export zudem, so überraschend das klingen mag, durch die Reparationszahlungen an Frankreich „begünstigt". So erreichten die Exporte nach Frankreich 1930 bei der Maschinenindustrie immerhin 10% und bei der Elektroindustrie 7% des jeweiligen Gesamtexports der Branche. Wichtiger aber wurde die Rolle, die der Rußlandhandel während der Krise spielte. Vor allem die Maschinenindustrie vermochte davon zu profitieren. Eine zeitgenössische Schätzung geht davon aus, daß die etwa 700 im Verein Deutscher Maschinenbau-Anstalten zusammengeschlossenen Betriebe 1931 ca. 44% ihres Exports mit der UdSSR abwickelten. Bei Werkzeugmaschinen lag der Exportanteil der UdSSR noch höher. Sie gingen 1931 zur Hälfte und 1932 zu drei Vierteln nach Rußland. Während manche Kleinbetriebe der sächsischen Maschinenbauindustrie bis zu 90% vom Rußlandexport abhingen, wickelte ein Konzern wie Krupp 1930/31 immerhin 23,3% und 1931/32 gar 30,7% seines Auslandsumsatzes mit der UdSSR ab. Natürlich war die Maschinenbauindustrie Großbritanniens und der USA auch im Rußlandgeschäft, aber die Deutschen verfügten über erhebliche Konkurrenzvorteile. Auch für die Exporte der Elektroindustrie wurde das Rußlandgeschäft in der Krise wichtig. Es machte 1931 knapp 10% und 1932 etwa 21,5% aus.[95]

Für den Export der chemischen Industrie spielte weder der Rußlandhandel noch das Geschäft mit Frankreich eine zentrale Rolle. Vielmehr gelang es der chemischen Industrie in der Krise, ihren Anteil an den asiatischen Märkten zu erweitern. Betrug der Anteil Asiens am deutschen Chemieexport 1929 noch 16,4%, so stieg er 1932 auf 19,5% an.[96] Im großen und ganzen galt aber, daß die deutsche Industrie durch den Fertigwarenexport in die europäischen Länder die Devisen verdiente, die die deutsche Volkswirtschaft zum Import von Rohstoffen und Nahrungsmitteln aus Übersee benötigte. Demzufolge war die Handelsbilanz mit den europäischen Ländern in der Summe positiv und die mit den überseeischen Staaten negativ. Angesichts dieses Strukturmerkmals und angesichts der Tatsache, daß Deutschland in Europa nicht alle Nahrungsmittel und Rohstoffe, die es benötigte, kaufen konnte, war eine auf Europa begrenzte Regionalisierung des deutschen Handels nicht möglich. Dies konnten gerade die bis auf die chemische Industrie in hohem Maße vom Rohstoffimport abhängigen deutschen Exportbranchen, denen die großen Konzerne zugehörten, nicht wünschen.

Aber auch innerhalb Europas waren dem Regionalisierungsgedanken objektive Grenzen gesetzt; denn schließlich war ein regionaler europäischer Markt sinnlos, wenn er nicht die wichtigsten Absatzschwerpunkte umschloß. Diese verteilten sich aber über ganz Europa. Nimmt man den Querschnitt der Jahre 1930 bis 1933 zum Richtwert, so war zum Beispiel für den deutschen Maschinenexport die UdSSR der mit Abstand größte Markt, gefolgt von Frankreich, den Niederlanden, Großbritannien, Italien, der Schweiz, Belgien/Luxemburg und der Tschechoslowakei. Relativ geringe Bedeutung besaßen die südosteuropäischen und die skandinavischen

Staaten. Für die elektrotechnische Industrie waren im Querschnitt der Jahre 1930 bis 1933 die wichtigsten Absatzmärkte: die Niederlande, Frankreich, die UdSSR, Schweden, die Schweiz und die Beneluxstaaten. Insgesamt fiel der nordische Markt dahinter an Bedeutung erheblich zurück, war aber immer noch wichtiger als der südosteuropäische. Die wichtigsten europäischen Märkte der chemischen Industrie waren im Querschnitt derselben Jahre: Großbritannien, die Niederlande, die Schweiz, die Tschechoslowakei, Schweden und Italien. Die skandinavischen Staaten waren ebenfalls wichtiger als die südosteuropäischen, die UdSSR spielte als Abnehmer keine wichtige Rolle.[97]

An dieser Absatzstruktur fällt auf, daß mit Ausnahme des Marktes UdSSR die wichtigsten deutschen Hauptexportmärkte die Industrieländer Westeuropas waren. Sie gruppierten sich einerseits als sogenannte „Kernländer" um die europäische Montanindustrie herum: Frankreich, Benelux und Großbritannien.[98] Andererseits gehörten sie zu den hochindustrialisierten Nachbarn Deutschlands: Schweiz, Tschechoslowakei, Österreich, Italien und Schweden. Auch eine Analyse der Importstruktur des deutschen Handels ergibt das gleiche Ergebnis. Die „Großräume" Skandinavien und Südosteuropa fielen dagegen in ihrer Bedeutung weit zurück. Als Lieferant von Rohstoffen und Nahrungsmitteln, aber auch als wichtiger Abnehmer von Investitionsgütern spielte die UdSSR und, wenn man Polen hinzunimmt, „Osteuropa" eine wesentlich bedeutendere Rolle. Gleichwohl waren die deutschen Handelsinteressen in Europa nur zu sichern, wenn Europa nicht regionalisiert wurde, wenn man sich nicht zugunsten der einen oder der anderen Region entscheiden mußte. So kam der vom Institut für Weltwirtschaft in Kiel bearbeitete Abschlußbericht des Enquête-Ausschusses über den deutschen Außenhandel 1932 zu dem Schluß, daß die Stärke des deutschen Exports in der Diversifizierung der Produktionsstruktur liege. Man müsse „der Ausfuhr" daher „ein Angebot auf vielen Märkten" ermöglichen. „Die Darstellung der deutschen Konkurrenzlage hat immer wieder gezeigt, daß die Stärke der deutschen Ausfuhr in der großen Fähigkeit zur Anpassung an die verschiedenen Bedarfsstrukturen liegt." „Richtlinie der deutschen Außenhandelspolitik" müsse es daher bleiben, „sich nicht einseitig auf einzelne Märkte festzulegen."[99]

Wenn Regionalisierungstendenzen gleichwohl an Boden gewannen, so lag dies sehr wesentlich auch daran, daß die europäische und auch die Welthandelspolitik durch Tendenzen zur Bilateralisierung, zur nationalen Schutzzollpolitik, zur Devisenbewirtschaftung und zu Präferenzverträgen, die zunächst nicht oder jedenfalls nicht vorrangig von Deutschland ausgingen, de facto regionalisiert wurde.[100] Mit großer Beunruhigung betrachtete die deutsche Exportindustrie die amerikanischen und britischen Zollerhöhungen während der Krise, von denen Signalwirkungen auf kleinere, nicht zuletzt europäische Staaten ausgingen. Besonders besorgniserregend war es, daß Großbritannien mit den Ottawa-Verträgen vom Juli 1932 auf dem Wege zu sein schien, durch die Gewährung von „imperial preferences" an die Staaten des Empire das Meistbegünstigungsprinzip zu durchlöchern und den Zugang zu den wichtigen Empiremärkten zu erschweren.[101] Ähnliche Regionalisierungstendenzen machten sich auch sonst bemerkbar und drohten, die Weltwirtschaft in einen „Dollar"-, „Sterling"-, „Franc"- und „Oslo"-Block aufzuspalten. Diese „Block"-Grenzen schienen im Begriff zu sein, auch Europa handelspolitisch zu zersplittern und betrafen die auf den europäischen Markt konzentrierte deutsche Industrie in besonderer Weise.[102] Sie reagierte hierauf mit einer Intensivierung ihrer Kartell- und Verbandspolitik. Zudem schaltete sie sich in die von staatlicher Seite intensivierte Debatte über Nutzen und Nachteil eines regionalen europäischen Marktes ein.

Die internationale Kartellpolitik bot den großen Konzernen das bei weitem wichtigste und entwickeltste Instrumentarium, um ihre europäischen und weltweiten Marktinteressen zu sichern. Nach Schätzungen gab es Anfang der dreißiger Jahre etwa 320 internationale Kartelle, davon 230 im Bereich der Industrie und des Großhandels.[103] Die deutschen Industriekonzerne waren an den meisten dieser internationalen Kartelle nicht nur beteiligt, sondern dominierten sie; denn in Deutschland war die nationale Kartellisierung und die Konzentration am weitesten vorangeschritten. Die ohnehin ihre europäische Konkurrenz in aller Regel an Größe weit übertreffenden deutschen Konzerne hatten sich in den nationalen Kartellen eine Hausmacht geschaffen, die ihre bargaining power bei internationalen Kartellverhandlungen ernorm erhöhte und sie in die Lage versetzte, ihre Branche europaweit zu beherrschen. Insbesondere traf dies für die großen Konzerne der Schwerindustrie, der chemischen Industrie und der Elektroindustrie zu. Im Maschinenbau hatte, soweit er nicht ohnehin mit den großen Konzernen der Schwerindustrie verbunden war, der VDMA eine quasi-Kartellfunktion inne, die es der zudem technologisch führenden deutschen Maschinenbauindustrie ebenfalls erleichterte, ihren Einfluß europaweit geltend zu machen.[104]

Vergleicht man die regionale Struktur des Außenhandels der Konzerne mit der regionalen Struktur der Kartellabsprachen, so ist eine weitgehende Identität festzustellen: Die Marktabsprachen räumten den beteiligten Konzernen feste Quoten an den umstrittenen Märkten ein und sicherten ihnen im übrigen besondere Einflußsphären zu. In aller Regel griffen die Kartellabsprachen zudem über Europa hinaus und versuchten die überseeischen Hauptkonkurrenten USA und Japan einzubeziehen. Dabei zeichnet sich die Tendenz ab, den harten Konkurrenzkampf durch Quotenregelungen nach Möglichkeit von den Märkten der hochindustrialisierten bzw. der Produzentenstaaten fernzuhalten und ihn auf jene Regionen zu konzentrieren, die im Begriff waren, sich zu industrialisieren. Aus der Perspektive der deutschen Industrie waren dies vor allem die Großräume Südosteuropa, Nordeuropa, Osteuropa, China, Japan und Ostasien sowie Südamerika. Diese Märkte wurden als dynamisch angesehen, weil dort infolge der Industrialisierung zunächst ein Investitionsgüterbedarf entstand, der von Deutschland aus befriedigt werden konnte. Im Zuge der weiteren Entwicklung hoffte man auf einen wachsenden Lebensstandard und ein sich allmählich erhöhendes Entwicklungsniveau, das weiteren Importbedarf nach sich ziehen würde. Da die deutschen Konzerne von ihrer technologischen Überlegenheit überzeugt waren, befürchteten sie in aller Regel nicht, daß das sich industrialisierende Land zu einem direkten Konkurrenten in der Produktion von Spitzentechnologie würde. Gleichwohl dienten die Kartellabsprachen in einzelnen Fällen auch dem Zweck, die sich industrialisierenden Staaten vom Aufbau moderner Produktionsstätten abzuhalten und sie auf jene billigen Massen- und Vorprodukte abzudrängen, die für die im Kartell führenden Konzerne technologisch und finanziell weniger interessant waren.

Neben den internationalen Kartellen, die das bei weitem wichtigste Instrument der Sicherung und Erschließung regionaler Märkte und Interessensphären darstellten, intensivierte die deutsche Industrie während der Krise die auf regionale Märkte bezogene Verbandspolitik. Am bekanntesten sind der Mitteleuropäische Wirtschaftstag (MWT) sowie der Südostausschuß und der Rußlandausschuß der deutschen Wirtschaft. Die Konzerne der Schwer-, Elektro- und chemischen Industrie gehörten zu den Initiatoren dieser Verbandsgremien, und zweifellos hatte der Reichsverband der deutschen Industrie, der stützend und koordinierend im Hintergrund stand, vorwiegend die Interessen des Exports im Auge.[105] Dabei ging es darum, durch eine „auf kulturelle und wirtschaftliche Propaganda hinzielende Arbeit" einen Beitrag zur „wirtschaftlichen Durchdringung" der jeweiligen Region – im Falle des MWT Südosteuropas – zu leisten.[106] Allerdings macht man es sich zu einfach, wenn man bei dieser Verbandsarbeit vorwiegend an die Interessen der Großindustrie denkt. Oft waren es gerade die kleinen, nicht über eigene Auslandskontakte verfügenden Firmen, die der Hilfe des Verbandes in besonderer Weise bedurften, um Exportchancen wahrnehmen zu können.

Wichtiger ist freilich, daß sich das Verbandswesen nicht nur auf Südost- und Osteuropa konzentrierte, sondern analog zu den weltweiten Interessen der Exportindustrie auch andere Gebiete einschloß. So gründete der Reichsverband der deutschen Industrie eine Kommission, die 1930 eine Studienreise nach China unternahm und zu dem Ergebnis kam, daß es dort einen wichtigen zukünftigen Exportmarkt durch systematische „Kultur- und Wirtschaftspropaganda" zu erschließen gelte. 1931 ging aus diesen Bemühungen die „China-Gesellschaft" hervor, die sich in besonderer Weise um Industrialisierungsprojekte kümmern wollte.[107] Eine andere Region, nämlich Afrika, kam durch die ebenfalls in der Krise intensivierte Zusammenarbeit der deutschen Industrie mit den Kolonialgesellschaften in den Blick. Auch hierbei ging es um die kulturelle, propagandistische und wirtschaftliche Erschließung eines regionalen Wirtschaftsraumes, von dem man sich die Deckung eines Teiles des Einfuhrbedarfs und auf lange Sicht auch den Absatz von Industrieprodukten unter „günstigeren" als Weltmarktbedingungen erhoffte.[108]

Obgleich sich in dieser Verbandspolitik die weltweite Orientierung der deutschen Exportindustrie spiegelt, läßt sich doch ein besonderes Interesse an der Bildung regionaler Absatzmärkte in Europa und besonders in Südosteuropa erkennen. Dabei ging es weniger darum, sich vom Weltmarkt abzuwenden, als vielmehr darum, mit den Hauptkonkurrenten am Weltmarkt, den Vereinigten Staaten und Großbritannien, gleichzuziehen und sich vergleichbare Wettbewerbsbedingungen zu sichern. Immer wieder findet man in Vorträgen, Broschüren und Denkschriften führender Industrieller jener Zeit den Hinweis auf die großen Wirtschaftsräume und Einflußsphären, die den Vereinigten Staaten und Großbritannien zur Verfügung stünden.[109] So geht eine offiziöse Veröffentlichung des Reichsverbandes der deutschen Industrie über europäische Handelspolitik vom September 1930 ausführlich auf die Handelsverflechtung der britischen Wirtschaft mit den Dominions ein und konstatiert, daß Großbritannien in der Zwischenkriegszeit mehr als 40% seiner Gesamtausfuhr in das eigene Empire exportierte. Während der Krise lag dieser Exportanteil zwar nicht höher als in den besten Jahren der Zwischenkriegszeit, aber auch nicht niedriger. Die Briten schienen den Export ins Empire bewußt als stabilisierendes Element in der Krise einzusetzen. Nach den Ottawa-Verträgen stieg die Quote des britischen Exportes, den das Empire auf sich zog, von 43,7% im Jahre 1931 auf 48% im Jahre 1935 an.[110]

Der Gedanke gewann in Deutschland rasch an Attraktivität, daß man die „Widerstandsfähigkeit" der deutschen Wirtschaft gegen „weltwirtschaftliche Krisenstöße" durch die Bildung eines entsprechenden gesicherten regionalen Absatzmarktes erhöhen könne.[111] Da er aber nicht als Alternative, sondern als Ergänzung zur Weltmarktorientierung gedacht war, kam alles darauf an, wie der Regionalmarkt beschaffen sein würde. Carl Duisberg, Vorsitzender des Reichsverbandes der deutschen Industrie und Aufsichtsratsvorsitzender der IG-Farbenindustrie AG, verwarf bei der Erörterung der Wege, die zu einem regionalen Markt führen könnten, alle Methoden, die gleichzeitig störende Wirkungen auf den Weltmarkt haben mußten. Dies wurde insbesondere von dem von den Briten angewandten Präferenzsystem und vom immer stärker um sich greifenden Bilateralismus erwartet. Stattdessen plädierte Duisberg für die Bildung einer möglichst umfassenden Zollunion in Europa. Nur sie gewähre eine vorteilhafte Regelung und stehe, jedenfalls wenn man eine liberale Zollpolitik betreibe, mit dem Prinzip der Meistbegünstigung im Einklang. Für besonders attraktiv hielt er es, mit einer solchen Zollunion im mittel- und südosteuropäischen Raum zu beginnen, da hier eine sehr fruchtbare Verbindung zwischen modernen Industriestaaten, wie Deutschland, Österreich und der Tschechoslowakei, und entwicklungsfähigen Agrarstaaten, wie Ungarn, Rumänien und Jugoslawien, hergestellt werden könne. Allerdings warnte er davor, die Möglichkeiten zu überschätzen: „In diese südöstlichen Länder gehen aber nur 3,4% der deutschen Gesamtausfuhr und auch nur 3,4% der deutschen Chemieausfuhr. ... Es dürfte aber wirtschaftlich kaum zu verantworten sein, wenn wir, um 3,4% unseres Exports sicherzustellen, 96,6% unseres Exportes gefährden."[112] Dieses war auch die Auffassung des Reichsverbandes der deutschen Industrie: Auch wenn man die „wirtschaftliche Entwicklung Südosteuropas optimistisch" einschätze, so hieß es in der oben erwähnten offiziösen Veröffentlichung über die europäische Handelspolitik, ergäbe sich für Deutschland „die Notwendigkeit, seine überseeischen Beziehungen nach wie vor auf das sorgsamste zu pflegen und keine Handelspolitik zu betreiben, die dies unmöglich macht oder wesentlich erschwert". Man könne „kein handelspolitisches System annehmen", das die deutsche Wirtschaft „mit der übrigen Welt in Gegensatz bringt".[113]

Im Grunde genommen zielte das Regionalismuskonzept in dieselbe Richtung wie die Kartellpolitik. Die deutsche Großindustrie versuchte mit den von ihr favorisierten Zollunionsplänen der dominierenden Rolle, die sie in den Kartellverbindungen zu spielen vermochte, eine breitere Basis zu geben. Dabei ging es insbesondere darum, die Zollgrenzen zu beseitigen, die sich mit Kartellabsprachen zwar hier und da unterlaufen und mildern ließen, aber im Prinzip mit dem Mittel der Kartellpolitik nicht wirksam bekämpft werden konnten. Entsprechend regional aufgefächert waren auch die Zollunionspläne. An erster Stelle rangierte die Zollunion mit Österreich, die, wie Duisberg es einmal formulierte, als „Brücke nach dem Südosten", als erster Schritt zur Bildung eines regionalen Marktes angesehen wurde, der als Erweiterung des deutschen Binnenmarktes betrachtet werden konnte. Neben den Agrarstaaten reflektierte dieser Unionsgedanke auch auf die hochentwickelte österreichische und tschechoslowakische Industrie, mit der die großen deutschen Konzerne durch Tochterfirmen und Beteiligungen auf das engste verbunden waren.[114]

Gleichzeitig wurde einer deutsch-französischen Union das Wort geredet und die politische Versöhnung zwischen Frankreich und Deutschland als Ausgangspunkt einer Verbesserung der binneneuropäischen Wirtschaftsbeziehungen betrachtet. So ventilierte man auf einem Treffen führender Repräsentanten der deutschen und der französischen Chemie- und Elektroindustrie Ende April 1932 in Luxemburg unter belgisch-luxemburgischem Patronat die Idee, einen regionalen deutsch-französisch-belgisch-luxemburgischen Zollverband zu gründen. Er sollte ganz analog zu den internationalen Kartellabsprachen den südosteuropäischen Markt unter sich aufteilen. Gleichzeitig allerdings forderte man auf deutscher Seite

Grenzkorrekturen am Korridor und in Oberschlesien.[115]
Wie sehr der Gedanke einer westeuropäischen wirtschaftlichen Kooperation in der Großindustrie an Boden gewann, kann man auch an den engen Kontakten zwischen prominenten Industriellen und der Paneuropa-Bewegung des Grafen Coudenhove-Kalergi ablesen. Rudolf Nikolaus Graf Coudenhove-Kalergi hatte 1922 in Wien die Paneuropa-Union gegründet, die sich die Vereinigung Europas unter Ausschluß Rußlands und Englands zum Ziel gesetzt hatte. Sie wollte, wie ihr langjähriger Schatzmeister, der Berliner Bankier Hans Fürstenberg, später formulierte, in Europa einen gemeinsamen Markt errichten, der in der Lage sein sollte, „einen erfolgreichen Wettstreit mit dem amerikanischen Markt auf(zu)nehmen".[116] Dabei setzte die Paneuropa-Union große Hoffnungen auf die Konzerne, sie sollten – wie es im Programm hieß – den „Weg zum europäischen Zollverein über die wachsende Verflechtung der intereuropäischen Industriezweige" ebnen. Es gelte, so formulierte Coudenhove-Kalergi 1923, die „paneuropäischen Monopolindustrien von den nationalen Schutzzollindustrien abzuspalten und im Dienste der paneuropäischen Idee zusammenzuschließen. So könnte der kapitalistische Widerstand gegen die Vereinigten Staaten von Europa durch den Kapitalismus selbst gebrochen werden".[117]
Der Gedanke fiel bei der Großindustrie auf fruchtbaren Boden. Deutsche Industrielle gründeten, nachdem der Hamburger Bankier Max von Warburg der Paneuropa-Union das Startkapital gegeben hatte, ein deutsches Wirtschaftskomitee, dem Hermann Bücher (AEG), Albert Vögler (VSt), Ernst Poensgen (VSt), Paul Silverberg (Rh. Braunkohlen-Syndikat) und Carl Duisberg (I. G. Farben) angehörten. Der Stuttgarter Unternehmer Robert Bosch leitete die internationale Paneuropa-Förderungsgesellschaft in Zürich, und den nationalen Komitees, die sich in Westeuropa bildeten, gehörte u. a. der luxemburgische Stahlindustrielle Emile Mayrisch (Arbed) an.[118]
Die Grundintention dieser „Europa-Politik", die die exportorientierten Konzerne auf der Ebene der Kartellpolitik, auf der Ebene der Europa-Verbände und auf der politischen

Ebene vorantrieben, wobei sie eng mit europaorientierten Politikern zusammenarbeiteten, zielte auf die Abschaffung der Zollbarrieren in Europa, also auf regionale Liberalisierungspolitik. Gleichzeitig behielt man den Welthandel im Auge und wollte die regionale Zollunion keineswegs als „Block" und keineswegs als Abkehr vom Weltmarkt verstanden wissen. „Deutschland", so hieß es in einem Referat, das ein Mitarbeiter der IG im September 1930 vor dem RDI hielt, habe „die stärksten wirtschaftlichen Außenbeziehungen von allen Industriestaaten Europas". Deshalb müsse es „Gegner jeder Konstellation sein und bleiben, die gegen andere Kontinente gerichtet ist". Der deutsche Fertigwarenexport, so hieß es in einer internen Studie der I. G. über die Europafrage vom Ende Juli 1931, habe „unter der Herrschaft des Meistbegünstigungsprinzips" sich in den letzten Jahren „wesentlich günstiger entwickelt ... als der Welthandel im Ganzen. Eine dringende Notwendigkeit, von uns aus zu zollpolitischen Blockbildungen mit einzelnen oder der Gesamtheit der kontinentalen Staaten überzugehen, ergibt sich hieraus nicht".[119] Regionale Wirtschaftsräume sollten nur als Zwischenschritte verstanden werden. Sie sollten vor allem die bargaining power der Kontinentaleuropäer in den Verhandlungen mit den Vereinigten Staaten, dem Britischen Empire und der Sowjetunion verstärken. „Eine Heilung der schweren Krisenschäden und eine Gesundung der Wirtschaft aller Völker", so schrieb Carl Bosch im April 1932, „aber wird erst eintreten, wenn auch die größeren Wirtschaftsräume, die sich jetzt bilden, den Weg zu einer neuen und freien wirtschaftlichen Zusammenarbeit finden." Mit Entschiedenheit sprach sich Bosch, der als „Chemiker" und Verfechter der Hochdruckchemie (Stickstoff, Benzin, Buna) eher unter Protektionismusverdacht stand, wenige Wochen später gegen jede Autarkie aus, die „die Nationalsozialisten im Reichstag als Allheilmittel feierten".[120]

Ziehen wir eine Zwischenbilanz: Das von den großen deutschen Konzernen verfolgte Regionalismuskonzept beschränkte sich nicht auf Mittel- und Südosteuropa, auch wenn dieser Region große Aufmerksamkeit geschenkt wurde. Entsprechend der regionalen Struktur des Außenhandels der deutschen Wirtschaft und der internationalen Kartelle bezogen auch die Zollunionspläne alle wichtigen europäischen Handelspartner ein. Sie stellten sich als konsequente Fortsetzung der Kartellpolitik mit anderen Mitteln dar und zielten insbesondere darauf ab, die nationalstaatlichen Handels- und Zollbarrieren zu beseitigen, denen mit dem Mittel der Kartellpolitik allein nur in unbefriedigender Weise beizukommen war. Ebenso wie die Kartellabsprachen waren sie darauf ausgerichtet, die Wettbewerbsfähigkeit und Krisenfestigkeit der kontinentaleuropäischen Industrie zu steigern, um ihr eine bessere Ausgangschance für den Welthandel zu verschaffen. Keinesfalls war das Regionalismuskonzept als Alternative zur Weltmarktorientierung gedacht.

Auch Hitlers Machtergreifung änderte an diesen Grundlagen der Unternehmensstrategie der deutschen Konzerne zunächst nichts. Die neue Reichsregierung war kaum gebildet und hatte handelspolitisch noch nicht Farbe bekannt, als der Deutsche Industrie- und Handelstag ihr am 23. Februar 1933 eine Denkschrift zur handelspolitischen Lage vorlegte. Sie betonte die Wichtigkeit der Belebung des Binnenmarktes, verwies daneben aber auf die nicht minder große Bedeutung des Außenhandels. Die „Verflechtung der Volkswirtschaften untereinander" lasse eine einseitige Orientierung auf dem Binnenmarkt nicht zu. „Die deutsche Ausfuhr hat eine weitere Streuung als die Ausfuhr irgendeines anderen Landes." Man müsse deshalb so weit wie irgend möglich am Prinzip der Meistbegünstigung festhalten, um Schaden zu verhüten.[121]

Sowohl der RDI als auch die Internationale Handelskammer hieben in dieselbe Kerbe. Der RDI hatte bereits am 9. Februar 1933 bei seinem ersten Treffen mit dem neuen Wirtschaftsminister der Regierung Hitler, Alfred Hugenberg, betont, daß er eine exportorientierte Handelspolitik für unverzichtbar halte. Abraham Frowein wurde noch deutlicher und erklärte für die Internationale Handelskammer, „daß eine Sanierung der deutschen Wirtschaft ohne eine Sanierung der Weltwirtschaft nicht denkbar sei. Man sei sich international darüber einig, daß das Prinzip der Meistbegünstigung aufrechterhalten werden müsse. . . . Man denke heute wirtschaftspolitisch zu bilateral und müsse sich wieder daran gewöhnen, multilateral zu denken und zu handeln".[122] Noch im März 1933, nach dem Ermächtigungsgesetz, bezog der RDI in einem Aide-Mèmoire zur deutschen Wirtschafts-, Finanz- und Sozialpolitik klar im Sinne der bisherigen Grundorientierung Stellung: „Die deutsche Handelspolitik ist so zu gestalten, daß auf der einen Seite der nationalen Produktion ein ausreichender Schutz gewährt wird, daß aber auf der anderen Seite der Export, von dem auch heute noch mehr als 20% der Bevölkerung leben, keine Schmälerung erfährt, sondern nach Möglichkeit wieder ausgeweitet wird."[123]

Im Frühjahr 1933, als die Zeichen der konjunkturellen Entwicklung wieder aufwärts zeigten und die große Krise überwindbar, wenn auch noch nicht überwunden, schien, neigten die führenden Repräsentanten der Großindustrie und der von ihr beherrschten Verbände, RDI und DIHT, einer komplementären Außenwirtschaftsstrategie zu: Man setzte zweifellos große Hoffnungen in die Belebung des Binnenmarktes, ging aber davon aus, daß Deutschlands strukturelle Abhängigkeit vom Außenhandel eine in der regionalen Orientierung und in den Methoden offene Exportpolitik forderte und alle Autarkie-Abenteuer unbedingt zu vermeiden seien. Allerdings wurde von der staatlichen Wirtschaftspolitik erwartet, daß sie der deutschen Exportwirtschaft half, die Wirkungen der nationalistischen Zoll- und Präferenzpolitik anderer Staaten und die Folgen des Bilateralismus, die sich in wachsendem Maße störend auf die Weltwirtschaft auswirkten, abzufangen. In diesem Zusammenhang gewann die Vorstellung eines für den deutschen Export sicheren regionalen Absatzmarktes an Attraktivität. Man stellte ihn sich überwiegend als Zollunion vor, spielte aber auch mit dem Gedanken bilateraler Präferenzabkommen und machte erste praktische Schritte in diese Richtung. Allerdings blieb das Prinzip der Meistbegünstigung der verbindliche Orientierungsmaßstab. Man spielte mit dem Gedanken, es hier und da zu durchbrechen, weil die Not es gebiete und deklarierte solche Vorstöße deutlich als vorübergehende Maßnahme, handelte aber in dem klaren Bewußtsein, daß Deutschland es sich am wenigsten von allen Industrienationen leisten konnte, sich regional einseitig zu orientieren und vom Welthandel abzuwenden. Eine Unterstützung für die eher von landwirtschaftlichen und mittelständischen Interessen begrüßte nationalsozialistische Großraumpolitik läßt sich hieraus freilich nicht ableiten.[124]

Bekanntlich ließ die historische Entwicklung, die mit der Machtergreifung der Nationalsozialisten eingeleitet worden war, dem offenen Regionalismuskonzept keine Chance. Die Ursachen hierfür sind komplexer Natur. Zweifellos waren die „politischen" Störtendenzen in der Weltwirtschaft und die schwache Konjunkturentwicklung in den meisten Industriestaaten keine guten Voraussetzungen für eine weltmarktorientierte Außenhandelspolitik. Zudem legte die Krisenentwicklung den Schluß nahe, daß der Export den konjunkturellen Einbruch zwar verzögert und verringert hatte, aber nur in sehr begrenztem Maße als Ventil und damit als Ausgleich der konjunkturellen Entwicklung funktioniert hatte.[125] „Der schrankenlose Außenhandel", so beschrieb Rolf Wagenführ vom Institut für Konjunkturforschung 1936 die veränderte Grundeinstellung, „scheint einer vergangenen Epoche anzugehören; überall besinnt man sich stärker auf die Bedeutung des Binnenmarktes." Dies schien geraten zu sein, hatte sich doch das Wachstum des Welthandels sichtbar verlangsamt. Zwischen 1900 und 1913 hatte der Welthandel noch jährlich um 3,3% zugenommen, zwischen 1913 und 1929 nur noch um 2,1%. Der Welthandel war offenbar „erschlafft" und lag 1934 infolge der Krise 14 Indexpunkte unter dem Stand des Jahres 1913. Man mußte schon Optimist sein und großes Vertrauen in die Wellen konjunktureller Entwicklung setzen, um Mitte der 30er Jahre einen raschen Aufschwung der Weltwirtschaft zu prognostizieren.[126]

Andererseits war die weltwirtschaftliche Entwicklung in den 30er Jahren in nicht unbeträchtlichem Maße die Folge der deutschen und vor allem der nationalsozialistischen Politik.

Die außenhandelspolitischen Schwierigkeiten, die die nationalsozialistische Regierung durch ihre antijüdischen, rassistischen Maßnahmen ebenso heraufbeschwor wie durch die einseitige Binnenmarktorientierung und die forcierte Aufrüstung, führten bereits 1933/34 zu beträchtlichen Positionsverlusten der deutschen Exportindustrie am Weltmarkt und zu einer akuten Außenhandelskrise, auf die das Regime mit der Einführung des Bilateralismus (Schachts „Neuer Plan") antwortete. Für die deutsche Industrie war dies zunächst insofern verschmerzbar, als die ersten Jahre der nationalsozialistischen Regierung infolge der Arbeitsbeschaffungspolitik und der Aufrüstung im Zeichen einer kräftigen Nachfrage auf dem Binnenmarkt standen. Vor allem diejenigen Branchen, die unter der Krise am meisten gelitten hatten, wie die Produktions- und Investitionsgüterindustrien, profitierten nun am meisten. Aber auch die anderen Branchen konnten Produktion und Umsatz mühelos erweitern,[127] wobei der Inlandsabsatz den Rückgang bzw. die Stagnation des Auslandsabsatzes mehr als kompensierte.[128]

Der Index der industriellen Produktion, der 1932 auf 59% des Standes von 1928 gefallen war, überschritt bereits 1936 mit 107 Punkten das Niveau von 1928/29. Vor allem die eisenschaffende Industrie profitierte: Die Produktion von Roheisen war 1938 mehr als viermal so hoch wie 1932, die von Rohstahl viermal und die von Walzwerkprodukten dreimal so hoch. Große Zuwachsraten wurden in allen rüstungswirtschaftlich wichtigen Branchen verzeichnet.[129] In besonderer Weise profitierte die chemische Industrie durch die Autarkiebestrebungen der nationalsozialistischen Regierung. Sie ermöglichten es, die bisher nicht rentabel produzierende Hochdruckchemie (synthetische Produktion von Benzin und Buna) mit staatlicher Unterstützung auszubauen und ihr auf dem deutschen Binnenmarkt Rentabilität durch künstlich hochgehaltene Preise und Absatz durch den Rüstungsbedarf zu verschaffen. Die Wirkungen, die hiervon ausgingen, waren der Staatshilfe für die Stickstoffproduktion im Ersten Weltkrieg vergleichbar.[130]

Es ist verständlich, daß die deutsche Großindustrie die neuen Absatzmöglichkeiten auf dem Binnenmarkt lebhaft begrüßte. Das heißt aber noch lange nicht, daß sie auch die dahinter stehende politische Zielsetzung geteilt hätte. Allerdings fand ein in seinen Einzelheiten noch nicht in befriedigender Weise untersuchter Anpassungsprozeß der Auffassungen an die herrschende Linie staatlicher Wirtschaftspolitik statt und nahmen – begünstigt von der unklaren Terminologie – die Formelkompromisse zu. Man kann in diesem Anpassungsprozeß zwei Phasen unterscheiden, eine erste, die im Sommer 1933 einsetzte, und eine zweite, die mit der forcierten Aufrüstungspolitik 1936/37 begann und etwa bis zum Frankreichfeldzug reichte. Eine dritte, die von der Euphorie des Sieges im Westen bis zur Peripetie des Feldzuges im Osten (Juni 1940–Ende 1941) reichte – und eine vierte Phase der militärischen Niederlagen und schwindenden Großraumträume von 1942/43 bis 1945, bleiben hier außer Betracht.[131]

Die Anpassung war keine pure Frage des Auffassungswandels oder kühlen Lagebeurteilung, sondern auch Resultat der veränderten Machtverhältnisse. So ist die terminologische und inhaltliche Anpassung an die nationalsozialistische Außenhandelspolitik beim DIHT eng mit dem Revirement in dessen Führung verknüpft, die im Mai 1933 stattfand. Geschäftsführung und Präsidium des DIHT wurden mit Verfechtern einer radikalen nationalsozialistischen Mittelstandspolitik wie Adrian von Renteln besetzt, die sich nun gegen das Prinzip der Meistbegünstigung und eine offene Exportorientierung aussprachen, den Vorrang der „Nationalwirtschaft" betonten und den Großraumgedanken mehr politischen als ökonomischen Zielsetzungen zuordneten und ihn unter der Perspektive militärischer Sicherheit und kriegerischer Expansion zu betrachten begannen. Der Bilateralismus als vorwiegendes Instrument des Außenhandels erhielt nun vom DIHT unverhohlen Schützenhilfe. Gleichwohl blieben auch in diesem Konzept die Realitäten nicht völlig ausgeblendet. Der DIHT betonte – übrigens in Übereinstimmung mit führenden Fachleuten der staatlichen Wirtschaftsbürokratie wie Willuhn und Posse – die

Notwendigkeit, bilaterale Wirtschaftsbeziehungen mit allen wichtigen Partnern in Europa und Übersee anzuknüpfen. Neben Südosteuropa waren Osteuropa, aber auch die Schweiz, Frankreich, Belgien und die Niederlande im Blick. In bezug auf den Überseehandel plädierte man für ein Abkoppeln der deutschen Rohstoffimporte vom Einflußbereich des Dollars und des Pfundes.[132]

Auch beim RDI wurde der Anpassungsprozeß von der personalpolitischen Ebene her induziert. Im Zuge der antisemitischen Pressionen des Regimes ließ der RDI seine jüdische Führungsmannschaft fallen. Im April 1933 mußten die Stellvertretenden Vorsitzenden des RDI, Paul Silverberg und Hans Kraemer, sowie die Präsidialmitglieder Konrad Piatschek, Edmund Pietrkowski, Ernst von Simson und Walter Sobernheim ihren Hut nehmen. Das Geschäftsführende Präsidialmitglied, Ludwig Kastl, mußte aus politischen Gründen gehen. In die Führung des RDI wurden nun Vertrauensleute der NSDAP eingeschleust. Zudem wuchs vorübergehend der Einfluß von Fritz Thyssen, der die personelle Umschichtung aktiv mit herbeigeführt hatte.[133] Der personalpolitischen Kapitulation des RDI-Vorsitzenden, Gustav Krupp von Bohlen und Halbach, folgte die konzeptionelle auf dem Fuße nach. Offenbar legte sich Krupp nun auch intern auf eine restriktive Außenhandelspolitik fest, deren zu erwartende Verluste durch Aufrüstungsgewinne kompensiert werden sollten. Der Verband insgesamt reagierte freilich äußerst reserviert. Man nahm die personalpolitische Entwicklung zwar hin, versuchte aber konzeptionell die alte Linie zu bewahren: „Politische Opposition für einen Wirtschaftsverband wäre heller Wahnsinn", so äußerte sich der im Amt verbliebene Stellvertretende Vorsitzende Georg Müller-Oerlinghausen, „verwaschenes Nachlaufen hinter irgendwelchen wirtschaftlichen Utopien aber Selbstmord, auch wenn es die Utopien der herrschenden Partei sein sollten."[134] Gleichwohl beging der RDI diesen Selbstmord, wenn auch auf Raten.

Für die Phase 1933 bis 1936/37 ist gleichwohl festzustellen, daß das Regime den „Gleichschaltungseinbruch" in die Verbandsorganisation der Industrie zunächst nicht vertiefte, weil die aktive Mitwirkung der Industrie bei der Aufrüstung gebraucht wurde. Der Machtkompromiß basierte dabei auf drei Säulen: Die Großindustrie bewertete die Aufrüstung, die zunächst als ein Gleichziehen Deutschlands mit den anderen Mächten begriffen werden konnte, überwiegend positiv, partizipierte an der Binnenkonjunktur und ließ sich von deren verglichen mit der internationalen Entwicklung herausragenden Erfolgen beeindrucken, betrachtete aber die Außenhandelsprobleme, die diese Politik aufwarf, mit wachsender Sorge. Klarer als die führenden Verbandsfunktionäre dies taten oder für opportun hielten, äußerten sich die Repräsentanten der traditionell exportorientierten Großindustrie im Sinne einer eher weltmarktorientierten Außenhandelspolitik und plädierten nicht zuletzt wegen der Schwerfälligkeit der planwirtschaftlichen Instrumente für eine Rückkehr zu den „früheren" Methoden, was auch immer das im einzelnen heißen mochte.[135] Dieser Trend verstärkte sich im Zuge der forcierten Aufrüstungspolitik des Regimes und der Gründung der Vierjahresplanorganisation. Während die historische Forschung in Ost und West bisher davon ausgegangen ist, daß die Schwerindustrie und die modernen Industrien vom Vierjahresplan vorrangig profitierten,[136] zeichnet sich durch neuere Forschungen eine differenziertere Betrachtungsweise ab. Am Beispiel der Vereinigten Stahlwerke kann gezeigt werden, daß das nationalsozialistische Regime mit dem Eigentum auch eines arischen Großkonzerns nicht gerade zimperlich umging. Dies war schon seit längerem bekannt.[137] Weniger im Blick war, daß der Konzern und in gewissem Maße mit ihm die gesamte rheinisch-westfälische Schwerindustrie durch die Gründung der Reichswerke Hermann Göring strukturell herausgefordert wurden. Die VSt hatten eine erhebliche Bedeutungsminderung hinzunehmen. So fiel ihr Anteil an der deutschen Rohstahlproduktion gegenüber der Zwischenkriegszeit um mehr als 25%, nahm ihr Aktienkapital von 800 Mio. RM (1926–1930) auf 460 Mio. RM 1938 ab, verringerte sich ihr Auslandsbesitz und nahm der Konzentrationsgrad ab. Zwar blieb der Umsatz des Konzerns hoch bzw. erreichte wieder den Stand von vor der Weltwirtschaftskrise, aber es war nicht mehr zu übersehen, daß sich, angeführt von Funktionären mittelständischer oder proletarischer Herkunft wie Hans Kehrl und Paul Pleiger, eine äußerst dynamische konkurrierende „Partei-Wirtschaft" zu entwickeln begann. Sie bekam die lebhafte Unterstützung des nationalsozialistischen Saar-Industriellen Hermann Röchling und forderte die etablierte rheinisch-westfälische Schwerindustrie offen heraus. Dabei ging es nicht nur um Machtpositionen, sondern auch um die prinzipielle Orientierung der Wirtschaftspolitik. Während Vögler, Poensgen und Reusch ihre Opposition gegen die vom Vierjahresplan geforderte Verhüttung eisenarmer deutscher Erze mit wirtschaftlichen Argumenten untermauerten, die sich an den Erfahrungen der Zwischenkriegszeit und den damaligen Überkapazitäten orientierten, begründete Röchling seinen gegenteiligen Standpunkt mit militärstrategischen Erwägungen: Deutschland könne „in einer möglichen kriegerischen Auseinandersetzung durchaus nicht auf die Zufuhr von Schwedenerzen rechnen". Man dürfe seine Kräfte nicht „in fremden, fernliegenden Ländern wie Brasilien" verzetteln. Dies seien „Spielereien", die nichts nützten, „wenn es um den letzten Einsatz geht".[138]

Die Gegenüberstellung von Partei-Wirtschaft und klassischer rheinisch-westfälischer Schwerindustrie hat viel für sich und korrigiert u. a. die Monopolgruppentheorie, die der Struktur der Industriewirtschaft nicht genügend Rechnung trägt. Auf diese Weise kann plausibel gemacht werden, daß „die Gruppe Vögler-Poensgen-Thyssen" nicht zuletzt infolge massiver Enteignungen, die die VSt- und die Thyssengruppe betrafen, verdrängt und durch die nationalsozialistische Fraktion der Schwerindustrie um Röchling und Pleiger ersetzt wurde, der sich Flick 1939 anschloß.[139]

Es wäre gewiß fruchtbar, diesen Ansatz, der die Einpassung der Großindustrie in die Kriegsvorbereitung und spätere Kriegsführung plausibler macht, weiter zu verfolgen und etwa auf die IG zu übertragen, der ja im Zuge des Vierjahresplans ebenfalls eine staatliche Chemiekonkurrenz erwuchs, von der nicht sicher war, ob sie nicht eines Tages zum Kern einer nationalsozialistisch beherrschten Chemiewirtschaft werden würde.[140]

In den Kategorien einer Rückkehr zur Friedenswirtschaft dachte man jedenfalls auch in der IG-Farbenindustrie AG. So ventilierte Max Ilgner, Vorstandsmitglied der IG, im Januar 1938 die Möglichkeiten eines verstärkten Engagements der Chemischen Industrie auf dem Weltmarkt und einer Wiederaufnahme der Exportoffensive der Zwischenkriegszeit. Er plädierte für eine weltweite Einschaltung der technologisch führenden deutschen Industrie in den Industrialisierungsprozeß der Erde. „Diejenige Nation, die es versäumt, sich hier rechtzeitig einzuschalten, wird es später schwer haben, Versäumtes nachzuholen." Zwar ging es Ilgner in erster Linie um die Erweiterung des Konzerngeschäfts, er plädierte aber gleichwohl dafür, daß Deutschland als fortgeschrittener Industriestaat den Entwicklungsländern als „Partner und Verbündeter" und „nicht als Ausbeuter" gegenübertreten müsse. Daß er nicht in den Kategorien einer „vermachteten" Außenhandelspolitik dachte, zeigte sich allein schon an den Regionen, die er zu diesem Zweck ins Auge faßte. Er entwarf ein weltweites Panorama: Die wichtigsten Gebiete, in denen sich Deutschland durch Industrialisierungshilfe Exportmöglichkeiten erschließen könne, seien der osteuropäische und vorderasiatische Raum, wobei dem „Wirtschaftsraum Südosteuropa" eine besonders wichtige Bedeutung zukomme. Danach folgten die „iberoamerikanischen Länder" und „Ostasien". Demgegenüber sei der „afrikanische Kontinent" erst auf lange Sicht erschließbar, da er noch über keine Industrialisierungsmöglichkeiten verfüge. Sein Blick richtete sich auf die „Märkte der Welt", und er empfahl, die Auslandskontakte zu intensivieren, um mit den besonders geschickten Amerikanern und Angelsachsen konkurrieren zu können. Er plädierte dafür, die gefestigte nationalpolitische Lage dazu zu nutzen, Deutschlands „Ansehen" und „Stellung in der Welt auszubauen und zu festigen".

Deutschland habe „gerade im augenblicklichen Zeitpunkt" im Rahmen der Industrialisierungstendenzen „mit seinem technischen Wissen und Können, mit seinem gut geschulten Menschenmaterial, insbesondere auch mit den in der Welt draußen lebenden Deutschen bei rechtzeitig erkannter und richtig verstandener Lage eine selten große Chance".[141]

Offensichtlich fügte die deutsche Großindustrie die neuen Möglichkeiten, die die nationalsozialistische Wirtschaftspolitik ihr bot, in den Rahmen ihrer bisherigen Unternehmensstrategie ein. Erneut dachte man nicht in Alternativen, sondern in sich wechselseitig ergänzenden komplementären Strategien: Der Absatz auf dem Binnenmarkt – durch eine intensive Nachfrage nach Rüstungs- und Konsumgütern belebt – sollte durch den Absatz auf europäischen Regionalmärkten ergänzt werden, die möglichst eng und „organisch" an den deutschen Binnenmarkt anzuschließen waren, aber nicht als Alternative zum Weltmarkt gedacht wurden, sondern der deutschen Industrie eine bessere Ausgangsposition für den weltweiten Wettbewerb schaffen sollten. Das Desiderat, das die deutsche Reichsregierung aus der Perspektive der exportorientierten Großindustrie in den Jahren 1936–1938 zu erfüllen hatte, war nicht die Wendung zur kriegerischen Expansion, sondern die erneute Ingangsetzung einer weltweiten Exportoffensive, freilich dachte ein zunehmend mächtiger werdender Teil der Industrie, eben jene „Partei-Wirtschaft", darüber anders.

Auch den sich mit dem Anschluß Österreichs, Sudetendeutschlands und der sogenannten Rest-Tschechei in anderer Weise als ursprünglich erwartet formenden südosteuropäischen Regionalmarkt hat die Großindustrie offensichtlich zunächst produktiv in dieses Konzept einbezogen. Dabei wurde der Machteinfluß, den das Dritte Reich auf die südosteuropäischen Staaten nun auszuüben vermochte, als hilfreich angesehen und nicht als Bruch mit den eigenen Prinzipien betrachtet. Daß die Entwicklung eine andere, nämlich kriegerische, Richtung nahm, ist gleichwohl vor Beginn des Zweiten Weltkrieges gesehen worden. Die Großindustrie reagierte, wie die deutsch-englischen Verhandlungen zwischen der Reichsgruppe Industrie und der Federation of British Industries 1939 zeigen, mit dem gewohnten Instrumentarium.[142] Von einer kriegerischen Expansion erwartete man angesichts der außenwirtschaftlichen Verflechtung der europäischen Industriestaaten untereinander und angesichts der Erfahrungen des Ersten Weltkrieges und der Zwischenkriegszeit eine nachhaltige Beeinträchtigung der wirtschaftlichen Lage in Europa und damit der eigenen Geschäftssituation. Was sollte die deutsche Großindustrie im übrigen von einem Krieg erwarten, besaß sie doch eine hegemoniale Position in Europa bereits, wenn auch in anderer Weise als die nationalsozialistischen Politiker sie sich erträumten?

Als der Krieg dann Realität wurde, versuchte man ihn zu lokalisieren, da von einem Konflikt zwischen Deutschland einerseits und Großbritannien und Frankreich andererseits eine Wiederholung der Grundkonstellation des Ersten Weltkrieges zu befürchten war. Ein solcher Krieg würde aber vermutlich lange dauern und die europäische Industrie für Jahre, wenn nicht für immer aus dem weltweiten Industrialisierungsprozeß ausschalten. Die Frage, wer den europäischen Krieg schließlich gewinnen würde, war demgegenüber beinahe sekundär. Als Frankreich dann besiegt war, fand die Industrie zweifellos am Ergebnis dieser kriegerischen Expansion Gefallen. Das lebhafte Echo, das die vom nationalsozialistischen Regime initiierten Friedensplanungen der Jahre 1940/41 in der deutschen Industrie hervorriefen, und der Tenor dieser Planungen[143] zeigen freilich sowohl die Ängste als auch die Interessen, von denen die deutschen Industriemanager beherrscht waren: Die neugewonnene Position in Europa für die weltweite Exportoffensive zu nutzen und den Vereinigten Staaten nun – zum erstenmal in der europäischen Geschichte – als gleichberechtigter Partner gegenüberzutreten. Dabei verließen die Großraumplaner der Industrie freilich erneut die Prinzipien, nach denen sie bisher gehandelt hatten, und ließen sich auf die Methoden des „Machtaustrags" als Mittel der Außenwirtschaftspolitik ein.

Von hier aus war es nur ein kleiner Schritt zur Befürwortung kriegerischer Expansion, zumal sie – nach Osten gerichtet – geeignet schien, den Großraum auf eine breitere Basis zu stellen und die deutsche Wirtschaft in die Lage zu versetzen, mit dem nordamerikanischen Kontinent oder dem Britischen Empire gleichzuziehen. Erst die Niederlagen seit Ende 1941 führten eine allmähliche Rückbesinnung auf die frühere Orientierung herbei.

Heinz Hürten
Katholische Kirche und nationalsozialistischer Krieg

Kirchen sind keine Eliten, Minoritäten, denen aufgrund ihrer besonderen Stellung Macht und Einfluß auf die Gesellschaft in überproportionalem Maße gegeben sind. Vielmehr stellen sie Segmente der Bevölkerung dar, die quer zu den sozialen Schichtungen gebildet sind; sie können auch wegen der großen Zahl ihrer Anhänger nicht wie die Eliten als Minderheiten begriffen werden. Sie sind, zumal in der volkskirchlichen Tradition Deutschlands, soziale Großformationen, die durch Zahl und Kohärenz ihrer Mitglieder ein gesellschaftsgestaltender Faktor sind. Ihre innere Geschlossenheit ist dabei nicht so stark, daß selbst in der hierarchisch verfaßten katholischen Kirche von der Meinung oder Haltung ihrer Führungselite auf das tatsächliche Verhalten der gesamten Kirchengemeinschaft oder ihres überwiegenden Teils Schlüsse gezogen werden könnten. Kirchenzugehörigkeit bedeutet in der Praxis keineswegs unbedingte Folgsamkeit gegenüber den von der kirchlichen Obrigkeit ausgegebenen Normen und Appellen. Der Effekt kirchlicher Weisungen hängt vielmehr in einem hohen Maße ab vom Grad der Bereitschaft des Kirchenvolkes, solchen Direktiven zu folgen.[1] Da nun die Wirkung auf die Gesellschaft, die von kirchlichen Auffassungen ausgeht, bedingt und begrenzt ist durch deren Akzeptanz von seiten der Gläubigen, wie umgekehrt die Formulierung kirchlicher Positionen nicht ohne Rücksicht auf die Chancen ihrer Vermittlung erfolgen dürfte, kann die Haltung einer Kirche zu einer im einzelnen definierten Fragestellung nicht allein von den auf der Führungsebene maßgeblichen Gesichtspunkten her beschrieben werden, vielmehr ist auch die Rezeptionsbereitschaft für solche Positionen im Kirchenvolk in den Blick zu nehmen.

Das Verhalten der kirchlichen Eliten ist keineswegs repräsentativ für das Ganze der Kirche. Darum ist die Untersuchung auszuweiten über die kirchliche Führungselite der Bischöfe und ihrer Arbeitsstäbe hinaus auf Vorgänge und Phänomene in den niederen Schichten der hierarchischen Kirche. Gleichwohl kann sie im Rahmen der Elitenforschung ihren Platz finden, denn mit ihrem, durch das Verhalten ihrer Mitglieder in jeweils unterschiedlichem Maße gestützten Anspruch, für die Gesamtgesellschaft ein System der Sinngebung anzubieten, beansprucht die Kirche eine elitäre Funktion: Gesellschaft zu gestalten über den durch eigene Praxis selbstverständlich und naturwüchsig bestimmten Umfang hinaus auf das Ganze, für das die von der Kirche vertretenen Normen und Direktiven gelten sollen. Damit wird freilich ihre innere Komplexität nicht aufgehoben, was zusammenfassende Darstellungen erschwert und die oft beliebte Konzentration der Forschung und Darstellung auf die Führungsebene der Bischöfe, die „Amtskirche", problematisch erscheinen läßt.[2] Beim gegenwärtigen Forschungsstand läßt sich diese Einengung des Untersuchungsfeldes nur in begrenzten Ansätzen überwinden. Es ist im Rahmen dieses Sammelwerkes kaum etwas anderes möglich, als zu versuchen, durch eine Mehrzahl von Hinweisen auf die verschiedenen kirchlichen Ebenen und auf unterschiedliche Gruppen die Vielfalt oder doch die Bandbreite möglicher Verhaltensformen anzudeuten. Dabei muß jedoch offenbleiben, wie weit der Einfluß einer einzelnen Gruppierung reichte und in welchem Maße es überhaupt gelang, die katholische Bevölkerung mit solchen Vorstellungen zu erfüllen und von anderen in der Gesellschaft vertretenen Meinungen freizuhalten. Solange die Kirche nicht zu einer sich selbst totalitär gestaltenden und von der Gesellschaft distanzierenden Sekte geworden ist, steht sie und der sie untersuchende Historiker vor der Problematik des „idem civis et christianus",[3] der Identität des in der Gesellschaft und als ihr integrales Element lebenden Christen, der dennoch seine Qualität aus anderen als gesellschaftlichen Quellen erfährt.

Unser Gegenstand erfordert eine weitere methodische Vorüberlegung: Ausschlaggebend für die Interpretation kann nicht eine irgendwie moralisch begründete Erwartung sein, so berechtigt sie dem Einzelnen von seinem jeweiligen Standpunkt auch erscheinen mag. Historie als empirische Wissenschaft kann nicht aus eigenem Vermögen Wertsysteme setzen; sie kann solche, zumal wenn die Gesellschaft sich darüber nicht einig ist, auch nicht einfach als gegeben annehmen und danach urteilen; noch viel weniger kann sie die individuellen und persönlich zu verantwortenden Wertmaßstäbe des Historikers als schlechthin gültige Kriterien nehmen. Es gilt die Forderung Max Webers, der Gelehrte habe „sich selbst unerbittlich klar zu machen, was von seinen jeweiligen Ausführungen entweder rein logisch erschlossen oder rein empirische Tatsachenfeststellung und was praktische Wertung ist".[4] So kann eine allgemeine Geltung beanspruchende Interpretation nichts zugrunde legen, was aufgrund individueller Wertentscheidung für moralisch erforderlich oder von einem bestimmten politischen Standpunkt als wünschenswert betrachtet wird. Ebensowenig kann eine ethisch oder theologisch deduzierte Auffassung hinsichtlich der nach jeweiliger Ansicht von der Kirche geschuldeten Haltung maßgeblich sein. Derartige Interpretationsversuche liegen außerhalb der Kompetenz des Historikers und sind mit anderen als historischen Argumenten zu bestreiten. Auch in diesem Falle hat sich die Geschichtswissenschaft ihrer Instrumentalisierung für eine außerhalb ihrer selbst geführte Auseinandersetzung zu entziehen. Ausgangspunkt für eine wissenschaftlich zulängliche Klärung muß vielmehr die Erörterung der historischen Position sein, von der aus sich ein bestimmtes Verhalten ergab.

Unter den verschiedenen Ebenen kirchlichen Lebens, die unter unserem Thema zu betrachten sind, ragt in der hierarchisch verfaßten katholischen Kirche das mit dem Jurisdiktionsprimat ausgestattete Papsttum hervor. Während des I. Weltkrieges hat Papst Benedikt XV. (1914–1922) in der Friedensfrage weitaus weniger seine Rolle als oberster Lehrer der Kirche mit der Entwicklung theoretischer Positionen forciert als die des obersten Hirten, des pater communis, der seine Aufgabe nicht in lehramtlichen und richterlichen Entscheidungen über die moraltheologische Qualifizierung des Krieges suchte, sondern in der Abwendung des durch ihn für alle heraufbeschworenen Unheils.[5]

Darum hat er es peinlich vermieden, zur Frage der Kriegsschuld Stellung zu nehmen oder Verletzungen des Kriegsrechts im Einzelfall zu verurteilen, ebensowenig hat er die überkommene Lehre von der Möglichkeit eines „gerechten Krieges" weiterentwickelt. Ohne diese auch nur entfernt in Frage zu stellen, hat er jedoch den Krieg in einer Weise charakterisiert, die sich nicht nur deutlich abhob von den in seiner Zeit und später noch üblichen Deutungen als Ausdruck rauschhaft-heldischen Lebens, als Demonstration hingebender Vaterlandsliebe oder nationaler Selbstverwirklichung. In der Sprache Benedikts ist der Krieg ein „entsetzliches Unglück",[6] ein „Blutbad, das [...] Europa entehrt",[7] ein „Gemetzel",[8] ein „entsetzlicher Wahnsinn",[9] der „Selbstmord des zivilisierten Europa":[10] ein Pazifist hätte keine schärferen Ausdrücke gebrauchen können. In der Tat hat sich Benedikt dem Vorwurf ausgesetzt gesehen, durch seine Äußerungen über den Krieg die Wehrkraft der Katholiken zu lähmen. Darüber hinaus hat der Papst in einer Botschaft an die Staatsoberhäupter der kriegführenden Mächte vom 1. August 1917[11] in grundlegender Abkehr vom bisherigen Verfahren des internationalen Streitaustrags vorgeschlagen, daß „an die Stelle der materiellen Gewalt der Waffen [...] die moralische Macht des Rechtes" trete: gleichzeitige und allseitige Abrüstung auf den niedrigsten für die Aufrechterhaltung der inneren Sicherheit erforderlichen Stand, Schiedsgericht mit der Gewalt zu Sicherungs- und Strafmaßnahmen gegen jeden Staat, der sich dessen Spruch entziehen oder widersetzen sollte. Sein Nachfolger Pius XI. (1922–1939) führte in seiner Antrittsenzyklika „Ubi arcano" die Linie päpstlicher Förderung von Frieden und Völkerverständigung weiter. Er hat auch in späteren Äußerungen keine Änderung seiner Charakterisierung des Krieges gezeigt: „der Krieg ist immer, auch unter den am wenigsten verheerenden Umständen, etwas Entsetzliches und Unmenschliches".[12]

Er hat nicht nur mit diesen Worten den Bürgerkrieg in Spanien beklagt, sondern auch in öffentlicher Ansprache die Gründe abgelehnt, die das faschistische Italien zur Rechtfertigung seiner Eroberung Abessiniens vorbrachte.[13] Auf dieser durch die Haltung seiner Amtsvorgänger bestimmten Position handelte auch Pius XII. mit seiner Warnung vom 24. August 1939: „Nichts ist mit dem Frieden verloren. Aber alles kann mit dem Krieg verloren sein",[14] die ihm von der späteren Kritik als pronationalsozialistisches „appeasement" vorgeworfen worden ist;[15] eine Förderung kriegerischer Mentalität oder „kriegsfatalistischer Bewußtseinsinhalte"[16] war diese Äußerung jedenfalls nicht. In seinen Weihnachtsansprachen während des Krieges und bei vielen anderen Gelegenheiten hat Pius XII. Grundfragen einer dauerhaften Friedensordnung entwickelt; die päpstliche Diplomatie blieb bemüht, die Chancen zur Eingrenzung des Krieges und zu seiner möglichst frühzeitigen Beendigung zu nutzen, mochten sie auch noch so gering sein. Diese Politik der Kurie ist auch nicht durch die Versuchung modifiziert worden, den Bolschewismus mit kriegerischen Mitteln niederzuwerfen. Die oben erwähnte Äußerung Pius' XI. bezog sich ausdrücklich auf eine Aktion, die weithin als Kampf gegen den Bolschewismus ausgegeben wurde,[17] und nach 1941 hat Pius XII. die von Benedikt XV. fixierte Position, „nullius partis" zu sein, auch gegenüber der Sowjetunion streng eingehalten.[18]

In der wissenschaftlichen Theologie Deutschlands korrespondierte die von den Päpsten schärfer zum Ausdruck gebrachte Ablehnung des Krieges mit den Bemühungen der Moraltheologie, das Recht zum Kriege auf der Grundlage der alten Lehre vom „gerechten Krieg" enger einzugrenzen. P. Franziskus Stratmann, der in seinem 1924 erschienenen Werk „Weltkirche und Weltfrieden" die moraltheologischen Lehrmeinungen Revue passieren ließ, stellte „auch bei katholischen Autoren eine immer stärkere Einschränkung der Erlaubtheit des Krieges"[19] fest, insbesondere werde der Angriffskrieg zunehmend, wenn auch noch nicht durchgängig, abgelehnt. Gleichwohl seien „nach *einmütiger* katholischer Auffassung ungerecht und unsittlich alle nur aus nationalem oder dynastischem Interesse, aus Habsucht oder Eroberungslust (Imperialismus und Annexionismus) geführten Kriege, alle Kabinetts- und Wirtschaftskriege, auch alle nur um des Glaubens willen unternommenen Kriege, d. i. doch wohl die übergroße Mehrzahl der vergangenen Kriege".[20]

Im Staatslexikon der Görresgesellschaft hat der Jesuit Constantin Noppel 1929 an den Katalog der Kriterien, die Franziskus Stratmann im Rahmen der traditionellen Lehre vom gerechten Krieg für die sittliche Erlaubtheit des Krieges aufgeführt hatte, die Frage gerichtet, „ob diese Forderungen des Naturrechts beim Krieg, wie er wenigstens heute unter zivilisierten Völkern ist, noch denkbar sind". Vielmehr forderte er seinerseits, daß „genau wie beim Zweikampf die gesellschaftliche Acht-Erklärung jeglichen Mords und Mordens sich durchsetzen" müsse.[21]

Eine Gruppe von Theologen aus Deutschland, Frankreich und der Schweiz hat 1931 ein Gutachten zur sittlichen Erlaubtheit des Krieges erarbeitet und dem Hl. Stuhl vorgelegt, das aus der Entstehung des modernen Kriegsverhütungsrechtes neue Gesichtspunkte zur Einschränkung der moralischen Berechtigung zur Kriegführung herleitete. Demnach war jeder Staat gehalten, nicht nur das Gemeinwohl seiner Bürger, sondern der gesamten Menschheit bei seinen politischen Entscheidungen zu beachten. Da mit dem Völkerbund und dem internationalen Gerichtshof im Haag geeignete Institutionen zur Klärung internationaler Streitfragen zur Verfügung standen, wurde von den Verfassern die eigenmächtige Kriegserklärung als Verstoß gegen das Gemeinwohl der Menschheit bezeichnet, das jeder Staat zu wahren habe. Dies galt nach ihrer Meinung um so mehr, da die durch den modernen Krieg hervorgerufenen Zerstörungen physischer und moralischer Art in keinem Verhältnis zu den durch Krieg erreichbaren Zielen standen. Moralisch blieb deshalb lediglich die Abwehr eines gewaltsamen, unprovozierten Angriffs erlaubt.[22] Im folgenden Jahr erschien in der vom Zentrumspolitiker Georg Schreiber herausgegebenen Reihe „Schriften zur deutschen

Politik" eine Abhandlung des münsterschen Theologieprofessors Johann Peter Steffes, deren Titel These und politisches Programm war: „Abrüstung. Eine Forderung der Weltmeinung und des Weltgewissens".[23]

In welch starkem Maße die Erfahrung des Krieges die herkömmlichen Auffassungen in Frage stellte, lassen auch private und öffentliche Äußerungen des Erzbischofs von München und Freising, Michael Kardinal Faulhaber (1917–1952), erkennen. Seine regelmäßig im Druck veröffentlichten Predigten während des Ersten Weltkrieges zeigten vollständige Übereinstimmung mit der Sache des eigenen Landes, die noch von keinem Zweifel über die Rechtmäßigkeit des deutschen Vorgehens und die Verpflichtung der Christen, Staat und Obrigkeit rückhaltlos zu unterstützen, angefochten war. Seine Äußerung aus dem Jahre 1915, daß „dieser Feldzug für uns das Schulbeispiel eines gerechten Krieges" abgebe,[24] ist als Charakterisierung seiner Haltung oft zitiert worden.[25] Aber diese Meinung hat dem Erlebnis des Krieges nicht standgehalten. Wie Faulhaber später mitteilte, waren seine wegen des Kriegsendes ungedruckt gebliebenen Predigten aus den späteren Jahren schon auf einen anderen Ton gestimmt, und Faulhaber hat im Jahre 1932 erklärt, daß man sich nicht mehr auf seine im Druck vorliegenden Predigten aus der Kriegszeit berufen könne. Grundlage dieser Distanzierung von früheren Anschauungen war seine Ansicht von einer Veränderung des Krieges: „In dem Tempo also, in welchem der Krieg sein Wesen änderte, mußte auch das Urteil der Moraltheologie über den Krieg sich ändern",[26] und der Erzbischof hat in den zwanziger Jahren seine Neuorientierung immer wieder deutlich gemacht.[27]

War in Faulhabers Äußerungen lediglich die Abkehr von jeder Bejahung eines Krieges und dem seine Schrecken verhüllenden Pathos Anzeichen seiner schärfer gewordenen Ablehnung, so trat einige Zeit später die aktive Auseinandersetzung mit dem Gedanken des Weltfriedens wieder stärker hervor. In einer Rede bei der Generalversammlung des Zentralvereins deutscher Katholiken in den USA am 26. Juni 1926 in Springfield, USA, wandte er sich der Aufgabe des Christen zu, für den Frieden zu arbeiten. Friedensarbeit erschien hier als Weisung des Neuen Testaments, der Friede Christi nicht allein bezogen auf den „Seelenfrieden der einzelnen Menschen", sondern auch auf den „Weltfrieden der Völker".[28] Als zusätzliches Motiv christlicher Friedensarbeit galt nun auch die päpstliche Lehre vom „Frieden Christi im Reiche Christi", die Papst Pius XI. verkündet hatte. Die Lehre vom Königtum Christi sollte „der Friedensbewegung unter den Völkern die Tore aufstoßen".[29] In diesem Zusammenhang geriet sogar die früher für Faulhaber selbstverständliche Auffassung von der Pflicht der Kirche zur Unterstützung des Staates ins Zwielicht, als er einräumte, daß „einzelne Sittenlehrer unter dem Eindruck der friedlichen Arbeitsgemeinschaft zwischen Kirche und Staat zuviel staatliche Auffassung vom Kriege in ihre Sittenlehre hineingetragen haben" könnten, wenn er auch den pauschalen Vorwurf, die Kirche „habe sich seit der Verbindung mit dem Staat über das Unchristliche des Krieges hinweggesetzt und dem Staat zulieb ihre Sittenlehre mit dem Kriege abgefunden" als „eine geschichtliche Unwahrheit" ablehnte.[30] In seinen auf die praktische Förderung des Weltfriedens gerichteten Ausführungen fand der Kardinal schließlich auch ein Wort ausdrücklichen Lobes für den Völkerbund: „ein herrlicher und im Grunde tief christlicher Gedanke, wenn er wirklich dem wirtschaftlichen Gleichgewicht der Völker, dem Schutz der Minderheiten und dem Ausgleich bei Gefahr kriegerischer Zusammenstöße dient".[31]

Am Ende des Jahres 1928 hat Faulhaber seine Silvesterpredigt unter das Thema des Friedens gestellt und dann „nach den Erfahrungen des Weltkriegs" die theologische Lehre vom gerechten Krieg öffentlich reflektiert, wobei er zu teilweise neuartigen Grundsätzen in Gestalt von „Friedensartikeln" gelangte.[32] Er hielt nach wie vor einen Krieg aus gerechter Ursache für denkbar.[33] Neu war jedoch das Gebot, daß die Kriegführenden zuvor Verhandlungen über ihren Streitfall geführt haben müßten. Alt, aber durch die Erfahrung des Weltkrieges aktualisiert, war die Forderung nach einer Beschränkung der

Kriegführung in ihren Mitteln, sie dürfe „nicht eine Gestalt annehmen, daß jeder vernünftige Mensch, auch der unbeteiligte, sagen müßte: Das ist nicht mehr menschlich".[34] Aus der Betroffenheit der Nichtkombattanten von den Schrecken eines Zukunftskrieges ergab sich für Faulhaber auch die Forderung: „In dem Maße, als das ganze Volk künftighin die Schrecken des Krieges viel mehr am eigenen Leib erleben wird, in dem Maße ist auch das Volk im Volksstaat berufen, in der entscheidenden Stunde über Krieg und Frieden mitzureden".[35] Schließlich hielt der Erzbischof auch dafür, daß die Moraltheologie in der Frage nach dem gerechten Krieg vor neuen Aufgaben stehe. So müsse sie die Frage prüfen, ob der Anspruch des Staates tatsächlich so weit reiche, daß er einer Familie alle männlichen Angehörigen oder den Ernährer nehmen dürfe, um Krieg zu führen, denn der Familienvater gehöre „zuerst seiner Familie und dann erst dem Vaterland".[36] In dem hier auftretenden Zusammenhang von familiärer, sozialer Ordnung und Kriegsfolgen ist auch der nächste „Friedensartikel" angesiedelt, insofern dem Staat die Pflicht auferlegt wird, die Lasten des Krieges gerecht zu verteilen. Mochten diese „Friedensartikel" auch eher der Regelung des Krieges als seiner Verhinderung dienen, so konnte dem Hörer dieser Predigt doch nicht zweifelhaft sein, daß die Erhaltung des Friedens das Ziel des Predigers war.[37]

Die Reflexionen des Kardinals über Krieg und Frieden haben mit der Predigt von 1928 und ihren „Friedensartikeln" offensichtlich keinen Abschluß gefunden. Denn bereits zwei Jahre später in einer Predigt über den Kaisergräbern im Speyrer Dom erscheint die bislang noch offen gelassene Möglichkeit zum gerechten Krieg verdrängt durch die noch stärker ausgeprägte Pflicht zum Frieden. Anders als für die in Speyer mit dem Schwert in der Hand ruhenden Kaiser gab es für Faulhaber in der Gegenwart „keine heiligen Kriege mehr".[38]

Demonstrativer Höhepunkt in Faulhabers Engagement für die Friedensbewegung wie in seiner Auseinandersetzung mit der Ethik des Krieges war seine Predigt vom 7. Februar 1932, die äußerlich schon dadurch ausgezeichnet war, daß sie zeit-

lich ungefähr mit dem Zusammentritt der Genfer Abrüstungskonferenz zusammenfiel. Sie fand in der in- und ausländischen Presse Beachtung und eine zustimmende Kommentie-
rung im „Osservatore Romano". Faulhaber hielt die Eröffnung der Abrüstungskonferenz für bedeutend genug, um sie
in seiner Ansprache der Errichtung der Haager Cour und des
Völkerbundes, der Friedensbotschaft Benedikts XV. vom Jahre 1917 und der Unterzeichnung des Kellogg-Paktes an die
Seite zu stellen. Daß zu diesem Zeitpunkt durch das Vorgehen
Japans in der Mandschurei in Ostasien wieder Krieg herrschte, dessen Dauer und unverminderte Heftigkeit in den folgenden Jahren die Machtlosigkeit des Völkerbundes gegen eine
zum Kriege entschlossene Macht dartaten, erschien damals
für Faulhaber noch nicht als Grund, die Hoffnung auf friedlichen Streitausgleich aufzugeben. Im Gegenteil hielt er dafür,
daß eben dieser Krieg die Dringlichkeit des Abrüstungsunter-
nehmens nur noch deutlicher mache. Der Kardinal sah die Situation geradezu als „Zeitenwende", in der sich das öffentliche Bewußtsein von den Fragen um Krieg und Frieden
ändere, aber auch die Moraltheologie „eine neue Sprache
sprechen" werde: „Sie wird ihren alten Grundsätzen treu bleiben, in der Frage nach der Erlaubtheit des Krieges aber den
neuen Tatsachen Rechnung tragen".[39] Weil die Technik es
möglich mache, in kurzer Zeit einen internationalen Streitfall
der Entscheidung des Völkerbundes oder eines Schiedsgerichts zu unterwerfen, stehe nunmehr ein neuartiges „Werkzeug des Friedens"[40] zu Gebote, das genutzt werden sollte,
bevor die Waffen sprechen dürften. Aber gerade die Waffen
machten für Faulhaber das eigentliche Problem des modernen
Krieges aus. Nach seiner Meinung hatte die Kriegführung
„Formen angenommen, die nicht mehr menschlich, geschweige christlich" waren. „Ein Krieg mit solcher Technik muß an
sich selber sterben".[41] Schließlich waren in den Augen des
Kardinals auch die Folgen eines modernen Krieges so schwer-
wiegend geworden, daß alle Parteien dadurch tief geschädigt
wurden. Die wirtschaftliche Verflechtung in Europa ließ nicht
mehr zu, das Unheil eines Krieges national zu begrenzen.

„Aus dieser Tatsache leitet die neue Kriegsmoral das Gesetz ab: Die Vorbedingungen für einen erlaubten Krieg sind viel seltener als früher gegeben, weil heute durch einen Krieg die ganze Weltwirtschaft erschüttert wird".[42] Allseitige Abrüstung war darum die unumgängliche Konsequenz. Zur Situation des durch den Versailler Vertrag in seiner Rüstung eng begrenzten Deutschen Reiches vertrat der Erzbischof die Ansicht, daß Deutschland wie alle anderen Staaten das gleiche Recht habe, „gegen einen bewaffneten Überfall gesichert" zu sein, aber die ihm zustehende Rechtsgleichheit sollte nicht durch deutsche Aufrüstung, sondern durch allgemeine Abrüstung verwirklicht werden. Rüstung und Wehrkraft galten Faulhaber nicht als friedenssichernde Abschreckung, sondern als nächster Anlaß zur Katastrophe.[43]

Kardinal Faulhaber stand mit seiner Haltung im deutschen Episkopat nicht allein. Der früh verstorbene Kölner Weihbischof Stoffels war ein eifriger Förderer des Friedensbundes deutscher Katholiken gewesen.[44] Später trat der Berliner Bischof Christian Schreiber durch seine Unterstützung katholischer Friedensbewegungen und der deutsch-französischen Verständigung hervor.[45] Er übernahm das Protektorat über den deutschen Zweig einer von Frankreich ausgehenden Bewegung, die regelmäßig Gottesdienste für die Sache des Friedens – „Friedensmessen" – veranstaltete,[46] und fand vor allem Aufmerksamkeit durch seine Rede bei der 8. Reichstagung des Friedensbundes deutscher Katholiken am 8. November 1931 in Berlin.[47] Er verkündete darin erneut die Lehre der Kirche vom gerechten Krieg, dessen Voraussetzungen in den moraltheologischen Diskussionen der zurückliegenden Jahre so viel schärfer gefaßt worden waren, daß der Bischof zweifelte, „ob die Erfüllung dieser Forderungen bei der heutigen Kriegstechnik noch denkbar" sei. Schreiber erklärte es für allgemeine Menschenpflicht, sich für den Frieden einzusetzen, begrüßte „jede geordnete Friedensbewegung" und sprach sich energisch für den Ausbau des Völkerbundes zu einer friedenssichernden Institution aus.

Die Fuldaer Bischofskonferenz, in der alle deutschen Bischöfe mit Ausnahme der bayerischen vereinigt waren, hatte in ausdrücklicher Berufung auf die Lehre Pius' XI. in der überhitzten Atmosphäre des Ruhrkampfes im August 1923 von den Gläubigen als Voraussetzung für einen dauerhaften Frieden und die Überwindung der Kriegspsychose ein Leben nach den Regeln des Christentums verlangt und allen Revanchegelüsten eine scharfe Absage erteilt: „Wir entsagen allen Gedanken und Plänen des Hasses und der Rache: wir sinnen nicht auf Wiedervergeltung".[48] Fünf Jahre später begrüßte die Konferenz „herzlichst" alle Bestrebungen zum „Ausgleich der Gegensätze zwischen den Nationen und Ständen" und ermahnte die katholischen Organisationen zu ihrer Unterstützung.[49]

So war das Eintreten der Bischöfe für die Friedensbewegung wohl mehr als nur Ausdruck individueller Überzeugung oder Geneigtheit für die Angehörigen des Friedensbundes der deutschen Katholiken. Es ist bislang unbeachtet geblieben, daß sie gemeinsam im Jahre 1931 ein Schreiben an den Episkopat der früheren Kriegsgegner Deutschlands gerichtet haben, in dem sie nicht nur um Unterstützung in der wirtschaftlichen Not Deutschlands baten, sondern auch um Hilfe bei der Abwendung neuer Kriegsgefahren.[50] Erkennbare Wirkungen hat dieses Schreiben allerdings nicht gehabt. Die deutschen Bischöfe erhielten nicht einmal von allen ihren Amtsbrüdern eine höfliche Bestätigung.[51]

Beim gegenwärtigen Forschungsstand ist auch kaum abzuwägen, in welchem Umfang die Äußerungen der Bischöfe von Klerus und Kirchenvolk geteilt worden sind. Dem Friedensbund deutscher Katholiken, der hier nicht eigens zu schildern ist, weil er bereits wissenschaftlich behandelt worden ist,[52] gelang trotz der Förderung durch die Bischöfe zeit seines Bestehens keine Wirkung in die Breite. Einen begrenzten Aufschluß über die Resonanz der neuen Ideen von Frieden und Verkündigung in großen Gruppen vermögen die katholischen Zeitschriften zu geben, die, auf das Abonnement ihrer Leser angewiesen, in einem gewissen Maße die Akzeptanz der von ihnen vertretenen Anschauungen in ihrem Publikum vermuten lassen. An dieser Stelle sollen zwei von ihnen unter diesem Gesichtspunkt dargestellt werden.

Das „Bayerische Klerusblatt" (anfänglich: „Blätter für den katholischen Klerus"), bietet einen gewissen Einblick in die Mentalität des Seelsorgeklerus, seine Auseinandersetzung mit Zeitproblemen, soweit sie die priesterliche Berufs- und Lebenspraxis berührten. Fragen um Krieg und Frieden treten deshalb nicht als eigenständige Themen auf, wohl aber läßt sich erkennen, wie sie hie und da in die Welt des Priesters hineinwirkten. So bot das Blatt am 9. September 1923 einen ausführlichen Bericht über den 3. Kongreß der „Internationalen katholischen Liga für friedliche Zusammenarbeit der Katholiken aller Länder", bei dem Conrad Gröber, später Erzbischof von Freiburg, über die internationale Gemeinschaft der Katholiken gesprochen hatte: „Das wahre Ideal ist die Zusammenarbeit der Völker und Stämme als ebenbürtige Brüder im Geiste des katholischen Christentums. Diesem Ideale nach den schrecklichen Wunden des Krieges gangbare Wege zu ebnen, das ist praktische Friedensarbeit. Solche Wege lassen sich in die Merkworte fassen: Verstehen, Verzeihen, Vergessen, Wiedergutmachen, Lieben".[53] Diesem Geist der Verständigung, der den Maximen des regierenden Papstes Pius XI. ebenso entsprach wie den Weisungen, welche die deutschen Bischöfe in ihrem gemeinsamen Hirtenbrief vom August 1923[54] erteilt hatten, ist in diesen Blättern niemals eine Alternative entgegengestellt worden.[55] In den folgenden Jahrgängen ist die Unterstützung der christlichen Friedensidee noch deutlicher zu erkennen. Die Friedenskonferenz deutscher und polnischer Katholiken, die unter Leitung von P. Stratmann im Mai 1929 in Berlin stattfand, erhielt einen anerkennenden Bericht, der auch das Schreiben, das Nuntius Pacelli aus diesem Anlaß an den Vorsitzenden des Friedensbundes in Berlin richtete, im Wortlaut brachte.[56] Ein Jahr darauf wurde mit Nachdruck beanstandet, daß eine angebliche „Abrüstungsadresse" der deutschen Bischöfe an den Völkerbund – gemeint war offensichtlich die Abrüstungskundgebung des Friedensbundes deutscher Katholiken, der die meisten Bischöfe ihre Unterschrift gegeben hatten – vom Sekretariat in Genf nicht amtlich notifiziert worden sei.[57] Von einer Perseveranz einer im Weltkrieg aus nationaler Begeisterung und katholischem Minderheitsbedürfnis entstandenen Psychose des deutschen Klerus kann wahrlich nicht die Rede sein.[58] Viel eher scheint die durch den Schock der Niederlage ausgelöste kritische Überprüfung der im Kriege erwiesenen Haltung weiter gewirkt zu haben, und ebenso wie bei den Bischöfen dürfte gegen Ende der zwanziger Jahre bis zum Machtantritt Hitlers eine zunehmende Bejahung aktiver Friedenspolitik und Abrüstung zu verzeichnen sein. Aufschlußreich erscheint in diesem Zusammenhang auch die kritische Auseinandersetzung im „Klerusblatt" mit der anschwellenden Kriegsliteratur, von der nur Ludwig Renns „Krieg" uneingeschränkte Anerkennung fand.[59]

Die Monatsschrift der deutschen Jesuiten, „Stimmen der Zeit", war stärker als das „Klerusblatt" auf die Erörterung politischer Fragen angelegt und die Auseinandersetzung mit der Problematik von Krieg und Frieden nahm hier einen weitaus breiteren Raum ein. Der Ton der Enzyklika Benedikts XI. „Pacem Dei" vom 23. Mai 1920, welche die innere Versöhnung der Kriegsgegner als unerläßliche Voraussetzung für einen dauerhaften Frieden bezeichnet hatte, wurde hier alsbald aufgenommen durch einen großen Aufsatz des Pädagogen Dunin-Borkowski. Dieser äußerte Skepsis gegenüber allen nur politischen und völkerrechtlichen Regelungen in Institutionen wie dem Völkerbund, sondern setzte seine Hoffnung auf die erzieherische Macht der Kirche und ihre Fähigkeit zu internationaler Integration im Dienst der „Völkerversöhnung".[60] Unter diesem Gesichtspunkt unterstützte die Zeitschrift in den folgenden Jahren durch ausführliche Berichterstattung die internationalen Kongresse, die der französische katholische Politiker Marc Sangnier veranstaltete,[61] bemühte sie sich um theologische Fundierung der Friedensarbeit[62] und informierte über einschlägiges Schrifttum.[63] Später gab der Kellogg-Pakt Veranlassung, die Friedensfrage nicht nur nach ihrer religiösen, sondern auch nach ihrer politischen Seite zu diskutieren.[64] Im Anschluß an einen Artikel des „Osservatore Romano" besorgte das Blatt, daß durch die im Zusammenhang mit diesem Pakt jedem Staat noch einmal ausdrücklich zugebilligte Berechtigung zur Selbstverteidigung unter der Hand die Kriegsbereitschaft der Staaten geradezu gefördert werde. Stattdessen vertraten die „Stimmen" die Meinung: „Wer den Krieg ächten will, muß die Mittel zum Kriege ächten".[65] Für die deutsche Politik ergebe sich daraus die Aufgabe, die eigene durch den Versailler Vertrag auferlegte Abrüstung zu bejahen und zum Ansatz einer konsequenten Friedenspolitik zu machen, jegliche Aufrüstung abzulehnen, und dies auch in dem Falle, daß dazu eine rechtliche Möglichkeit bestünde. Darüber hinaus kam es nach Ansicht von C. Noppel, der sich mit diesem gewichtigen Beitrag zu Wort meldete, darauf an, „die Idee des isolierten Nationalstaats"[66] zu überwinden, und sich den Aufbau einer Völkergemeinschaft zum Ziel zu setzen. Gestützt auf das Friedensprogramm Benedikts XV. und die Übereinstimmung mit neueren Veröffentlichungen im „Osservatore Romano" meinte Noppel keinen anderen Weg empfehlen zu dürfen, ja er sah darin geradezu „eine große Mission", die dem deutschen Volke zugefallen sei.[67] In der Frage des eigentlichen Pazifismus haben sich die „Stimmen der Zeit" nicht mit gleicher Entschiedenheit geäußert. Max Pribilla verfaßte eine fiktive Diskussion über dieses Thema und ließ am Ende den neutralen Moderator sagen, „daß es sich beim Pazifismus um eine Frage von äußerster Bedeutung für das Wohl der gesamten Menschheit handelt. [. . .] Für alle aber, die an den öffentlichen Angelegenheiten nicht gleichgültig vorübergehen und die Augen vor offenkundigen Tatsachen nicht verschließen, besteht die Pflicht, ihre besten Kräfte für die Sache des Friedens – freilich eines gerechten, auf gegenseitiger Achtung der Völker beruhenden Friedens – einzusetzen, damit jenes furchtbare Unglück nicht eintritt, das der Pazifismus mit allen seinen Bestrebungen vermeiden will".[68] Das zehnjährige Bestehen des Völkerbundes wurde in der Zeitschrift zum Anlaß genommen, die Aufgaben der Katholiken dieser Institution gegenüber zu erwägen.[69] Sie konnten nicht untätig bleiben, wo die Menschheit den Versuch machte, sich gegen Krieg und soziale Katastrophen zu schützen, und wenn der Völkerbund dazu einen brauchbaren Ansatz lieferte, sei ihr Platz an dessen Seite. Mochte der Völkerbund auch nicht aus christlicher Inspiration entstanden sein, die Mitarbeit der Katholiken könnte ihm im Christentum das solideste Fundament geben.

Im gleichen Jahrgang machte ein „Umschau"-Beitrag unter dem Titel „Unsere Großväter und der Militarismus"[70] auf die heftige Militarismuskritik des ersten, im Jahre 1889 verstorbenen Herausgebers der „Stimmen der Zeit" aufmerksam und zitierte diesen ausführlich ohne anders als durch den Vorbehalt der Distanzierung in nicht näher bezeichneten Details eine Begrenzung der Zustimmung auszudrücken. Zu Beginn der Abrüstungskonferenz legte Noppel wiederum einen großen Artikel vor.[71] Für ihn war die Abrüstungskonferenz der Punkt, an dem „zwei Zeiten" sich gegenüberstanden und die Möglichkeit offen schien, den Graben zwischen ihnen zu überschreiten. Damit war nach seiner Ansicht die Lage klar. „Durch das Eintreten Roms für den Gedanken der Abrüstung bzw. die Rüstungseinschränkung ist für den Katholiken, der mit seiner Kirche fühlt, eine eindeutige Einstellung zu dem ganzen Problem und stärkster Antrieb für alle diese Bemühungen gegeben".[72] Unter Hinweis auf die Lehre der Päpste und führender Moraltheologen zur Abrüstung machte er deutlich, „daß die katholische Moral gebieterisch den Einsatz aller Kräfte auf dieses Ziel hin verlangt".[73] Noppel war dabei von allen Hoffnungen auf rasche und durchgreifende Beschlüsse der Abrüstungskonferenz weit entfernt; darum galt seine Mahnung an die Deutschen, „nicht schwachnervig"[74] zu werden, sondern im Friedenswillen unbeirrbar zu bleiben. Einige Zeit später griff Noppel diese Fragestellung noch einmal auf und verwies auf die Feststellung des Berliner Bischofs Christian Schreiber, daß die Verpflichtung zum Kampf gegen den Krieg „mit besonderer Schwere auf den Christen und noch mehr auf den Katholiken lastet wegen der Lehre des Evangeliums und der Lehre der Kirche".[75]

Unter den zahlreichen Organisationen und Gruppen des deutschen Katholizismus, deren Haltung zu den Fragen um

Krieg und Frieden noch zu untersuchen ist, kommt dem Katholischen Jungmännerverband eine ganz besondere Bedeutung zu, war er doch in den zwanziger Jahren unter der Leitung der Generalpräsides Mosterts und Wolker in raschem Aufschwung begriffen und 1933 mit 365 000 Mitgliedern die größte Organisation männlicher Jugendlicher in Deutschland und von den Diskussionen der Zeit um Wehrhaftmachung und Wehrpflicht naturgemäß besonders betroffen. Das reich entwickelte Schrifttum dieses Verbandes erlaubt einen Einblick in die Gedankenwelt seiner Führungselite und die von ihr ausgehenden Impulse zur Gestaltung der katholischen Jugendarbeit.

Auch in diesen Quellen tritt eine vergleichsweise starke Orientierung am Gedanken des Friedens hervor, der sich auch in den Vorschlägen zur Gestaltung von Gedenkstunden für die Toten und Gefallenen Geltung verschafft.[76] Eine „Ehrung der Gefallenen" sollte nicht enden, „ohne dessen zu gedenken, was unsere gefallenen Brüder als Erbe uns hinterlassen haben: [...] Wir hassen den Krieg als ein Verbrechen wider Gott und die Menschheit. Wir kämpfen für den Frieden der Völker".[77] Die Pläne der Reichsregierung v. Papen zur „Wehrhaftmachung" und die Gründung des Reichskuratoriums für Jugendertüchtigung führten innerhalb des Verbandes zu intensiven Diskussionen, bei denen, wie die Reichsführung nachher feststellte,[78] „manche aus katholischer Friedenshaltung" meinten, beides ablehnen zu müssen, während andere „aus berechtigter Erbitterung gegen das herrschende System und aus berechtigtem Unwillen über den neu auftretenden Militarismus eines Vorkriegsgeistes" zum gleichen Ergebnis kamen. Beide Positionen wurden in dem Bericht über die schließliche Entscheidung der Reichsführerschaft als „durchaus berechtigt" bezeichnet. Die nach langer Erörterung mit großer Mehrheit verabschiedete Stellungnahme lautete: „Der katholische Jungmännerverband sieht in der Erziehung deutscher Jugend zur Mannhaftigkeit und Wehrhaftigkeit eine nationale Pflicht. Er anerkennt das Recht des Staates, die dazu notwendigen Maßnahmen im rechten Maße und zur rechten

Zeit zu treffen. Er vermag jedoch in dem nach Erlaß des Herrn Reichspräsidenten vom 13. September gebildeten Reichskuratorium und den Maßnahmen in der geplanten Form nicht den geeigneten Weg hierzu zu erblicken".

Die abweichende Haltung der Sportorganisation „Deutsche Jugendkraft" fand gleichwohl Billigung, jedoch mit der ausdrücklichen Maßgabe, daß deren Vertreter im Reichskuratorium „mit allem Nachdruck die Grundsätze katholischer Haltung vertritt. Es darf durch die geplanten Maßnahmen nicht entgegen der Friedenserziehung und Friedenshaltung, die wir aus religiösen und nationalen Gründen für geboten erachten, ein neuer Militarismus und neuer Kriegsgeist irgendwie in deutscher Jugend gezüchtet werden".

Diese Linie wurde auch in der praktischen Arbeit weitergeführt. Der Plan zu einem „Jungmännerabend" aus dem Jahre 1933 zum Thema „Pax vobis – Dienst am Völkerfrieden" stellte die Frage, was der junge Katholik „im Dienst des Völkerfriedens tun" könne, und entschied u. a.: „Wer in der Wehrmacht steht, durch freiwilligen Eintritt in Heer, Marine und Polizei, der stehe dort wie Sebastianus in Pflichterfüllung, auch dort bereit, dem Geiste des Friedens zu dienen".[79] Für jeden galt die Verpflichtung, „Ernst [zu] machen mit dem Friedensdienst und der Friedensgesinnung" und auch, „wohin er immer Einfluß hat, mit mutigem und klarem Wort dem Gedanken des Friedens" zu dienen: „Gegen jeden Haß; gegen Rüstungswahnsinn: gegen Kriegshetze, wo immer sie auftritt; gegen einen Militarismus, der nicht rechter Soldatendienst, sondern Soldatenherrschaft ist; gegen die Verächtlichmachung der Völkerbundsidee und der Idee des Schiedsgerichts usw."[80]

Eine ausdrückliche Auseinandersetzung mit den Plänen der Reichsregierung zu vormilitärischer Ausbildung führte der Generalsekretär des Jungmännerverbands in einer Zeitschrift für die Präsides zu Beginn des Jahres 1933. Er gestand offen ein, daß auch für den Jungmännerverband „Kameradschaft, Disziplin und Wehrhaftigkeit wertvolle Tugenden" seien, „aber in der Skala der Erziehungswerte und -ziele" stünden sie „auf einer weit niedrigeren Stufe als andere von der katho-

lischen Erziehung geforderten Tugenden".[81] So sei Kameradschaft „weitab von der im Evangelium und im Grundgesetz
[des Jungmännerverbandes] geforderten Bruderliebe".[82] Ähnliches galt für die Disziplin. Für schwieriger hielt es der Verfasser, eine Stellungnahme zur Wehrhaftigkeit zu finden, und
zwar nicht nur wegen der Unbestimmtheit dieses Begriffs,
aber seine Entscheidung war schließlich klar: „Sicherung des
Friedens in der Welt" war die letztgültige Norm.[83] In ihrer
Realisierung sah der Autor freilich unterschiedliche Wege als
vertretbar an, und ihm fehlte eine letzte Gewißheit über das
von der Kirche Gebotene.[84] Der Verfasser empfahl in dieser
Lage, Zuflucht zum Gebet zu nehmen, aber dazu müsse „ein
Zweites kommen: daß wir alles tun, um unser Jungvolk, stärker als es bisher geschah, für den Frieden erziehen, für wahre
Friedensgesinnung innerhalb und außerhalb unseres Volkes;
daß wir unsere Jungmänner in die Fragen um Krieg und Frieden einführen, daß wir in Jungmännerabenden und Wochen-
enden [...] dieses Thema behandeln".[85] Dementsprechend
enthielt das Heft einen Aufsatz von C. Noppel, „Erziehung
zum Frieden", einen Bericht über Faulhabers Predigt zur Friedenserziehung aus dem Jahre 1928, den Text seiner Friedens-
predigt von 1932 und eine Übersicht von Joseph Rossaint über
einschlägige Literatur.

Es muß offen bleiben, in welchem Umfang die breiten
Schichten der Gläubigen von den in Gang gekommenen Re-
flexions- und Revisionsprozessen über Krieg und Frieden berührt worden sind. Immerhin kann man, auch wenn die erwähnten Versuche zu neuer Orientierung auf kleinere Gruppen begrenzt geblieben sein sollten, doch nicht einfach die
Haltung, mit der die deutschen Katholiken in den Ersten
Weltkrieg getreten waren und ihn durchgehalten hatten, als
Muster für ihre Stellungnahme gegenüber der Außenpolitik
und dem Kriege Hitlers genommen werden. Daß die deutschen Katholiken keine Opposition gegen diese Politik gezeigt haben und die Zahl der katholischen Kriegsdienstver-
weigerer minimal blieb, ist allerdings nicht leicht zu erklären.
Es wäre aber auch kurzschlüssig, allein in den innerkatholi-

schen Diskussionen der Zwischenkriegszeit über die moralische Erlaubtheit von Krieg und Frieden den Stellenwert des deutschen Katholizismus für die Entwicklung zum Zweiten Weltkrieg zu bestimmen, vielmehr ist auch das Verhältnis zu untersuchen, in dem die katholische Kirche zu der für den Ausbruch dieses Krieges verantwortlichen Macht des Nationalsozialismus stand und näherhin, ob sie sich in der Gestaltung dieses Verhältnisses durch ihren Gegensatz zum Kommunismus bestimmen ließ. Anhand einer breiten Forschungsliteratur[86] läßt sich dieses Verhältnis in folgender Weise skizzieren: Die kirchentreuen Katholiken, die bis 1933 mehrheitlich ihre politische Heimat in der Zentrumspartei (bzw. in der Bayerischen Volkspartei) sahen, hatten durch ihre Zusammenarbeit mit Sozialdemokraten und Liberalen in der Nationalversammlung 1919/20 erheblichen Anteil am Zustandekommen der Weimarer Reichsverfassung gehabt, nur ein zahlenmäßig sehr geringer Teil war aus grundsätzlicher Opposition gegen die Republik zu den Deutschnationalen übergeschwenkt. Bis zum Ende der Republik blieb die Mehrheit der kirchentreuen Katholiken loyal zu Staat und Verfassung, wie es der Tradition des Zentrums als „Verfassungspartei" entsprach. Aus solcher Loyalitätsgesinnung entsprang die bekannte Äußerung des Kardinals Faulhaber auf dem Münchner Katholikentag von 1922, daß die Revolution „Meineid und Hochverrat" gewesen sei. Für das politische Bewußtsein der Katholiken ist jedoch weniger diese Äußerung signifikant als die Tatsache, daß der Präsident dieses Katholikentages, der Kölner Oberbürgermeister Konrad Adenauer, diese Bemerkung in aller Öffentlichkeit zurückwies, indem er sie als eine der Aussagen qualifizierte, „die man sich aus Verhältnissen örtlicher Natur erklären kann, hinter denen aber die Gesamtheit der deutschen Katholiken nicht steht".[87]

Aufgrund ihrer Mittelstellung in der deutschen Parteienlandschaft war die Zentrumspartei in der Weimarer Republik ein unerläßlicher Koalitionspartner für alle parlamentarisch gebildeten Reichsregierungen. Aus dieser Mittelstellung ergab sich auch eine gleichmäßige Distanz zu den Parteien, die rechts und links außerhalb des Verfassungskonsenses standen, also zu Nationalsozialisten wie zu Kommunisten. Der Gegensatz zu letzteren war von jeher vorhanden gewesen. Bereits der Syllabus Papst Pius' IX. aus dem Jahre 1864 hatte den Kommunismus als Lehre verurteilt, und die Vorgänge in der Sowjetunion während der Zwischenkriegszeit waren nicht geeignet, die ursprünglich nur theoretisch begründete Ablehnung der Katholiken zu entkräften. Zu diesem alten, wenn auch durch die Bildung des Bolschewismus neu formierten Gegner trat der Nationalsozialismus, der als Erbe der völkischen Bewegung auch deren Antiklerikalismus und Antiultramontanismus übernommen hatte. „Rom" und „Juda" waren schon in der Münchner Frühzeit der NSDAP von ihrer Propaganda gleichrangig bekämpfte Feinde. Kardinal Faulhaber, der sich bereits damals gegen den um sich greifenden Antisemitismus öffentlich aussprach, war nach der Niederschlagung des Hitlerputsches 1923 das Ziel wilder Angriffe der enttäuschten Nationalsozialisten.[88] Als die Bewegung Hitlers zur Massenpartei emporwuchs, haben alle deutschen Bischöfe in nahezu identischen Stellungnahmen den Nationalsozialismus unzweideutig verurteilt, wobei sie vor allem dessen Rassenlehre, Verherrlichung der Gewalt und Mißachtung des Rechts zur Begründung nahmen.[89] Im August 1931 gab die Fuldaer Bischofskonferenz außerdem „Winke" an die Seelsorger bezüglich der Behandlung von Angehörigen „christentumsfeindlicher Parteien" heraus, unter denen der Nationalsozialismus ebenso ausdrücklich wie Kommunismus und Sozialismus genannt wurde. Die Stellungnahmen der Kirche waren ausdrücklich als religiös-kirchlich gekennzeichnet, die „vom Standpunkt des Glaubens, aber nicht vom Gesichtspunkt der Parteipolitik" aus ergingen. Für die Auseinandersetzung der Zentrumspartei, der christlichen Gewerkschaften und der zahlreichen katholischen Organisationen und Verbände galt diese Einschränkung freilich nicht. So stand neben der kirchlichen, religiös begründeten Verurteilung von Kommunismus und Nationalsozialismus eine teilweise heftige Polemik der organisierten oder journalistisch tätigen Katholiken. Unbeschadet der prinzipiellen Gegnerschaft konnte es jedoch gelegentlich auch zu Überlegungen über ein mögliches Zusammengehen in Richtung auf begrenzte Ziele kommen, ähnlich wie es 1932 im preußischen Landtag beim gemeinsamen Kampf der KPD und der NSDAP gegen die Regierung Braun oder in der Kooperation dieser beiden Parteien beim Streik der Berliner Verkehrsgesellschaft geschah. Im August und November 1932 haben Besprechungen von Zentrumspolitikern mit führenden Nationalsozialisten stattgefunden über die Möglichkeit, das präsidiale Regime des Reichskanzlers v. Papen durch eine auf die Mehrheit des Parlaments gestützte Regierung abzulösen. Aber diese Besprechungen waren ebenso kurzlebig wie die ungefähr gleichzeitige Zusammenarbeit von KPD und NSDAP. Papst Pius XI. hatte zudem erkennen lassen, daß er eine Koalition mit der NSDAP allenfalls auf eine kurze Zeit für möglich halte, wenn es darum ginge, „ein noch größeres Übel zu verhindern".[90] So kann von einer Gravitation des deutschen Katholizismus zum Nationalsozialismus aus politischem oder religiösem Antibolschewismus keine Rede sein. Am 17. Februar 1933 erließen die katholischen Verbände einen Aufruf zur Reichstagswahl, der die Ablehnung des nationalsozialistischen Regimes unzweideutig ausdrückte: „Was sich seit Mitte März vorigen Jahres in unserem Lande ereignet hat, ist ein nationales Verderben. [. . .] Wir erfahren es: Bolschewismus kann auch werden unter nationalem Vorzeichen. Wir erklären, daß wir den Kampf führen werden gegen alle Formen des Bolschewismus. [. . .] Wir wollen die Erhaltung des Rechts im öffentlichen Raum, die Heilighaltung des Verfassungseides, die Wahrung der staatsbürgerlichen und sozialen Grundrechte der Reichsverfassung".[91] Zwanzig katholische Zeitungen, die den Aufruf abgedruckt hatten, wurden deshalb verboten.

Die deutschen Katholiken, soweit sie sich an ihrer Kirche orientierten, standen also bis 1933 in einer festen Abwehrfront gegen Bolschewismus und Nationalsozialismus. Insofern sie politisch dachten und handelten, gingen sie dabei über die religiös begründete Linie der Ablehnung noch hinaus, die ihnen durch die Erklärungen der Bischöfe und der Päpste vorgegeben war. Aber diese Gegnerschaft wurde innerhalb des verfassungsmäßigen Meinungskampfes ausgetragen; Terror gegen den politischen Gegner, Bürgerkrieg im Innern, Krieg nach außen lagen für sie bei diesem Kampf außerhalb des Möglichen.

Im Frühjahr 1933 trat in dieser Frontstellung ein rascher Wandel ein, insofern die deutschen Bischöfe erklärten, unbeschadet grundsätzlicher Auffassungen ihre früheren Warnungen vor dem Nationalsozialismus „nicht mehr als notwendig" anzusehen. Grund für diese plötzliche Wandlung waren Erklärungen des neuen Regierungschefs Hitler über den Inhalt seiner Politik und die Haltung seiner Regierung zum Christentum, welche den bisherigen kirchlichen Beanstandungen weitgehend den Boden entzogen, zumal auch die nationalsozialistischen Organisationen mit großem Eifer ihre Kirchenfreundlichkeit demonstrierten. Aber auch viele Katholiken drängten jetzt, von wenig begründeten Hoffnungen auf einen „nationalen Aufbruch" irregeleitet, in die Organisationen der NSDAP. Das Reichskonkordat, das die Regierung Hitler der Kurie im April 1933 anbot, schien die Möglichkeit für eine dauerhafte Aussöhnung zwischen nationalsozialistischer Bewegung und katholischer Kirche zu bieten. Obwohl katholische Politiker, Organisationen und Presseorgane bereits vom März 1933 an den Terror der Nationalsozialisten zu spüren bekamen, stimmte der Vatikan dem Konkordat zu, um der Kirche wenigstens für ihren inneren Bereich Selbständigkeit und Handlungsfreiheit zu sichern. Trotzdem waren aber die Existenzbedingungen für die Kirche grundlegend verändert. Eine Interpretation ihres Verhaltens unter dem Nationalsozialismus erfordert deshalb eine methodische Vorüberlegung, in welchem Rahmen überhaupt kirchliche Reaktionen auf politische Ereignisse in der Hitlerzeit erwartet werden können.

„Gleichschaltung" und „Machtergreifung", deren Terror auch die katholischen Organisationen nicht verschonte und die organisierte Friedensbewegung bald vernichtete,[92] stellten die Kirche vor die Aufgabe, die Grenzen des ihr noch verbliebenen Freiraums innerhalb des sich rasch ausbildenden totalitären Systems zu erkunden. Diese schienen zeitweilig durch das Reichskonkordat bezeichnet und gesichert. Aber dieser Freiraum war von Anfang an eine Rückzugsposition, die nur dadurch erreicht werden konnte, daß die Kirche und ihre Verbände ihre früher in der Gesellschaft besetzten Plätze weitgehend räumten. Die Verdrängung der Kirche aus der Öffentlichkeit erfolgte im wesentlichen unter dem Schlagwort vom Kampf gegen den „politischen Katholizismus" und die „Entkonfessionalisierung des öffentlichen Lebens". Da der Anspruch des Nationalsozialismus auf Herrschaft über die Öffentlichkeit, auf alleinige Geltung seiner Partei und seiner politischen Anschauungen rasant durchgesetzt wurde, wie der rasche Untergang aller politischen Parteien und die „Gleichschaltung" des öffentlichen Lebens noch im ersten Halbjahr 1933 demonstrierten, blieb der zur Erfüllung ihres Auftrags auf das Wirken in der Öffentlichkeit angewiesenen Kirche nur die Selbstbeschränkung auf den ihr vom Regime formell noch zugestandenen Raum, wie er durch die Vorschriften des Reichskonkordates für Geistliche und katholische Organisationen umschrieben war. Jedes Überschreiten der Grenzen dieses Freiraums (der tatsächlich vom Regime keineswegs respektiert wurde) mußte Wirksamkeit und Existenz der Kirche gefährden – sofern eine solche Überschreitung nicht im Sinne einer Unterstützung und Bejahung des Regimes lag und diesem insoweit erwünscht gewesen wäre. Ob diese Reduktion ihres Arbeitsfeldes von der Kirche um ihrer Aufgabe willen hingenommen werden kann, braucht und kann als eigentlich theologisches Problem hier nicht untersucht zu werden. Für die hier anzustellenden Überlegungen ist vielmehr als Ergebnis festzuhalten, daß der Rückzug der Kirche aus der Öffentlichkeit, der Verzicht auf Einfluß und politische Mitgestaltung den Preis für die legale Existenz und Wirksamkeit der Kirche darstellte, den diese offensichtlich in der Erwartung hatte, daß sich die Kompetenzen von Staat und Kirche reinlich scheiden ließen und der Staat seinen Anspruch auf Gesetzesgehorsam nicht mißbrauchen werde. Daß diese Erwartung illusionär war und die hiermit vollzogene Positionsbestimmung der Kirche theologischer Kritik offen steht, entbindet den Historiker nicht von der Aufgabe, das Verhalten der Kirche von ihrer Ausgangslage her zu beschreiben und zu interpretieren.

Der Machtantritt des Nationalsozialismus bedeutete für die Kirche nicht allein eine weitgehende Verdrängung aus dem öffentlichen Leben, sondern zugleich eine Fülle neuer Aufgaben: Wahrung ihrer trotz des Reichskonkordates alsbald bedrohten Position, Auseinandersetzung mit der Ideologie des Nationalsozialismus, mit Rosenberg und dem Neuheidentum, Abwehr der planvollen Diffamierung, die den Zeitgenossen nicht geringer schien als die der Juden. Dies vermag zu erklären, daß fast mit einem Schlage der innerkirchliche Diskurs von anderen Problemstellungen erfüllt war als vordem und auch die Diskussion der Fragen von Krieg und Frieden abriß, dafür aber andere Gesichtspunkte betont wurden, die geeignet schienen, den Anspruch der Kirche auf ihren Platz in der nationalen Gesellschaft zu bekräftigen und damit die Voraussetzung für ihr öffentliches Wirken zu stabilisieren. Daß die um ihre Existenz kämpfenden Verbände in ihrer Bildungsarbeit Themen fallen ließen, deren Erörterung sie in offenen Konflikt mit dem Regime gebracht hätte, und dafür andere aufnahmen, die den Anteil der Katholiken an den nun en vogue befindlichen Werten darzutun vermochten, erscheint noch weniger erstaunlich.

Es bedürfte einer – soweit ich sehe, noch nicht angestellten – theologischen Prüfung, ob ein derartiges Verhalten ohne weiteres eine moralisch negative Qualifizierung verdient, wie sie gemeinhin mit der Bezeichnung „Anpassung" verbunden ist, zumal ein solches Verhalten keine Bejahung des Nationalsozialismus als solchen bedeutete, sondern lediglich eine Anerkennung von Werten und Normen, die keineswegs ausschließlich und originär nationalsozialistisch waren, sondern in der Gesellschaft breitere Wurzeln besaßen und deren schließliche Korrumpierung durch den Nationalsozialismus noch nicht erkennbar war.

Eine Möglichkeit, die nationale Bedeutung der Kirche in

der nationalsozialistischen Umwelt zur Geltung zu bringen, lag in der Abwehr des Bolschewismus. Diese hatte bis dahin keine Anlehnung an den Nationalsozialismus zur Folge gehabt, vielmehr war dieser oft als eine Form von Bolschewismus charakterisiert worden. Wenn auch nach Hitlers Machtantritt der Antibolschewismus als ein positives Element hervorgehoben wurde, so blieb es doch in den Auseinandersetzungen des Episkopates mit den Machthabern des Regimes nach 1933 eine beliebte Argumentationsfigur, die Ähnlichkeit nationalsozialistischer Maßnahmen mit solchen im bolschewistischen Rußland hervorzuheben, wie auch umgekehrt die nationalsozialistische Propaganda sich in heftigen Klagen darüber erging, daß der Vatikan oder der „politische Katholizismus" in Deutschland mit dem Bolschewismus im Bunde seien. Die Tragfähigkeit des gemeinsamen, aber jeweils anders – kirchlich oder politisch – begründeten Antibolschewismus wurde im Jahre 1936 erprobt, als das Regime den Kampf gegen den Bolschewismus zum zentralen Inhalt seiner Propaganda gemacht hatte. Im selben Jahr waren die katholischen Orden aufgrund der in der Publizistik maßlos aufgebauschten Prozesse gegen Angehörige katholischer Orden Ziel einer wilden Hetze gewesen.[93] Die auf ihrer Konferenz in Fulda versammelten Bischöfe beschlossen ein Hirtenwort gegen diese Verleumdungen und verwiesen dabei auf die Folgen einer solchen Kampagne: „Der Unglaube ist doch überall der Wegbereiter und Bundesgenosse des Bolschewismus gewesen. Und der Kampf gegen Ordensstand und Priester ist doch überall ein Vorbote und eine Begleiterscheinung der bolschewistischen Weltrevolution. Gewollt oder ungewollt wird daher jeder, der gegen Glauben und Kirche kämpft, zum Mitarbeiter des Bolschewismus".[94] In deutlicher Abwehr der glaubensfeindlichen Tendenzen erklärten die Bischöfe ihre Loyalität und ihre Bereitschaft zum Dienst für das Vaterland und zur Unterstützung Hitlers „in der Abwehr des Bolschewismus, der die ganze Welt bedroht, im Bestreben um die Erhaltung des Friedens und in der Arbeit für den Wiederaufbau unseres Vaterlandes".[95] In ähnlicher Weise stellte ein anderes Hirtenschreiben[96] den Versuch an, die kirchenfeindlichen Machenschaften des Nationalsozialismus als Bolschewismus hinzustellen und somit den Widersinn solcher Maßnahmen darzutun, die darauf hinausliefen, den entscheidenden Widerpart des Bolschewismus, die Kirche, zu schädigen. Die bolschewistische Gefahr wurde in kräftigen Farben gemalt. Die Bischöfe hielten es für eine „offenkundige Tatsache [...], daß sich gerade in der Gegenwart Kommunismus und Bolschewismus mit teuflischer Zielstrebigkeit und Zähigkeit bemühen, vom Osten und Westen her gegen Deutschland als das Herz Europas vorzustoßen, um es gleichsam in eine verhängnisvolle Zange zu nehmen".[97] So äußerte der Episkopat den Wunsch, daß es dem „Führer" gelingen möge, den Bolschewismus abzuwehren, „dieses ungeheuer schwere Werk in Unerschütterlichkeit und treuester Mitwirkung aller Volksgenossen zu lösen".[98] Aber damit war wiederum eine Basis gelegt, von der aus die vom Nationalsozialismus gegen die Kirche gerichteten Angriffe abgewehrt werden konnten: „Der Bolschewismus kann [...] nur dann einsetzen und fortbestehen, wenn die Religion als Opium für das Volk verfemt wird und der Glaube an Christus und an einen persönlichen, überweltlichen Gott und an ein ausgleichendes Jenseits aus den Herzen und Gewissen der Menschen verschwindet".[99] Ernsthafter Kampf gegen den Bolschewismus konnte also nicht von kirchenfeindlicher Seite kommen: „Nicht Bekämpfung des Gottglaubens, wie ihn das Christentum lehrt, sondern die unbedingte Erkenntnis, daß dieser Glaube allein die granitne Grundlage bildet, auf der sich der machtvolle und sieghafte Wall gegen den Bolschewismus aufbauen läßt. Nicht Kampf gegen die katholische Kirche, sondern Friede und Eintracht mit ihr, um die geistigen Voraussetzungen des Bolschewismus zu bezwingen. Nicht durch Kriegswaffen wird der Kommunismus in seiner tiefsten Wurzel getroffen, sondern durch die Auferstehung Europas im allgemeinen und unseres Vaterlandes im besonderen in Jesus Christus und in seiner Kirche. Hier können nicht Weltanschauungen helfen, die sich lediglich aus dem Blute und dem Zeitcharakter ergeben, sondern nur Überzeugungen, die allen

Wettern standhalten, weil sie in Gott, dem Heiligen und Ewigen, sich gründen und für die Ewigkeit binden".[100] Daß der gemeinsame Gegensatz zum Bolschewismus Kirche und Nationalsozialismus einander nicht näher gebracht hatte und letztlich auch nicht näher bringen konnte, weil die Grundlage für die Ablehnung des Bolschewismus auf beiden Seiten eine verschiedene war, lag am Tage. Die Begegnung zwischen Hitler und Kardinal Faulhaber am 4. November 1936,[101] die aus dem ephemeren „kirchenpolitischen Experiment" Hitlers über die Möglichkeit eines Arrangements mit der Kirche erwuchs,[102] hatte den Kampf gegen den Bolschewismus als erstes Thema. Auf der bisherigen Linie des Episkopates konnte der Münchner Erzbischof, ohne sich etwas zu vergeben, versichern, „daß alle deutschen Bischöfe und alle amtlichen Stellen der Kirche davon überzeugt sind, der Bolschewismus kann nur Chaos und den Ruin des religiösen Lebens bringen, und daß sie mit allen kirchlichen Mitteln, ohne ins Politische sich zu verirren, gegen den Bolschewismus anzukämpfen bereit sind".[103] Faulhaber hatte aus der Unterredung mit Hitler den Eindruck mitgenommen, daß ein neuer Hirtenbrief der Bischöfe die Lage zwischen Kirche und Regime möglicherweise so weit entspannen könnte, daß Verhandlungen über die streitigen Materien ermöglicht würden. Obwohl die Aussicht dazu im Episkopat nicht für groß gehalten wurde, meinte Faulhaber: „Auch wenn die Hoffnung nur klein wäre wie ein glimmender Docht, müßte man die Chance eines Ausgleichs zu nutzen suchen".[104] Der daraufhin erlassene neue Hirtenbrief vom Hl. Abend des Jahres 1936 ging von der Annahme einer Europa unmittelbar bedrohenden Gefahr des Bolschewismus aus und erklärte es für die „Pflicht" der Bischöfe, „das Oberhaupt des Deutschen Reiches in diesem Abwehrkampf mit allen Mitteln zu unterstützen, die ihnen aus dem Heiligtum zur Verfügung stehen".[105] Aber diese waren andere als die des Nationalsozialismus. Ausdrücklich erklärten die Bischöfe, es läge ihnen „ferne, die Religion in das politische Gebiet zu tragen oder gar zu einem neuen Krieg aufzurufen. Wir sind und bleiben Sendboten des Friedens und reden als solche auch religiösen Menschen ins Gewissen, an der Abwehr der großen Gefahr mitzuwirken mit den Mitteln, die wir die Waffen der Kirche nennen".[106] Diese waren Glaube, Wort, Gebet und Sühne. Der Hirtenbrief betonte mit einiger Ausführlichkeit die Selbständigkeit der Kirche in ihrem Kampfe gegen den Bolschewismus und verwahrte sich wieder gegen den Vorwurf, mit dem Kommunismus gemeinsame Sache zu machen, wie es die deutsche Propaganda verbreitete. Als Kontrapunkt zur Erklärung der Bereitschaft, Hitler im Kampf gegen den Bolschewismus zu unterstützen, wurde wiederum die Klage vorgetragen, daß die Kirche in ihrer Entfaltung gehemmt werde und darum auch nicht ihre volle Leistung in der Bekämpfung des Bolschewismus erbringen könne, weil ihr die durch das Reichskonkordat gewährleistete Freiheit beschnitten werde und sie mannigfachen Verdächtigungen ausgesetzt sei. Der Gegensatz zum Regime wurde wiederum deutlich gemacht. Die Bischöfe verlangten, „daß der Jugend und dem Volke nicht mehr vorgeredet wird, nach Überwindung des Bolschewismus, des ersten Staatsfeindes, werde die katholische Kirche als zweiter Staatsfeind an die Reihe kommen".[107] – Epoche hat auch dieser Hirtenbrief nicht gemacht. Im Januar 1937 wurde eine Delegation der deutschen Bischöfe in den Vatikan gerufen, und hier schuf Faulhaber den Entwurf zur Enzyklika „Mit brennender Sorge", deren Verkündung im März des gleichen Jahres vom Regime in Deutschland als „offene Kampfansage" bezeichnet wurde.[108] Die „Überwindung der Kommunistenherrschaft in Spanien" hat der Bischof von Münster, Graf Galen, am 1. April 1939 zum Anlaß eines Hirtenschreibens genommen, das der Freude über das Ende des Bürgerkrieges und über die Niederlage der „Scharen des Antichrists" lebhaften Ausdruck verlieh, aber dem nationalsozialistischen Regime um kein Jota entgegenkam: Voraussetzung eines „auf Gerechtigkeit und Liebe" gegründeten Friedens war allein die Herrschaft Christi.[109]

Beim gegenwärtigen Forschungsstand ist nicht auszumachen, welche Reaktionen im katholischen Kirchenvolk durch solche Verlautbarungen der Bischöfe ausgelöst worden sind.

Da ein Krieg Deutschlands mit der Sowjetunion aus militärischen Gründen unmöglich war, bis der deutsch-sowjetische Nichtangriffspakt vom 23. August 1939 mit seinem geheimen Zusatzprotokoll den „Cordon sanitaire" Ostmitteleuropas zum Einsturz brachte, und das Engagement Deutschlands im spanischen Bürgerkrieg begrenzt blieb, konnte damit wohl keine Kriegsbereitschaft geweckt oder gesteigert werden, zumal die Kirche betonte, daß sie andere Waffen führe als der Staat. Fernwirkungen auf die Haltung der katholischen Bevölkerung im Jahre 1941 sind aber auch angesichts der rasch wechselnden politischen Ereignisse in der Zwischenzeit kaum anzunehmen. Auch darf nicht übersehen werden, daß die Bischöfe niemals einem militärischen Vorgehen gegen den Bolschewismus das Wort redeten, sondern dieses nicht einmal als entscheidend ansahen. War der Konflikt letztlich religiös begründet, wie die Bischöfe behaupteten, konnte er schließlich nur mit religiösen Mitteln durchgefochten werden.

Es bleibt Aufgabe weiterer Forschung, zu prüfen, ob diese Position der Bischöfe auch vom katholischen Publikationswesen, soweit es noch erscheinen konnte, mitgetragen wurde. Ein Beitrag aus dem „Bayerischen Klerusblatt", der aus einer anderen katholischen Zeitschrift übernommen war, behandelte im gleichen Jahr 1936 das Thema: „Wie überwinden wir den Bolschewismus?".[110] Er bezeichnete diesen „in erster Linie" als eine „Antigottbewegung", die darum auch „allein von der Religion aus überwunden werden" könne. Mit solchen Auffassungen hatte der Nationalsozialismus nichts gewonnen, und die Bereitschaft zum Kriege konnte dadurch nicht gesteigert werden. Ein langes Referat über Ernst Stadtlers Buch „Die Weltgefahr des Bolschewismus", das eine Allianz der politischen Gegner des Bolschewismus mit der Kirche zu fördern suchte, wurde zwar vom „Bayerischen Klerusblatt" veröffentlicht,[111] aber dieses Referat kam zu keinem Ergebnis als dem, daß in der gegebenen Lage von der Kirche ein „Umdenken" verlangt werde, das eine Begegnung mit der Arbeiterschaft und eine Haltung wie die Carl Sonnenscheins ermögliche.

Die öffentliche Diskussion um die ethische Zulässigkeit des

Krieges kam zur Zeit Hitlers in Deutschland nicht wieder in Gang, damit wurde auch verhindert, daß die in den Jahren vor 1933 neu entwickelten Thesen Faulhabers und anderer allgemein rezipiert wurden. Daß sie jedoch nicht einfach preisgegeben wurden, zeigt das „Handbuch der religiösen Gegenwartsfragen", das der Freiburger Erzbischof Conrad Gröber im Jahre 1937 „mit Empfehlung des deutschen Gesamtepiskopates" veröffentlichte.[112] Das Buch beschrieb lexikonartig die Stellung der Kirche zu einer Reihe von Fragen, die in der nationalsozialistischen Polemik gegen die Kirche und das Christentum eine besondere Rolle spielten. Offensichtlich für die Hand des in solche Auseinandersetzungen verwickelten Klerus gedacht, beschrieb es die kirchliche Position jeweils planmäßig in einer Weise, die den Konflikt möglichst hintanhielt oder milderte. Ausdrücklich erklärte der Herausgeber, „in der Auseinandersetzung mit Andersdenkenden jede Schärfe vermieden und, wo immer möglich, das Gemeinsame herausgestellt" zu haben.[113] Sein erkennbares Ziel war es zudem, der Kirche einen Platz in der vom Nationalsozialismus beherrschten Öffentlichkeit dadurch zu sichern, daß er ihre Leistungen für Volk und Staat betonte. Das Werk dürfte eine der dem Nationalsozialismus aus erklärter Taktik am weitesten entgegenkommenden Verlautbarungen darstellen, die im Rahmen katholischer Rechtgläubigkeit und Disziplin entstanden sind. Bei seiner Ausrichtung auf die Brennpunkte der damals aktuellen Diskussion überrascht es nicht, daß Fragen um Krieg und Frieden hier keine große Rolle spielen. Das Stichwort „Abrüstung" erscheint überhaupt nicht, „Krieg" wird im Zusammenhang mit „Lebensrecht" und „Völkerfriede" abgehandelt. Unter „Lebensrecht" war ein Abschnitt „Tötung im gerechten Krieg" zu finden. Ein solcher wurde – durchaus im Einklang mit der modernen Entwicklung – ausschließlich als Abwehr eines ungerechten Angriffs für moralisch möglich gehalten und der verhängnisvolle Charakter eines jeden, auch des moralisch erlaubten Krieges hervorgehoben, der „allen Staaten die heilige Pflicht" auferlege, „die Kriegsursachen immer mehr einzuschränken und ausbrechende Rechtsstreite durch andere Mittel als den blutigen Waffengang zum Austrag zu bringen".[114] Unter dem Stichwort „Völkerfriede" wurde auch Stellung genommen zum Pazifismus, den der Verfasser in einen „extremen und damit verkehrten" und in einen „gemäßigten und berechtigten, von der Menschenwürde ebenso wie vom Interesse der Völkergemeinschaft geforderten"[115] unterschied. Von hier aus wurde eine Lehre vom gerechten Kriege angerissen, die auch die restriktiven Bedingungen reflektierte, welche die innerkatholische Diskussion in der Zeit der Weimarer Republik formuliert hatte. Andererseits betonte Gröber die immer noch bestehende Möglichkeit zum Kriege. „Friedensliebe und möglichste Anstrengung zur Sicherung der friedlichen Völkergemeinschaft ist Pflicht, aber Festhalten am Frieden um jeden Preis ist unsittlich. [...] Die Kirche weiß endlich auch, daß nicht bloß der Bestand der Staaten und Völker, sondern auch der christlichen Kultur, wie es in den Abwehrkriegen gegen die Araber in Spanien und gegen die Türken im Mittelmeer und in Osteuropa der Fall war, einzig durch die Macht des Schwertes verteidigt werden kann, was für die Gegenwart auch dem Bolschewismus gegenüber gilt".[116] Eine nähere Analyse dieser beiden Artikel dürfte ergeben, daß darin keine der in den zwanziger Jahren oder schon zuvor von der Kirche vertretenen Anschauungen preisgegeben wurde, wenn auch von der Bejahung der Friedensbewegung und dem Drängen auf die Grundlegung einer neuen, den Krieg nach Möglichkeit ausschließenden Ordnung der Staatengesellschaft nicht mehr viel zu spüren ist. In einem Buch, das auf maximale Übereinstimmung mit dem Zeitgeist angelegt war, kann freilich nichts anderes erwartet werden. Wenn die These Wettes von einer weitgehenden Militarisierung des öffentlichen Lebens vom Ende der Weimarer Zeit[117] an zutrifft, stellte sich für die Kirche die Frage, ob sie sich solchen Trends angleichen sollte, um optimale Wirkungsmöglichkeiten zu gewinnen, oder ob sie sich ihnen um ihres Auftrags willen widersetzen mußte. Eine Diskussion um diese Frage als solche ist, soweit ich sehe, in dieser Zuspitzung nicht geführt worden. Allerdings sind hierzu nur sehr vorläufige Feststellungen möglich, solange die pastoraltheologische Literatur der Zeit noch nicht unter diesem Gesichtspunkt durchgearbeitet worden ist. In der Praxis hat es jedoch vor 1933 dezidierte Stellungnahmen gegeben, wie die des Katholischen Jungmännerverbands in seinen oben erwähnten Erklärungen zu Geländespiel und Wehrsport. Aber auch andere Meinungen waren zu vernehmen. Im „Bayerischen Klerusblatt" hat 1931 ein Jugendseelsorger von der Attraktivität des militärischen Stils auf die junge Generation gesprochen und aus diesem Grunde eine Angleichung der kirchlichen Sprechweise an die militärische empfohlen: Christus als Feldherr, Jugendverband als militia Christi, Firmung als Sakrament des Kampfes, Exerzitien als Rekrutenschule.[118] Der Geistliche hatte eine solche Aktivierung der Jugend ungeniert als „Wehrhaftmachung" bezeichnet, von „Wehrgeist" und „Wehrkraft" gesprochen, aber stets und ausschließlich im übertragenen, bildlichen Sinne. Die Frage, ob durch solche Stilisierung der kirchlichen Jugendarbeit einer unkritischen Bejahung von Krieg und Militär Vorschub geleistet werde, hat sich der Verfasser offensichtlich nicht gestellt. Dieser Aufsatz dürfte auch methodisch insofern aufschlußreich sein, als er anzeigt, daß eine Übernahme von Vokabular und Repräsentationsform nicht unbedingt vollständiger und kritikloser Anpassung entspringen mußte, sondern auch absichtsvolles Verfahren sein konnte, um dem Eigenen unter den Bedingungen des Zeitgeschmacks bessere Chancen der Verwirklichung einzuräumen. Dies gilt für die Jahre der nationalsozialistischen Herrschaft nicht weniger. Ein Beispiel für die Kultivierung militärischen Stils und Gedankengutes wie auch für die damit einhergehende Beharrung auf eigenen, unabhängigen Auffassungen bietet das Buch eines konvertierten und in den Benediktinerorden eingetretenen Offiziers, Theodor Boglers „Soldat und Mönch",[119] das in den Jahren vor dem Zweiten Weltkrieg einen beachtlichen Publikumserfolg erlebte, obwohl es seinen Lesern nichts anderes als den Sinn monastischen Lebens und asketischer Frömmigkeit zu vermitteln suchte. Bogler hat wenig später sein „Tagebuch einer Frankreichfahrt" veröffentlicht, einen Bericht über die

Reise zur Pariser Weltausstellung, aber auch zu den Schlachtfeldern des Krieges und zu Treffen mit französischen Kriegs-
teilnehmern. Das Generalthema dieses Büchleins ist nicht die
Verherrlichung von Soldatentum, Krieg oder Nation, sondern
das Verlangen nach Frieden. „Kämpfe, Kriege und geistige
Auseinandersetzungen werden zur Welt gehören, solange sie
besteht. Die Tatsache läßt sich nicht umstoßen, mit ihr haben
die Völker zu rechnen. Das enthebt aber die Kirche nicht ihrer
Pflicht, zum Frieden aufzurufen, und zwar zum wahren, ewigen Gottesfrieden, d. h. zu einem tiefen, wesenhaften Verstehen, zu einer hohen und vollen Achtung vor dem Wert und
der Würde des anderen, des Einzelnen sowohl wie der Völker,
und zwar um Gottes des Herrn und Schöpfers, und um der
Liebe willen, mit der Gott Menschen und Völker zum Dasein
gerufen und ihnen mit ihrer Eigenart auch ihre Aufgaben zugewiesen hat".[120] Im Jahr darauf hat sich Bogler noch einmal
zu Wort gemeldet mit dem Buch „Der Glaube von gestern
und morgen. Briefe an einen jungen Soldaten".[121] Die hier
veröffentlichten Briefe an einen religiös Suchenden knüpfen
zwar an dessen durch den Wehrdienst bestimmte Lebenssitua-
tion an und scheuen auch nicht das Pathos des Soldatischen,
aber wiederum sind nicht Heer und Krieg das eigentliche Ob-
jekt, sondern der Glaube; Kampf und Krieg werden nicht als
Lebenselement bejaht, sondern als Problem der Theodizee
erörtert. Daß die Verwendung militärischen Vokabulars im
übertragenen Sinne nicht schon Militarisierung der Gesinnung
bedeuten mußte, erweist sich zudem aus einem Aufsatz des
früher zum Friedensbund deutscher Katholiken gehörenden
Geistlichen Joseph Rossaint in der Jugendzeitschrift „Die
Wacht" vom Oktober 1934, „Kleine Soldaten im Dorf".[122]
Der hier als Ideal beschriebene „miles Christi" ist kein anderer
als der zu persönlichem Einsatz bereite, überzeugungstreue
Christ. Neben einer Reportage über eine Feldparade[123] ist dies
übrigens der einzige Beitrag im Abstand eines ganzen Jahres
in dieser von der Zentrale der katholischen Jugendarbeit herausgegebenen Zeitschrift, der überhaupt einen Bezug zum
Militär aufweist, und in den späteren Jahrgängen war es kaum

anders. Die andere große Zeitschrift der katholischen Jugend, „Die junge Front", später „Michael", brachte bis zu ihrem Verbot nur einmal einen Artikel, der Militärisches berührte, einen Beitrag über die Vereidigung des Soldaten.[124]

Der Ausbruch des Zweiten Weltkrieges ist von den Bischöfen mit sehr zurückhaltenden Äußerungen kommentiert worden. Eine Ausnahme macht lediglich der Feldbischof Rarkowski, ein notorischer Außenseiter im deutschen Episkopat.[125] Der Klerus scheint keine davon wesentlich abweichende Position eingenommen zu haben. Der Lagebericht des Gaues Westfalen-Nord der NSDAP vom November 1939 berichtete über die innere Lage bei Kriegsausbruch: „Die negative Haltung der katholischen Kirche kommt in den meisten Predigten zum Ausdruck".[126] Charakteristisch für die innere Distanz der Katholiken zum politischen Sinn des Krieges dürfte eine bereits 1940 in dritter Auflage erschienene Kleinschrift „Was ist zu tun?" sein, die den bekannten Theologen Matthias Laros zum Verfasser hatte.[127] Diese Schrift identifizierte sich an keiner Stelle mit der deutschen Politik und Kriegführung, ließ vielmehr die Frage, ob der gegenwärtige Krieg gerecht sei oder nicht, ausdrücklich offen. Dies macht bereits deutlich, daß der von der Propaganda des Regimes verkündete Standpunkt nicht einfach hingenommen wurde, auch wenn die Frage nach der Gerechtigkeit der deutschen Sache als derzeit unbeantwortbar aus dem Feld der aktuellen Entscheidung in die Zukunft verwiesen wurde. Solange eine sachlich zutreffende Klärung nicht möglich war, meinte Laros, den Krieg und die aus ihm erwachsenden Verpflichtungen hinnehmen zu müssen: „Die Freiheit der Wahl liegt nicht mehr in dem, *was* wir tun müssen, sondern *wie* wir es tun".[128] So wurde „Bewährung" zum Schlüsselwort für die vom Christen geforderte Haltung, die freilich das Maß der staatsbürgerlichen Pflichterfüllung überstieg, insofern ihr Sinn nicht in Krieg und Sieg, sondern im „Heranreifen zum Vollalter Christi" (Eph. 4,13) gesehen wurde. In dieser Sicht war der Krieg für den Christen kein politisches Problem, weil er überhaupt keine Entscheidung darüber besaß – sie „mutet uns Gott nicht zu, weil wir zu schwach dafür wären"[129] –, sondern in der Erprobung als Christ, wobei unerkannt oder auch nur ungesagt blieb, daß die Kriterien dieser Bewährung andere sein konnten als die Erfüllung der vom Staat an seine Bürger erhobenen Forderungen.

Für die Mentalität der katholischen Jugend in den ersten Phasen des Zweiten Weltkriegs liegt in den Briefen und Tagebuchnotizen von Hans Niermann eine wichtige Quelle vor. Niermann war Reichsführer der katholischen Jugendorganisation „Sturmschar" gewesen, als solcher unvermeidlich mit dem Regime in Konflikt geraten und lange Monate in Haft gehalten worden. Seit Dezember 1939 Soldat, fiel er bei seinem ersten Gefecht in Frankreich. Bald nach seinem Tode erschien, „als Manuskript gedruckt", eine Zusammenstellung aus Briefen und Papieren, die er in seiner Soldatenzeit verfaßt hatte. Sie gingen unter dem Titel „Der Weg des Soldaten Johannes" in der katholischen Jugend von Hand zu Hand.[130] Politische Erwägungen sind in diesen Texten nicht zu finden. Wenn Niermann solche angestellt hatte, mußten sie verborgen bleiben. Auch wenn die militärische Briefzensur sie hätte passieren lassen, wären sie bei der Drucklegung zu tilgen gewesen. Der Leser dieser Schrift gewinnt jedoch den Eindruck, daß politische Fragen im eigentlichen Sinne den Schreiber überhaupt nicht bewegt haben. Die Rahmenbedingungen seiner Existenz wurden nicht diskutiert. Sie waren in ihrer Unabänderlichkeit wohl zu eindeutig, um überhaupt noch etwas anderes in Betracht kommen zu lassen als unreflektierte Hinnahme. Bemerkenswert erscheint dem Heutigen die Faszination, die auf den jungen Mann schon nach wenigen Tagen vom Soldatendienst, später vom Erlebnis des siegreichen Vormarsches ausging. Dabei wurden Ziel und Sinn von Dienst und Kampf nie in Frage gestellt. Niermann war jedoch alles andere als unkritisch oder angepaßt. Er erlebte auch als Soldat die Einsamkeit des Christen in der Gesellschaft des „Dritten Reiches", die Notwendigkeit zur Vorsicht in der Begegnung mit Unbekannten. Der Kern, um den seine inneren Auseinandersetzungen sich bewegten, war die Frage seiner persönlichen Bewährung, vordergründig die als Soldat, die er erstrebte, aber entscheidend die als Christ, für den das Soldatsein ein Gleichnis für die militia Christi war. Innerlich auf dem Wege zum Priestertum, sah er in der Verbundenheit mit den Kameraden manche Gelegenheit zu religiösem Wirken; aber dies war nicht die Rechtfertigung seines Dienstes als Soldat, sondern selbstverständliche Funktion als Kamerad und ein Teil der ihm auferlegten Bewährungsprobe.

Diese kleine Schrift dürfte trotz ihres persönlichen Charakters für die katholische Jugend dieser Zeit Typisches erkennen lassen: Die Distanz zur Politik, die Hinnahme des Gegebenen, die Bejahung des Dienstes für das Vaterland, von dem der Soldatendienst nur ein Teil war, die starke Bindung an die Kirche, die nicht mehr Staat und Gesellschaft mitgestalten, aber den Einzelnen formen und in Pflicht nehmen konnte, ihm aber auch einen letzten Rückhalt gab. „Christus und Deutschland, das sind die großen Pole, zwischen die mein Leben gespannt sein soll", schrieb Niemann. Die noch nicht durchschaute Illusion lag darin, daß der Dienst, den das Vaterland verlangte, Ziele förderte, die kein Diener Christi bejahen konnte. Dies trotz aller Gegnerschaft zum Nationalsozialismus nicht erkannt zu haben, ist das moralische Problem dieser Jugend geworden, wie es andererseits die einzige Möglichkeit bot, im Deutschland Hitlers als Christ zu leben, ohne zu offenem Widerstand oder moralischer Kapitulation gezwungen zu sein. Diese Haltung war keineswegs das Ergebnis planmäßiger Erziehung und Führung, sondern Konsequenz aus dem Willen der katholischen Jugend, dem eigenen Lande zu dienen, wie es dem Grundsatz ihres Verbandes entsprach. Wenn der Einsatz für das Reich Gottes, die Kirche Christi real wirksam werden sollte, mußte er die Realität von Staat und Gesellschaft als Aktionsfeld bejahen. „Reich Gottes wird Wirklichkeit als Aufgabe für den Einzelnen in Volk und Staat, und wer es dort nicht verwirklicht, hat an ihm keinen Teil und dünkte er sich noch so fromm", hatte einmal im „Michael" gestanden.[131] Wer so dachte, hatte einen weiten Weg zur Einsicht, daß der Einsatz für Volk und Vaterland die Hingabe des

Christen pervertieren könne. Sie ist bis zum Ende des Krieges nicht Allgemeingut geworden.

Ein Beispiel für eine andere Haltung als die durch Hans Niermann repräsentierte zeigt der Klerus der Diözese Passau. Nach dem Ende des Frankreichfeldzuges klagte der Generalvikar dieses Bistums in einem vertraulichen Schreiben,[132] daß seine Geistlichen „den schlimmen Fehler begangen" hätten, den man sonst der NSDAP vorwerfen müsse, nämlich „Vaterland und Partei" in eins zu setzen, wenn sie auch aus diesem Sachverhalt den umgekehrten Schluß gezogen hätten: „Weil sie der Partei die Niederlage wünschen, hofften und wünschten sie auch die Niederlage des Vaterlandes im Krieg". Hier waren also Anschauungen verbreitet, die der eigentümlichen Struktur einer totalitären Herrschaft gerecht wurden und demzufolge auch den Einsatz für das „Vaterland" problematisch werden ließen.

Die Äußerungen der Bischöfe zur Kriegszeit sind, soweit sie als Unterstützung der deutschen Politik und Kriegführung interpretiert werden können, von der Kritik der zurückliegenden Jahrzehnte zusammengetragen worden; eine Wiederholung erübrigt sich also. Aufgrund des in der Zwischenzeit vertieften Kenntnisstandes erweist sich jedoch die Interpretation, die Zahn, Lewy und Friedlaender[133] von ihrer jeweiligen Position aus versucht haben, als fragwürdig und methodisch unzureichend. Ausschlaggebend für die Interpretation kann nicht die moralisch begründete Erwartung sein, daß die Kirche der Kriegführung des Deutschen Reiches habe Abbruch tun und die der Alliierten hätte unterstützen müssen, wie dies auf der Seite der Westalliierten gelegentlich unreflektiert vorausgesetzt wurde und auch in der späteren Kritik – etwa in der Verständnislosigkeit Lewys für die Neutralitätspolitik des Hl. Stuhles – nachklingt.

Eine wissenschaftlich zulängliche Klärung kann darum auch nicht einseitig ausgehen von einer Analyse kirchlicher Äußerungen während des Krieges, sondern muß die bereits zuvor entstandene Situation einbeziehen. Für eine derart weitergreifende Untersuchung stellt der gemeinsame Hirtenbrief der deutschen Bischöfe vom 19. August 1938[134] eine gute Quelle dar, in dem die Lage der Kirche eindeutig gekennzeichnet worden ist. Die auf sie gerichteten Angriffe des Regimes zielten nach der Meinung des Episkopates auf nichts weniger als „die Zerstörung der katholischen Kirche innerhalb unseres Volkes, ja selbst die Ausrottung des Christentums überhaupt und die Einführung eines Glaubens, der mit dem wahren Gottesglauben und dem christlichen Glauben an ein Jenseits nicht das Geringste mehr zu tun hat".[135] Weiter klagten die Bischöfe über die politische Diffamierung der Kirche, der man „geheime Beziehungen persönlicher und politischer Art zum russischen Bolschewismus"[136] vorwerfe und deren Oberhaupt man seine diplomatischen Kontakte zu anderen Mächten als „Stellungnahme gegen Deutschland und sogar als stilles Bündnis mit seinen Gegnern"[137] verüble. Die Bischöfe nahmen demgegenüber für sich in Anspruch, das feindselige Verhältnis zwischen Kirche und Regime nicht verschuldet zu haben: „Wir deutschen Bischöfe haben uns wiederholt und in unzweideutiger und aufrichtiger Weise zum Volk und Vaterland auch in seiner Neugestaltung bekannt und unsere bürgerlichen Pflichten gewissenhaft erfüllt. Wir fügen dem aber auch freimütig hinzu, daß mit dem Weiterschreiten der weltanschaulichen Bewegung immer klarer zu werden scheint, daß selbst führende Kreise kein echtes und dauerndes Einvernehmen mit uns und der katholischen Kirche wollen. Entweder verwehrten grundsätzliche Unverträglichkeiten eine Annäherung schon von vornherein, oder es hat bei der Entwicklung der Verhältnisse eine Richtung die Oberhand gewonnen, die den Untergang der Kirche erstrebt und nicht etwa den Frieden oder auch nur ein erträgliches Nebeneinander von Kirche und Staat".[138] An die abschließenden Ermahnungen der Gläubigen zu Bekenntnistreue und Festigkeit schloß sich die zu staatsbürgerlicher Loyalität: „Wir bitten, in der Treue und Liebe zu Volk und Vaterland zu verharren. Denn das Unrecht, das manche in unserem eigenen Volk und Vaterland uns zufügen, darf das Vaterland nicht büßen. Wir kennen das vierte Gebot, das uns zum Gehorsam in allem Erlaubten auch gegen den Staat und die Staatsführung verpflichtet, freilich aber auch eine Ergänzung im Apostelwort findet: ‚Man muß Gott mehr gehorchen als den Menschen' (Apg. 5,29)".[139] Diese Positionsbestimmung war geschickt; indem sie, wie es der taktischen Linie der Bischöfe von 1933 an entsprach, aus dem Konflikt mit dem Regime alle politischen Elemente eliminierte und diesen auf den religiösen Inhalt begrenzte, kennzeichnete sie jeden Angriff auf die Stellung der Kirche als religiöse Verfolgung. Die Ermahnung zu staatsbürgerlicher Pflichterfüllung, die in bemerkenswerter Weise ausdrücklich auf den Bereich des moralisch Erlaubten begrenzt wurde und mit der Mahnung korrespondierte, Gott mehr zu gehorchen als den Menschen, war das komplementäre Element zu dieser Linie der Verteidigung. Von einer solchen Standortwahl her ergab sich zwingend bei Kriegsausbruch die Notwendigkeit, die Gläubigen zur Pflichterfüllung aufzurufen, solange diese selbst nicht als unmoralisch zu erkennen war. In ähnlicher Argumentation hat Gerhard Hetzer diese Aufrufe als „um ein Zeichen der Anerkenntnis patriotischer Haltung von seiten der Staatsführung bittende Loyalitätsbekundungen" bezeichnet, die aus der Notwendigkeit erwuchsen, den „Maßnahmen einer mehr und mehr von offener weltanschaulicher Gegnerschaft besetzten, aber als legitim anerkannten Obrigkeit entgegenarbeiten zu müssen".[140] Zu einem Tatsachenurteil über den Zweiten Weltkrieg als unmoralisch ist es jedoch während des Krieges von amtlicher Seite nie gekommen. Wohl aber gab es Widerspruch gegen Maßnahmen der Kriegführung, die mit der Gesinnung des Christen und der Rechtsfigur des gerechten Krieges nicht zu vereinbaren waren, wie die Tötung Kriegsgefangener und die nationalsozialistische Vergeltungspropaganda.[141] Auch in den bisher bekannt gewordenen Überlegungen, welche die Bischöfe nach dem Ende des Krieges über die Vergangenheit anstellten,[142] spielte der Gedanke keine Rolle, es sei Pflicht der kirchlichen Obrigkeit gewesen, den Krieg Hitlers öffentlich als ungerecht zu erklären und den Katholiken die Teilnahme daran zu verbieten, auch wo dies zu Repressalien führen würde. Nach dem Urteil der Bischöfe ist offenbar nie die Grenze erreicht worden, wo generell (und nicht nur im Einzelfall, da offensichtlich Unerlaubtes gefordert wurde wie bei Kriegsverbrechen) die Pflicht zu staatsbürgerlicher Loyalität aufhörte und der dem Staat geschuldete Gehorsam mit dem von Gott verlangten nicht mehr vereinbar war.

Eine zureichende Interpretation der kirchlichen Äußerungen wird auch einen Vergleich mit anderen zeitgenössischen Stimmen einschließen müssen, für den es aber zur Zeit noch an Vorarbeiten fehlt. Aber bereits jetzt dürfte sich feststellen lassen, daß die bischöflichen Verlautbarungen während des Krieges in einem moderaten Ton gehalten waren, der von dem sonst Üblichen merklich abstach. Wie G. Lewy festgestellt hat, fehlte in ihnen oft sogar der Ausdruck der Hoffnung auf einen deutschen Sieg.[143] Der deutsche Angriff auf die Sowjetunion verschärfte das Dilemma der Bischöfe. Deutschland stand jetzt im offenen Kampf gegen den Bolschewismus, den die Kirche immer wieder als ihren ärgsten Gegner bezeichnet hatte, von dessen Sieg man eine offene Verfolgung der Kirche erwartete und eine Wiederholung der Greueltaten des spanischen Bürgerkriegs, die seinerzeit undifferenziert dem Bolschewismus zur Last gelegt worden waren. Ein Sieg des Bolschewismus konnte weder aus politischen noch aus kirchlichen Gründen erwünscht sein; die zögerliche Bejahung des Krieges in den bisherigen Verlautbarungen der Bischöfe wich angesichts der Möglichkeit eines deutschen Sieges größerem Nachdruck. Von einer ungehemmten Begeisterung für den Ostfeldzug oder gar seiner generellen Klassifizierung als Kreuzzug kann allerdings keine Rede sein. Zwei Tage nach dem deutschen Angriff auf die Sowjetunion versammelten sich die Bischöfe zu ihrer alljährlichen Konferenz in Fulda; das Hirtenwort, das sie am 26. Juni 1941 von dort aus an die Gläubigen richteten, nahm mit keinem Wort vom militärischen Kampf gegen den Bolschewismus Notiz.[144] Die Gläubigen wurden ermahnt „zu treuer Pflichterfüllung, tapferem Ausharren, opferwilligem Arbeiten und Kämpfen im Dienste unseres Volkes", es erwähnte die Soldaten, „die in heldenmütiger Tapferkeit unvergleichliche Leistungen vollführen und schwere Strapazen ertragen". Die Bischöfe wünschten allen „die trostvolle Gewißheit", daß sie nicht nur dem irdischen Vaterland dienten, sondern auch dem Willen Gottes folgten, „der alles Geschehen, auch das Schicksal der Völker und der einzelnen Menschen in seiner weisen Vorsehung lenkt".[145] Dann gingen die Bischöfe zu dem Thema über, das sie beschäftigte: die Situation der Kirche in Deutschland. Wie wenig diese Erklärung den Erwartungen auf nationalsozialistischer Seite entsprach, wie groß also die tatsächliche Differenz war, wurden den Bischöfen unverzüglich demonstriert. Der Reichsminister für die kirchlichen Angelegenheiten schrieb dem Erzbischof von Breslau, Kardinal Bertram: „Von einer Konferenz deutscher Bischöfe, die vom 24. bis 26. Juni tagte, mußte erwartet werden, daß in diesen Tagen nur die große Tatsache, daß das deutsche Volk zum Kampf angetreten ist gegen den Feind der Menschheit, der nicht nur die christliche Kirche, sondern die Religion überhaupt mit fanatischer Wut verfolgt, die Gemüter der Bischöfe entflammte und mit dem einigen Willen erfüllte, ihre ganze Kraft einzusetzen, um allen Gläubigen, die ihrem Einfluß zugänglich sind, Siegeswillen und Siegeszuversicht einzuflößen. Die Fuldaer Bischofskonferenz dagegen war von diesen Sorgen aller Deutschen in jenen Tagen augenscheinlich nicht berührt. Deutsche Bischöfe hielten es vielmehr für nötig, gerade in diesen Tagen an alle Welt, auf die sie Einfluß zu haben glaubten, einen Hirtenbrief zu richten, der ganz gewiß nicht von dem Willen erfüllt ist, das Vertrauen derer, an die er sich wendet, zur Führung des Deutschen Volkes zu stärken, sondern zu erschüttern".[146] Reichspropagandaminister Goebbels vertraute seine durch Wochen andauernde Wut dem Tagebuch an: der Hirtenbrief habe „dem Feind moralisch Vorschub" geleistet und „einige nachteilige Folgen im Volk gezeigt", den Nationalsozialisten „in der internationalen Öffentlichkeit sehr geschadet", ja „geradezu verheerend" gewirkt; er sei ein „Dolchstoß des katholischen Klerus in den Rücken unserer Kriegführung", dessen Urheber verdienten, daß man ihnen „den Kopf vor die Füße" lege. Das Treffen sei „ein Konzilium der Sabotage und des Defaitismus gewesen", für das man sich „einmal sehr schwer rächen"[147] werde.

Die Bischöfe haben sich durch die Kritik Kerrls anscheinend nicht sonderlich beeindrucken lassen. Zwar hat G. Lewy gemeint, zum Erweis seiner gegenteiligen Auffassung einige Zitate bringen zu können. Aber der fast postwendend auf Kerrls Kritik folgende Hirtenbrief der bayerischen Bischöfe[148] prägte die Linie von Fulda noch schärfer aus. Hier fehlte sogar die übliche Mahnung zu treuer Pflichterfüllung und anstelle jeglichen Siegesjubels war die Rede, daß „in den letzten Wochen der Würgeengel des Todes auf den blutgetränkten Schlachtfeldern des Ostens reichere Ernte gehalten" habe.[149] Das Vermächtnis der Gefallenen, das die Bischöfe meinten formulieren zu können, war nichts anderes als eine Mahnung zur Glaubenstreue: „Nehmet es ernst mit der Religion" und „Habet acht auf die Jugend!".[150] Von diesen beiden Forderungen her entwickelten die Bischöfe den Katalog ihrer Klagen: Die Einschränkung der Gottesdienste, die Abschaffung des Schulgebetes, die Entfernung der Kreuze aus den Schulen, und sie mahnten zu eifrigem Gebet. Der Einwand, daß ihre Klagen in der gegebenen Zeitlage unangebracht seien, wehrten die Bischöfe ab: „Daß wir im gegenwärtigen Augenblicke reden müssen, daran sind nicht wir Bischöfe schuld. Wir haben den im Kriege doppelt notwendigen Burgfrieden stets mit ängstlicher Gewissenhaftigkeit gehalten. Das ist ja gerade das Erschreckendste an der ganzen Frage, daß man jetzt, während des Krieges, in der Heimat in den Schulen das Beten verbieten will, während die Väter und Brüder der Schulkinder darauf vertrauen, daß sie vom Gebet der Heimat in solchen Zeiten dem Schutz des Allerhöchsten anbefohlen werden".[151]

Die hier skizzierten Äußerungen dürften zeigen, daß die Haltung der Bischöfe zum Zweiten Weltkrieg nicht eindimensional von Furcht vor dem Bolschewismus bestimmt war oder als Ausdruck der Verstrickung in nationale Traditionen gekennzeichnet werden kann, wie es in der älteren Forschung geschehen ist. Vielmehr wird man methodische Zweifel in die Beweiskraft der bisher vorgelegten Florilegien setzen müssen, solang nicht ausreichende Untersuchungen darüber vorliegen, in welcher Weise die Sprache der Bischöfe sich von ihrer damaligen Umwelt unterschied, nicht allein, in dem, was sie sagten und in welchem Zusammenhang es gesagt wurde, sondern auch, was sie – im Unterschied zu anderen – vielleicht nicht gesagt haben. Solche Untersuchungen dürfen freilich nicht auf die Bischöfe beschränkt bleiben, sondern müßten die Breite der damals möglichen öffentlichen Aussagen auf katholischer Seite, vor allem die Kirchenpresse, erfassen, von der wir außer einigen zufällig ausgewählten Passagen, mit denen ihre Unterstützung des Nationalsozialismus bewiesen werden soll, auch das Dictum von Goebbels haben, daß sie „sich zu saumäßig benommen" habe, „vor allem in der Kriegszeit".[152] Aber selbst dann bleibt noch das Desiderat, die Rezeption solcher Verlautbarungen im Kirchenvolk zu erfassen. Die Berichte der Sicherheitsorgane von Staat und Partei reichen dazu als Quelle nicht vollständig hin, da es ihren Verfassern oft an Sachverstand für Gegenstände kirchlichen Charakters mangelte oder sie im Bewußtsein der eigenen Wichtigkeit, das sie Gefahren an die Wand malen ließ, zu Übersteigerungen geneigt haben mögen. So scheint heute noch kein abschließendes Urteil über die Haltung der katholischen Kirche zum Kriege Hitlers möglich.

Mit dem Vorstehenden ist versucht worden, die These zu formulieren, daß die Kirche nicht aus Nationalismus oder antibolschewistischen Kreuzzugsgeist zu ihrer Haltung gelangt ist, sondern aus ihrer bereits 1933 gewählten grundsätzlichen Position, sich nach Möglichkeit einen Konflikt mit dem Regime nur aus religiösen Gründen aufzwingen zu lassen und sich auf diese Weise dem Vorwurf zu entziehen, politischen Katholizismus zu treiben, in dessen Verurteilung sich die nichtkatholische deutsche Gesellschaft ziemlich einig war. Dies bedeutete aber auch, der politischen Entwicklung ihren Lauf zu lassen bis zu dem Punkte, wo Widerspruch unumgänglich werden mußte.[153] Ob dieser Punkt erreicht war, darüber hat es im deutschen Episkopat keine Übereinstimmung gegeben, und solcher Widerspruch wurde zur Sache Einzelner. Aber für keinen Bischof war der Krieg bereits der Punkt, an dem Widerspruch unverzichtbar war.

Peter Krüger
„Man läßt sein Land nicht im Stich, weil es eine schlechte Regierung hat"
Die Diplomaten und die Eskalation der Gewalt*

I. Voraussetzungen

Mit einem Anflug von Zynismus ließe sich die Frage, welchen Anteil die Elite des deutschen auswärtigen Dienstes an der Entfesselung des Zweiten Weltkriegs gehabt habe, offenbar rasch erledigen: Ihre Verantwortung war schon deshalb sehr gering, weil sie in den kritischen Phasen mit der Gestaltung der Außenpolitik und der großen außenpolitischen Entscheidungen nur noch wenig zu tun hatte. Aber eine wirkliche Antwort wäre dies nicht, denn sie würde wesentliche Fragen, die sich aus solch einem Befund erst ergeben und das eigentlich historisch Interessante dieses Falles ausmachen, unerörtert beiseite schieben. Worum es sich bei diesen ungeklärten Problemen handelt und welche Untersuchungen weiterführen, läßt sich immerhin klar umreißen. Das historische Quellenmaterial liefert die Anhaltspunkte, und der gedankliche Rahmen entsteht aus einer theoretischen Erörterung, die sich im vorliegenden Fall auf ein traditionell bedeutsames Element im politischen und gesellschaftlichen System des Deutschen Reiches richtet, auf den auswärtigen Dienst, auf Selbstverständnis, Verhalten und tatsächliche Bedeutung einer Elite also, auf ihre innere Struktur und die politischen und gesellschaftlichen Voraussetzungen ihres Denkens und Handelns. Was immer darüber zu sagen wäre, es erhält seine eigentliche Bedeutung erst, wenn man berücksichtigt, wie rasch, weitreichend und tiefe Unsicherheit erzeugend sich diese Voraussetzungen im Jahrzehnt vor der Entfesselung des Zweiten Weltkriegs änderten, wobei für viele Spitzendiplomaten ein solcher Veränderungsprozeß noch weiter zurückreichte und ihr Leben spätestens seit dem Ersten Weltkrieg nachhaltig und in immer neuen Wellen, z. T. katastrophalen Ausmaßes, umgestaltete.

Unter diesen Voraussetzungen ergeben sich, konkreter gefaßt, größere Problemkomplexe, denen viele Einzelentwicklungen in der einen oder anderen Form zugeordnet werden können: Abgesehen von der wichtigen Frage, ob denn die Diplomaten tatsächlich in der entscheidenden Phase vor Ausbruch des Zweiten Weltkriegs über so wenig Einfluß verfügten, wie es den Anschein hatte, führt die weitere Frage, warum das so war, seit wann und auf welchen außenpolitischen Aktionsfeldern, zum Kern des Untersuchungsgegenstandes und seiner Schwierigkeiten. Denn auf diese Weise wird klar, daß es im Grunde eher um die Frage geht, welches Maß an Verantwortung den auswärtigen Dienst an der Vorbereitung und Akzeptierung einer Situation trifft, die es ermöglichte, zu gewaltsamen, kriegerischen Mitteln in der Durchsetzung außenpolitischer Interessen überzugehen. Es handelt sich dabei infolgedessen um das traditionelle Verständnis der deutschen Diplomaten von der Außenpolitik, um ihre Reaktionen auf Veränderungen sowohl des innenpolitischen als auch des internationalen Systems und um die von ihnen bevorzugten Prioritäten nicht nur unter den außenpolitischen Zielen, sondern vor allem auch unter den Methoden. In diesem Zusammenhang verdient übrigens die Verführung der Diplomaten zu rigoroserem und riskanterem Vorgehen, sobald gewisse innere und äußere Hemmnisse und Barrieren beiseite geräumt wurden, wie es seit Anfang der 30er Jahre in Deutschland geschah, stärkere Beachtung in der Forschung als bisher. Gelegenheit macht Diebe. Das Erlebnis des Erfolgs kann unter solchen Bedingungen zusätzlich korrumpierend wirken und Bedenken überspielen.

Erklärungen, die man für das Verhalten der Diplomaten finden kann, hätten allerdings eine unsichere Basis, sofern sie nicht die sogenannten strukturellen Voraussetzungen berücksichtigten. Das ist zum einen die innere Struktur des auswärtigen Dienstes – Organisationsform, Herkunft, Ausbildung, Verhaltensnormen – und zum anderen die innere Struktur des Deutschen Reiches, vor allem dessen Regierungssystem im Wandel von der Weimarer Republik zum nationalsozialistischen Deutschland. Im umfassenden Sinne stellt sich also die Frage nach der Kompetenz des Auswärtigen Amts, sowohl nach seinem Vermögen, mit den Herausforderungen und Aufgaben seiner Gegenwart fertig zu werden, als auch nach seiner Position im Regierungssystem, der Wahrung seiner Zuständigkeit für die Außenpolitik des Reiches. Die Leistungsfähigkeit des auswärtigen Dienstes hängt weitgehend ab von einer den modernen Verhältnissen angemessenen Organisationsstruktur, Rekrutierung, Ausbildung und Berufsauffassung. Ob sich die Staatsführung dessen in vollem Umfang bedient, ist eine ganz andere Frage, die gerade unter der Herrschaft des Nationalsozialismus von grundlegender Bedeutung für die weitere Entwicklung des auswärtigen Dienstes wurde. Soweit sich die historische Forschung über die deutsche Außenpolitik der 30er Jahre mit derlei Problemen überhaupt befaßt, entgeht ihr in der Regel allerdings, daß sich hierbei zwei krisenträchtige strukturelle Entwicklungen überlagerten und das Auswärtige Amt unter Druck setzten: eine sozusagen akute Entwicklung, die dem auswärtigen Dienst Tag für Tag zu schaffen machte und schwierige Anpassungen in der Organisation und im Verhalten forderte, ein Prozeß, der mit dem Zerfall der Weimarer Republik begann und zur nationalsozialistischen Gewaltherrschaft über das kontinentale Europa führte; und eine andere, langfristige Entwicklung, die ihren Ursprung hat in den umfassenden Veränderungen als Folge der Industrialisierung und der Ausformung hochdifferenzierter, technischen Umwälzungen unterworfener industrieller Gesellschaften. Dieser langfristige Prozeß, der heute noch anhält, verlangt dem auswärtigen Dienst – nicht nur dem deutschen – eine kontinuierliche Reform- und Anpassungsbereitschaft ab. Er war schon vor dem Ersten Weltkrieg deutlich zu erkennen, und seine Anforderungen wurden seitdem unabweisbar.

Schon durch die spezifische Themenstellung, mehr noch durch meinen Ausgangspunkt, wie er in den einleitenden Bemerkungen umrissen worden ist, treten einige Unterschiede zum Vorgehen und zur Zielsetzung der übrigen Forschung hervor. Sie scheint in der Regel – manchmal sogar ganz einseitig – an bestimmten grundlegenden Thesen orientiert zu sein. Eine herausragende Rolle spielen dabei weit auseinandergehende Variationen und Differenzierungen des Gedankens der historischen Kontinuität und ihres Nachweises im Ablauf der Ereignisse über längere Zeiträume hinweg. Kontinuitäten präsentieren sich hier vornehmlich in der Form der Bewahrung und Fortentwicklung traditioneller Machtkombinationen – etwa im Bündnis der Eliten[1] –, der politischen Zielsetzungen – vor allem in der Außenpolitik und ihren inneren Voraussetzungen[2] – und der politischen Verhaltensweisen – etwa die Neigung zur gewaltsamen Durchsetzung außenpolitischer Interessen. Ins Extrem getrieben, erwächst daraus die These über die Kontinuität deutscher Außenpolitik von Stresemann zu Hitler, möglicherweise noch bereichert um den Versuch der Enthüllung reaktionär-kapitalistischer Ziele als ihrer eigentlich bewegenden Kraft,[3] in jedem Falle aber Außenpolitik betrieben als Vorbereitung des Revisions- und Revanchekrieges zum Zwecke des Umsturzes der nach dem Ersten Weltkrieg abgeschlossenen Friedensverträge und des dadurch ins Leben gerufenen, neu bestimmten und bewerteten internationalen Systems. In eine andere Richtung weisen meist sozialwissenschaftlich inspirierte Untersuchungen über die gesellschaftliche Struktur Deutschlands und das Funktionieren des Regierungssystems unter nationalsozialistischer Herrschaft.[4] Die Auswirkungen dieser Entwicklungen auf Außenpolitik und Kriegsrisiko wären allerdings im einzelnen noch sorgfältig zu untersuchen. Wieder eine andere, bedeutende Forschungsrichtung orientiert sich schließlich vor allem an Hitlers außenpolitischem Programm, dem Prozeß seiner Entstehung und den Etappen seiner Verwirklichung.[5] Dies läßt sich alles mit bestimmten Aspekten der Kontinuitätsthese verbinden und hat eine Fülle wichtiger Erkenntnisse zutage gefördert – nur eben häufig zu stark eingegrenzt oder gar zugespitzt auf bestimmte Thesen. Nun gäbe es einen recht bequemen Weg, die Schwierigkeit der Untersuchung wie der Urteilsbildung in bemerkenswerter Weise zu vereinfachen. Es sind Feststellungen führender Außenpolitiker überliefert, denen – so unterschiedlich sie nach Anlaß und Gedankengang sein mögen – eine bestimmte Aussage über den engen Zusammenhang von deutscher Revisionspolitik und Krieg gemeinsam zu sein scheint. Gern zitiert werden beispielsweise folgende Dokumente:

Der fähige und sehr realistische Gesandte in Warschau, Ulrich Rauscher, schrieb am 11. 6. 1926 einen langen Brief mit grundsätzlichen politischen Erwägungen an den Dirigenten in der Ostabteilung, Herbert v. Dirksen, und kam darin in bezug auf die Revision der Bestimmungen des Versailler Vertrags über die deutsch-polnische Grenze zu dem Ergebnis: „Der Korridor und Oberschlesien kommen zum Deutschen Reich zurück nur infolge eines Krieges und der damit verbundenen machtpolitischen Erschütterung Polens, niemals als Folge noch so logischer und überzeugender wirtschaftlicher Erwägungen".[6] Beim Zitieren wird der zweite Teil des Satzes, der auf die Möglichkeit der Schwächung Polens infolge eines Krieges ohne deutsche Beteiligung anspielt, meistens weggelassen, die konkrete historische Situation und der Textzusammenhang bleiben in der Regel unbeachtet, und erst recht bleibt unerwähnt, daß Rauscher am 17. 11. 1929 sogar so weit ging, in einem Brief an Reichskanzler Müller seiner Hoffnung Ausdruck zu geben, daß die Deutschen allmählich dazu gebracht werden könnten, „sich mit der durch den Versailler Vertrag geschaffenen territorialen Verteilung abzufinden".[7]

Selbstverständlich hat man auch unter den bilderreichen, temperamentvollen Äußerungen Gustav Stresemanns, des langjährigen Außenministers, ein Zitat gefunden:

Manche fragten sich, „ob die Herren, die der Annahme des Sachverständigengutachtens zustimmten, im innersten Herzenskämmerlein nicht doch anders dächten, vielleicht [. . .], daß eine Zeit kommen könnte, in der die ganze Unruhe dieser

Welt nicht durch Verträge, sondern durch kriegerische Auseinandersetzungen gelöst würde. Ich hoffe und wünsche, daß, wenn es dahin kommt – und ich glaube, daß letzten Endes immer diese großen Fragen durch das Schwert entschieden werden –, dieser Zeitpunkt möglichst lange hinausgeschoben werden möge. Ich kann mir daraus nur den Untergang unseres Volkes ersehen, solange wir das Schwert dazu eben nicht haben. Wenn man daran denkt, daß wieder einmal eine Zeit kommt, in der das deutsche Volk selber wieder stark genug ist, um eine bedeutendere Rolle zu spielen, dann müssen Sie erst dem deutschen Volk die Grundlage geben! Dann erst können Sie auf die Zukunft hoffen. Dann müssen Sie erst eine Grundlage geben, und um diese zu schaffen, handelt es sich in dieser Stunde!"

Stresemann sagte das am 3. 7. 1924 in einer Besprechung der Reichsregierung mit den Regierungschefs der Länder,[8] als es darum ging, den Dawes-Plan zu rechtfertigen und die für die entsprechenden Gesetze erforderliche Unterstützung auch der DNVP zu gewinnen. Auch hier wäre es also angebracht, tatsächliche Aussage, Rhetorik und historische Situation genau zu untersuchen und darüber hinaus den eigentlichen, vielfach belegten Leitgedanken Stresemannscher Politik im Gedächtnis zu behalten, den er in einer Rede vom 21. 5. 1927[9] prägnant formulierte: „Ich bin in meinem Leben aber zu der Ansicht gekommen, daß ohne Kompromiß, d. h. ohne einen Ausgleich, noch nie etwas Großes in der Welt geschaffen worden ist, was Bestand hatte." Diese Analyse im einzelnen durchzuführen, geht hier zu weit. Es handelt sich, wie bei den übrigen Zitaten, nur darum, zu klären, daß derartige Äußerungen selbst bei extensiver Auslegung und sogar ohne Berücksichtigung der angedeuteten Quellenanalyse keinesfalls ausreichen, den Willen zur systematischen Vorbereitung eines Angriffskrieges zum Zwecke territorialer Expansion zu belegen.

Ein drittes Zitat soll schließlich dazu dienen, den Bogen zu den Anfängen nationalsozialistischer Herrschaft zu schlagen. Es handelt sich um eine Passage aus einer die Grundfragen künftiger deutscher Außenpolitik behandelnden Denkschrift des Staatssekretärs des Auswärtigen Amts, Bernhard Wilhelm v. Bülow.[10] Sie wurde in der ersten Märzhälfte, nach den Reichstagswahlen vom 5. 3. 1933 und nach Konsultation mit dem Reichswehrminister v. Blomberg, dem Außenminister v. Neurath zum Zwecke einer grundlegenden Aussprache mit Hitler vorgelegt. Darin heißt es:

„In Deutschlands besonderer Lage ist es das Gegebene, außenpolitische Konflikte möglichst solange zu vermeiden, bis wir weiter erstarkt sind. Die Weltwirtschaftskrise gibt uns die große Chance, durch planmäßiges Vorgehen die allgemeinen Übel rascher als andere zu überwinden und damit zu einer für uns vorteilhafteren Neugestaltung der weltwirtschaftlichen Situation zu gelangen. Auf diesem Wege ließe sich ein für uns günstigeres Kräfteverhältnis zum mindesten in Europa erreichen. Durch Ausschaltung politischer Konflikte und Konzentrierung auf wirtschaftliche Fragen würden wir kriegerischen Gefahren entgehen, denen wir zur Zeit nicht gewachsen sind."

Es gibt ähnliche Zitate von führenden Vertretern des Auswärtigen Amts, aber keines, das weiter ginge. Daraus läßt sich, will man die Interpretation nicht überziehen, nur ableiten, daß die Auffassung verbreitet war, Deutschland benötige, um sein Gewicht in der Revisionsfrage voll zur Geltung bringen zu können, außerdem, um als gleichwertige Großmacht anerkannt und im Ernstfall militärisch nicht als quantité négligeable behandelt zu werden, eine dem Standard der übrigen Länder entsprechende Rüstung. Derartige Zielsetzungen waren damals, angesichts der prekären Machtbalance und des labilen Zustandes im europäischen Staatensystem, keineswegs unbedenklich und gehörten zum üblichen Verhalten europäischer Großmächte, sie bedeuteten jedoch nicht, daß etwa konsequent der Expansionskrieg vorbereitet wurde.

Eine genauere Betrachtung der zitierten – und ähnlicher – Äußerungen bestätigt das. Die logische Struktur solcher Aussagen läßt sich insofern als offen bezeichnen, als es sich nicht um den Hinweis auf ein konsequentes, planmäßiges Vorgehen mit einem präzise angegebenen Ziel handelt, sondern um die Vermehrung der Optionen deutscher Außenpolitik in einer noch fernen Zukunft, bei der ungewiß blieb, ob und wie man diese neue internationale Konstellation erreichen würde. Ausgangspunkt war eine besondere historische, durch einschneidende Beschränkungen des Versailler Vertrags gekennzeichnete Situation, die überwunden werden sollte, aus der heraus aber keine Festlegung eines bestimmten außenpolitischen Verhaltens in der Zukunft erfolgte. Wie sich die Umstände gestalten mochten, welches Vorgehen man bis dahin wählen würde und welche Bedingungen, Chancen und Gefahren für die Durchsetzung deutscher Revisionsziele später einmal vorherrschten, ließ sich überhaupt noch nicht absehen. Gerade diese Unwägbarkeit und die Fülle der möglicherweise zu berücksichtigenden Entwicklungen und Einflüsse auf die internationalen Beziehungen versetzten vor allem die Nachbarn Deutschlands in Unruhe und Sorge und trugen dazu bei, die deutsche Außenpolitik auf Dauer schwer kalkulierbar zu machen. Dieser Umstand vermehrte an sich schon die Nervosität und Spannung in Europa beträchtlich.

Das riskanteste Revisionsziel stellte die Korrektur der deutsch-polnischen Grenze dar. Dieses Ziel – wie alle territorialen Veränderungsforderungen – löste die stärkste Beunruhigung aus; es drohte das europäische Staatensystem zu erschüttern. Die zitierten und eine Reihe weiterer Aussagen belegen, daß demgegenüber deutsche Diplomaten in wichtigen Positionen der Auffassung waren, daß erst eine schwere politische Krise in Osteuropa, vielleicht auch darüber hinaus, ein Konflikt am Rande des Krieges oder der tatsächliche Ausbruch eines Krieges für die Reichsregierung die Gelegenheit schaffen werde, die Revisionsfrage aufzurollen. Man hielt also eine Ausnahmesituation für erforderlich, die dann durch entschlossenes Eingreifen genutzt werden sollte. Rauscher schließlich hat durch seine Äußerung vor allem seiner starken Skepsis gegenüber den Hoffnungen auf eine friedliche Revision der deutsch-polnischen Grenze Ausdruck geben wollen.

Man kann zum Abschluß im Hinblick auf die Entschlossenheit des Auswärtigen Amts, nach vollzogener Aufrüstung die territorialen Revisionsforderungen mit Gewalt zu lösen, auch eine Art Gegenprobe anstellen. Als das Deutsche Reich am Ende der 30er Jahre hoch gerüstet war, ja als es sich im Vergleich mit anderen Mächten, die alle eine solche Hochrüstung noch nicht erreicht hatten, ihren Rückstand indessen aufzuholen trachteten, in der günstigsten Position befand, die es im Verhältnis zu ihnen überhaupt nur erreichen konnte, und als es außerdem gewärtigen mußte, daß dieser Vorteil mit der Zeit zerrann: selbst in dieser Situation ist nichts davon überliefert, daß die Diplomaten darin die Erfüllung lang gehegter Wünsche gesehen und mit Nachdruck den Krieg befürwortet hätten.

Unmittelbar aussagekräftige Erklärungen führender Vertreter des Auswärtigen Amts, die tatsächlich als Beleg grundsätzlichen und anhaltenden Bemühens gelten könnten, einen Revisionskrieg systematisch vorzubereiten und zu entfesseln, gibt es also nicht. Das sagt selbstverständlich noch nichts darüber aus, ob nicht doch eine latente Bereitschaft zum Kriegsrisiko bestanden hat oder gar eine verdeckte und verschwiegene Arbeit zur Ermöglichung eines erfolgreichen Krieges. Darüber wären allerdings erst sorgfältige Untersuchungen anzustellen. Ungeachtet aller methodischen Überlegungen, wie das im einzelnen anzustellen sei – davon war ja bereits die Rede –, läßt sich das Problem nur in Beobachtung einer längeren historischen Entwicklung klären, an deren Ende der Zweite Weltkrieg stand. Weil also vorab eine so wichtige Frage wie die nach der Entschlossenheit des Auswärtigen Amtes, die deutschen Revisionsziele gewaltsam durchzusetzen und dafür die erforderlichen diplomatischen Vorarbeiten zu leisten, nicht an Hand von Zitaten führender Diplomaten zu entscheiden ist, muß man sich schon auf die Erörterung der Strukturen, Konzeptionen, Handlungen und Verhaltensweisen des auswärtigen Dienstes einlassen, um dessen Beitrag zum Kriegsausbruch aufzuklären.

Sollte das Auswärtige Amt nicht zu den treibenden Kräften

gehören, die den Krieg herbeiführten, dann muß sich das Interesse folgerichtig darauf konzentrieren, zu untersuchen, ob es sich um einen historischen Prozeß handelt, in dessen Verlauf sich möglicherweise zwei beklemmende, eng miteinander verknüpfte Entwicklungen abspielten: zum einen, daß die auf gewaltsame Expansion und Krieg hinarbeitende, das europäische Staatensystem zerstörende Politik Hitlers durch den auswärtigen Dienst unterstützt wurde, und zwar allein schon infolge seines normalen Funktionierens. Zum anderen, daß Schritt für Schritt die Hinnahme, die Akzeptanz sich verschärfender außenpolitischer Maßnahmen und Konflikte wuchs, daß sozusagen in alarmierendem Tempo innerhalb weniger Jahre die Barrieren brüchig wurden und zerfielen, die eigentlich im auswärtigen Dienst einer aggressiven, das Risiko des Krieges eingehenden Außenpolitik entgegenstanden. In diesem Zusammenhang erhebt sich zugleich die Frage nach Widerstand und Ohnmacht der Diplomaten angesichts der in ihrer Bedenkenlosigkeit sich steigernden und die außenpolitische Entwicklung mit atemberaubender Dynamik vorantreibenden Entscheidungen Hitlers.

Unter diesen Voraussetzungen gibt es zwei für die Untersuchung besonders geeignete und wichtige Phasen. Sie wurden für die Haltung der Diplomaten entscheidend, mehr noch: eine schwere Prüfung. Die erste ist die Anfangsphase nationalsozialistischer Herrschaft nach der Ernennung Hitlers zum Reichskanzler. Die zweite ist jene kritische Phase, die von seiner seit Herbst 1937 mit brutaler Klarheit bekundeten Absicht, zur gewaltsamen Expansion überzugehen, bis zur Eröffnung des Zweiten Weltkrieges reichte. In beiden Phasen besaß der auswärtige Dienst Leitfiguren, Männer an der Spitze, die schlechthin eine richtungweisende Funktion für die meisten Beamten ausübten und sich darüber hinaus persönlich und in ihren Auffassungen nahestanden. Das waren die Staatssekretäre des Auswärtigen Amts, Bernhard Wilhelm v. Bülow in der ersten Phase und Ernst v. Weizsäcker in der zweiten. Auf Grund ihrer herausragenden Stellung, ihrer Funktion und ihres Ansehens ist es gerechtfertigt, sie stärker zu berücksichtigen als andere. Denn sie verkörperten geradezu einige der maßgebenden Traditionen, Verhaltensweisen und Auffassungen des auswärtigen Dienstes.

Mit diesen Überlegungen ist wohl zugleich deutlich geworden, daß mir einige ausführlichere Bemerkungen zum Thema und zum Verfahren notwendig zu sein scheinen. Zur Beantwortung der Frage, in welchem Ausmaß das Auswärtige Amt an der Entfesselung des Zweiten Weltkriegs beteiligt war, genügt es nicht, bestimmte Äußerungen zu zitieren, Vermutungen über wechselseitige Einflüsse der führenden politisch-gesellschaftlichen Gruppen auf Grund ähnlichen äußeren Verhaltens und persönlicher Kontakte anzustellen oder Analogien im Prozeß der Anpassung der Eliten an die nationalsozialistische Herrschaft, an deren Träger und Verbündete (nach dem Motto: Sie sind doch alle dabei gewesen und haben ihre Interessen verfolgt) voreilig und einseitig im Sinne einer wachsenden Bereitschaft zum Krieg zu interpretieren. Ob wir auf der anderen Seite dem einzelnen Diplomaten, seinem persönlichen Schicksal und seinen darauf beruhenden persönlichen Entscheidungen gerecht zu werden vermögen, muß sowieso höchst zweifelhaft bleiben. Als Historiker können wir zufrieden sein, wenn wir die sich wandelnden Strukturen – auch die geistigen – ebenso wie die historischen Entwicklungslinien in den Verhaltensweisen des auswärtigen Dienstes als Gruppe erfassen, also gewisse gemeinsame Züge, die in wesentlichen Fragen das Denken und Handeln der Diplomaten prägten – mehr oder weniger jedenfalls. Die Forschung hat sich noch nicht eingehend mit dem Problem der Verantwortung des auswärtigen Dienstes für den Ausbruch des Zweiten Weltkriegs befaßt. Deswegen handelt es sich hier streng genommen nur um einen Anfang, einen ersten Versuch.

II. Der Aufstieg des Nationalsozialismus und die Diplomaten

a) „Mitmachen"?

„Nun tauchen wieder die von 1918/19 gewohnten Probleme auf: Kann man da eigentlich mitmachen?" Mit dieser Frage, in einem Privatbrief vom 22. 2. 1933,[11] brachte Ernst v. Weizsäcker, damals Gesandter in Oslo, auf eine knappe, einprägsame Formulierung, was nach der Bestellung Hitlers zum Reichskanzler eigentlich zur Entscheidungssituation schlechthin für die gesamte hohe Reichsbürokratie geworden war. Bedeutung und Einfluß der leitenden Beamten auf die Regierungsgeschäfte schienen in dem Maße zugenommen zu haben, wie das parlamentarische System sich zersetzt hatte und zerstört worden war, bevor Hitler kam. Trotzdem verspürten sie nur in sehr unterschiedlicher Intensität die politische Herausforderung oder gar den Appell an ihr Gewissen. Auch bei Weizsäcker, der zweifellos seit Beginn der 30er Jahre zu den aufsteigenden Sternen des auswärtigen Dienstes zählte, hielt sich der nagende innere Zweifel in Grenzen, und der Vergleich mit 1918/19, zu dem Weizsäcker einlädt, fällt zwiespältig aus. Ihn selber hat damals jedenfalls länger und häufiger als 1933 die Tatsache beunruhigt, daß er „gern fern von allem Zusammenhang mit der heutigen Regierung" geblieben wäre. Und seine innere Distanz zur neuen republikanischen Regierungsform offenbarte sich 1919/20 in ironischen Bemerkungen über den „sogenannten" Außenminister – „in den jetzigen Übergangsjahren muß man ja schließlich froh sein, wenn man keine Zuchthäusler an der Spitze hat. Man muß die Leute eben jetzt gewähren lassen. Die Zeit für eine andere Garnitur kommt auch wieder."[12]

„Wie sichert man dem noch intakten Teil der Bürokratie den nötigen Einfluß?" – das war im Februar 1933 die Frage, die Weizsäcker[13] – und so wie ihn viele andere der leitenden Beamten – offenbar weit stärker beschäftigte als der Zweifel, ob man da eigentlich mitmachen könne. Weil die hohe Bürokratie ganz allgemein in der Phase der Präsidialkabinette seit Ende März 1930 ihr politisches Gewicht gesteigert hatte, fühlte sie sich stark genug, die Verantwortung für „das Ganze", für den Staat traditionsgemäß zu tragen. Sie wollte damit einerseits als Elite und besondere gesellschaftliche Schicht ihren Status wahren, andererseits traute sie sich zu, nach einer möglicherweise etwas chaotischen Übergangsphase einen ruhigeren, gemäßigteren Gang des Regierens und Verwaltens zu gewährleisten. Solche Zuversicht zog gerade der auswärtige Dienst aus der Unentbehrlichkeit und sachlichen Kompetenz der Diplomaten. Sie waren doch recht überzeugt davon, eine unter Umständen zum Krieg führende Außenpolitik riskanter Abenteuer unterbinden zu können. Dafür kann als konkretes Beispiel gleich ein Problem stehen, dem hinsichtlich des wachsenden Kriegsrisikos erhebliche Bedeutung zukam. Die Leitung des Auswärtigen Amts zog es auch 1933 immer noch vor, die mit allem Nachdruck verlangte militärische Gleichberechtigung – und damit die Beseitigung der Entwaffnungsbestimmungen des Versailler Vertrags – auf dem Wege der Abrüstung der anderen Mächte zu erreichen. Dies bekräftigte der Staatssekretär des Auswärtigen Amts, v. Bülow, in seiner programmatischen Denkschrift vom März 1933. Er betonte das Argument, daß die wirtschaftliche Lage und die engen Grenzen des Reichshaushalts dieses Vorgehen besonders nahelagten, und wollte zugleich die Kompetenz auf diesem schwierigsten und kompliziertesten Gebiet der internationalen Beziehungen langfristig sichern. Dabei handelte es sich allerdings um Zweckmäßigkeitserwägungen. Angesichts der zu erwartenden Abneigung der übrigen Länder, ihre Rüstungen in Zeiten sich verschärfender internationaler Spannungen und eines kaum verhüllten deutschen Machtstrebens einzuschränken, trat das Auswärtige Amt entschieden für eine zielbewußte, wenn auch begrenzte Aufrüstung ein, sofern der Rüstungsausgleich anders nicht zu erreichen sei und das Vorgehen sich „möglichst geräuschlos" sowie ohne „Präventivaktionen und außenpolitische Erschütterungen" gestalten lasse. Deswegen betonte Bülow mit Nachdruck, daß Deutschland militärischen Gegenmaßnahmen im Falle einer herausfordernden, überzogenen Revisionspolitik noch auf viele Jahre hinaus nicht gewachsen sei.[14] Immerhin nahm er also an, daß auf längere Sicht das Auswärtige Amt in der Lage sei, hinreichend viel Handlungsspielraum behaupten zu können für eine solche außenpolitische Gratwanderung zwischen innerem Druck und äußerer Konfliktgefahr.

b) Abschirmung und Beschwichtigung

Das Kunststück bestand also darin, zwei schwer vereinbare Bestrebungen gleichzeitig und überzeugend nach außen zu vertreten. Einerseits war die Reichsregierung unbedingt entschlossen, Deutschlands Machtstellung vor allem militärisch zu verbessern. In Verbindung mit territorialen Revisionsforderungen und mit dem Anspruch auf eine deutsche Vormachtstellung in Mitteleuropa, wie er seit dem Projekt einer Zollunion mit Österreich 1931 deutlich geworden war,[15] stellte das einen beachtlichen Beitrag zu der sich ausbreitenden Unsicherheit und zur allmählichen Erschütterung des europäischen Staatensystems dar. Auf der anderen Seite war das Auswärtige Amt darauf angewiesen, und zwar schon mit Rücksicht auf seine außenpolitischen Erfolgschancen, Beruhigung auszustrahlen – nicht nur wegen der Beunruhigung auslösenden konkreten deutschen Ziele, sondern auch wegen der sich verschärfenden innenpolitischen Entwicklung, die radikalere Regierungen mit einer entsprechend radikaleren Einstellung gegenüber dem Ausland an die Macht bringen konnte. Infolgedessen begann das Auswärtige Amt schon früh – ziemlich genau nach der Reichstagswahl vom 14. 9. 1930, nach dem aufsehenerregenden , unerwarteten Aufstieg der NSDAP zur zweitstärksten Partei –, beschwichtigend zu wirken und bald auch die innenpolitische Radikalisierung und den Weg des Nationalsozialismus an die Macht nach außen abzuschirmen.

Anlaß, sich in dieser neuen diplomatischen Disziplin zu üben, gab es bald genug. Deutsche Diplomaten mußten in

Frankreich, England oder auch in den kleineren europäischen Ländern erfahren, daß seit dem Herbst 1930 die Furcht vor deutscher Bedrohung und vor dem Krieg wuchs. Ausgelöst hatten diese Sorge zwar die nationalsozialistischen Erfolge. Beachtenswert war, daß zunehmend sowohl die sich verschärfende Außenpolitik des Reiches als auch seine innere Entwicklung tiefe Beunruhigung auslösten. Für jede dieser drei Quellen der Kriegsfurcht möchte ich ein Beispiel anführen:

1) Winston Churchill erklärte einem deutschen Diplomaten nach der Wahl vom 14. 9. 1930, er sei davon überzeugt, „daß Hitler oder seine Anhänger die erste Gelegenheit benutzen würden, um wieder zu den Waffen zu greifen". Der britische Außenminister Henderson äußerte sich ähnlich.[16]

2) Die Wirkung des zunehmenden Umfangs der deutschen Forderungen und der abnehmenden Rücksichtnahme auf andere Länder nahm der Botschafter in Paris, v. Hoesch, im Januar 1932 zum Anlaß, einen eindringlichen Bericht über die „Krieg-in-Sicht-Stimmung" in Frankreich zu schreiben.[17] Drei Höhepunkte habe die öffentliche Erörterung der Kriegsgefahr bisher erreicht: nach der Wahl vom 14. 9. 1930, nach dem Bekanntwerden des Projekts einer Zollunion mit Österreich im März 1931 und nach der Verkündung des Reichskanzlers Brüning vom 8./9. 1. 1932, daß die Reichsregierung die völlige Streichung der Reparationen fordere und sich weigere, die Zahlungen wieder aufzunehmen.

3) Daß die meisten Franzosen die innere Entwicklung in Deutschland ganz allgemein für friedensbedrohend hielten, berichtete Hoesch mehrmals. Auf die von ihnen allesamt als deprimierend empfundenen Alternativen wies er besonders im Mai 1932 hin: Eine in ihrem Bestand gefährdete Regierung Brüning, mit der man keine Vereinbarungen mehr treffen könne; die Gefahr einer Diktatur unter Beteiligung der Reichswehr; und schließlich am schlimmsten ein Hitler-Regime.[18]

Das bloße Bemühen, diese Entwicklungen dem Ausland immer von neuem verständlich zu machen und für Beruhigung zu sorgen – ohne indessen im Innern dagegen Stellung zu beziehen oder gar die politisch als lebensnotwendig betrachtete

Macht- und Revisionspolitik einzuschränken –, nahm Zeit und Kraft der Diplomaten immer mehr in Anspruch. Von einem kontinuierlichen Aufbau neuer Möglichkeiten internationaler Kooperation oder eines dauerhaften Interessenausgleichs konnte keine Rede sein. Als einziges Heilmittel aller inneren und äußeren Übel – und dazu gehörte auch der sozialpsychisch desolate Zustand der unter nationalistischem Hochdruck befindlichen und gehaltenen deutschen Bevölkerung – galt der „Generalangriff auf den Versailler Vertrag" (Bülow). Das Ziel war, so schnell wie möglich eine starke, in Mitteleuropa dominante Großmachtstellung zu erringen, und zwar mit voller außenpolitischer Handlungsfreiheit.[19] Dieser Preis war den andern Ländern für eine Verständigung mit Deutschland zu hoch.

Auf Grund dieser vorwärtstreibenden, nationalen Dynamik, der ständigen Forderungen wie der Abwehr von Vorwürfen und Beschuldigungen aus dem Ausland, verstärkten sich bestimmte Verhaltensweisen der Diplomaten, die im Endeffekt dazu beitrugen, Beschwichtigung und Abschirmung zu untermauern, die solidarische Haltung gegenüber allen Entwicklungen der Nation zu verfestigen, mochten sie auch innen- und außenpolitisch immer bedenklichere Züge annehmen, und das Gemeinschaftsgefühl innerhalb des auswärtigen Dienstes zu vertiefen. Diese Verhaltensweisen waren geprägt von Aktion und Reaktion zugleich. Zum einen hat Bülow als Staatssekretär von Anfang an durch sorgfältige Führung auch des einzelnen Diplomaten darauf bestanden, daß sie alle nach außen eine feste und kühle Haltung an den Tag legten, sich von keinerlei Zweifeln geplagt zeigten oder gar klein beigaben, und so den Vorhaltungen auch offensiv begegneten.[20] Letzteres sollte bevorzugt durch Hinweise auf jahrelanges Fehlverhalten der Siegermächte seit 1919 geschehen.[21] Sie müßten immer wieder für die Misere Deutschlands und die nun daraus entstehenden internationalen Probleme verantwortlich gemacht werden. Zum anderen löste diese etwas einseitige Zuspitzung diplomatischer Tätigkeit auf Forderung und Abwehr eine gewisse dauernde Anspannung aus, eine defensive, von gelegentlichen Frustrationen nicht freie Stimmung. In Abwehr pauschaler Verdächtigungen und Beschuldigungen glaubte sich der auswärtige Dienst im Recht, und es verminderte sich – von wenigen Ausnahmen abgesehen – sein ohnehin nicht übertrieben starkes Gefühl für die tiefer liegenden Bedrohungsängste anderer, besonders kleinerer Staaten.[22] Die deutsche Diplomatie war es seit den forcierten Revisionsansprüchen Anfang der 30er Jahre gewohnt, das zu vertreten, was sie als Deutschlands rechtmäßige Forderungen nach internationaler Gleichberechtigung und Beseitigung aller diskriminierenden Auflagen aus dem Versailler Vertrag ansah. In ihrer Mehrheit fixiert auf Begriff und Substanz einer unabhängigen Großmacht als einzig angemessenem Ausgangspunkt einer deutschen Außenpolitik, die diesen Namen verdiente, schenkte sie den Belastungen und Gefahren, die sie für das internationale System heraufbeschwor, nicht genügend Beachtung – oder erst, als es schon zu spät war.

Es war nur konsequent, daß jede Verschärfung der inneren Situation in Deutschland letzten Endes als Folge des Versailler Vertrags und der äußeren Unterdrückung dargestellt wurde. Das Auswärtige Amt trachtete danach, den anderen Mächten dafür die Rechnung zu präsentieren.[23] Dies geschah mit Hilfe der Nötigung, daß, sofern dem Reich keine durchgreifenden außenpolitischen Erfolge zugestanden würden, noch weit radikalere politische Gruppierungen an die Macht kämen. Als nach Hitlers Regierungsantritt auf diesem Wege keine Steigerung mehr zu erwarten war, verlegte man sich darauf, die mögliche Radikalisierung der deutschen Außenpolitik zu nutzen; Konflikte mit unabsehbaren Folgen seien nur durch Entgegenkommen der anderen Mächte zu vermeiden, besonders solange sie sowieso nur den als voll gerechtfertigt betrachteten deutschen Ansprüchen auf Beseitigung des Versailler Vertrags nachkämen.[24] Es leuchtet ein, daß derartige Leitlinien des Verhaltens eine denkbar günstige Ausgangsbasis für eine Staatsführung boten, die entschlossen war, die Voraussetzungen für eine kaum glaubliche expansive Herrschaftssphäre in Europa zu schaffen, und sie dann mit brutalster Gewaltanwendung zu verwirklichen suchte. Das waren allerdings Bestrebungen, die ein von der überwältigenden Mehrheit der Deutschen unterstütztes Programm der vollständigen Beseitigung des Versailler Vertrags und der Wiederaufrichtung einer starken europäischen Großmachtposition des Reiches nur als eine erste Etappe betrachteten und weit darüber hinausgingen.

In diesem Zusammenhang sind zwei Charakteristika des auswärtigen Dienstes während der krisenhaften 30er Jahre bemerkenswert, das Selbstbewußtsein einer traditionellen, beamteten Elite der politischen Exekutive und die Ausnutzung der inneren Krise für außenpolitische Zwecke:

1. Um die erwähnten Belastungen zu ertragen, die außenpolitischen Chancen zu erkennen und zu nutzen, und schließlich überzeugt zu sein, auch unter Adolf Hitler das Heft in der Hand zu behalten, bedurfte es des ganzen Selbstvertrauens einer traditionsbewußten Elite innerhalb der Reichsbürokratie. Denn zur Politik der Abschirmung und Beschwichtigung in einer Phase ungewöhnlicher, alarmierender innerer und äußerer Dynamik des Reiches gehörte als Voraussetzung die Annahme, diese Dynamik auf außenpolitischem Gebiet kanalisieren und zähmen zu können. Die Diplomaten standen am 30. 1. 1933 ja keineswegs vor einer ungeahnten Situation, auf die man sich nun plötzlich und überhastet irgendwie einstellen mußte. Sie hatten, wie gesagt, schon spätestens im Herbst 1930 mit der Abschirmung und Beschwichtigung begonnen; sie hatten also inzwischen Erfahrung, und die meisten glaubten sich auch auf eine nationalsozialistische Regierung hinreichend vorbereitet. In einem Runderlaß vom 8. 12. 1931 zur persönlichen Information und Sprachregelung, der als Anlage eine ausführliche Aufzeichnung über die außenpolitische Einstellung der NSDAP enthielt, urteilte Bülow, „daß es eine klare außenpolitische Linie in dem Programm der Nationalsozialistischen Deutschen Arbeiterpartei und in den Äußerungen ihrer Führer jedenfalls bisher nicht gibt. Davon abgesehen haben wir keinen Zweifel daran, daß auch unter veränderten innenpolitischen Verhältnissen in Deutschland die großen Wirtschaftsgesichtspunkte sowie die grundlegenden Richtlinien der

Außenpolitik auf die Dauer sich weiterhin durchsetzen werden."

Dies ist zugleich ein instruktives Beispiel für Abschirmung und Beschwichtigung. Anlaß waren nämlich die „ständig gleichen Besorgnisse" im Ausland, daß es zu einer völligen „Umgestaltung" der deutschen Außenpolitik unter nationalsozialistischer Führung kommen würde. In der Aufzeichnung selbst wird eingehend belegt, daß Hitler und andere nationalsozialistische Führer sich dezidiert gegen den Krieg ausgesprochen, „im Gegensatz zu früher eine wesentlich gemäßigtere Einstellung zu außenpolitischen Fragen eingenommen" und sich auch zu Einzelfragen in einer Weise geäußert hätten, die „nicht wesentlich verschieden" sei von der der Reichsregierung.[25] Zweifellos sollte das der beruhigenden Wirkung nach außen dienen, aber selbstbewußte Zuversicht, die sich hier andeutet, kommt in der privaten Korrespondenz führender Diplomaten ebenfalls mehrfach zum Ausdruck. Bülow schrieb am 25. 1. 1932 dem befreundeten Botschafter in Washington, Friedrich v. Prittwitz und Gaffron: „Wir werden uns im Amt von allen diesen Dingen nicht beeinflussen lassen und hoffen, selbst eine Nazi-Regierung ohne sehr wesentlichen direkten Schaden für die Außenpolitik durchhalten zu können."[26]

Nach dem 30. 1. 1933 versuchte die Leitung des Auswärtigen Amts, durchzuführen, was sie sich vorgenommen hatte – ein wesentliches Motiv für das Ausharren im Dienst.

2. Schon 1930 war man sich im Auswärtigen Amt darüber im klaren, daß schwere Zeiten bevorstanden und es darauf ankam, durchzuhalten. Der Beitrag der Diplomaten zur Überwindung der Krise und zur inneren und äußeren Konsolidierung sollte darin bestehen, das nationale Selbstbewußtsein zu stärken, und zwar mit Hilfe eindrucksvoller und rascher Erfolge der Revisionspolitik, der Gleichberechtigung des Reiches auf allen Gebieten, vor allem in der Rüstung, und der Erringung eines allseits respektierten Großmachtstatus. Die Krise selbst, die innenpolitische ebenso wie die Weltwirtschaftskrise, sollte als Hebel dazu dienen – aus der Not nicht nur eine Tugend sondern ein Trumpf werden. Bemerkenswert

ist dabei, in welchem Maße das Auswärtige Amt von einer einseitigen Auffassung des Vorrangs außenpolitischer Bedürfnisse ausging, den Primat der Außenpolitik ganz selbstverständlich praktizierte und – von daher betrachtet durchaus schlüssig – den Nationalsozialisten interessanterweise vorhielt: „Jedenfalls wird das von Ranke aufgestellte Gebot des Primats der Außenpolitik von den Nationalsozialisten sichtlich in sein Gegenteil verkehrt. Außenpolitische Forderungen werden aus innenpolitischen Gesichtspunkten heraus erhoben und zwar ohne Rücksicht darauf, ob sie überhaupt in die Praxis umgesetzt werden, ja selbst ohne Rücksicht darauf, ob sie miteinander in Einklang gebracht werden können."[27]

Unberechenbare innenpolitische Entwicklungen, sofern sie zur Beeinträchtigung der Außenpolitik oder gar zu internationalen Konflikten führen konnten, bildeten denn auch eine ständige Quelle der Beunruhigung. Den Kern des Verhältnisses, in dem damals das Auswärtige Amt zur inneren Entwicklung stand und das fast auf eine Art Instrumentalisierung der Innenpolitik hinauslief, enthüllte allerdings erst Bülow. Im Rückblick auf die bedeutenden revisionspolitischen Erfolge des Jahres 1932 stellte er fest: „Mehr war unter den gegebenen Verhältnissen kaum herauszuholen, und auch unsere innenpolitischen Wirrnisse sind uns außenpolitisch gar nicht schlecht bekommen."[28]

Schrittweise, manchmal auch in kaum merklichen Übergängen, vollzog sich die Hinnahme und begrenzte Akzeptierung des Weges in die Diktatur und in eine immer rücksichtslosere, riskantere Außenpolitik, die schließlich in brutaler Gewalt endete. Der auswärtige Dienst erwies sich demgegenüber als hilflos. Diesen Prozeß zu erklären, genügt die Erläuterung der Politik der Abschirmung und Beschwichtigung nicht, ja dieses Verhalten verlangt selber erst nach eingehender Erklärung. Sie ist auf Grund ausgedehnter Quellenanalyse, die der Motivierung von Einstellungen und Maßnahmen nachgehen muß, vor allem im Verfassungsverständnis, in der sich wandelnden inneren Struktur des auswärtigen Dienstes und letztes Endes im Nationalismus zu suchen, kaum hingegen in der Einwirkung irgendwelcher Interessengruppen von außen. Äußere Einflüsse, ob es sich um die Haltung anderer Reichsbehörden oder um inoffizielle Kontakte – etwa die Mahnungen Brünings – handelte, bestätigten nur die intern beschlossenen und praktizierten Verhaltensmaßregeln.

c) *Verfassungsverständnis und innere Struktur des auswärtigen Dienstes*

Die Distanz zur parlamentarischen Demokratie läßt sich zumindest bei denen, die seit 1930 im Auswärtigen Amt den Ton angaben, nicht bezweifeln. Bei ihnen kann man sie oft schon in den Anfängen der Weimarer Republik nachweisen, dezidierter dann in deren Agonie, und ihre Beständigkeit erwies sich in Bekenntnissen während der Krise vor Ausbruch des Zweiten Weltkriegs, die gelegentlich darauf hinausliefen, daß bei einer schließlichen Überwindung der nationalsozialistischen Herrschaft doch bestimmte innere Errungenschaften des Nationalsozialismus bewahrt bleiben sollten. Schon 1918/19 legte Bülow eine deutliche Skepsis gegenüber einer republikanischen Repräsentativverfassung an den Tag, obwohl er damals der Deutschen Demokratischen Partei nahestand und intensiv an einem Verfassungsentwurf mitarbeitete, mit dem man über die Partei die Beratungen der Nationalversammlung beeinflussen wollte. Er weigerte sich, anzuerkennen, „daß ein Volk allein durch gewählte Abgeordnete vertreten werden könne". Außerdem sei nicht einzusehen, warum alle wichtigen Fragen „in einem und demselben Parlament auszukämpfen sind". Schon bald nach der Unterzeichnung des Versailler Vertrags – für Bülow der Anlaß, vorübergehend seinen Abschied zu nehmen – festigte sich im Laufe der Vorarbeiten für ein theoretisches Werk über Politik sein Urteil: Die Weimarer Verfassung war nur vorübergehend. Er erwartete nach dem Wiederaufbau die Entstehung einer neuen Ständegesellschaft und den Wiederaufstieg einer Elite der Intelligenz, der Bildung und des Besitzes. Ganz neue Gestaltungen seien unvermeidlich, besonders für das schwer erschütterte und veränderte Deutsche Reich, das gerade auf Grund seines Zusammenbruchs „in erster Linie berufen" sei, „auf neuen Wegen [. . .] die Führerrolle zu übernehmen."[29] Unlösbar verbunden mit diesem Ziel der Erneuerung Deutschlands war für Bülow schon 1919 die Revision des Versailler Vertrags, nicht nur aus außenpolitischen Gründen, sondern um des Glaubens an Deutschlands Zukunft willen. Im Jahre 1932 entwickelte er daraus folgerichtig die Begründung für eine harte Revisionspolitik als Weg aus der Krise, denn nur so könne die geistige und moralische Wiederaufrichtung der Nation erfolgen.[30]

Viele höhere Beamte des auswärtigen Dienstes standen der Republik und ihrer Verfassung ähnlich reserviert gegenüber und hatten ähnliche, wenn auch weit weniger durchdachte Vorstellungen von der notwendigen äußeren und inneren Erneuerung. Von Weizsäcker etwa sind viele geringschätzige Äußerungen über die Republik, das parlamentarische Leben und die Parteipolitiker überliefert. Es geht hier nicht um eine umfassende Würdigung der persönlichen Entwicklung, sondern um die überwiegende Einstellung der Beamten des auswärtigen Dienstes, verdeutlicht an Hand einiger aufschlußreicher Beispiele. Sie erklären die im großen und ganzen verhältnismäßig gleichgültige Haltung angesichts der Aushöhlung der Verfassung, des Niedergangs der Weimarer Republik und des Aufstiegs der Diktatur. Ohne große Beunruhigung unterrichtete Bülow am 30. 9. 1930 den Gesandten in Wien, Rieth, über die innenpolitische Lage, die sich wohl „zu einer milden Form der Diktatur" entwickeln werde. „Alle Phantasien von einem bevorstehenden Krieg, von einem aggressiven außenpolitischen Programm" seien vollkommen abwegig; das Risiko politischer Abenteuer komme nicht in Frage.[31]

Wie man allerdings, ist der Weg in die Diktatur erst einmal beschritten, vernünftige und gemäßigte Politiker an der Macht und „Abenteurer", die das Kriegsrisiko eingehen würden, von ihr fernhalten könnte, das wird niemals erörtert. Prittwitz, der Anhänger der Republik, versuchte vergeblich, ausgehend vom amerikanischen Beispiel, eine gründliche Erörterung des Verhältnisses zwischen Verfassung, Außenpolitik und krisenhaften Entwicklungen in Gang zu bringen. Zweifel an der politischen Stabilität Deutschlands hätten gezeigt, „wie feinfühlig die Amerikaner auf alles reagieren, was mit Verfassungsfragen zusammenhängt. [. . .] Alles aber, was an Diktatur anklingt, ist hier verpönt und öffnet eine Kluft, die stimmungsmäßig niemals überwunden werden kann." Er trat für eine Öffnung nach links ein, und zwar mit der für unsere Thematik wichtigen Begründung, daß dies „als Symbol für Fortsetzung der bisherigen Außenpolitik aufgefaßt", während eine Koalition „mit einem nationalsozialistischen Schwerpunkt [. . .] als Anzeichen einer aggressiven deutschen Außenpolitik" gewertet würde.[32]

Die Linie des Auswärtigen Amts war eine andere. Bülow bemühte sich, nach innen wie nach außen, die von den Nationalsozialisten drohende Gefahr zu bagatellisieren oder die veränderte, maßvollere Haltung ihrer Führer und gewisse Gemeinsamkeiten in einigen wichtigen Fragen herauszustellen. Gemeinsamkeiten sah er vor allem in „der Wiederherstellung der Gleichberechtigung Deutschlands auf allen Gebieten", eng verknüpft mit der „inneren Gesundung" des deutschen Volkes. Die Schlußfolgerung lautete, daß die Haltung der NSDAP „nicht wesentlich verschieden ist von den Zielen, die die Reichsregierung und ihre Vorgängerinnen bisher verfolgt haben".[33] Die Auflösung des Verfassungs- und Rechtsstaates, die letzten Endes auch dem Auswärtigen Amt die Basis für eine eigenständige Entfaltung und eine angemessene Behandlung und Präsentation außenpolitischer Probleme entzog, war für Bülow nicht die entscheidende Frage, sondern die nationale Machtsteigerung.

Gewiß nicht zwangsläufig, aber doch von eindrucksvoller Konsequenz war es dann, wie die Wege auseinandergingen. Einen Tag nach den Reichstagswahlen vom 5. 3. 1933 bat Prittwitz – eine Ausnahme in der Reaktion des auswärtigen Dienstes – um seine Entlassung. Er hob gerade die Verfassungsfrage als maßgebend hervor und erläuterte einige Tage später dem Außenminister v. Neurath seinen Entschluß mit den Worten, er habe niemals ein Hehl aus seiner politischen Einstellung gemacht, „die in dem Boden einer freiheitlichen Staatsauffassung und den Grundprinzipien des republikanischen Deutschlands wurzelt".[34]

Zwei Monate danach erwog Bülow den gleichen Schritt. Sein handschriftlicher Entwurf eines Entlassungsgesuchs blieb jedoch in seinen persönlichen Akten verborgen.[35] Die schwierige Erklärung dieses Vorgangs soll hier beiseite bleiben. Bedeutsam für die Frage nach dem Weg der deutschen Diplomaten in den Zweiten Weltkrieg sind an dieser ungewöhnlichen, von einer inneren Dramatik erfüllten Konstellation jedoch die Gründe Bülows. Sie waren völlig verschieden von denen, die Prittwitz bewegten. Im ersten Satz des Entwurfs sind sie unmißverständlich formuliert: „Trotz wiederholter Warnungen des A[uswärtigen] A[mts ...] hat die innerpolitische Neugestaltung in Deutschland Erscheinungen und Vorgänge gezeitigt, die mit der Würde und Sicherheit des Reiches und mit der Fortführung einer gesunden Außenpolitik unvereinbar sind."

Für ihn war entscheidend die „Anpassung der inneren Politik an die Bedürfnisse einer gesunden und realen Außenpolitik". Trotzdem war auch dies ein Zeichen des Protests und der Entschlossenheit, dem Gang der Dinge nicht einfach seinen Lauf zu lassen, auch wenn Bülow im Amt blieb. Er fühlte sich zum Ausharren im Dienst für Staat und Nation verpflichtet und glaubte, in seiner zentralen Position noch Einwirkungsmöglichkeiten zu haben und Schlimmeres verhüten zu können. Außerdem aber waren er und die meisten höheren Beamten durchdrungen vom Nationalismus, von der Notwendigkeit, die deutsche Großmachtposition uneingeschränkt wiederherzustellen, und vom Verlangen nach Beseitigung des als Unrecht und Demütigung empfundenen Versailler Vertrags. Und sie waren durchdrungen vom Anti-Sozialismus und Anti-Bolschewismus. Dies führte sie auf einen gefährlichen Weg im Dienste des NS-Regimes, das ja immerhin ähnliche Ziele zu verfolgen schien, bloß mit mehr Energie und viel unangenehmeren Begleitumständen als frühere Regierungen.

Hieraus ergibt sich, was zum Verständnis jener fatalen Entwicklung, die im Krieg endete, noch fehlt. Wenn die Leitung des Auswärtigen Amts sich zu dieser Gratwanderung zwischen Mitschuld und Eindämmung entschloß, zunächst also die Kräfte unterstützen und stärken mußte, deren Exzesse und Gefahren für Deutschland sie verhindern wollte, dann bedurfte es eines intakten Apparats. Zu diesem Zweck mußte der auswärtige Dienst gegen die Durchdringung oder Übernahme durch die Nationalsozialisten gesichert werden und intern eine stärkere Homogenität, Geschlossenheit und organisatorische Straffung erfahren.

Die Homogenität im Sinne einer national-konservativen Ausrichtung hatte man schon im Zuge der Revirements von 1930 und 1932 nachhaltig gefördert.[36] Hinzu kam der seltsame Zufall, daß diejenigen Außenseiter, die seit 1919 zu leitenden Positionen im auswärtigen Dienst aufgestiegen waren, 1930 teils in den Ruhestand traten, teils starben. Für die erforderliche Geschlossenheit sorgten eine klare politische Linie und die den höheren Beamten zuteil werdende nachhaltige Führung. Nach dem 30. 1. 1933 wurde diese Politik schon aus Selbsterhaltungstrieb verstärkt. Das Gesetz zur Wiederherstellung des Berufsbeamtentums vom 7. 4. 1933[37] bot Gelegenheit, eine gewisse Straffung und Anpassung fortzuführen, indem man Beamte in den Ruhestand versetzte, vor allem jene, die schon zur Disposition gestellt waren und als politisch nicht ganz zuverlässig galten. Wollte das Auswärtige Amt als wichtiger politischer Faktor ohne tiefere Eingriffe der Nationalsozialisten überleben, dann durfte es sich keine zu großen Blößen geben. Hilfreich war, daß die Personalangelegenheiten des auswärtigen Dienstes vom Reichspräsidenten v. Hindenburg weiterhin als seine persönliche Domäne betrachtet wurden und darüber hinaus, „soweit erforderlich, zwischen dem Herrn Reichsaußenminister und dem Herrn Reichskanzler persönlich besprochen [wurden,] und der Herr Reichskanzler habe grundsätzlich festgelegt, daß der auswärtige Dienst ohne Einschübe [von Nationalsozialisten] mit dem vorhandenen Personal durchzuführen sei".[38]

Eine gewisse Unterstützung der Eigenständigkeit boten auch die Pläne zur umfassenden Reorganisation des Auswärtigen Amts. Sie wurden seit 1931 erörtert, liefen auf die endgültige Beseitigung der Schülerschen Reform (1918–1920) hinaus und stellten den Zustand des alten Kaiserlichen Amtes annähernd wieder her: Nur noch eine große Politische Abteilung, daneben wieder eine eigene Handelspolitische Abteilung, das war der Kern der neuen Struktur. Damit trat eine durchaus erwünschte Straffung der Spitzengliederung ein. Die Reorganisation schuf bei ihrer Verwirklichung 1936 erneut personalpolitischen Spielraum und erlaubte in den folgenden Jahren eine effizientere Zentralisierung und Kontrolle durch den Staatssekretär, eine zusätzliche Hilfe bei der schwieriger werdenden Abwehr nationalsozialistischer Einflußnahme. Eine weitere Einbruchstelle, die Rekrutierung und Ausbildung des Nachwuchses, war nicht so leicht abzudichten, aber die strengen Prüfungen waren doch ein geschickt zu handhabender Filter. Bülow widmete diesen Fragen große Aufmerksamkeit und hoffte 1933 noch, daß Qualität gegenüber parteipolitischen Tendenzen und dem Streben nach Gleichschaltung den Ausschlag geben werde. Mit aller Kraft und prinzipiell setzte er sich schon im Februar 1933 erfolgreich gegen die Besetzung der Schlüsselposition des Personalchefs nach parteipolitischen Gesichtspunkten zur Wehr.[39]

Es gibt viele Zeugnisse darüber, daß Bülow intern in ungewöhnlichem Maße Autorität und Ansehen genoß. Auf Grund der geschilderten Voraussetzungen vermochte er, den auswärtigen Dienst im Kern dem Zugriff der Nationalsozialisten zu entziehen. Es entstand eine engere Gemeinschaft, die auch den einzelnen Beamten stützte. Trotzdem gab es viele, die Karriere machen oder ihre Karriere nicht gefährden wollten, vor allem wenn sie, wie Curt Prüfer,[40] der es zum Leiter der Personalabteilung brachte (Mai 1936), aus kleineren Verhältnissen kamen und als Aufsteiger von einem besonders starken Elitebewußtsein geprägt waren. Und es kamen viele, die sich auf irgendeinen früheren Kontakt zum Auswärtigen Amt beriefen und nun mit Hilfe der NSDAP die Einstellung zu erreichen trachteten. In allen diesen Fällen war die Neigung, sich mit den Nationalsozialisten gutzustellen, in die Partei, SS oder andere Gliederungen einzutreten, und damit ein gewisser Opportunismus – und sei es aus Existenzangst – unverkennbar. Für die Frage, inwiefern der auswärtige Dienst die Entfesselung des Krieges förderte, waren diese Entwicklungen aber gar nicht so gravierend. Problematischer war, daß gerade die erfolgreichen Bemühungen, den auswärtigen Dienst reinzuhalten und ihn abzuschirmen, ihren Preis hatten. Denn diese Erfolge waren kaum möglich ohne den Kampf um die Bedeutung des Auswärtigen Amts, um seinen Zuständigkeitsbereich, seine Kompetenz für Planung, Beratung und Durchführung von Entscheidungen auf dem Gebiet der Außenpolitik. Diese Kompetenz war bedroht durch Hitlers plötzliche Entschlüsse, seine eigenwilligen und unüblichen Methoden und die Konkurrenz verschiedener nationalsozialistischer Organisationen. Darin äußerte sich allerdings ein allgemeiner Trend des 20. Jahrhunderts, nur wurde er im „Dritten Reich" besonders drastisch gesteigert. Es ging infolgedessen um die Sicherung des Status, des Prestiges, ja der Existenz einer Elite, die eine Funktionselite im Regierungssystem war, in ihrem Stil jedoch immer noch stark von der Standeselite des Adels geprägt blieb und im Bereich der maßgebenden höheren Beamten aus Oberschicht und gehobener Mittelschicht stammte.

Kompetenzwahrung bedeutete aber, wichtig und nützlich für das NS-Regime zu sein, bedeutete dezidiertes Mitmachen. Denn nur so glaubte sich das Auswärtige Amt in die Lage versetzt, mäßigend und korrigierend einzuwirken und den eigenen Angehörigen einen gewissen Schutz zu bieten – oder wenigstens einigermaßen aussichtsreiche Versuche zu diesem Zweck zu unternehmen. Erleichtert wurde die Entwicklung dadurch, daß der auswärtige Dienst der 30er Jahre von traditionellen Vorstellungen nationaler Großmachtpolitik beherrscht war und mit Hitlers anfänglichen Zielen – Beseitigung des Versailler Vertrags und erhebliche, vor allem militärische Machtsteigerung – weithin übereinstimmte, während verfassungspolitische Bedenken hinter diesen Zielen zurücktraten. Das bedeutete aber auch Anpassung, und sie wurde durch den Außenminister Konstantin Freiherr v. Neurath – auch er übrigens ein Verächter der Weimarer Reichsverfassung – in großem Stil praktiziert: Er bemühte sich, häufiger in Hitlers Nähe und ihm ein erfahrener, geschickter und im Ernstfall auch kaltblütiger Berater zu sein.[41] Denn es gab bald kein institutionalisiertes, nach festgelegten Regeln arbeitendes Regierungszentrum mehr. Die Kabinettsberatungen verfielen, eine Erörterung von Alternativen fand kaum mehr statt, Entscheidungen wurden an allen möglichen Orten getroffen, aber selten in den dafür vorgesehenen Einrichtungen und ohne die Möglichkeit, das Für und Wider abzuwägen und in rechtlich und verfahrensmäßig abgesicherter Form Gegenpositionen zur Geltung zu bringen. Es gab bald auch Schwierigkeiten, Entscheidungen überhaupt noch gründlich vorzubereiten und eine verbindliche Politik auf längere Sicht festzulegen.

Dies war das Entscheidende: Jedes Ressort war auf sich gestellt, das ganze Regierungssystem daher fragmentiert, Einflußnahme und Meinungsaustausch in verfahrensrechtlich geordneten Bahnen mehr oder weniger beseitigt. Es war deswegen für das Auswärtige Amt schon mit großen Schwierigkeiten verbunden, an außenpolitisch bedeutsamen Entscheidungen Hitlers – oder von wem sie sonst ausgehen mochten – rechtzeitig beteiligt zu werden. Wenn es also weder ein angemessenes Verfahren für die Entscheidungsfindung noch für ihre Korrektur, wenn es vor allem nach und nach keine geregelte Form mehr gab, in der Gegenpositionen von wirklichem Gewicht gegen eine schrankenlose Verfügungsgewalt Hitlers zur Geltung gebracht werden konnten – wo gab es dann irgendeine Garantie dagegen, daß die fortgesetzte, schließlich hektische Machtsteigerung und die immer weiter gespannten Forderungen nicht in Gewaltanwendung und Krieg endeten, ohne daß das Auswärtige Amt eine Chance erhielt, dagegen einzuschreiten?

III. Der Übergang zur Gewalt und die Krise des auswärtigen Dienstes

In Betrachtung der kritischen Phase, als in Europa die internationale Ordnung zusammenbrach und das Deutsche Reich zur Gewalt überging, ließe sich die leicht sarkastische Frage formulieren, wie lange es wohl dauerte, bis das Auswärtige Amt erkannte, wohin die Reise ging und daß Gegengewichte bitter nötig, doch weit und breit nicht zu sehen waren, Gegengewichte, um Hitlers Vorgehen wirksam einzuschränken. Spätestens als die Entfesselung des Krieges drohte, als diese Drohung zur belastenden, fast alltäglichen Erfahrung wurde, also während der um Österreich und die Tschechoslowakei entbrannten europäischen Krise von 1938, war kein Zweifel mehr daran möglich, daß die vorübergehende Übereinstimmung zwischen Hitler und dem Auswärtigen Amt zunächst in den Methoden, dann in den Zielen vorbei war. Es sei denn, die Diplomaten hätten auf Grund der über Erwarten günstigen Bilanz einer beschleunigten und verschärften Revisionspolitik Geschmack an der neuen außenpolitischen Dynamik und Risikobereitschaft gefunden. Der September 1938, als die Balance zwischen Krieg und Frieden nur noch auf Messers Schneide stand, bildete die dramatische Kulminationsphase im Zusammenstoß zwischen Hitlers außenpolitischem Vorgehen und den verzweifelten Anstrengungen des Auswärtigen Amts, doch noch Einfluß auf das hektische Geschehen auszuüben. In der Sache wurde es ein äußerst mühsam errungener Erfolg der Diplomaten; der Krieg war durch die Münchner Konferenz aufgeschoben worden, doch nur mit Hilfe ganz außergewöhnlicher Mittel. Im übrigen aber führte nichts an der bitteren Einsicht vorbei, daß in der eigentlichen Auseinandersetzung Hitler der Sieger blieb. Seine Vorstellungen und Entscheidungen waren das Maß aller außenpolitischen Dinge geworden, und das Auswärtige Amt erwies sich im Grunde als hilflos, weil es nur noch zu extremen Maßnahmen wie dem Landesverrat greifen konnte. Wie ist es dahin gekommen?

Grob gesagt, sind zwei Phasen der Entwicklung zu unterscheiden. Die erste reichte etwa bis zum Herbst 1935. Sie war gekennzeichnet durch ein spannungsreiches Verhältnis zwischen dem auswärtigen Dienst und der nationalsozialistischen Führung; aber die in die Defensive gedrängten Diplomaten mochten immer noch hoffen, die auswärtigen Angelegenheiten beeinflussen zu können. Die zweite Phase hingegen entpuppte sich rasch als labile Übergangsphase zur Bedeutungslosigkeit des auswärtigen Dienstes und dauerte bis zum Herbst 1938.

a) Die prekäre Lage des auswärtigen Dienstes und die wachsenden internationalen Spannungen

Der Beginn der ersten Phase war von den Umständen her wie im Selbstverständnis des auswärtigen Dienstes zutiefst ambivalent. Die Diplomaten zeigten sich mehr oder weniger beunruhigt, waren unsicher über die weitere Entwicklung und befürchteten gefährliche Maßnahmen und ebenso gefährliche ausländische Reaktionen. Und trotzdem: es gab einen nicht zu leugnenden Anflug von Aufbruchstimmung. Sie entsprach dem verbreiteten Gefühl einer neuen nationalen Gemeinsamkeit, das die Menschen in Bewegung setzte und ihnen 1933 Hoffnung auf einen neuen Anfang machte nach den langen Jahren des deprimierenden, politisch so aussichtslos erscheinenden Niedergangs der Republik. Das war mehr als nur die sorgenvolle Anstrengung, die umwälzenden Vorgänge im Innern abzuschirmen und in der Außenpolitik Vernunft und Maß zu bewahren. Es war auch mehr als jene bereitwillige Anpassung, die auf einem Gespür für die Machtpolitik und ihre gestiegenen Chancen beruhte, wie bei Herbert v. Dirksen, dem Botschafter in Moskau, der im Herbst 1933 nach Tokio versetzt wurde.

Dirksen war um eines augenblicklichen Vorteils willen in der machtpolitischen Taktik nicht gerade übertrieben wählerisch. Ähnlich wie schon bei früheren Gelegenheiten in Moskau bemühte er sich gleich nach seiner Ankunft in Tokio, eine engere antiwestliche Verbindung zu Japan herzustellen, und zwar auf einem Wege, den keinerlei Bedenken wegen der schweren japanischen Völkerrechtsbrüche störten, nämlich über die vorpreschende Anerkennung Mandschukuos.[42] Das wäre ein Politikum ersten Ranges gewesen; denn dieser japanische Marionettenstaat war der sichtbare Erfolg des japanischen Angriffs auf China wegen der Mandschurei im Herbst 1931, der ersten Aggression einer Großmacht, die den Völkerbund und die internationale Ordnung tief erschütterte. Dirksen berief sich auf Andeutungen Hitlers vor seiner Abreise. Dieses hätte im übrigen ein gefährlicher Präzedenzfall für das Auswärtige Amt werden können. Doch Dirksen blieb loyal, obgleich man seine Bemühungen energisch zurückwies.

Es war aber eine gewisse Verführung durch das neue Regime, die in jener Anfangsphase in Erscheinung trat. Es war die Aussicht, gestützt auf eine diktatorische Regierung und eine autoritäre innere Neuordnung mehr Gestaltungsfreiheit in der Außenpolitik zu erlangen. Vieles schien jetzt leichter möglich zu sein im abgekürzten Verfahren des Entscheidens und mit rücksichtsloseren Methoden. Obwohl Bülow an einem Wiederaufstieg Deutschlands durch internationale Vereinbarungen der Großmächte festhielt und aller Druck hier ansetzen sollte,[43] neigten doch andere hohe Diplomaten dazu, gebannt nur auf die Durchsetzung der eigenen Vorstellungen von Deutschlands Macht und Größe zu blicken und nicht mehr auf die belastenden, die internationale Lage stetig verschärfenden Folgen. Das Erfordernis, auch wieder einmal an einem stabilen europäischen Staatssystem mitarbeiten zu müssen, verschwand in nebelhafter Ferne. Vorrang hatte vielmehr die Chance, rascher und wirksamer als bisher und in partieller Gemeinsamkeit mit den Nationalsozialisten die wesentlichen außenpolitischen Ziele Deutschlands zu erreichen. Darin lag die – nationalistische – Verführung. Aber zugleich mit dem raschen Anwachsen deutscher Macht zur Kriegsfähigkeit wuchs die Kriegsgefahr. Auf der Strecke blieb, unter dem ständig steigenden Druck des Reiches, aber auch Italiens und anderer revisionistischer Mächte, die internationale Ordnung.

Charakteristisch sind die im September 1933 bewußt forsch formulierten „Stichworte zur Außenpolitik" des Botschafters in Rom, Ulrich v. Hassell,[44] der später in den Widerstand ging und 1944 nach dem 20. Juli hingerichtet wurde:

„1. Das wichtigste Ziel ist die Aufrüstung, als erste unmittelbare Aufgabe, weil ohne einen Rüstungsausgleich keine aktive Außenpolitik möglich ist.

2. Das nächste Ziel ist dann, unsere Verstümmelung im Osten zu beseitigen.

3. Das Ziel im Gegensatz zu Frankreich und Polen erreichen zu wollen, hieße es ad calendas graecas vertagen. Daher ist ein politischer Zustand zu erstreben, in dem Frankreich Anlaß hat, Gewehr bei Fuß zu stehen, wenn wir uns mit Polen darüber so oder so auseinandersetzen.

4. Eine solche Verständigung mit Frankreich ist heute noch nicht reif, weil Frankreich noch auf zu hohem Pferde sitzt, zu hoch spielt.

5. Aus 1–4 ergibt sich eine konkrete, in der Natur der Dinge begründete Interessengemeinschaft mit Italien in dem Punkte: durch deutsch-italienisches Zusammenwirken und durch deutsche Aufrüstung eine europäische Gleichgewichtslage zu erreichen, die Frankreich verständigungsreif für uns beide macht; denn auch Italien hat als wichtigstes politisches Ziel die Beseitigung der Übermacht Frankreichs."

Hassell setzte sich zwar im Auswärtigen Amt nicht durch, aber die Dynamik der Forderungen und Erwartungen war verbreitet. Nadolny etwa, der Leiter der deutschen Abrüstungsdelegation, der 1933/34 als Botschafter nach Moskau ging, um sich energisch für die Wiederanknüpfung der engen, seit dem 30. 1. 1933 verschlechterten deutsch-sowjetischen Beziehungen einzusetzen, drückte das in einer grundlegenden Denkschrift vom Januar 1934[45] in atemberaubender Kürze aus:

„1. Ein Deutschland von der Maas bis an die Memel, von der Etsch bis an den Belt,

2. ein Mitteleuropa unter Deutschlands Führung und

3. eine Welt, in der Deutschland eine gleichberechtigte Großmacht ist."

Hier war es die Sowjetunion, die helfen sollte, den deutschen Zielen näherzukommen. Nadolny scheiterte mit der deutsch-sowjetischen Verständigung, weil Hitler andere Prioritäten setzte.

Den zitierten Stellungnahmen wären weitere, sorgfältig differenzierende Erörterungen anzuschließen. Was hier aber interessiert, ist eine gewisse Gemeinsamkeit: Die trotz weit ausholender Zielsetzung bemerkenswerte Verengung des Blicks. Jeder der Botschafter dachte nur von den vordergründigen machtpolitischen Chancen her, die das Land, in dem er akkreditiert war, zu bieten schien, und jeder wollte internationalen Druck zum Vorteil des Reiches organisieren. Das bedeutete aber auch, das Staatensystem immer schwerer zu belasten, Gegensätze zwischen verschiedenen Staatengruppen zu schüren und eine gefährliche Labilität zu erzeugen. Nimmt man hinzu die Aversion gegen Frankreich und vor allen Dingen den Vorrang der Aufrüstung, der Wiederherstellung der „Wehrfreiheit", dann haben offensichtlich nur wenige gesehen – Bülow etwa oder der Botschafter in London, Leopold v. Hoesch –, daß eine übertriebene Aufrüstungs- und Revisionspolitik große Gefahren heraufbeschwor, und zwar wegen des dann drohenden Rüstungswettlaufs, des steigenden Kriegsrisikos und der zu erwartenden unausgewogenen und anfälligen inneren Struktur, falls eine einseitige Erschöpfung aller Ressourcen für Rüstungszwecke betrieben würde.[46]

Unter diesen Voraussetzungen war es kein Wunder, daß die immer schneller voranschreitende Zersetzung internationaler Organisations- und Kooperationsformen und die Herauslösung Deutschlands aus seinen Bindungen und Verpflichtungen, worunter auch sein Verhältnis zu einer immer größeren Zahl von auswärtigen Regierungen schwer litt, nur bei wenigen Diplomaten auf wirklichen Widerspruch stieß. Einer der entscheidenden Schritte auf dieser abschüssigen Bahn war der Austritt des Reiches aus der Abrüstungskonferenz und dem Völkerbund am 14. 10. 1933. Es standen Abrüstungsvereinbarungen bevor, die in keiner Weise den sich allmählich steigernden deutschen Ansprüchen entsprachen. Obgleich man sich über den Anteil, den Hitler, die Reichswehrführung und das Auswärtige Amt an der Verantwotung für diese Maßnahme trugen, noch immer nicht ganz im klaren ist, kann doch kein Zweifel an der überwältigenden Zustimmung bestehen, gleichgültig, wie opportun man den Zeitpunkt fand. Auch Bülow war im Grunde einverstanden, ungeachtet seiner Stellungnahmen gegen übereilte, internationale Vereinbarungen beeinträchtigende Aktionen. In einem Privatbrief vom 30. 11. 1933[47] schrieb er: „Unser Abzug von der Abrüstungskonferenz und unser radikal durchgeführter Austritt aus dem Völkerbund hat sehr heilsam gewirkt." Einer Neugestaltung des Völkerbunds stand er jedoch nicht ablehnend gegenüber:

„Ich halte es nicht für unmöglich, daß hierbei etwas zustande kommt etwa auf der Basis der Entpolitisierung des bestehenden Völkerbundes und seiner Satzung, Umwandlung des Verfahrens in das eines permanenten Kongresses, wobei das Schwergewicht der Verhandlungen auf die Beratungen der ständigen Gesandten beim Kongreß verlegt würde. Den Großmächten müßte etwa im Sinne des Rompaktes eine Sonderstellung eingeräumt werden."

Hitler hingegen beachtete triumphierend allein die Tatsache, daß keine scharfen, das Reich in die Enge treibenden Gegenmaßnahmen erfolgten.[48] Er hatte einen ersten wichtigen Test für die Durchsetzungsfähigkeit seiner riskanten, aber überraschenden und gut kalkulierten Schläge gegen internationale Institutionen und Verpflichtungen gewonnen – auch gegenüber den lästigen Diplomaten. Als sich derartige Erfolge wiederholten, konnten auch für sie die Konsequenzen nicht ausbleiben. Zum einen wurde die Opposition erschwert, zum anderen wurden die üblichen und eigentlich erwarteten Reaktionen und Verhaltensweisen widerlegt. Dies trug wesentlich zur Zersetzung internationaler Normen, zur Desorientierung und zur Erhöhung der Kriegsgefahr bei. Auch die Diplomaten fingen an, sich an immer schärfere Spannungen und immer neue Ausnahmesituationen zu gewöhnen.

Unter diesen Umständen überrascht es ebenfalls nicht, daß französische Gegenmaßnahmen als typisch für den üblen Willen Frankreichs, als seine Kleinkariertheit und als Unterdrükkung Deutschlands und seiner gerechten Ansprüche verurteilt wurden. Dies bezog sich vor allem auf die französischen Bemühungen um Sicherheitspakte (Ostpakt, Donaupakt) und die Annäherung Frankreichs an die Sowjetunion 1934/35. Prompt griff man in Deutschland nicht nur auf den Anti-Bolschewismus, sondern vor allem auf die traditionellen, ideologisierten Formeln von der Einkreisung zurück, obwohl sie angesichts der Interessengegensätze der anderen Länder – und wegen der deutsch-polnischen Nichtangriffsvereinbarung vom 26. 1. 1934 – keine großen Chancen hatte, mochten auch Situationen eintreten, in denen führende deutsche Diplomaten mit der völligen Isolierung des Reiches, einem gefährlichen Rüstungswettlauf und einer geschlossenen Abwehrfront gegen seine herausfordernde, bedrohliche Machtentfaltung rechneten.[49] Jedenfalls führte dies dazu, daß Frankreich wieder der Hauptgegner wurde und die Bereitschaft stieg, auch riskante außenpolitische Manöver zu akzeptieren. Denn auch routinierte Diplomaten wie Weizsäcker, ein Freund Bülows und der „kommende Mann", verloren zeitweilig die Distanz zu der unmittelbaren, suggestiven Erfahrung der Mißbilligung und des Widerwillens gegen das „Dritte Reich", der sie im Ausland ausgesetzt waren. Sie machten ihrer Empörung über Frankreich und andere Länder Luft und scharten sich fester um Führer und Reich.[50]

Der Gewährleistung politischen Einflusses für das Auswärtige Amt und den Anstrengungen, doch noch einen internationalen Interessenausgleich über die deutschen Forderungen herbeizuführen, war das alles sehr abträglich. Trotzdem konnte sich das Auswärtige Amt – mühsam und mit Abstrichen – zunächst behaupten in einer allerdings immer prekärer und ungünstiger werdenden Konstellation mit Hitler einerseits und konkurrierenden Institutionen andererseits. In einer Reihe von Einzelproblemen vermochte sich der mäßigende Einfluß des Auswärtigen Amts durchzusetzen, ebenso in der Zurückweisung personalpolitischer Eingriffe, wobei allerdings die Abwehr Joachim v. Ribbentrops zunehmend schwerer fiel. Ribbentrop verfügte über Auslandserfahrung und über einen eigenen Apparat innerhalb der NSDAP. Es gelang ihm, sich zum außenpolitischen Berater Hitlers aufzuschwingen, und er hatte einen Erfolg vorzuweisen. Er brachte den Flottenvertrag mit Großbritannien vom 18. 6. 1935 zum Abschluß und nährte damit die Hoffnung Hitlers auf eine deutsch-britische Partnerschaft, die ihm freie Hand in Mittel- und Osteuropa gewähren sollte. Ribbentrop beanspruchte daraufhin auch offiziell eine maßgebende Stellung, und zwar einen Staatssekretärsposten.[51]

In der für jede künftige militärische Gewaltanwendung entscheidenden Frage hatte Hitler seit den ersten Tagen seiner Kanzlerschaft unzweifelhaft den Ton angegeben: Die möglichst schnelle und umfassende Aufrüstung sollte unbedingten Vorrang bei allen Regierungsplanungen haben.[52] Das gab dem Reichswehrministerium einen ungeahnten Auftrieb und eine fast unüberwindliche Stellung. Es nutzte sie nach Kräften. Daran scheiterte auch Bülow weithin, als er im Sommer 1934 entschlossen, wohlüberlegt und mit klarem Blick für künftige Entwicklungen den Kampf gegen eine überzogene Rüstung aufnahm, die weder außenpolitische Gefahren noch die Überlastung wirtschaftlicher Ressourcen in Rechnung stellte.[53] Sein Mißerfolg ergab sich allerdings nicht einfach aus der überlegenen Position der Militärs. Die Ursachen waren komplexer, die Folgen unabsehbar:

1. Zunächst einmal mußte ja der auswärtige Dienst, wollte er sich Gehör verschaffen, seine Qualität unter Beweis stellen und erfolgreich sein. War er das, leistete er jedoch Hitlers Plänen Vorschub. Die ganze Einstellung – und auch schlicht der Beruf – der deutschen Diplomaten kam dem entgegen, die Überzeugung vom Staatsdienst als Pflichterfüllung zum Besten der Nation und ihres äußeren Aufstiegs. Der nationale Appell ertönte ja in reichlichem Maße, und die Antwort lag in der Leistungsbereitschaft. Viele Diplomaten erwiesen sich als im nationalen Sinne einseitig oder übermotiviert. Eine Alternative schien nicht vorhanden. Weizsäcker war 1933, ähnlich wie etwa Dirksen,[54] davon überzeugt, daß dieses Regime ge-

stützt werden müsse, weil sonst nur Schlimmeres folgen könne; „man muß ihm alle Hilfe und Erfahrung angedeihen lassen", um eine konstruktive Neuordnung einzuleiten. Weizsäcker pries die „Aufrüttelung aus einer Schicksalsergebenheit", den „Sinn für Haltung und Disziplin" und für eine „reinliche Geschäftsführung". Der Sachverstand eines jeden an seinem Platz müsse nun zur Geltung kommen; „jeder Spezialist sollte sich in den Dienst der Sache stellen, um ein Unglück zu verhüten."[55] Eine solche Einstellung kam der Taktik Hitlers sehr entgegen, die einzelnen Bereiche in der Regierung wie in der Verwaltung zu isolieren, sie den tüchtigen Experten zu überantworten und damit das gesamte staatliche Leben zu fragmentieren. Bei den Diplomaten endete das in hervorragenden Analysen aus London und Paris darüber, daß und warum trotz aller Gegnerschaft gegen das nationalsozialistische Deutschland die Abneigung gegen einen Krieg dort überwiege. Hitlers riskante Politik konnte darin ihre Bestätigung finden.[56]

2. Auch wenn die Leitung des Auswärtigen Amts das Tempo der Wiederaufrüstung deutlich drosseln wollte und sogar Überlegungen darüber angestellt wurden, wie man eine internationale Übereinkunft erzielen und wieder zu einem stabile Verhältnisse schaffenden europäischen Staatensystem zurückkehren könnte,[57] – die überwältigende Zustimmung, ja nationale Begeisterung über die Erfolge Hitlers wogen schwerer, auch unter den Diplomaten.[58] Die nationalistische Hochstimmung kam vor allem bei der Wiedereinführung der Wehrpflicht (16. 3. 1935) zum Ausdruck, dem zweiten großen riskanten Coup Hitlers, ein ganz schwerwiegender Verstoß gegen den Versailler Vertrag, der ohne massive Erwiderung der anderen Mächte blieb.

3. Schon in dieser Phase zeigte sich mit brutaler Deutlichkeit die hilflose Lage des Auswärtigen Amts in der institutionellen Fragmentierung des Regierungssystems. Jedes Ressort stand für sich allein, und das Auswärtige Amt verfügte über keine natürliche Hausmacht wie das Militär. Es konnte nur versuchen, Hitler zu beraten und zu beeinflussen. Er aber gab

– wie im Falle der Aufrüstung – die Richtung an, und oft ziemlich vage. Er entfesselte den Tätigkeitsdrang der Reichswehr, die dann seine allgemeinen Vorstellungen konkretisierte und im eigenen Interesse vorantrieb. Damit beschwor Hitler Situationen und Zwangslagen herauf, die riskante, plötzliche Entscheidungen verlangten, weil er es ablehnte, zurückzustekken. Das Reichswehrministerium blieb einseitig auf seine ungeahnten Chancen fixiert, alle seine Rüstungspläne zu verwirklichen. Das Auswärtige Amt besaß also nicht einmal einen mächtigen Verbündeten.

4. Schließlich wuchs im Herbst 1935 der personalpolitische Druck. Ribbentrop verlangte größeren Einfluß und wollte den ganzen auswärtigen Dienst reorganisieren. Rudolf Heß, der „Stellvertreter des Führers", erhielt am 24. 9. 1935 in aller Form das Vorprüfungsrecht über die Ernennungen. Sämtliche Personalentscheidungen wurden blockiert; die Kritik – auch Hitlers – an Gesinnung und Tätigkeit der Diplomaten nahm zu; eine Säuberung im Anschluß an die Nürnberger Gesetze drohte; und die Auslandsorganisation der NSDAP intensivierte ihre Gleichschaltungsbemühungen. Neurath stellte ein Entlassungsgesuch.[59] Die gefährlichsten Angriffe konnten abgewehrt werden, und die nun in eigener Regie in Angriff genommene Reorganisation der Zentrale bot einen technischen Ausweg aus der schwierigen Lage. Allerdings waren einige leitende Beamte nicht mehr zu halten. Außerdem blieb Ribbentrop als bedingungsloser Gefolgsmann und beflissener Bewunderer Hitlers gefährlich. Schlagartig hatte sich die tatsächliche Lage des Auswärtigen Amts enthüllt: Es mußte um das pure Überleben kämpfen.

b) Krise, Ohnmacht und Krieg

Wie schwierig die Lage des auswärtigen Dienstes geworden war, bewiesen die Begleitumstände und Folgen des von Hitler angeordneten, handstreichartigen Einmarsches in die entmilitarisierte Rheinlandzone und die Aufkündigung des Rheinpaktes von Locarno am 7. 3. 1936. Die wesentlichste europäische Sicherheitsvereinbarung zerbrach. Die militärische Verwundbarkeit Deutschlands war beträchtlich reduziert worden, während die seiner östlichen Nachbarn – der Tschechoslowakei und Polens – gefährlich stieg. Es handelte sich, günstig beeinflußt durch den italienischen Angriff auf Abessinien, um eine tiefgreifende Veränderung der Machtverhältnisse in Europa zugunsten des Reiches. Denn erneut und gravierend wie nie zuvor erwies sich die Tatsache als entscheidend, daß keine Vergeltung erfolgte und Hitler mit seinem überraschenden Gewalt-Coup Recht behielt – gegen die Warnungen der Berater mit Ausnahme Ribbentrops, der sich infolgedessen in der Gunst seines Führers sonnte. Die starken Nerven in der kritischen Zeit nach dem Einmarsch zeigte zwar Neurath,[60] während Hitler zwischen Hangen und Bangen schwebte; aber das Auswärtige Amt erfuhr dadurch keine Aufwertung – im Gegenteil, es war der eigentliche Verlierer dieser Entwicklung. Der Erfolg schien zu beweisen, daß Hitler es als außenpolitische Planungszentrale nicht mehr benötigte. Dies wurde um so deutlicher, als Neurath offenbar beharrlich versucht hatte, eine gütliche Übereinkunft mit den Westmächten über die Aufhebung der Entmilitarisierung zu erreichen. Hitler hatte ihm einen Strich durch die Rechnung gemacht.

Eine weitere unvorhersehbare Schwächung erlitt das Auswärtige Amt dadurch, daß innerhalb kurzer Zeit nicht nur einige Ministerialdirektoren aus – verdeckten – politischen oder gesundheitlichen Gründen den Dienst quittieren mußten (Köpke, Meyer, v. Grünau), sondern nacheinander die Botschafter Köster (Paris), v. Hoesch (London) und am 21. 6. 1936, erst 51 Jahre alt, der Staatssekretär v. Bülow starben. Unter den starken inneren und äußeren Belastungen ist es schwer, an Zufälle zu glauben. Der Tod Bülows war für die höheren Beamten der schlimmste Schlag und löste tiefe Betroffenheit aus; die Leitfigur fehlte nun. Bülow hatte zwar an Weizsäcker als seinen Nachfolger gedacht, und Weizsäcker war damals ohne Frage der Fähigste unter denen, die für das schwierige Amt in Frage kamen. Doch aus verschiedenen Gründen ging das so einfach nicht. Immerhin war nach seinen eigenen Bekundungen die Stellung des Leiters der neuen Politischen Abteilung ebenfalls eine Schlüsselposition und im übrigen wie auf ihn zugeschnitten, was angesichts seines zeitweise engen Kontakts mit Bülow in Personal- und Organisationsfragen nicht verwundert. Demgegenüber erwies sich die Hoffnung, daß sich Ribbentrop, auf den Londoner Posten abgeschoben, verbrauchen würde, als trügerisch.[61] Er behielt seinen eigenen Apparat in Berlin, den engen Kontakt zu Hitler und das Glück des Unfähigen. Hitlers Bestreben, seine Expansionsziele nach einer weitreichenden Interessenabgrenzung mit England als Partner in Angriff zu nehmen, erschien nicht sehr aussichtsreich. Als Ribbentrops Mission, diese Partnerschaft zu begründen, 1937 scheiterte, hatte sich auch Hitler notgedrungen von seinen Wunschvorstellungen entfernt und hielt nach anderen Kombinationen Ausschau. Damit konnte der England-Gegner Ribbentrop dienen. Eilfertig bot er seine Gegenkonzeption einer Englands Kräfte übersteigenden Verbindung der drei revisionistischen Mächte Deutschland, Italien und Japan feil[62] und stand, als Hitler die Führungsspitzen der wichtigsten Ressorts auswechseln und sie sich im Sinne der Machtkonzentration auf dem Weg in den Krieg strikt unterordnen wollte, im Februar 1938 als Nachfolger Neuraths parat. Weizsäcker wurde sein Staatssekretär, eine ziemlich merkwürdige und nur durch unübliche Einflüsse zustande gekommene Kombination.[63]

Die Situation, die Weizsäcker im Auswärtigen Amt vorfand, war deprimierend. Es handelte sich praktisch nur noch um einen technischen Apparat ohne Verbindung zu den wesentlichen politischen Entscheidungen. Aber gerade sie förderten Konflikte oder sollten regional neue Machtverhältnisse vorbereiten und absichern. Ob es noch 1936 um den Entschluß zur Durchführung eines einschneidenden, auf einen künftigen Krieg ausgerichteten Vierjahresplanes mit erheblichen Rückwirkungen auf die außerwirtschaftlichen Beziehungen ging, um die Intervention in den Spanischen Bürgerkrieg oder die Annäherung an Japan – dem Auswärtigen Amt blieb nur die Aufgabe, die außenpolitischen Folgen zu verarbeiten. In der

Mißbilligung von Unternehmungen wie der Einmischung in den Spanischen Bürgerkrieg kam der Unterschied im politischen Denkstil deutlich zum Ausdruck. Die Diplomaten blieben an einer umsichtigen, stetigen und kalkulierbaren Politik orientiert, die sich nicht in gewagten Manövern und überraschenden, konfliktträchtigen Aktionen bewegte.

Als Weizsäcker sich im Juli 1936 sein politisches Programm überlegte, ging er von derartigen Prinzipien aus. Die noch ausstehende Revision der territorialen Bestimmungen des Versailler Vertrags sowie den Aufstieg Deutschlands in den Kreis jener Mächte, „welche bei wichtigeren Weltfragen nicht zu umgehen" seien, betrachtete er letzten Endes als erreichbar. Unter dieser Voraussetzung sollte das Reich schließlich auch „eine rechtlich begründete Friedensordnung" anstreben. Entscheidend war für Weizsäcker ein gutes, „auch mit Opfern" zu erkaufendes Verhältnis zu England. Aber hier interessiert vor allem die Haltung zum Krieg:

„Für *anormale* Zeiten, d. h. für Konfliktsperioden dritter muß im Vordergrund der Osten stehen (Danzig, Memel, Korridor) [. . .]. Marsch auf eines dieser Ziele durch einen eigens dazu geführten Krieg ist nicht zu planen."

Die Quintessenz bestand aus zwei Leitlinien:

„Die Wiedereinschaltung des Apparats des Auswärtigen Dienstes und die Wiedereinstellung seiner Autorität liegt im Reichsinteresse und muß versucht werden.

Trotz der evidenten Schwierigkeiten ergibt sich zwischen den beiden abzulehnenden Extremen – d. h. einem unbesonnenen Expansionismus und einer Friedenspolitik um jeden Preis – noch hinreichend Raum für ein politisches Programm [. . .]."[64]

Ein Verzicht auf Ausdehnung und Stärkung der deutschen Großmachtposition – das „politische Programm" – kam also nicht in Frage, und ein Krieg, allerdings unter sehr restriktiven Bedingungen, blieb nicht von vornherein ausgeschlossen. Die Vorstellung von europäischer und weltpolitischer Bedeutung des Reiches war Ausdruck eines trotz aller Besorgnis ungebrochenen deutschen Großmacht-Nationalismus. Darauf zu verzichten, wäre den Diplomaten fast als eine Art nationalen Verrats erschienen.

Doch inzwischen hatten sich auch Basis und Art der Diplomatie verändert. Nicht nur das Monopol in der Behandlung auswärtiger Angelegenheiten war verloren, Rivalen aus der NSDAP drängten in den auswärtigen Dienst hinein, besonders seit Ribbentrop neue Abteilungen ausbaute und die SS ihren Einfluß geltend zu machen suchte. Dies alles kennzeichnete die gesunkene Bedeutung der Diplomaten. Infolge der brutalen innenpolitischen Spielregeln und der rücksichtslosen, von dauernden Auseinandersetzungen und Spannungen begleiteten Außenpolitik wandelte sich aber auch der Stil. Die Diplomaten stumpften ab gegenüber den zahllosen Konflikten, der zunehmenden Unsicherheit, der Neigung zur Gewalt und dem Zerfall der internationalen Ordnung.[65] Übergriffe und Zusammenstöße, die früher kaum denkbar gewesen und noch Anfang der 30er Jahre Bestürzung ausgelöst hätten, schienen oft nur noch ein Achselzucken wert zu sein. Befürchtungen wegen drohender Kriegsgefahr vertieften sich, Geduld wurde ein fremdartiges Wort, und für eine längere Friedensperiode mochte sich niemand mehr verbürgen.[66]

Die wachsende Bedrohung ging ja nicht nur von Deutschland aus. Japan hatte schon 1931 mit der bedenkenlosen Gewaltanwendung begonnen und entfachte 1937 den Krieg mit China. Italien ging mit brutaler Gewalt gegen Abessinien vor, und die Schrecken des Spanischen Bürgerkriegs wurden erst durch die Interventionen – ein Krieg im kleinen mit aktiver deutscher Beteiligung – so lang und so furchtbar. Es verdichtete sich eine Atmosphäre weitreichender Spannungen, von den vielen z. T. grauenhaften Gewaltmaßnahmen systematischer oder spontaner Art gegen innenpolitische Gegner in vielen Ländern ganz zu schweigen. Vorfälle und Reaktionen wurden akzeptabel, die es früher nicht waren. Innere Hemmnisse und Barrieren begannen, meist unbewußt durch Gewöhnung an eine veränderte Umwelt, sich aufzulösen, und die Schwelle zum Konflikt und zur Gewalt erschien nicht mehr unüberschreitbar. Resignation breitete sich aus in dem Gefühl, sowieso nichts ändern zu können. Dieser Prozeß der Gewöhnung trug dazu bei, daß der auswärtige Dienst, nach jeder neuen Eskalationsstufe nationalsozialistischer Außenpolitik, auf Grund der neuen Ausgangslage wie gewohnt (und in bürokratisch organisierten Arbeitsabläufen auch nicht anders zu erwarten) seine Aufgaben erfüllte, was dem Ganzen einen irritierenden Schein der Normalität verlieh. Dieses Verhalten wurde allerdings unterstützt von der nach wie vor bestehenden partiellen Übereinstimmung zwischen den Revisions- und Großmachtzielen traditioneller Art und den Anfangsstadien Hitlerscher Expansionspolitik. Außerdem wirkte sich die Fragmentierung der Regierungstätigkeit aus. Aus dem Fragmentarischen ihrer Arbeit, losgelöst von größeren Zusammenhängen und verantwortlicher politischer Entscheidung, erwuchs dann der Rückzug auf die Pflichterfüllung und das Funktionieren im kleinen, isolierten Bereich.

Es ging dabei nicht nur um das materielle Überleben des Einzelnen, sondern auch um das Gruppeninteresse einer Elite, die verzweifelt versuchte, ihren Status einigermaßen zu halten – vergebens. In der zweiten Hälfte der 30er Jahre bildeten die Diplomaten schon keine Elite mehr, weder eine „Funktions"- oder „Macht"-Elite noch eine traditionelle gesellschaftliche Elite. Als Weizsäcker im März 1938 Staatssekretär wurde, nahm er diesen Posten in der dezidierten Absicht an, diesen beklagenswerten Zustand zu ändern. Dem Auswärtigen Amt fehle der „Lebensnerv", die „eigentliche Verantwortung für die wichtigeren politischen Fragen", ohne die es vollends verfallen werde. Deswegen sah er eine Hauptaufgabe darin, das Auswärtige Amt wieder an die „Staatsmaschine anzukuppeln" und seine Kompetenz für die Außenpolitik wiederherzustellen. Folgerichtig begrüßte er es, daß Ribbentrop Außenminister wurde.[67] Denn ein führender Nationalsozialist vermochte größeren Einfluß besser zu gewährleisten als ein bloßer Fachmann. Weil dies aber naturgemäß stärkere Mitverantwortung für Hitlers Politik bedeuten mußte, war es ein riskantes Unterfangen. Daß Ribbentrop eilfertig nur Hitlers Wünsche zu erfüllen und ihn in seinen Kriegsabsichten zu bestärken suchte, statt sich von Weizsäcker lenken zu lassen, stellte sich bald heraus. Es war im übrigen Weizsäckers Trugschluß, zu glauben, innerhalb des nationalsozialistischen Herrschaftssystems ließe sich eine einflußreiche Position seines Ressorts dauerhaft sichern.

Die andere Hauptaufgabe, die Weizsäcker sich gestellt hatte, war es, wieder eine langfristig angelegte, sorgfältig geplante und maßvolle Außenpolitik durchzusetzen und vor allem einen Krieg zu verhindern, den Ribbentrop ihm schon bei der ersten Aussprache ankündigte.[68] Wenige Tage später führte Hitler den Anschluß Österreichs durch, mit dem vollen Risiko auch der Gewaltanwendung. Das nächste Expansionsziel war aus strategischen wie kriegswirtschaftlichen Gründen die Tschechoslowakei. Damit aber begann die akute Kriegsgefahr, von der Maikrise 1938 über die Vorgeschichte des Münchner Abkommens vom 29. 9. 1938 und die Zerschlagung der „Resttschechei" bis zum Vorgehen gegen das nächste Aggressionsziel: Polen. Es ist gründlich untersucht worden, wie Weizsäcker alle Mittel, auch den intensiven Kontakt zu Italienern und Engländern, einsetzte und erheblichen Anteil daran hatte, daß der Krieg im September 1938 vermieden wurde, und wie er sich vergeblich anstrengte, auch den Krieg gegen Polen zu verhindern. So verdienstvoll das war, der Verfall des auswärtigen Dienstes ließ sich dadurch nicht aufhalten. Der große Einfluß und Erfolg von München blieb Episode und war nicht beliebig wiederholbar. Im Gegenteil, er legte die fast hoffnungslose Lage der Diplomaten schonungslos offen. Die Beeinflussung der Absichten Hitlers war eine Ausnahme und nur mit extremen, desparaten Mitteln zu erringen, nämlich dem Landesverrat. Was noch an oppositioneller Energie unter den Diplomaten vorhanden war, konnte sich also von da an nur noch im konspirativen Widerstand kleiner Gruppen gegen das System und in der Warnung des Auslands entfalten – wie etwa in der eindrucksvollen Haltung der Brüder Kordt in ihren Kontakten nach England oder Hans v. Herwarths, der die Westmächte 1939 rechtzeitig auf die Gefahr eines drohenden deutsch-sowjetischen Arrangements hinwies.[70]

Die Diplomaten haben nicht zum Krieg getrieben. Aber ihre Mitverantwortung dafür, daß Hitler überhaupt die Möglichkeit erhielt, den Krieg zu entfesseln, wird in den Begleitumständen der Anstrengungen Weizsäckers noch einmal konzentriert sichtbar.

1. Die verhältnismäßige Unempfindlichkeit vieler deutscher Diplomaten gegenüber grundlegenden Verfassungsfragen, die auch für ihre eigene Stellung entscheidend waren, zeigte sich bei Weizsäcker in seinen programmatischen Überlegungen über die künftige Außenpolitik. Abgesehen davon, daß er immer noch von „großen sozialen Erfolgen des Nationalsozialismus" sprach,[71] die zu bewahren seien, verkannte er, daß die Kompetenz des Auswärtigen Amts und sein Einfluß auf die Gestaltung der Außenpolitik in der institutionellen Struktur dieses Systems überhaupt nicht zu sichern waren.

2. Die Mehrzahl der Diplomaten – auch Weizsäcker – hatten viel zu sehr dem Primat der Außenpolitik, dem Revisionismus und dem äußeren Erfolg als nationale Aufgabe gehuldigt und dahinter die katastrophale innere Entwicklung und ihre Gefahren zurücktreten lassen. Ebenso hatten viele mit der Möglichkeit auch gewaltsamen Vorgehens in bestimmten Situationen gespielt. Als der militärisch günstigste Moment im Verhältnis zur Rüstung der anderen Länder 1938/39 eintrat, entpuppte sich gerade für Weizsäcker diese abstrakte Vorstellung einer begrenzten Kriegslösung gegenüber der Tschechoslowakei und Polen als Illusion. Es gab diese Chance nie; der große Krieg drohte sofort, und Weizsäcker hat daraus die Konsequenzen gezogen. Aber daß deutsche Diplomaten derartigen Illusionen teilweise nachhingen, machte sie anfällig für eine rigorosere und gewagtere Politik. Weizsäcker selber glaubte, noch eine mittlere Linie einhalten zu können: Keine Friedenspolitik um jeden Preis; kein Widerstand mit dem unbedingten Ziel der Beseitigung des NS-Regimes (obwohl er auch Widerstandsgruppen mit derartigen Zielen, besonders im Auswärtigen Amt, nahestand). Es gab aber gar keine andere Rettung mehr, als genau dies zu tun.

3. Das führt zum letzten Punkt. Auch Weizsäcker, in Über-

einstimmung mit der großen Mehrheit der deutschen Diplomaten in den 30er Jahren, war nicht bereit, die deutschen Ansprüche auf völlige Revision des Versailler Vertrags und auf
neue nationale Größe zurückzustellen oder Einbußen an
Macht zuzulassen. Selbst in den kritischen Situationen
1938/39 bewahrte er einen klaren Blick für die deutschen Gewinne. Die Eindämmung der Kriegsgefahr durch die Konspiration mit Vertretern anderer Mächte durfte nicht zu Lasten
der deutschen Machtstellung gehen. Es war diese Form des
Nationalismus, diese besondere deutsche Tradition des nationalen Machtstaats seit dem 19. Jahrhundert, die auch später
den konservativen Widerstand, den einzigen, der nicht von
vornherein aussichtslos war, am stärksten behindert hat.

Klaus-Jürgen Müller

Deutsche Militär-Elite in der Vorgeschichte des Zweiten Weltkrieges

I.

Am 16. und am 20. Dezember 1918, etwa sechs Wochen nach dem Sturz der Monarchie und dem Waffenstillstand, traf sich im Gebäude des Großen Generalstabes am Königsplatz in Berlin eine Reihe von Generälen und Generalstabsoffizieren.[1]

Diese beiden Treffen, so unmittelbar nach der militärischen Niederlage und dem Sturz der Monarchie, spiegeln einerseits die Verwirrung, in welche die umwälzenden Ereignisse der letzten Wochen die Angehörigen der preußisch-deutschen Militär-Elite gestürzt hatten wider, andererseits aber auch die fortdauernde Kraft einer politischen Tradition, welche diese Elite verkörperte. Die Verwirrung zeigte sich in der trotzerfüllten Forderung einiger der anwesenden Offiziere, man solle die Revolution sich selbst überlassen, eine Haltung, die letztlich auf ein Aussteigen aus der Geschichte, auf Resignation hinauslief. Schließlich gewannen jedoch jene Kräfte Oberhand, die trotz Revolution und Niederlage gewillt waren, den traditionellen Führungsanspruch und die machtpolitischen Zielsetzungen der Militär-Elite in Staat und Gesellschaft nicht aufzugeben.

So sah es auch der damalige Erste Generalquartiermeister, General Groener. Er schrieb bezüglich der machtpolitischen Zielsetzung einige Monate später: „Man muß den Ergebnissen des verflossenen Krieges wirklich ins Auge sehen. Es ist die Niederlage, das Ausscheiden Deutschlands als europäische Großmacht, nachdem der unbewußte Versuch ... mit England um die Weltherrschaft zu ringen, von vornherein gescheitert war. Wenn man um die Weltherrschaft kämpfen will, muß man dies von langer Hand vorausschauend mit rücksichtsloser Konsequenz vorbereiten. Man darf nicht hin und herschaukeln und eine Friedenspolitik betreiben, sondern man muß restlos Machtpolitik treiben. Dazu aber gehört, daß der Grund und Boden, auf dem man steht, im Innern wie nach Außen fest und unerschütterlich bleibt. Wir haben unbewußt nach der Weltherrschaft gestrebt … ehe wir unsere Kontinentalstellung fest gemacht hatten."[2]

Damit hatte Groener die außenpolitische Zielrichtung und Zielsetzung einer deutschen Revisionspolitik, zumindestens indirekt, umrissen; er hatte auch eine Art außenpolitischen Stufenplan angedeutet: erst Erringung einer kontinentalen Machtposition und danach der erneute Versuch des „Griffes nach der Weltmacht". Gleichzeitig hatte er die innenpolitischen Voraussetzungen einer solchen Politik angedeutet. Er hat dies in seinen Memoiren im Rückblick auf seine berühmte Verständigung mit dem damaligen Reichskanzler und Vorsitzenden des revolutionären Rates der Volksbeauftragten, Friedrich Ebert, vom 10. November 1918 so formuliert: „Wir hofften, durch unsere Tätigkeit einen Teil der Macht im neuen Staat an Heer und Offizierskorps zu bringen, gelang das, so war der Revolution zum Trotz das beste und stärkste Element des alten Preußentums in das neue Deutschland hinübergerettet".[3] 1919 hatte er bereits in diesem Sinne formuliert, daß „wir … die Staatsgewalt repräsentieren müssen, dann haben wir die Macht in den Händen".[4] Und noch ein weiteres klang in den zitierten Worten vom festen „Grund und Boden" an, auf dem man allein diese Ziele erreichen könne: nämlich die Vorstellung, daß für die Durchsetzung außenpolitischer Zielsetzungen die innere Gestaltung des Staatswesens im Zeitalter des gesamtgesellschaftlichen Krieges – als welcher der soeben beendete Weltkrieg erstmals in der Geschichte in Erscheinung getreten war – eine notwendige Voraussetzung darstellte.

Teilhabe an der Macht im Inneren, nach außen Wiedererrichtung einer deutschen Großmachtposition in Europa, dann in der Weltpolitik, und eine entsprechende Gestaltung der notwendigen Basis für die Realisierung solcher Aufgabenstellungen – das waren also die Zielsetzungen, die von einem der berufensten Vertreter der traditionellen Militär-Elite noch im Moment der Niederlage und der Revolution formuliert wurden. Aufschlußreich ist in diesem Zusammenhang, daß Großmachtrevision vor nationaler Sicherheit zu rangieren scheint; oder sollte man Groeners Überlegungen so interpretieren, daß nationale Sicherheit nur durch Revision von Versailles und durch Restauration einer Großmachtposition zu gewährleisten sei? Das legt die interne Diskussion unter den führenden Militärs nahe. Und tatsächlich wurde das Problem der nationalen Sicherheit bis in die Mitte der dreißiger Jahre nahezu ausschließlich unter dem Aspekt dieser Maximalzielsetzung gesehen.

Was die Revision anging, so stellte sich die Frage nach dem „wie" angesichts der noch völlig ungeklärten außen- und innenpolitischen Verhältnisse um so drängender. Und über diese Frage brach auf dem erwähnten Offiziers-Treffen vom 20. Dezember 1918 eine Kontroverse unter den Anwesenden auf, die fortan die Diskussion um die militärische Revisionspolitik kennzeichnen sollte und die bei grundsätzlicher Einigkeit in der generellen Zielsetzung doch divergierende Standpunkte in der Methodenfrage erkennen ließ. Major v. Schleicher entwikkelte eine Art allgemeinen Stufenplan: zuerst müsse man der Regierung ein Machtinstrument verschaffen zur Wiederherstellung der Regierungsgewalt und der Ordnung im Inneren; sodann müsse es auf der Grundlage der wiederhergestellten Ordnung zu einer Gesundung der Wirtschaft kommen, denn nur auf einer gesunden wirtschaftlichen Basis könne „nach langen mühevollen Jahren" an die Realisierung der letzten Stufe, der „Wiedererrichtung der äußeren Macht" gegangen werden. Ihm widersprach Generalmajor v. Seeckt: die Wiederherstellung der inneren Ordnung sei eine Selbstverständlichkeit, aber die Wirtschaft könne nicht in einem politisch ohnmächtigen Land wiederaufgerichtet werden. Vielmehr ergebe sich die Notwendigkeit, das militärische Machtmittel, das im Augenblick noch völlig fehle, so wiederaufzubauen, daß

Deutschland erneut zu einem begehrenswerten Bundesgenossen werden könne.

Hier trafen nicht nur zwei unterschiedliche Konzeptionen von Revisionspolitik aufeinander, sondern ebenso zwei prinzipiell divergierende Politikvorstellungen. Beide waren sich zwar im Ziel, der Wiederherstellung der deutschen Großmachtstellung, einig. Schleicher jedoch erkannte, daß im Zeitalter der Industriewirtschaft Machtpolitik nur auf einer soliden ökonomischen Grundlage betrieben werden konnte. Auch war ihm klar, daß angesichts der internationalen Machtverhältnisse die Restauration einer deutschen Großmachtposition langwierig und schwierig sein würde. Seeckt dagegen, rein militärisch-machtpolitischem Denken verhaftet, setzte offenkundig die Bedeutung ökonomischer Faktoren gering an. Schleichers Politikverständnis war komplexer, moderner auch in dem Sinne, daß er politische, militärische und ökonomische Faktoren gleichermaßen einbezog, wohingegen Seeckts Begriff von Macht sich eher am Bild eines Staatensystems orientiere, das primär – wenn nicht gar ausschließlich – von militärisch-machtpolitischen Faktoren bestimmt wurde. Hier trafen gleichsam ein für traditionelles Kriegertum typisches Politikverständnis auf ein moderneres, die Komplexität der internationalen Machtpolitik ins Kalkül einbeziehendes Denken aufeinander. Fortan sollten diese beiden unterschiedlichen Grundauffassungen, ungeachtet der einheitlichen Zielsetzung, die Politik der Militär-Elite bis zum Zweiten Weltkrieg prägen.

Sie sind als aufschlußreiche Reaktionen auf einen Entwicklungsprozeß von erheblicher historischer Tiefendimension zu begreifen. Eine geschichtswissenschaftliche Analyse des Verhaltens der preußisch-deutschen Militär-Elite auf dem Wege in den Zweiten Weltkrieg muß in diesen Entwicklungsprozeß eingeordnet und aus ihm heraus verständlich gemacht werden, will man nicht vordergründig in rein individueller oder grobschlächtig-kollektiver Schuldzuweisung steckenbleiben.

II.

Für diesen Entwicklungsprozeß war das Zusammentreffen zweier Elemente vor allem konstitutiv: einmal die vor-industriell-junkerliche Tradition des preußisch-deutschen Militärstaates, in dem das Offizierskorps sowohl politisch-soziale als auch militärisch-professionelle Elite in Staat und Gesellschaft war, und zum anderen die moderne Industriegesellschaft. Diese beiden Elemente, die im Grunde auch den Ausführungen Schleichers und Seeckts vom Dezember 1918 zugrunde lagen, haben in der ersten Hälfte des 20. Jahrhunderts Politik und Verhalten der deutschen Militär-Elite maßgebend mitbestimmt. Die spannungsreiche Konfrontation dieser Elemente hatte sich bereits bis zum Ersten Weltkrieg zu einer Herausforderung von bislang ungekannter Schärfe für die deutsche Militär-Elite entwickelt, die sich konkret im Problem der nationalen Integration und dem der politischen Legitimation manifestierte.[5]

Das *Integrationsproblem* war im Grunde das zentrale Problem des preußisch-deutschen Nationalstaates, das sich vor allem daraus ergeben hatte, daß die deutsche Nationalstaatsgründung zeitlich etwa mit dem Durchbruch zur Hochindustrialisierung zusammenfiel. Das Bismarck-Reich war – etwas schematisch gesprochen – ein sich dynamisch entwickelnder Industriestaat, der gegründet und geführt wurde von einer überwiegend agrarisch-vorindustriellen Elite, welcher sich das Wirtschafts- und Bildungsbürgertum anschloß, in dem aber andere wichtige Sozialschichten und nationale Minderheiten – Polen, Dänen, Elsässer, die sozialdemokratische Industriearbeiterschaft und zeitweilig große Teile der katholischen Bevölkerung – von den grundlegenden Entscheidungen in Politik und Gesellschaft weitgehend ausgeschlossen blieben. Das Integrationsproblem, das sich durch den rascher werdenden sozialen Wandel immer mehr verschärfte, betraf in entscheidendem Maße das Offizierskorps; denn die Armee dieses Reiches war zwar eine Armee der allgemeinen Wehrpflicht, ihr

Offizierskorps aber verkörperte die vorindustrielle junkerliche Führungselite und die Traditionen des preußisch-deutschen Militärstaates in ausgeprägter Weise. Nach Herkunft und Tradition verstand sich dieses Offizierskorps nicht nur als professionelle Elite, sondern vornehmlich als politisch-soziale Elite, das den Staat und die ihn tragenden Schichten in besonderer Weise verkörperte. Dadurch war das Offizierskorps aber auch all jenen Spannungen ausgesetzt, die sich aus dem Integrationsproblem des deutschen Nationalstaates ergaben.

Verschärft wurde dieses Problemsyndrom durch die Auswirkungen der mit der Industrialisierung sich ergebenden Technisierung des Militärwesens und des Krieges. Der „technologische Industrialismus", die technologische Entwicklung und deren rasche industriewirtschaftliche Umsetzung hatten für Militärwesen und Kriegführung umwälzende Konsequenzen. Prinzipiell gesehen hat die Technisierung und Industrialisierung des Militärwesens das bisherige Verhältnis von Zweck und Mittel bei der Anwendung von militärischer Gewalt grundlegend verändert; von einem bestimmten Grad der technologischen Entwicklung an würde es nämlich aufgrund der immer mehr gesteigerten Vernichtungskraft der militärisch-technischen Mittel unmöglich werden, sie kontrolliert und gestuft zur Erreichung bestimmter politisch begrenzter Zwecke einzusetzen. Es kam zu einer ‚Entgrenzung' der staatlichen (und auch der zwischenstaatlichen) Gewaltanwendung und damit auch des Gewaltapparates. Gleichzeitig nahmen die militärischen Erfordernisse zunehmend weitere Bereiche der Wirtschaft und Gesellschaft in Anspruch, um den Notwendigkeiten technologischer Perfektion, industrieller Massenfertigung und Mobilisierung aller gesellschaftlichen Ressourcen zu entsprechen. Kriege waren jetzt nur noch im Rahmen einer, alle Kräfte der Nation mobilisierenden Gewaltorganisation vorzubereiten und zu führen. Sie wurden „total". Militärwesen und Kriegführung wurden zu gesamtgesellschaftlichen Phänomenen. Dies bedeutete nicht nur die Zerstörung der Ratio militärischer Macht als eines kontrolliert einsetzbaren Instrumentes zur Erreichung politischer Ziele; es bedeutete vor allem die tendenzielle Aufhebung von militärischer und ziviler Sphäre.

Diese im Prinzip alle industrialisierten Großmächte betreffende Problematik stellte sich für den preußisch-deutschen Staat und seine Armee in besonders zugespitzter Weise. Unter dem Signum des „totalen Krieges" ließ sich der professionelle Exklusivanspruch der Militär-Elite im Prinzip nicht mehr aufrechterhalten. Dies bedeutete unter den Bedingungen des preußisch-deutschen Militärstaates zugleich die Infragestellung der politisch-sozialen Eliteposition des Offizierskorps. Die Legitimierung ihres politisch-sozialen wie ihres professionellen Führungsanspruches erforderte daher die Bewältigung einer doppelten Aufgabe: sie mußte erstens angesichts des zum gesamtgesellschaftlichen Ereignis gewordenen „totalen Krieges" neu begründet und durchgesetzt werden; zum anderen erforderte sie die Gewährleistung der nationalen Integration sowohl als Grundlage des eigenen Führungsanspruches wie als notwendige Voraussetzung für die Vorbereitung des „totalen Krieges".

Die skizzierte Problemkonfrontation fand indessen nicht im luftleeren Raum statt, sondern im Rahmen konkreter politischer und gesellschaftlicher Auseinandersetzung. Infolge unterschiedlicher Interessen innerhalb des symbiotischen Herrschaftskartells von vorindustriellen Eliten und Bürgertum sowie unter dem Druck raschen sozialen Wandels kam es zu unterschiedlichen Reaktionen auf jene doppelte Problemkonfrontation. Das setzte gerade in den letzten zweieinhalb Jahrzehnten vor dem Ersten Weltkrieg Entwicklungen frei, die in Weimar und im ‚Dritten Reich' das Verhältnis von Militär, Politik und Gesellschaft mitbestimmen sollten.

In jenem Zeitraum bildeten sich zwei unterschiedliche und folgenreiche Reaktionen heraus, die mit dem Begriff des ‚Doppelten Militarismus' beschrieben worden sind.[6] Die Herausforderung durch die Integrations- und Industrie-Problematik hat einerseits bei den stärker vor-industriell-agrarischen Teilen der Herrschaftselite zu einer als ‚konservativen Militarismus' bezeichneten Reaktion geführt; sie zielte auf die Er-

haltung des sozialen und politischen status quo und konkretisierte sich in einer Mischung von repressiven und manipulativen Methoden. Auf der anderen Seite entwickelte sich seit
Anfang der neunziger Jahre zusammen mit einem neuen
Rechtsradikalismus ein ‚bürgerlicher Militarismus‘, der, gestützt auf Teile des unteren und mittleren Bürgertums, sich in
doppelter Frontstellung sowohl gegen die emanzipatorische
Arbeiterbewegung als auch gegen den politischen und sozialen
status quo, vornehmlich verkörpert durch vorindustrielle Eli-
tegruppen, wandte. Er wurde anders als der ‚konservative Militarismus‘, zu einer Massenbewegung von unten mit deutlich
regierungskritischer Akzentuierung. In radikalen Agitations-
verbänden – wie dem Alldeutschen Verband, dem Flottenver-
ein, dem Deutschen Wehrverein – und in zunehmendem Maße auch in manchen Parteien fand dieser aggressive „bürgerliche Militarismus“ eine breite Basis für die Propagierung seiner
Zielsetzung, das Kaiserreich in einen modernen imperialistischen Machtstaat umzubilden. Das bedeutete grundlegende
soziale und politische Veränderungen, d. h. Privilegien überkommener Eliten abzubauen: diese populistisch motivierte,
egalitäre Partizipationsausweitung im Inneren galt als notwendige Voraussetzung für machtstaatliche Expansion nach
außen. Dieser „bürgerliche Militarismus“ zielte also auf Veränderung sowohl des sozio-politischen status quo im Inneren,
als auch der internationalen Stellung des Reiches. Aggressiver
Nationalismus und Imperialismus kennzeichneten ihn daher.

Die Militär-Elite blieb von dieser Polarisierung nicht verschont. Auf der einen Seite standen die Repräsentanten jener
Kräfte, die aus sozial-konservativer Einstellung heraus die innenpolitische Stabilisierungsfunktion der Armee nicht beeinträchtigen wollten. Sie wandten sich gegen jeden weiteren
quantitativen Ausbau der Armee; das hätte die soziale Basis
des Offizierskorps tangiert, da sie sich nicht unbeschränkt erweitern ließ. Auf der anderen Seite gab es Kräfte, vor allem im
Generalstab, welche die Massenbasis des neuen aggressiven
Militarismus für ihre expansive Militärpolitik einspannen wollten – eine Militärpolitik, welche unter Betonung strategischer

Notwendigkeiten auf die möglichst vollständige Ausschöpfung der nationalen Wehrkraft abzielte.

Das waren Kräfte, die den gesamtgesellschaftlichen Charakter eines modernen Krieges erkannt hatten und auf Modernisierung setzten. Für diesen Typ des Offiziers – den Ludendorff schon vor 1914 als Chef der Aufmarschabteilung verkörperte – war es nicht nur eine Frage moderner Effizienz, sondern es ging für ihn auch um die Neufundierung der sozialen und politischen Führungsposition der Militär-Elite und die Möglichkeiten der Vorbereitung und Führung eines modernen gesamtgesellschaftlichen Krieges. Hier liegen fraglos einige Wurzeln für jene Entwicklung, die dann 1933 führende Repräsentanten der Militär-Elite in die Kooperation und Kollaboration mit dem Nationalsozialismus führte.

Zuvor hatte jedoch der Erste Weltkrieg die Probe auf das Exempel der ungelösten Doppelproblematik gebracht. Für den rückschauenden Betrachter stand das nicht bewältigte Integrationsproblem hinter dem Zusammenbruch des wilhelminischen Herrschaftssystems.

Vor allem aber war der Erste Weltkrieg der erste die gesamte Gesellschaft erfassende ‚technisch-industrielle Krieg‘. Er stellte die Professionalität des ‚staatlichen Kriegertums‘ der Militär-Elite konkret in Frage. Die Ausweitung des sozialen Rekrutierungsreservoirs der Offizierskorps durch Kriegs-Reserve-Offiziere und die funktionale Erweiterung durch Einführung von Dienstgraden für jene, die Offiziersfunktionen erfüllten, ohne die traditionellen Voraussetzungen für den Offiziersrang zu besitzen (wie z. B. jene Zwitterdienstgrade des „Offizierstellvertreters" und des „Feldwebelleutnants") sind für diesen Prozeß ebenso symptomatisch wie die Übernahme eigentlich „ziviler" Verwaltungs-, Planungs- und Organisationsaufgaben durch Berufsmilitärs. Letzteres zeigte sich im Aufbau einer zentralen Behörde zur Organisation und Lenkung des wirtschaftlichen und gesellschaftlichen Potentials der Nation, des berühmten Kriegsamtes unter General Groener, oder in der Aufstellung des ‚Hindenburg-Programms‘ unter der 3. OHL zur Ausschöpfung aller personellen und ökono-

mischen Ressourcen. Sie führten aber auch zu einer neuartigen Kooperation von ziviler Rüstungsindustrie, Gewerkschaften und militärischer Führung. Dabei mochte es zunächst so
aussehen, als ob diese Entwicklung der Militär-Elite einen ungeheuren Machtzuwachs gebracht hätte. Sehr bald aber stellte
sich heraus, daß das Militär nunmehr unmittelbar in die politischen Auseinandersetzungen und die sozio-ökonomischen
Verteilungskämpfe hineingezogen wurde. Das führte zu einer
fortschreitenden Erosion der politisch-sozialen Basis der militärischen Machtposition. Auch die Mobilisierung populisti-
scher Massenorganisationen – in diesem Fall Vaterlandspartei,
Kyffhäuserbund etc. – konnte diesen Prozeß nicht stoppen.
Hier wurde schon eine Entwicklung ansatzweise vorwegge-
nommen, die später in Hitlers Staat fatale Folgen haben sollte:
die Entente mit nationalistischen Populismus führte nicht zur
erhofften Stabilisierung der eigenen Position, sondern zur
fortschreitenden Abhängigkeit.

Im Ersten Weltkrieg waren das Integrationsproblem und die
Problematik der „technologischen Industrialisierung" von Militär und Krieg in ganzer Schärfe und Konsequenz hervorgetreten. Krieg und Revolution stellten das politische Herr-
schafts- und Sozialsystem, in dem das preußisch-deutsche
Offizierskorps sich historisch entwickelt hatte, akut in Frage
und offenbarten den Fehlschlag aller bisherigen Integrations-
und Legitimationsversuche; diese Infragestellung ereignete
sich just in dem Moment, in dem die „technologische Industrialisierung" von Militär und Krieg prinzipiell die innere
Einheit und die sozio-politische Basis des Offizierkorps als
militärisch-politischen Herrschaftsstand auflöste. Die Gleich-
zeitigkeit der doppelten säkularen Herausforderung zusammen mit den traumatisierenden Erfahrungen des „totalen
Krieges", der Niederlage und der Revolution wurden zu bestimmenden Faktoren der weiteren Entwicklung.

III.

Wie die anfangs angeführten Zeugnisse zeigen, haben sich führende Vertreter der Militär-Elite nicht damit beschieden, die rein professionelle Aufgabe unter den Bedingungen des Friedensvertrages zu erfüllen. Sie hat vielmehr nachdrücklich an ihrem politischen sozialen Eliteanspruch festgehalten. Daher lag es nahe, daß sie ein Bündnis mit den gemäßigten Kräften der neuen revolutionären Eliten einging, um ihren Anteil an der Macht im neuen Staat zu sichern. Damit aber stand sie wieder vor dem Legitimationsproblem, wenn auch unter veränderten Rahmenbedingungen. Ihre außenpolitische Zielvorstellung, die maximale Revision des Ergebnisses des Krieges, als Voraussetzung für die Wiederherstellung deutscher Großmachtstellung stellte sie außerdem vor das alte Integrationsproblem: wie – so lautete nun die Frage – konnten unter den neuen politischen Rahmenbedingungen die Voraussetzungen geschaffen werden für die im Zeitalter des totalen Krieges notwendige Mobilisierung aller nationalen Ressourcen, der materiellen wie der „moralischen", sowie für die innere Kohärenz der Nation und darüber hinaus noch für die Stabilisierung des politischen Elite-Status.

Seeckts „Attentismus" war der Versuch, unter den gewandelten politischen und militärischen Rahmenbedingungen an dem traditionellen Doppelanspruch des Offizierskorps, militärisch-professionelle als auch politisch-soziale Führungselite zu sein, weiterhin festzuhalten. Die Ausrichtung des Offizierskorps der Reichswehr im Sinne Seeckts auf ein abstraktes, von der konkreten Republik abgehobenes Staatsideal, dem die Armee allein verpflichtet sei, war zunächst einmal eine Methode, die Kohärenz der Armee in einer Phase politisch-staatlichen Umbruches zu bewahren; es war aber mindestens ebenso sehr auch ein Mittel, den Autonomie-Anspruch gegenüber der parlamentarischen Staatsform zu dokumentieren. Der dahinter stehende Eliteanspruch manifestierte sich darin, daß, von Seeckt aus gesehen, der bewaffnete Einsatz der Reichswehr zugunsten der Republik unter dem Autonomievorbehalt erfolgte. Dieser Vorbehalt lag bereits dem sogenannten Ebert-Groener-Pakt vom 10. November 1918 zugrunde; er stand auch hinter Seeckts Weigerung, im Kapp-Lüttwitz-Putsch die Existenz der Reichswehr zugunsten der verfassungsmäßigen Regierung aufs Spiel zu setzen; und er kam grell zum Ausdruck in Seeckts Worten gegenüber Stresemann: „Die Reichswehr steht hinter Ihnen, wenn der deutsche Kanzler deutsche Wege geht."[7]

Mit dem Bemühen, ihren traditionellen Führungsanspruch durchzusetzen, versuchte die Militär-Elite, das durch den gesamtgesellschaftlichen Krieg aufgeworfene Professionalitätsproblem schlichtweg zu überspringen und damit auch das Legitimationsproblem zu bewältigen. Denn der traditionelle Anspruch der Militär-Elite auf Machtteilhabe im Staat sollte gerade in dem Phänomen des gesamtgesellschaftlichen Krieges eine neue Legitimation finden. Eine nach eigenem Selbstverständnis nur professionelle Elite hätte der moderne Krieg, der weder einen herrschaftlichen Kriegerstand noch einen rein militärischen „Professional" zuließ, verschlungen. Da sie sich aber als politisch verantwortliche Elite, als Teil der politisch-sozialen Führungsschicht verstand, konnte der moderne Krieg sie nicht in ihrer Existenz treffen. Die politische Tradition der preußisch-deutschen Militär-Elite rettete sie somit vor der grundsätzlichen Infragestellung. Sie hielt trotz Aufhebung der „Arbeitsteilung Zivil-Militär" durch den modernen Krieg weiterhin am traditionellen Führungsanspruch fest. Der Befund zeigte sich an vielerlei Symptomen. Die funktionale und soziale Reduktion des Reichswehr-Offizierskorps hat gewiß eine ihrer Ursachen in dem Bestreben, die im Krieg zerfaserte Homogenität des Korps als eine der wichtigsten Voraussetzungen für den politischen Elite-Anspruch wiederherzustellen. Die soziale Struktur des Reichswehr-Offizierskorps spiegelt daher viel stärker noch als das Heer der Zeit vor dem Ersten Weltkrieg oder gar des Weltkrieges die Dominanz der überkommenen Führungseliten wider. Obwohl in den Materialschlachten des Ersten Weltkrieges ein neuer Offizierstyp entstanden war – Ernst Jünger und Walter Flex haben ihn neben anderen literarisch beschrieben – wurde die Reichswehr von Offizieren aufgebaut und geführt, die, wenn sie nicht gar aus der preußischen Garde stammten, so doch überwiegend dem Generalstab angehörten. Weder der Typ des modernen „Kriegers", des „Arbeiters" (E. Jünger) im industrialisierten Krieg, noch der des national- und konterrevolutionären „politischen Soldaten" der Freikorps kam in der Führung der Reichswehr zum Zuge. Vielmehr bildete der Generalstab personell wie ideell das Vehikel, auf dem der politische Eliteanspruch in die Republik hinübergerettet wurde; gleichzeitig verstand er sich als das funktional-professionelle Organ, das vor allen anderen geeignet war, die notwendige gesamtgesellschaftliche Mobilmachung verantwortlich zu planen und zu leiten.

IV.

Aufgrund der geschilderten Entwicklung blieb auch die Kontinuität der überkommenen innen- und außenpolitischen Leitvorstellungen in ihren wesentlichen Elementen ungebrochen bestehen.

Außenpolitisch wurde eine deutsche Großmachtposition gegen das durch Versailles veränderte Europa angestrebt. Bei allen unterschiedlichen Vorstellungen hinsichtlich der Konkretisierung dieser Zielvorstellung herrschte inhaltlich jedoch Übereinstimmung innerhalb der Militär-Elite. Das galt auch für die Absicht, sich bietende Gelegenheiten möglichst optimal auszunutzen. So unterschiedlich beispielsweise die Risikobereitschaft, die Bedenkenlosigkeit bzw. das Verantwortungsbewußtsein bei so verschiedenartigen Repräsentanten der Militär-Elite wie Groener, Blomberg und Beck auch gewesen sein mag, in der Sache waren sie sich einig: „Ein nicht provozierter, offensiver Einsatz der Reichswehr wurde nicht ausgeschlossen, wenn das Risiko kalkulierbar blieb".[8]

Die Kontinuitätslinie militärisch abgestützten Großmachtsdenkens ist hier ganz offenkundig; offenkundig ist ebenfalls, daß eine solche Grundeinstellung – die vor dem Hintergrund einer trotz des Prinzips der kollektiven Sicherheit immer noch wesentlich konfliktbestimmten internationalen Politik gesehen werden muß – ein die internationale Ordnung destabilisierender Faktor sein könnte.

Innenpolitisch war ein autoritärer Staat, in welcher konkreten Ausgestaltung im einzelnen er auch immer gedacht wurde, das Grundmuster der im militärischen Milieu gehegten politischen Zielvorstellungen. Abgesehen von dem Einfluß überkommener Denkmuster spielte hier die Überlegung eine Rolle, daß ein autoritäres System einerseits die führende Position der traditionellen Eliten besser stabilisiere, als es im Rahmen eines parlamentarischen Systems erwartet werden konnte, andererseits den Anforderungen des modernen „technisch-industriellen Krieges" am besten entsprechen könne. Auch hier liegt, bei aller Unterschiedlichkeit der verschiedenen Konzeptionen im Detail, eine sehr augenfällige Kontinuität der Zielvorstellungen vor. Von den bekannten Vorstellungen Seeckts über die Rolle der Armee im Staat und seinen autoritären Staatsreformplänen bis zu Groeners Diktum, daß im politischen Geschehen Deutschlands „kein Baustein mehr bewegt werden dürfe, ohne daß das Wort der Reichswehr ausschlaggebend in die Waagschale geworfen" werde, führte eine durchgehende Linie. Dabei bestand ein enger Zusammenhang zwischen den innen- und den außenpolitischen Zielvorstellungen: Später sprach Schleicher davon, daß „die Wehrmacht ... ihre überragende und ausschlaggebende Rolle bei der kommenden Entwicklung auf innen- und außenpolitischem Gebiet wahren" müsse.[9]

So verfolgte die Reichswehrführung mit jeweils individuell und situationsbedingten unterschiedlichen Akzentsetzungen und Methoden jene erwähnten beiden im Kern konstanten politischen Zielsetzungen!

Die Frage war indessen, wie das Offizierskorps der Reichswehr diese Zielsetzung und den darin enthaltenen historischen Anspruch gegenüber der Gesellschaft begründen könnte. Da war es also wieder, das leidige Problem der Legitimation! Und wie konnte die für die Realisierung dieser Zielsetzungen notwendige ‚nationale Einheit‘ geschaffen werden angesichts der sozialen und politischen Polarisierung und der politischen Pluralität einer parlamentarischen Demokratie? Also auch hier erneut: das Problem der Integration, konkret gesprochen: die Gewinnung einer politisch-gesellschaftlichen Basis für die Realisierung der politischen Zielsetzungen und die Absicherung des politisch-sozialen Elite-Anspruches. Diese Aufgaben konnten auf Dauer nicht nach Seeckts Methode mit dem Rekurs auf traditionelle Auffassungen, mit innerer Disziplinierung oder mit schützender Distanz gegenüber dem politischen Leben der Republik gelöst werden. Die politischen und gesellschaftlichen Rahmenbedingungen, aber auch die innere Entwicklung der Streitkräfte stellten diese Methode bald in Frage.

Wohl gelang es Seeckt, die Reichswehr zu einem in sich geschlossenen militärischen Instrument zu machen, das durchaus zur Stabilisierung der von der Militär-Elite innerlich nie akzeptierten parlamentarischen Republik in den Krisenjahren entscheidend beitrug; aber sie war nie in der Lage, das Gesetz des Handelns innenpolitisch wie außenpolitisch zu bestimmen. Hierin zeigt sich der während der gesamten Zwischenkriegszeit immer wieder zutage tretende Tatbestand, daß die Armee eben nur ein sekundäres System im gesamtgesellschaftlichen und politischen Kontext war. Der überkommene Anspruch der Militär-Elite auf Macht- und Entscheidungsteilhabe im Staat war stets den gegebenen und sich wandelnden politisch-sozialen Rahmenbedingungen unterworfen. Zu diesen gehörten der Versailler Vertrag mit seinen militärischen Beschränkungen sowie das parlamentarische Regierungssystem der Republik, sodann später die Macht- und Entscheidungsstrukturen des NS-Systems und deren sozio-ökonomischen Grundlagen. Die konkrete Politik der Reichswehr entwickelte sich stets in diesem vorgegebenen Rahmen. Entsprechend den Wandlungen im innen- und außenpolitischen Bereich wechselten auch die Strategien, die innerhalb der Reichswehrführung, oft in recht kontroverser Weise zur Durchsetzung ihrer Zielvorstellungen entwickelt wurden. Im Vordergrund ging es in der reichswehrinternen Debatte um zwei Problemkomplexe: einmal um die Frage, welche Konzeption am besten geeignet war, das außenpolitische Ziel der Revision von Versailles und der Wiederherstellung der deutschen Großmachtstellung zu erreichen; und zweitens um die Art des künftigen Krieges, also um das Kriegsbild, das der Vorbereitung einer militärischen Revisions- und Großmachtpolitik zugrunde gelegt werden müsse.

In den Antworten, welche die führenden Köpfe der Militär-Elite auf diese beiden Grundprobleme der Außen- und Militärpolitik gab, kommt ein *konfliktbestimmtes Politikverständnis* zum Ausdruck, eine Einstellung, welche den *Krieg* nicht nur als „normales" Mittel der Politik begriff, sondern ihn auch als *Methode deutscher Revisionspolitik* einkalkulierte. Zahllose Zeugnisse bestätigen diesen Befund. Darin drückte sich eine Auffassung von internationaler Politik aus, welche die Machtfrage vor allem durch die Kategorie militärischer Gewalt definierte. Das war sowohl ein Erbe preußisch-deutscher Machtpolitik als auch Ausfluß eines Denkens, das dominierend unter dem Eindruck des „totalen Krieges" stand. Das mag auch die Ursache dafür gewesen sein, daß die Gewährleistung der nationalen Sicherheit nach außen ausschließlich militärisch-machtpolitisch und zwar im Sinne des gesamtgesellschaftlichen Krieges und der Großmachtpolitik reflektiert wurde. Daraus resultierte meist eine bemerkenswerte Unfähigkeit, das internationale Kräftespiel und die gegebenen deutschen Möglichkeiten realistisch einzuschätzen. Vielmehr wurde schon relativ früh – im Gegensatz zu der Mahnung Schleichers vom Dezember 1918 – damit begonnen, nach internationalen Konfliktkonstellationen Ausschau zu halten, welche Chancen zu bieten schienen, den großen „Befreiungsschlag" zu führen, und somit, gleichsam dem Weltgeist ein Schnippchen schlagend, die verlorene Großmachtposition auf Anhieb wiederzuerlangen.

V.

Deutlich trat dies *ab 1921* hervor, als General von Seeckt
glaubte, mit dem *Konzept des Revanchekrieges* die geeignete
Methode militanter Revisionspolitik gefunden zu haben. Dieser revanchistische Revisionismus setzte ganz bewußt und ausschließlich auf den Einsatz militärischer Machtmittel. In einer
Denkschrift schrieb er am 11. September 1922: „Deutschland
muß aktive Politik treiben. Das muß jeder Staat. Zu einer aktiven Politik gehört ein Wille und ein Ziel ... Wer als Grundlage seiner politischen Gedankengänge die eigene Ohnmacht
nimmt, wer nur Gefahren sieht, wer nur stillhalten will, treibt
keine Politik."[10] Und im Sommer 1925 führte er vor dem
Reichskabinett aus, Deutschland müsse alles wiederbekom-
men, was es verloren habe. Haupthindernis einer deutschen
Revisionspolitik und damit des deutschen Wiederaufstieges
zur Großmacht sei das „französische System von Versailles".[11]
Frankreich betreibe gegenüber Deutschland „Vernichtungspolitik pur et simple".[12] Der Revanchekrieg sei – so Seeckt – das
Mittel zur Beseitigung dieser unerträglichen Lage.

Ganz konsequent im Sinne des ausschließlich machtpolitischen Denkens, wie er es schon im Dezember 1918 auf der
Generalstabsbesprechung geäußert hatte, suchte er beständig
den politischen Horizont nach Möglichkeiten ab, das verhaß-
te „französische System" zu zerstören. Ansatzpunkt dazu
schien ihm dessen osteuropäischer Eckpfeiler, Polen. Seine
Existenz sei unerträglich, sei unvereinbar mit den Lebensbedingungen Deutschlands; es müsse verschwinden, und es werde verschwinden „durch innere eigene Schwäche und durch
Rußland mit unserer Hilfe ... Polen ist für Rußland noch unerträglicher als für uns ... Mit Polen fällt eine der stärksten
Säulen des Versailler Friedens, die Vormachtstellung Frankreichs. Dieses Ziel zu erreichen, muß einer der festesten Richt-
punkte deutscher Politik sein, weil es ein erreichbares ist." Dazu sei eine Verständigung mit Sowjetrußland nötig auf der
Grundlage der Grenzen von 1914, also eine Aufteilung Po-

lens.[13] Von solchen Vorstellungen führt eine klare Kontinuitätslinie zu der Konstellation, welche 1939 durch die Politik Berlins und Moskaus entstand.

Auch Oberst Hasse, bald darauf Chef des Truppenamtes, folgte in seiner Lageanalyse anläßlich des polnisch-sowjetischen Konfliktes von 1920 diesem Konzept einer Revision der internationalen Rahmenbedingungen durch kriegerische Konflikte und Allianzen: Der Krieg Sowjetrußland gegen Polen treffe nicht nur dieses Land, sondern ebensosehr auch die Entente, deren Schöpfung Polen sei. Breche Polen zusammen, so wanke das gesamte Entente-Gebäude. Für Deutschland komme es darauf an, sich durch Sowjetrußland von den Fesseln der Entente zu befreien, ohne dem Bolschewismus zu verfallen. In einem Kampf der Sowjetunion gegen die Entente-Mächte könne das Reich unter bestimmten Umständen die ‚Grundlage für eine allgemeine Volkserhebung‘ finden, ‚die uns vom Joch der Entente befreien‘ würde.[14] Folgerichtig hatte die Reichswehrführung seit 1920 bereits Kontakte zu Sowjetrußland zu knüpfen begonnen, aus denen sich die bekannte geheime Zusammenarbeit entwickelte, deren raison d'être jene anti-westliche Revanche-Krieg-Konzeption war.

Selbst nachdem die an den sowjetisch-polnischen Konflikt geknüpften Hoffnungen enttäuscht worden waren, fuhr die militärische Führung fort, beständig nach Entwicklungen in der internationalen Szenerie Ausschau zu halten, die einen Ausweg aus der gegenwärtigen Lage versprachen. So rechnete Seeckt zeitweilig in recht schlichter Interpretation britischer Balance-of-Power-Politik mit der Möglichkeit, Großbritannien werde angesichts der französischen Machtstellung gezwungen sein, sich den Deutschen zuzuwenden, um ein kontinentales Gegengewicht gegen die Gefahr einer französischen Kontinentalhegemonie aufzubauen. In diesem Sinne schrieb auch der Leiter der Abteilung Landesverteidigung im Truppenamt, Joachim v. Stülpnagel, in einer Denkschrift vom Februar 1924: Frankreich erstrebe „die Zerstörung Deutschlands als Machtstaat" und die „unbestrittene Vormachtstellung auf dem europäischen Festland". Habe es letzteres jedoch erreicht, so werde es auch den Kampf mit England nicht mehr scheuen. „Deutschland muß die auf die Dauer unüberbrückbaren Gegensätze zwischen England und Frankreich ausnutzen, sie nicht durch Opferung eigener Interessen mildern, sondern im Gegenteil dadurch verstärken, daß in der Welt der Eindruck entsteht, es sei nicht Deutschlands, sondern Frankreichs Schuld, wenn der englische Vorschlag auf Völkerbund, Abrüstung und wirtschaftliche Befriedung nicht zur Ausführung kommt. Gelingt dies, so wird die Entwicklung dahingehen, daß England sein Ziel gegenüber Frankreich nur noch durch Waffengewalt an der Seite Deutschlands erreichen kann. Dies anzustreben, wäre die Pflicht der deutschen Diplomatie und ist die Aufgabe des Soldaten."[15] Auch hier wieder: nationale Sicherheitspolitik ausschließlich auf militärische Machtmittel gegründet und in offensivem Geist geplant.

Erst Befreiungs- und Revanchekrieg gegen die Westmächte und Polen mit Hilfe und an der Seite Sowjetrußlands; dann, nachdem sich diese Vorstellung als Chimäre herausgestellt hatte, Krieg gegen Frankreich an der Seite Großbritanniens – das waren Wunschträume der militärischen Führungselite, die mit den Realitäten der internationalen Politik nichts zu tun hatten, die aber aufschlußreich waren für ein militärisches Denken, das von der Vorstellung eines Mächtesystems geprägt war, das gleichsam mechanistischen Gesetzen, wie etwa dem Gegensatzpaar „Hegemonie und Gleichgewicht", folgte und in dem militärische Gewaltsamkeit als Faktor der internationalen Politik den zentralen Stellenwert besaß.

Waren schon die grundlegenden Prämissen dieses rein machtpolitisch-militärischen Kalküls problematisch, so bot auch die konkrete außenpolitische Entwicklung dafür keinerlei Anhaltspunkte. Der polnisch-sowjetische Konflikt brachte keine grundlegende Veränderung der Machtverhältnisse; die französische Ruhrpolitik endete – im Gegensatz zu den Erwartungen der deutschen Militärs – in der von den Angelsachsen erzwungenen Locarno-Politik, also der Befriedung Mitteleuropas nicht durch militärische Gewaltsamkeit, sondern durch Vertragspolitik und ökonomische Durchdringung.

So scheiterte in den 20er Jahren eine Denkschule, die einem ausschließlich militärisch-machtpolitisch bestimmten Primat der Außenpolitik verpflichtet war. Dem Konzept einer militärisch abgestützten Revisionspolitik fehlte im übrigen auch innerpolitisch jede Grundlage. Die Reichswehr konnte nicht die Politik bestimmen und die außenpolitischen Realitäten schon gar nicht. Einziges Relikt der ausschweifenden Revanchekrieg- und Allianzpolitik-Konzeption jener Zeit blieb daher die geheime Aufrüstung, die insbesondere im Ausland und hier speziell in Zusammenarbeit mit der Sowjetunion betrieben wurde. Das jedoch waren geheime Kooperationsaktivitäten weit unterhalb der erhofften Bündnispolitik.

Seeckts Fixierung auf militärische Macht als ausschließlicher Voraussetzung außenpolitischen Handelns und seine grundsätzliche revanche- und revisionspolitische Einstellung beinhalteten den Krieg als politisches Instrument und erlaubten im Grunde keine friedliche Revision der Ergebnisse des Weltkrieges. Das Prinzip friedlicher Konfliktregelung und die Ausnutzung ökonomischer Faktoren zur Sicherung der eigenen Interessen – in Stresemanns Ausgleichspolitik gegenüber Frankreich angewandt – paßten nicht in das konfliktbestimmte Weltbild der Militär-Elite. So konnten sich keine konzeptionellen Alternativen entwickeln.

VI.

In der folgenden *Zeitphase von 1923 bis 1926/28* wandelten sich die internationalen Rahmenbedingungen aufgrund der Locarno-Politik und der ökonomischen Penetrationspolitik der USA erheblich, ohne daß die Reichswehr daran etwas ändern konnte; vergeblich bekämpfte Seeckt die zunächst auf friedlichen Ausgleich abzielende Revisions- und Großmachtpolitik Stresemanns. Die Reichswehrführung vermochte jedoch nichts an den dominanten Faktoren der internationalen Systeme zu ändern. Die Politik der ökonomischen Priorität, auf die Schleicher im Dezember 1918 bereits gegen Seeckt verwiesen hatte, war unter Stresemanns Leitung erfolgreich: sie gab der Republik wie den internationalen Beziehungen mehr Stabilität und dem Reich mehr Sicherheit.

Die Reichswehr mußte sich unter diesen Umständen an die neuen Verhältnisse nolens volens anpassen. Unter diesem Anpassungsdruck gewann schließlich die von Schleicher repräsentierte Denkschule an Boden: diese befürwortete eine flexiblere Revisionspolitik auf der Grundlage einer primär ökonomisch fundierten Machtposition und mit der Perspektive einer durch internationale Übereinkommen abzusichernden, in langen Fristen anzustrebenden Wiederherstellung deutscher Großmachtstellung: Identität der Fernziele, aber Wandel der Methoden. Klassischen Ausdruck fand dies in der vielzitierten Denkschrift des Abteilungschefs im Truppenamt, Otto v. Stülpnagel, vom 6. März 1926, also etwa ein halbes Jahr vor Seeckts Sturz.[16] Er entwickelte ein Konzept, in dem das Abrüstungsprinzip der Völkerbundspolitik für die Zwecke deutscher Revisions- und Großmachtpolitik instrumentalisiert und mit ausgreifenden Großmacht-, ja Weltmachtplänen verbunden wurde. Deutschland könne durch ein positives Eingehen auf das Prinzip der allgemeinen Abrüstung – so Stülpnagel – „einen entscheidenden Schritt zum Ausgleich seiner augenblicklichen politischen Unterlegenheit" tun. Dadurch werde man Frankreich „seiner dominierenden militärischen Macht entkleiden" können; danach müßten die Eckpfeiler des französischen Systems, Polen und die Tschechoslowakei, in den Abrüstungsprozeß einbezogen werden. Der Gedanke, die Durchsetzung revisionistischer Ziele mittels des Abrüstungsgedankens im Rahmen der Völkerbund-Politik zu versuchen, war nichts anderes als die methodische Anpassung des Großmacht- und revisionspolitischen Konzeptes an die durch die Locarno-Politik veränderten Rahmenbedingungen. Das machtpolitische Kalkül dieses Konzeptes kam in dem Eingeständnis zum Ausdruck, das Reich habe natürlich kein Interesse an einer allgemeinen Abrüstung, sondern nur an der „des französischen Machtkreises"; Deutschland dagegen bedürfe allemal „des Rückhaltes durch militärische Machtmittel".

Trotz des vorgeschobenen Abrüstungsargumentes sollte für Deutschland die Möglichkeit einer Aufrüstung selbstverständlich offengelassen werden. Dennoch hätte auf diese Vorstellungen eine realistische Sicherheitspolitik gegründet werden können. Stülpnagel ging jedoch weiter und entwickelte einen Stufenplan von weltpolitischen Dimensionen: Nach Schwächung der französischen Machtposition müßten die nächsten revisionistischen Ziele realisiert werden: die „Wiedergewinnung der vollen Souveränität über das Deutschland verbleibende Gebiet", danach die Einverleibung der im Versailler Vertrag verlorenen Gebiete im Westen und Osten sowie der „Anschluß Deutsch-Österreichs". Sei somit die „Wiedergewinnung der europäischen Stellung" des Reiches erfolgt, müsse auf der nächsten Stufe „das Wiedererkämpfen seiner Weltmachtstellung" Ziel deutscher Politik sein. Für die Erkämpfung der ersten Stufe bedürfe es „in entscheidendem Maße der Landstreitkräfte", für die nächste Stufe dagegen sei anzunehmen, daß ein wiedererstandenes Deutschland bei seinem Kampf um Rohprodukte und Absatzmärkte in Gegensatz zum „amerikanisch-englischen Machtkreis kommen" werde. Dafür müsse es auch über ausreichend starke maritime Streitkräfte verfügen. Die künftige globale Auseinandersetzung mit den angelsächsischen Seemächten könne allerdings erst „auf der Grundlage einer festgefügten europäischen Stellung nach einer erneuten Lösung der deutsch-französischen Frage auf friedlichem oder kriegerischem Wege in Betracht kommen". Ein weltpolitisches Zweistufen-Konzept also, das deutlich in der gedanklichen Kontinuität der Vorstellungen Groeners aus dem Jahr 1919 steht! Im Gegensatz zur offiziellen deutschen Außenpolitik der Stresemann-Ära wurde hier nicht nur an dem Konzept einer konfliktbestimmten Außenpolitik festgehalten, sondern es wurde das militärische Machtmittel als vornehmstes Instrument einer zunächst europäisch revisionistischen und dann global-imperialistischen Politik nachdrücklich hervorgehoben.

Gegenüber Seeckts abenteuerlicher Frontalmethode des deutsch-sowjetischen Revanche- und „Befreiungskrieges" gegen Frankreich wurde hier methodisch viel flexibler und politischer angesetzt, hinsichtlich der Zielsetzungen jedoch bereits in viel umfassenderen Dimensionen gedacht, als es Seeckt je getan hat. Hier deutet sich – wie mit Recht gesagt worden ist – „eine der Kontinuitätslinien deutscher (außenpolitischer) Entwicklung vom Kaiserreich bis in die Zeit nationalsozialistischer Herrschaft an: eine deutsche Vormachtstellung in Europa als Basis für eine Weltmachtstellung".[17] Indessen setzte sich diese von Otto v. Stülpnagel formulierte Konzeption noch nicht gegen die vom Auswärtigen Amt vertretene Politik des Ausgleiches und der friedlichen Veränderung durch. Die Denkschrift Stülpnagels repräsentierte nicht die damals aktuelle deutsche Politik; ihre Bedeutung liegt vielmehr darin, daß sie die Fortdauer einer Tradition militärischer Machtpolitik verkörperte und daß sie – im Gegensatz zu den kurzatmigen militärischen Revisionsvorstellungen der Seeckt'schen Denkschule – eine „modernere" politische Richtung innerhalb der Reichswehrführung repräsentierte, die erst später, Anfang der dreißiger Jahre, wirksam wurde. Bis dahin blieb sie eine stets gedanklich verfügbare militante und extrem-expansionistische Alternative zu der von Stresemann vertretenen nüchtern-realistischen Sicherheits- und Revisionspolitik.

Derartige Gedanken ermöglichten es späterhin Teilen der Militär-Elite, Hitlers Eroberungspolitik und Weltmachtstrategie zustimmend mitzuvollziehen. Jene Brücke allerdings, auf der die Reichswehr 1933 dann unmittelbar in den Staat Hitlers und in den Krieg marschieren konnte, wurde in einem anderen Bereich erbaut, nämlich in dem der Militär- und Rüstungspolitik. Auch auf diesem Gebiet wurde Mitte der zwanziger Jahre innerhalb der Reichswehrführung eine Alternative zu Seeckts wehrpolitischer Konzeption entwickelt. Es ging um Struktur und Eigenart der künftigen deutschen Aufrüstung. Seeckt hatte schon im Januar 1921 in einer Denkschrift über „Grundlegende Gedanken für den Wiederaufbau unserer Wehrmacht" die Aufhebung des Versailler Vertrages und die Einführung der allgemeinen Wehrpflicht als Ziel deutscher Wehrpolitik bezeichnet.[18] Für eine kurze Übergangszeit dachte er an eine Kombination von Berufsheer und Miliztruppen. Dann aber sollte auf dem Wege der Verdoppelung, danach der Verdreifachung ein Heer von 21 Divisionen, am Ende eine Armee von 63 Divisionen aufgebaut werden; das gegenwärtige Reichsheer sollte dafür die Kader stellen. Das war der Gedanke des „Führerheeres", der dem Aufbau der Reichswehr in der Seeckt-Ära zugrunde lag: das Ziel war, aus „dem (jetzigen) kleinen Heer das Führerheer der Zukunft zu machen".[19] Dabei knüpfte Seeckt allerdings in Ausbildung und strategisch-operativem Denken an überkommene Vorstellungen an: er wolle versuchen – so führte er 1923 vor den höheren Führern des Reichsheeres aus – „die alten Grundsätze des Entscheidung suchenden Krieges auf die neue Grenzlage anzuwenden, so an die Tradition der Vorzeit unter Berücksichtigung neuzeitlicher Erfahrungen anzuknüpfen und zugleich den Nachweis zu führen, daß unsere militärische Gedankenwelt *nicht* nach dem Maßstab des Versailler Vertrages zugeschnitten ist".[20]

Gegen diese Konzeption militärischen Revisionismus wandte sich eine Gruppe höherer Offiziere um General Hasse, Oberst Joachim v. Stülpnagel und Oberst v. Blomberg. Ihre Kritik an Seeckts Kurs ging von einem alternativen Kriegsbild aus. Für diese Militärs war die Lehre aus dem Ersten Weltkrieg als dem ersten gesamtgesellschaftlichen Krieg zwischen Industrienationen, die Nation *schon im Frieden* für die Eventualität eines solchen, fortan als „Normal"-Krieg zu betrachtenden Konfliktes vorzubereiten.[21] Der Krieg der Zukunft, der „totale Krieg", machte es erforderlich, alle Ressourcen der Nation schon in Friedenszeiten für den Kriegsfall zu erfassen und die gesamte Bevölkerung auch ideologisch zu mobilisieren. In diesem Sinne schrieb Stülpnagel im Juni 1925 an General Hasse, es genüge „auf die Dauer nicht, daß der kriegerische Sinn geistiges Eigentum der Armee bleibt, sondern es müssen Mittel und Wege gefunden werden, die trotz des Versailler Diktates die Aufnahme des Krieges der Zukunft vorbereiten."[22] Der gesamtgesellschaftliche Krieg war also der zentrale Bezugspunkt ihres Denkens. Von diesem Kriegsbild aus kritisierte Hasse, Seeckt wolle ein Musterheer der 100 000 Mann „ohne Rücksicht auf Mobilmachung" (der Nation).[23] Stülpnagel schrieb 1925, unter Seeckt sei seit 1922 „die Taktik des Idealheeres nach den Erfahrungen von 1914–18 . . . festgelegt und in der Praxis der Krieg gegen Polen bearbeitet. Im Kampf mit der Marine, in Verkennung der Luftwaffe und im Augenverschließen vor Frankreich gerieten wir an einen toten Punkt . . . mit den guten Seiten des alten Soldaten kamen auch seine schlechten, der konservative Hang ‚nur nichts Neues'! Bussche und ich haben gedrängt, . . . den Rahmen für den Zukunftskrieg zu schaffen, aber . . . den Anderen wurden wir unbequem".[24] Dem entsprach auch Blombergs kritische Kennzeichnung Seeckts als dem „letzten Gardegeneral preußischen Stils"[25]: „Seine und unsere Grundansichten über die Reichswehr (waren) entgegengesetzt". Stülpnagel hat seinen und seiner Freunde Standpunkt immer wieder zur Geltung zu bringen versucht: „Es geht heute" – so schrieb er 1924 – „durch die nachdenkende militärische Jugend ein dumpfes Ahnen, daß wir den Krieg der nächsten Zukunft bewußt anders werden führen müssen als die theoretische Lehre es bisher befiehlt."[26] Gemessen an den Ideen einer totalen Mobilmachung und der Militarisierung der Nation im „Volkskrieg" waren Seeckts Pläne, eine große Armee klassischen Typs aufzubauen, natürlich völlig unangemessen.

Aber auch innerhalb des Kreises der Vertreter eines gesamtgesellschaftlichen Kriegsbildes gab es zum Teil erhebliche Meinungsunterschiede hinsichtlich der Realisierungsmodalitäten.[27] Radikalen Ultras, wie dem damaligen Obersten Frhr. v. Fritsch, der im Inneren den Umsturz der Verhältnisse forderte als Vorbedingung für eine Erringung der deutschen Großmachtstellung mit Waffengewalt nach außen, standen Männer wie General Hasse gegenüber, der 1928 die Einbeziehung republikanisch-demokratischer Kräfte in den Grenzschutz als militärische Reserven befürwortete; Vertretern einer Milizlösung wie dem Oberst i. G. v. Reichenau widersprachen die Protagonisten traditioneller militärischer Professionalität, die eher eine von Berufsmilitärs geführte Wehrpflichtarmee befürworteten. Außenpolitisch standen den Vertretern einer kompromißlosen Frankreich-Feindschaft wie Stülpnagel und Fritsch jene Militärs gegenüber, die wie Schleicher die Konzeption eines zeitlich begrenzten und taktisch gemeinten Ausgleiches mit Frankreich vertraten, um auf diese Weise die französische Machtstellung zu reduzieren und Frankreich zum Juniorpartner einer deutschen Hegemonialmacht zu degradieren. Es handelte sich hierbei also um – allerdings schwerwiegende – Methodenunterschiede bei Kontinuität der übergeordneten Zielsetzung. Gemeinsam war diesen jüngeren Führungskräften der Armee auch die Vorstellung, daß die Konzeption des gesamtgesellschaftlichen Krieges Grundlage deutscher Militärpolitik sein müsse.

Ende der zwanziger Jahre setzte sich diese „modernere" Konzeption gegenüber dem „wilhelminischen" Wehrkonzept General v. Seeckts durch, allerdings in einer konkreten Form, die den radikalen Gegnern der Republik innerhalb der Militär-Elite keineswegs gefallen konnte. General a. D. Groener war als Wehrminister (1928–1932) davon überzeugt, daß eine gesamtgesellschaftliche Militärpolitik nur im Rahmen der bestehenden gesellschaftlich-politischen Ordnung und, entsprechend Schleichers frühzeitiger Erkenntnis, auf der Grundlage einer modernen prosperierenden Wirtschaft möglich war. Mit dem Ersten Rüstungsprogramm von 1928 wurde daher die Militärpolitik in die staatliche Gesamtpolitik eingebaut und die bisherige Rüstungspolitik aus der Halbillegalität herausgeholt. Das Programm koordinierte die militärische Planung mit der staatlichen Finanz- und Wirtschaftspolitik und mit den außenpolitischen Gegebenheiten. Es sah die Bereitstellung von Material und Personal für ein 21-Divisionen-Kriegsheer mit 39 milizartigen Grenzschutzverbänden vor.[28]

VII

Dieser Versuch einer im Ansatz gesamtgesellschaftlichen Militärpolitik geriet jedoch in den Strudel der seit 1929 aufbrechenden Wirtschafts- und Staatskrise. Sie enthüllte, auf welch brüchigen Grundlagen die Politik und die politischen Ansprüche und Zielsetzungen der Reichswehr ruhten. Das Integrations- und Legitimationsproblem trat in aller Schärfe wieder auf. Eine gefährliche Situation zeichnete sich ab, als im Gefolge der Weltwirtschaftskrise die innenpolitische Polarisierung das politisch-gesellschaftliche System der Republik zu paralysieren drohte. Mit ihrem Anspruch, als politische Elite auch politische Zielsetzungen durchzusetzen, riskierte die Reichswehrführung, in die zunehmende innenpolitische Polarisierung hineingezogen zu werden. Ihre verantwortlichen Führer erkannten rasch die Unmöglichkeit, ihre politischen Ambitionen bis zu einer Kraftprobe mit großen Teilen der Nation, vor allem auch gegen bestimmte ihnen sozial, interessenmäßig und ideologisch verbundene Bevölkerungsschichten weiterzuverfolgen. Außerdem wurde es zunehmend schwieriger, die Geschlossenheit des Offizierskorps auf der Grundlage der Attentismus-Konzeption Seeckts zu bewahren. Die „Staat im Staat"-Ideologie verlor mehr und mehr ihre Integrationskraft. Die politische Konspiration jüngerer Offiziere eines Ulmer Artillerie-Regimentes zugunsten der NSDAP (1929/30) stellte in dieser Hinsicht ein alarmierendes Symptom dar. Klarblickende Offiziere erkannten, daß sich eine bedenkliche Kluft auftat zwischen ihren politischen Aspirationen und der Fähigkeit, diese zu realisieren.[29] Den traditionellen Führungseliten war die Basis im Volk mehr und mehr zerbröckelt. Das wurde Ende der zwanziger Jahre unzweideutig sichtbar.

In der auch von den Präsidialregierungen nicht mehr zu bewältigenden Staats- und Wirtschaftskrise zeigte sich ein gefährliches gesamtgesellschaftliches Problemsyndrom. Militärpolitische Fragen verknäuelten sich mit staats- und gesellschaftspolitischen Problemen. Damit geriet auch zwangsläufig die seit 1928 in die staatliche Gesamtpolitik eingebaute Militärpolitik in die Krise.[30] Dabei ging es gerade zu diesem Zeitpunkt um militärpolitische Entscheidungen von großer Tragweite in innen- wie außenpolitischer Hinsicht. Schon ab 1929 stieß die Groener'sche Militärpolitik auf innenpolitische Schwierigkeiten. Die preußische Regierung unter Braun widersetzte sich aus gesellschaftspolitischen und ideologischen Gründen dem Ausbau der militärischen Grenzschutzorganisation. Mit Verschärfung der Wirtschaftskrise gerieten auch die finanziellen und ökonomischen Planungsvoraussetzungen ins Rutschen. Das seit 1930 vorbereitete Zweite Rüstungsprogramm wurde Anfang 1932 zwar von den militärischen und politischen Führungsinstanzen gebilligt, geriet aber dann in die sich verschärfende innenpolitische Auseinandersetzung.[31] Der Militärpolitik der Reichswehr drohte die politische ökonomische und gesellschaftliche Basis zu entgleiten. Das war die eine, die innenpolitische Seite des Problems.

Der außenpolitische Aspekt verbarg sich hinter dem Problem der personellen Planung, genauer der Personalergänzung. Nach den Berechnungen des Reichswehrministeriums würden ab 1932 nicht mehr genügend ausgebildete kriegstaugliche Jahrgänge für das vorgesehene 21-Divisionen-Heer zur Verfügung stehen. Die erwogenen Aushilfen berührten die innerhalb der militärischen Führung kontrovers diskutierte Frage des Wehrsystems und damit eine zentrale Frage der Revision des Vertrages von Versailles. So hat die Militärpolitik gerade im Moment der deutschen Staats- und Gesellschaftskrise entscheidende außenpolitische Grundsatzfragen ebenso aufgeworfen wie die zentrale Frage der gesellschaftlichen Basis der Machtstellung der Militär-Elite.

Im Gegensatz zu Reichskanzler v. Papen, der mit seinem diktatorischen „Neuen Staat" nur darauf abzielte, die Herrschaft der alten konservativ-reaktionären Gesellschaftsschichten zu sichern[32] und die Interessen industrieller und agrarischer Kreise zu wahren – hier sind die Gründe für den Bruch zwischen ihm und Schleicher zu suchen –, hatte General v. Schleicher durchaus die Komplexität der Problematik erkannt.[33] Mit seinem „Querfront"-Konzept strebte er eine Kombination des „linken" Flügels der NSDAP unter Strasser mit Teilen der Gewerkschaften an, die von der SPD gelöst und in korporatistischer Weise in den Staat „eingebaut" werden müßten; so sollte die notwendige außerparlamentarische Basis für ein autoritäres Präsidialregime geschaffen werden. Mit einer „Politik der Diagonalen" könnten zudem auch kooperationswillige Kräfte aus bestimmten politischen Parteien gewonnen werden. Zur ökonomischen Krisenbewältigung wie zur „wehrwirtschaftlichen" Grundlegung einer militärisch abgestützten Revisionsmachtpolitik hielt der General auch gewisse staatliche Eingriffe in die Verfügungsgewalt des privaten Kapitals in wichtigen Wirtschaftszweigen für erforderlich; eine krude Wahrung industrieller Partikularinteressen war also ganz und gar nicht beabsichtigt;[34] vielmehr hatte der General die ökonomischen Voraussetzungen potentieller Großmachtpolitik im Zeitalter des gesamtgesellschaftlichen Krieges im Auge. Mit dem Projekt einer vom Militär organisierten Jugenderziehung sowie der Heranziehung der Wehrverbände zu vormilitärischer Ausbildung unter der Patronage (und damit auch der Kontrolle) der Armee sollte das „Menschenpotential" der künftigen Aufrüstung bereitgestellt, die politisch erforderliche Massenbasis verbreitert und die gesellschaftliche Neufundierung der Militär-Elite gewährleistet werden.

Auf diese Weise hoffte Schleicher, seiner Politik der inneren Umgestaltung und der äußeren Revision das gesellschaftlich-politische Unterfutter zu verschaffen und der Reichswehr den offenen Kampf um die Macht im Staat zu ersparen: eine „Militärdiktatur . . ., die sich nur auf die Bajonette der Reichswehr stützt", müsse sich „im luftleeren Raum . . . schnell abnutzen und letzten Endes zum Mißerfolg führen", sagte er in einer Rundfunkrede am 26. Juli 1932.[35]

Im übrigen war die Situation durchaus von einer gewissen Ambivalenz gekennzeichnet. Die Krise bot Möglichkeiten. *Außenpolitisch* war mit dem Zusammenbruch des Weltwirtschaftssystems zugleich die ökonomische Basis des Versailler Systems und die wichtigste Voraussetzung der vom Militär so bekämpften Stresemann'schen Revisionspolitik zerbrochen. Es war kein Zufall, daß Auswärtiges Amt und militärische Führung jetzt die Gelegenheit ausnutzten, um zu einer sehr viel nachdrücklicheren und auch stärker militärisch akzentuierten Revisionspolitik überzugehen. Auf den Konferenzen von Lausanne und Genf gelang es, entscheidende Bindungen des Versailler Vertrages abzubauen und wichtige Grundlagen für eine künftige, militärisch abgestützte Revisionspolitik zu schaffen. *Innenpolitisch* bot die fortschreitende Lähmung des parlamentarischen Systems die Möglichkeit, autoritäre Lösungen zu erproben, welche sowohl die politisch-gesellschaftliche Basis der Militär-Elite stabilisieren, als auch Voraussetzungen für die „Organisation der Nation" im Zeitalter des totalen Krieges sicherstellen könnten.

In dieser Situation versuchte die Reichswehrführung, nunmehr unter dem maßgeblichen Einfluß des Generals v. Schleicher, Chef des Ministeramtes unter Groener, dann Reichswehrminister im Kabinett Papen und schließlich selbst Reichskanzler, die in der Krise liegenden Möglichkeiten zu neuer Integration der Nation und damit zur Legitimation der Militär-Elite auszunutzen.[36] Das zentrale militärpolitische und revisionspolitische Sachproblem wollte Schleicher durch eine Umstrukturierung der Reichswehr lösen, ein Konzept, das ebenfalls innen- und außenpolitisch auf besondere Art abgesichert werden sollte. Zielvorgabe war der Aufbau einer Armee, die aus einer Miliz auf der Grundlage einer zeitlich abgestuften Wehrpflicht gebildet und um einen starken Kern von langdienenden Berufssoldaten herum organisiert werden würde. Dazu sollte auch das Potential der Wehrverbände herangezogen werden. Eine solche Armee hätte in kurzer Zeit die Mannschaftsstärke der französischen Armee übertroffen. Außenpolitisch sollte daher diese Aufrüstung durch eine auf dem Verhandlungsweg erreichte Verständigung mit Frankreich abgesichert werden. Schleicher hatte schon seit langem gegen die dezidiert anti-französischen Kräfte in der Reichswehrführung die Ansicht vertreten, daß der politische Ausgleich mit Frankreich für das Reich lebensnotwendig sei;[37] allerdings war dies keineswegs ein „ernstgemeinter Versuch, den französischen Sicherheitswünschen nachzukommen", sondern war eher als „Mittel zum Zweck einer durchschlagenden Revisions-, Gewalt- und Eroberungspolitik . . .", mindestens aber als Methode zur Zerstörung der französischen Machtposition und somit zur Herstellung eines „Machtausgleiches" gedacht.[38] Schleichers politisches Konzept paßt sich damit ein in die Kontinuität der außen- wie innenpolitischen Zielsetzungen der Militär-Elite seit 1918, allerdings in methodisch origineller Weise und in intelligenter Aufgeschlossenheit für die Schwierigkeiten moderner Politik in komplexen Gesellschaften.

Schleichers Scheitern ist darauf zurückzuführen, daß sein Konzept einer autoritären „Modernisierung von Oben" die Macht der organisierten politischen und gesellschaftlichen Gruppeninteressen unterschätzte und daß vor allem sein militär- und revisionspolitisches Konzept seine Machtposition innerhalb der militärischen Führungsschicht selbst unterhöhlte. Es stieß auf den erbitterten Widerstand einer einflußreichen Koalition von Verfechtern einer reinen, von Berufsmilitärs geführten Wehrpflichtarmee und jenen Kräften, die eine radikalere innerpolitische Lösung bevorzugten, welche der Reichswehr das direkte politische Engagement fortan ersparte. Die Militär-Elite entbehrte offenkundig der inneren Geschlossenheit. Sie war daher nicht in der Lage, trotz des relativen politischen Gewichtszuwachses, den ihr die Funktionsunfähigkeit des parlamentarischen Systems verschafft hatte, den notwendigen gesellschaftlichen und politischen Interessenausgleich herbeizuführen und eine einheitliche Willensbildung zu gewährleisten.

In dieser Situation kamen innerhalb der militärischen Führungsschicht Kräfte zum Zuge, die alternative Konzepte vertraten. Gegen Schleicher stellten sich die vor allem im Truppenamt/Generalstab des Heeres zu findenden Verfechter einer Wehrpflichtheer-Konzeption, sodann die (innerhalb wie außerhalb der Reichswehr vorhandenen) Vertreter einer Autonomie der Wehrverbände vom „Stahlhelm" bis zur SA sowie schließlich jene Kräfte, die gegen eine Verhandlungslösung des Abrüstungs- bzw. Aufrüstungsproblems waren, und deren Repräsentant der militärische Chefdelegierte des Reiches auf der Genfer Abrüstungskonferenz, General v. Blomberg, war. Schließlich fand sich eine Koalition von Kräften zusammen, die eine unabhängige und einseitige deutsche Aufrüstung ohne irgendwelche Bindungen durch internationale Absprachen und Verträge auf der Grundlage der allgemeinen Wehrpflicht, organisiert und durchgeführt von Berufsmilitärs, befürwortete. Eine Möglichkeit, dieses Konzept zu verwirklichen, sahen sie in einem Zusammengehen mit der in ihren Augen stärksten „nationalen" Massenbewegung, der NSDAP Hitlers, unter Einschluß der anderen rechtskonservativen Kräfte und Verbände. So verbanden sich Anfang der dreißiger Jahre das Problem militärischer Macht- und Revisionspolitik mit dem der politisch-gesellschaftlichen Neufundierung alter Eliten zu einem Problembündel, das jene Konstellation bestimmte, in der die Bildung der Regierung Hitler erfolgte.

VIII.

Unter derartiger historischer Perspektive betrachtet, stellt sich die Regierung Hitler im Jahre 1933 als „Entente" zwischen Gruppen der traditionellen Eliten und der Führung der Hitler-Bewegung dar. Die Reichswehr hatte innerhalb dieser „Entente" einen besonderen Stellenwert.[39]

Die in jener „Entente" sich formierenden Kräfte sahen in dieser Kombination jeweils besondere Vorteile für sich. Die alten Eliten waren allein nicht mehr fähig, ihre überkommene Position zu bewahren und ihre politischen Zielsetzungen nach innen und außen zu verwirklichen. Ihnen fehlte dazu die Basis in der Gesellschaft. Hitler jedoch – so schien es ihnen – konnte wieder die erforderliche Massenbasis bringen und damit das Integrationsproblem lösen. Hitler seinerseits hatte erfahren müssen, daß er unfähig war, aus eigener Kraft an die Macht zu gelangen. Am 9. November 1923 war die coup d'Etat-Strategie gescheitert; die November-Wahlen von 1932 zeigten die

Aussichtslosigkeit der parlamentarischen Strategie an. Die Massenbewegung hatte ihn zwar an die Schwelle der Macht gebracht; aber nur die alten Eliten, welche immer noch die entscheidenden Positionen im Machtapparat innehatten, konnten ihm über diese Schwelle hinweghelfen.

Bei dieser Konstellation kam der Armee nicht nur eine besondere Schlüsselrolle zu, sie besaß innerhalb der „Entente", eine – augenscheinlich – besonders starke Position. Sie konnte sich auf den Feldmarschall-Präsidenten v. Hindenburg stützen, dessen Prärogativen – darunter auch die des Obersten Befehlshabers der Streitkräfte – jenseits jedes Zugriffes der NS-Bewegung liegen sollten. Hindenburg machte einen Offizier seines Vertrauens, den General v. Blomberg, zum Reichswehrminister; Hitler mußte versprechen, die Reichswehr als „unpolitisches Instrument des Reiches" zu bewahren und sich jedes Eingriffes in die Sphäre der Armee zu enthalten. Das war nicht nur ein Akt machtpolitischer Vorsicht; hier schien man dem traditionellen preußisch-deutschen Prinzip des militärisch-politischen Dualismus zu folgen: Militärische und politische Staatskomponente standen wieder nebeneinander und fanden nur in der Person des „Ersatzmonarchen", Hindenburg, ihre Zusammenfassung. Wurde damit nicht ein altes preußisch-deutsches Strukturprinzip unter veränderten Gegebenheiten erneut aufgenommen? Hitler hat dies manipulatorisch und propagandistisch aufgegriffen, indem er betonte, das neue Reich beruhe auf „zwei Säulen", der Armee und der Partei. Diese „Zwei-Säulen-Theorie" hat innerhalb wie außerhalb der Armee eine nicht zu unterschätzende Wirkung bei der psychologischen Fundierung jener „Entente" von 1933 gehabt.

Die überwiegende Mehrzahl des Offizierskorps stimmte – wie es scheint – trotz mancherlei sekundärer Vorbehalte gerade daher mit dieser sogenannten „Nationalen Koalition" überein. Das neue Regime schien zu gewährleisten, was sich die alten Eliten allein nicht mehr zutrauten: die nationalistische Integration der überwältigenden Mehrheit der Nation und die Unterdrückung des verbleibenden Restes. Die Reichswehr entging damit erstens dem gefürchteten innenpolitischen

Machtkampf; zweitens schienen damit auch die Voraussetzungen für eine umfassende Lösung der Probleme des „technisch-industrielle Krieges" und der Aufrüstung gegeben. Drittens mochte man glauben, durch die vermeintliche Neufundierung ihrer quasi-autonomen politischen Machtstellung sei die führende Rolle der Armee gesichert. Damit schienen die innenpolitischen Voraussetzungen zur Realisierung der außen- und machtpolitischen Zielsetzungen geschaffen zu sein.

IX.

Einig waren sich die verschiedenen Fraktionen innerhalb der Reichswehrführung hinsichtlich des Prinzips einer militärisch bestimmten expansiven Machtpolitik und über die Konzeption einer konsequenten Ausrichtung der Nation im Zeitalter des gesamtgesellschaftlichen Krieges. Diese beiden Momente ermöglichten es der traditionellen Militär-Elite, ihren Weg in den neuen Staat Hitlers zu finden.

Inhaltlich divergierten allerdings im letzten ihre Zielsetzungen mit denen Hitlers: die Militärs dachten damals eher an eine deutsche Hegemonie in Mittel- und Mittelosteuropa; Hitler dagegen träumte von einem „großgermanischen Reich deutscher Nation"; aber dies war zu jenem Zeitpunkt weniger wichtig, manchem wohl auch nicht recht deutlich. Auch hat Hitler bei seiner ersten Grundsatzrede vor den höchsten Militärs am 3. Februar 1933 sich anscheinend, mehrdeutig darüber ausgelassen, „wie (die) politische Macht, wenn sie gewonnen ist, gebraucht werden" solle.[40]

Dreierlei jedoch macht er ganz klar: *erstens* sollte die gesamte Nation durch „straffste autoritäre Staatsführung" und mit brutaler Entschlossenheit auf „Wehrhaftigkeit" ausgerichtet werden: Grundvoraussetzung für die totale Mobilmachung im Zeitalter des gesamtgesellschaftlichen Krieges. *Zweitens* proklamierte er die restlose Revision des Systems von Versailles; und *drittens* hob er die zentrale und eigenständige Stellung der Armee im neuen Staat hervor, sie sei „die wichtigste Voraussetzung zur Erreichung des Zieles: Wiederherstellung der polit(ischen) Macht" des Reiches. Gemessen an ihren traditionellen Zielen geradezu ein Idealprogramm für die Militär-Elite!

Über die konkreten Schritte und die Zeitplanung zur Durchführung der Aufrüstung gab es allerdings gewisse Auffassungsunterschiede. Hitler, durch die innerpolitische Machtkonsolidierung 1933 noch voll in Anspruch genommen, schien aus außenpolitischen Gründen das Tempo zunächst nicht allzu sehr forcieren zu wollen. Die nunmehr tonangebende Gruppierung innerhalb der Reichswehrführung befürwortete jedoch rasches Handeln. Daher wurde auch die erste grundlegende Entscheidung zur Realisierung der Aufrüstung – der im Oktober 1933 überraschend vollzogene Austritt des Deutschen Reiches aus dem Völkerbund und Deutschlands Rückzug von der Abrüstungskonferenz in Genf – maßgeblich von der militärischen Führung beeinflußt.[41]

Mit diesem spektakulären Akt begann nunmehr die Phase einseitiger und autonomer Militär- und Außenpolitik, wie sie von der oben erwähnten Gruppe höherer Militärs schon vor 1933 gegen die Linie Groeners und diejenige Schleichers vertreten worden war. Diese Kräfte wollten weder eine „Völkerbundarmee" noch eine Miliz – auch Reichenau hatte dieses Konzept inzwischen aufgegeben –, sondern eine uneingeschränkt unter professioneller militärischer Führung stehende nationale Armee der allgemeinen Wehrpflicht, die keinerlei internationalen Beschränkungen unterlag. Und sie wollten die schon im Frieden vorzubereitende totale Mobilmachung der Nation für den Fall eines Konflikts selbst übernehmen. Aufschlußreich für diesen Anspruch waren die Worte des neuen Chefs des Truppenamtes, General Ludwig Beck, der im Herbst 1933 bei Übernahme des Vorsitzes im Arbeitsausschuß des Reichsverteidigungsrates ausführte, daß nunmehr alle Reichsressorts unter militärischer Führung in diesem Gremium zusammenwirken müßten, damit „ein neuer Krieg ... uns nicht wieder so unvorbereitet treffen würde wie einst 1914". Und einige Jahre später führte derselbe General in einer Studie aus, bei der Bestimmung des politischen (!) Zweckes des Krieges, bei allen Fragen der inneren Verwaltung, der Wehrwirtschaft und der „seelischen Haltung des Volkes", müsse die militärische Führung beteiligt werden.[42] Welcher Überforderung sie sich damit aussetzte, sollte sich sehr rasch zeigen.

Die militärische Konsequenz des außenpolitischen Überraschungscoups vom Oktober 1933 war der im Dezember 1933 gefaßte Grundsatzbeschluß, bis 1938 ein Heer von 300000 Mann Friedensstärke (21 Divisionen) zu schaffen. Damit knüpfte man hinsichtlich Umfang und Zeitmaß zwar nahtlos an die Planungen der Groener-Schleicher-Ära an; der entscheidende Unterschied lag jedoch darin, daß erstens diese Aufrüstung jetzt einseitig, autonom und nicht durch internationale Abmachungen politisch abgesichert durchgeführt wurde und zweitens die finanziellen und ökonomischen Grundlagen nur sehr oberflächlich in die Planung einbezogen wurden. Die Schlüsseldokumente für das Dezember-Programm[43] geben zugleich Aufschluß über den längerfristigen Charakter der geplanten Aufrüstung: In einer *ersten Rüstungsphase* von vier Jahren sollte ein Heer aufgebaut werden, das eine Intervention von Signatarmächten des Vertragssystems von Versailles und Locarno zu einem unkalkulierbaren Risiko machte. Das aus dem 21-Divisionen-Friedensheer im Konfliktfall aufzustellende „Kriegsheer" von 63 Divisionen sollte „einen Verteidigungskrieg nach mehreren Fronten mit einiger Aussicht auf Erfolg" führen können; jeder „Angriff müsse für unsere Nachbarn zu einem Risiko werden". Doch dieses „Risiko-Heer" sollte nur ein vorläufiges Minimalprogramm für eine begrenzte Zeit darstellen. Nimmt man noch die im Juli 1934 von der Luftwaffe geplanten Aufrüstungsziele (über 17000 Flugzeuge) und das Bauprogramm der Marine vom März 1934 dazu – letzteres sollte acht Großkampfschiffe, 18 Kreuzer und drei Flugzeugträger neben anderen Schiffen umfassen[44] – dann wird erkennbar, daß hier nur der Grund gelegt wurde für den späteren Aufbau einer offensiven Streitmacht, die zur Erkämpfung einer hegemonialen Stellung auf dem Kontinent dienen sollte. Mit solcher Zielsetzung steht das

Aufrüstungsprogramm in einer deutlich erkennbaren Kontinuitätslinie mit den erwähnten Vorstellungen eines militärisch-machtpolitischen Revisionismus und eines militärisch akzentuierten Großmachtstrebens.

Die Grundsatzentscheidungen vom Dezember 1933 über die Art und Struktur der Aufrüstung hatten indessen nicht nur eine außenpolitische Dimension. Sie trugen auch zur Eskalation eines innenpolitischen Konflikts bei, der sich um das Jahresende 1933 zuspitzte. Dabei ging es um die Herausforderung, welche die militär- und gesellschaftspolitischen Pläne des „Stabschefs der SA", Ernst Röhm, für die Reichswehr darstellten. Röhms Konzeption von einem von der SA geführten nationalsozialistischen Volksheer wurden innerhalb der SA oft grell artikuliert. Aussprüche wie „Der graue Fels muß in der braunen Flut untergehen" empfand die Reichswehrführung natürlich als bedrohlich. Sie sah ihren Anspruch, die Führung der Nation bei der gesamtgesellschaftlichen Vorbereitung auf einen modernen Krieg zu monopolisieren, ebenso grundlegend in Frage gestellt wie das Kernelement ihres Selbstverständnisses, nämlich ihre politische Stellung als gleichberechtigter Partner des vermeintlich auf zwei Säulen beruhenden neuen Staates sowie ihren militärischen Monopolanspruch. Hitler konnte es sich in der damaligen Phase des Prozesses der Herrschaftssicherung nicht leisten, gegen die Reichswehr im Sinne der Vorstellungen Röhms Stellung zu beziehen; dies hätte nicht nur seinem innerparteilichen Rivalen Röhm entscheidenden Machtzuwachs gebracht, das hätte die Reichswehr zu einem entschlossenen Gegner gemacht. Damit wäre der Aufbau eines zur Expansionspolitik notwendigen Instruments unmöglich geworden. Eine hochgradig politisierte Miliz mit innen- und gesellschaftspolitischen Ambitionen, wie sie Röhm vorschwebte, wäre für diese Zwecke unbrauchbar gewesen.

Die von Hitler schließlich befohlene blutige Liquidation der SA-Führung am 30. Juni 1934 garantierte der Aufrüstungs- und Militärpolitik der Reichswehr die notwendige innenpolitische Absicherung.

Führenden Offizieren in der Heeresführung ging schon der erste Schritt der Aufrüstung nicht rasch genug. So kritisierte der Chef des Truppenamtes im Mai 1934, man hätte schon Ende 1933 alle aus diesem Konzept resultierenden Konsequenzen offenlegen sollen, vornehmlich – wie schon in der Dezember-Denkschrift erwähnt – die rasche Einführung der allgemeinen Wehrpflicht und die Einbeziehung der entmilitarisierten Rheinlandzone.[45] Kräfte innerhalb der höchsten militärischen Führung drängten also schon auf weitergehende Schritte zum Bruch internationaler vertraglicher Bindungen zu einem Zeitpunkt, als Hitler aus innen- und außenpolitischen Gründen noch zögerte, ja zeitweilig sogar selbst mit dem Gedanken an eine internationale Rüstungskonvention spielte. Das Auswärtige Amt hingegen hatte in einem Grundsatzdokument im Frühjahr 1933 eine sehr behutsame deutsche Revisionspolitik gefordert und einer auf militärische Kraft gestützte Revisionspolitik mittelfristig keinerlei Chancen eingeräumt. Aber die militärische Führung forcierte die im Dezember 1933 durchgesetzte einseitige, auf Aufrüstung ausgerichtete Militärpolitik. Dadurch kam es zu einer zeitweilig recht kontroversen Debatte zwischen dem Auswärtigen Amt (Staatssekretär v. Bülow) und dem Truppenamt/Generalstab (General Beck), dem die Planung und Organisation der Aufrüstung oblag.[46] Es ging letztlich dabei um die außenpolitischen Folgen dieser autonomen Militärpolitik bzw. um die Verhinderung und Eindämmung negativer Auswirkungen auf die internationale Position des Reiches.

Im Auswärtigen Amt wuchs die Sorge, daß die autonome deutsche Aufrüstung die Lage in Europa zunehmend destabilisieren würde. Staatssekretär v. Bülow versuchte daher im Juli 1934, Rüstungspolitik und Außenpolitik stärker aufeinander abzustimmen. Seine Absicht war es, dem Außenministerium den Einfluß auf die Außenpolitik zurückzugewinnen, der ihm entglitten war, seit die Militärs den Weggang aus Genf durchgesetzt hatten; er wollte die einseitige, spannungsfördernde Aufrüstungspolitik der Militärs unter Kontrolle bringen, um so wieder zu einer koordinierten und kohärenten Außenpolitik des Reiches zu gelangen. Dem jedoch vermochten die Militärs sich zu entziehen. Zwar waren sich Auswärtiges Amt und Reichswehrministerium einig, daß in der prekären Periode bis zum Abschluß der Aufrüstung jede außenpolitische Provokation unterlassen werden müßte; solange derartige Provokationen von dritter Seite kamen – wie etwa im Fall des nationalsozialistischen Putsches in Österreich –, bestand auch ein Konsens in der Ablehnung. Sobald jedoch die eigentliche internationale Provokation, nämlich die einseitige deutsche Aufrüstung, in ihren außenpolitischen Auswirkungen zur Debatte stand, war die militärische Führung nicht zu Kompromissen bereit, vielmehr forderte sie von der Diplomatie, sie solle der Militärpolitik dienen, indem sie die Aufrüstung außenpolitisch absichere. Bülow dagegen war der Überzeugung: „Unsere einzige Sicherheit liegt in einer geschickten Außenpolitik", eine militärische Rüstung könne dem Reich noch auf Jahre hinaus keine Sicherheit geben.[47] Damit wurde der grundsätzliche Gegensatz zwischen Militär und Diplomatie in der Frage deutscher Sicherheits- und Außenpolitik unmißverständlich formuliert.

Die Debatte zwischen dem Auswärtigen Amt und den führenden Militärs macht das Dilemma sichtbar, in das die von der Reichswehrführung betriebene Militärpolitik die deutsche Außenpolitik gestürzt hatte: Gerade infolge der Aufrüstung hatte sich die außenpolitische Lage und damit die deutsche Sicherheitslage verschlechtert. Die Destabilisierung der machtpolitischen Situation wurde von der militärischen Führung auch genau erkannt. Die deutsche Militärpolitik war in starke Turbulenzen geraten. Einseitige Aufrüstung und die darin eingeschlossene militärische Pressionsmöglichkeit gegenüber anderen Mächten riefen Gegenkräfte hervor, die nicht nur die nationale Sicherheitslage beeinträchtigten, sondern alsbald sogar jede sorgfältig kalkulierende Revisions- und Großmachtpolitik zu blockieren geeignet waren. Die Franzosen hatten seit der berühmten April-Note von 1934 ihre Entschlossenheit erkennen lassen, die deutsche Herausforderung politisch und militärisch anzunehmen. Ähnlich reagierten die Briten mit dem Verteidigungs-Weißbuch vom März 1935. Paris faßte eine Modernisierung und Vergrößerung seiner Streitkräfte ins Auge und versuchte, sein osteuropäisches Bündnissystem auszubauen und die Sowjetunion in die Eindämmungsfront gegen Deutschland einzubeziehen. Gegenrüstung und antideutsche Koalitionsbildungen waren also das Ergebnis. Die deutsche Militärpolitik hatte statt mehr Sicherheit neue Gefahren gebracht. Diese erschreckenden Perspektiven hob Staatssekretär v. Bülow gegenüber den Militärs hervor. In diesem Sinne inspirierte er auch die Memoranden des Oberst Karl-Heinrich v. Stülpnagels,[48] der für die militärpolitische Lagebeurteilung im Truppenamt zuständig war. In der Heeresleitung beruhigte man sich allerdings noch mit der Hoffnung, daß „das Ruhebedürfnis in der ganzen Welt" groß genug und „die Interessen der Nachbarstaaten gegensätzlich" seien. Daß man in diesen „beiden Faktoren die stärksten Stützen der deutschen Politik" sah, ist ein ernüchterndes Fazit einer Militärpolitik, die mit dem Anspruch angetreten war, die „deutsche Wehrlosigkeit" zu beenden. Ein Jahr darauf, 1935, lautete die Schlußfolgerung aus den Lageanalysen dann noch düsterer: Man müsse einer Einkreisung vorbeugen, „selbst unter Opfern". Mitte 1935 beklagte selbst der Generalstabschef des Heeres die „Labilität der politischen Verhältnisse in Europa" und stellte fest, die militärpolitische Lage Deutschlands sei „immer ernster" geworden.[49] Knapp zwei Jahre nach ihrem Start war die Bilanz der autonomen deutschen Militärpolitik selbst in der Sicht ihrer Protagonisten erschreckend negativ.

Die Reaktion der militärischen Führung auf diese Situation bestand nun nicht darin, das Steuer herumzureißen und ihr Konzept zu ändern. Die von ihr mitgetragenen innerpolitischen Machtverhältnisse und ihre prinzipiellen Zielvorstellungen erlaubten ihr das gar nicht. Sie reagierte vielmehr auf zweifache Weise: *erstens* mit dem Versuch, die deutsche Aufrüstung militärpolitisch abzuschirmen. Schon im November 1934 war es im Truppenamt als wünschbar bezeichnet worden, in Südost-Europa eine für Deutschland militärpolitisch günstige Lage herzustellen, was u. a. auf die Aushöhlung der französisch bestimmten kleinen Entente abzielte. Seit Mitte 1935 bemühte sich daher der Generalstab um eine engere militärische und politische Zusammenarbeit mit Ungarn, die sich ab 1937 auch abzuzeichnen begann. *Zweitens* war die Antwort die Beschleunigung und strukturelle Umstellung der Aufrüstung. Schon im Sommer 1934 war aufgrund der internationalen Lage eine Beschleunigung des Heeresaufbaues beschlossen worden; jetzt wurde auch für den Aufbau des mit der Verkündigung des Wehrgesetzes vom März 1935 auf 36 Divisionen erweiterten Friedensheeres eine Beschleunigung beschlossen. Vor allem aber kam es ab Dezember 1935 zu einer grundlegenden strukturellen Umstellung und Erweiterung der Aufbauplanung. Es wurde mit der Planung „eines zu einem entscheidungssuchenden Angriffskrieg befähigten Heeres" (so der Planungsentwurf der Heeresorganisationsabteilung) begonnen. Das war die Umstellung vom „Risiko-Heer" auf das „Angriffs-Heer", das in seiner endgültigen Form fast zu einem Drittel aus Panzer- und motorisierten Verbänden bestehen sollte. Finanzielle Erwägungen sollten bei der Verwirklichung dieses Konzeptes keine Rolle mehr spielen.

Dieses in einer Denkschrift des Generalstabschefs[50] vom 30. Dezember entworfene Programm wurde im August 1936 vom Oberbefehlshaber des Heeres als neuer Aufrüstungsplan in Kraft gesetzt: über 43 Divisionen sollte das nun geplante Friedensheer umfassen, darunter drei Panzerdivisionen und sechs Panzerbrigaden (12 Regimenter), die zusammen mit sieben motorisierten bzw. mechanisierten Divisionen leicht zu weiteren Panzerdivisionen ausgebaut werden konnten. Auf dieser Grundlage sollte dann ab 1940 – das war das magische Vollendungsjahr der Aufrüstung – die Aufstellung eines Kriegsheeres von 102 Divisionen mit mehr als 2,6 Millionen Mann möglich sein (zum Vergleich: das deutsche Kriegsheer von 1914 hatte 2,1 Millionen Mann). Im wesentlichen erfolgte dann der weitere Ausbau, wenn auch mit kapazitäts- und rohstoffbedingten Verzögerungen und Umstellungen, bis 1939 gemäß diesem Rüstungsprogramm vom Dezember 1934/August 1935.

In größerem Rahmen ist dieses Programm in Zusammenhang mit der berühmten Denkschrift Hitlers zum Vierjahresplan[51] zu sehen, die ebenfalls im Sommer 1936 entstanden ist. In ihr verkündete er seine Absicht, die Wirtschaft in den Dienst der Aufrüstung und Kriegsvorbereitung zu stellen, und zwar ohne Rücksicht auf Wirtschaftlichkeit: „Wenn es uns nicht gelingt, in kürzester Frist die deutsche Wehrmacht in der Ausbildung, in der Aufstellung der Formationen, in der Ausrüstung und vor allem auch in der geistigen Erziehung zur ersten Armee der Welt zu entwickeln, wird Deutschland verloren sein! ... Es haben sich daher dieser Aufgabe alle anderen Wünsche bedingungslos unterzuordnen ... Kurz zusammengefaßt: Ich halte es für notwendig, daß nunmehr mit eiserner Entschlossenheit auf all den Gebieten eine 100%ige Selbstversorgung eintritt, auf denen diese möglich ist ... Ich möchte dabei betonen, daß ich in diesen Aufgaben die einzige wirtschaftliche Mobilmachung sehe, die es gibt, und nicht in einer Drosselung von Rüstungsbetrieben im Frieden zur Einsparung und Bereitlegung von Rohstoffen für den Krieg." Seine Ausführungen gipfelten in der Forderung: „Die deutsche Armee muß in vier Jahren einsatzfähig sein. Die deutsche Wirtschaft muß in vier Jahren kriegsfähig sein." Diese Denkschrift war einerseits eine Reaktion auf die Tatsache, daß die Aufrüstung inzwischen zu einer überhitzten Rüstungskonjunktur und zu gravierenden Rohstoff- und Devisenproblemen geführt hatte; andererseits entsprachen die darin formulierten Maßnahmen den von der Heeresleitung seit Dezember 1935 geforderten Schritten zum Aufbau des Offensiv-Heeres. Insofern ist die Vierjahresplan-Denkschrift auch als Versuch anzusehen, die wirtschaftlichen Voraussetzungen für die Verwirklichung des „Angriffsheeres" zu schaffen.

Mit den Aufrüstungsprogrammen vom Dezember 1935 und Sommer 1936 wurde eine gefährliche Entwicklung eingeleitet. Die Militärpolitik begann eine Dynamik zu entwickeln, die außer Kontrolle zu geraten drohte. Nicht nur war die Grenzlinie zwischen Defensiv- und Offensivrüstung überschritten worden, auch die wirtschaftlichen Möglichkeiten des Reiches wurden nun bis an die Grenzen strapaziert. Noch Anfang 1934 hatte der Chef des Generalstabes dem Chef des Heereswaffenamtes zugestimmt, als dieser in einem Vortrag nachdrücklich darauf verwies, daß die finanziellen und volkswirtschaftlichen Konsequenzen der Aufrüstung nicht außer acht gelassen werden dürften. Ein Jahr später bereits war dieses Prinzip nicht mehr einzuhalten. Der Chef des Generalstabes lehnte eine Verringerung der von ihm vorgesehenen Zahl der Panzerverbände „aus geldlichen Rücksichten" strikt ab.[52]

Diese Bemerkungen verweisen auf einen damals voll entbrannten Kampf um den Primat in der Wirtschaftspolitik. Reichsbankpräsident Schacht, seit 1934 auch Reichswirtschaftsminister, bemühte sich seit 1935 um eine gesamtwirtschaftliche Steuerung, um die finanziellen und rohstoffbedingten Probleme der Aufrüstung in den Griff zu bekommen. Dazu gehörte auch sein Bestreben, die Aufrüstung zeitlich zu strecken und die deutsche Wirtschaft wieder stärker auf die Weltwirtschaft auszurichten. Diese Absicht stieß jedoch auf den heftigen Widerstand von Wehrmacht und Rüstungsindustrie, die sich schließlich in dieser Auseinandersetzung um den Primat von Rüstungs- oder Gesamtwirtschaftspolitik mit Hilfe Görings bzw. Hitlers durchsetzten. Schacht erlitt schon im Oktober 1935 eine entscheidende Niederlage, als ihm mit der Aufhebung der kreditpolitischen Obergrenzen für die Aufrüstung das Mittel zur monetären Steuerung des Aufrüstungsprozesses aus der Hand genommen wurde. In der zitierten Vierjahresplan-Denkschrift wurde dann schließlich der Vorrang der Rüstung vor der gesamtwirtschaftlichen Ausrichtung proklamiert. Das Ergebnis war, daß es in der Folgezeit immer wieder zu Engpässen aufgrund der begrenzten Ressourcen in finanzieller und rohstoffmäßiger Hinsicht sowie zu Arbeitskräftemangel kam.

Diese Probleme wurden innerhalb der militärischen Führung durchaus erkannt und gelegentlich sogar in kontroverser Weise diskutiert, ohne daß daraus jedoch Folgerungen erwuchsen. Der Leiter des Wehrwirtschaftsstabes, Oberst Thomas, wies z. B. wiederholt – 1937 sogar öffentlich – warnend darauf hin, daß die forcierte Aufrüstung „in die Breite" zu Lasten einer für eine moderne Kriegführung notwendigen „Tiefenrüstung" ginge, nämlich zu Lasten der infrastrukturellen Voraussetzungen einer leistungsfähigen Kriegswirtschaft. Damit beeinträchtige – so mußte die von ihm suggerierte Schlußfolgerung lauten – Tempo und Ausmaß der vonstatten gehenden Aufrüstung letztlich die deutsche Kriegsfähigkeit.[53]

Warnungen vor einer durch Tempo und Ausmaß der Aufrüstung verursachten Qualitätseinbuße kamen auch vom Heerespersonalamt. Bereits im Sommer 1935 hatte dieses Amt, wenngleich vergeblich, Einspruch erhoben und auf die negativen Folgen für Qualität und Homogenität des Offizierskorps verwiesen. Ein Jahr später forderte es eine Umstellung der Aufbaupläne, da die Offizierslage katastrophal sei: In den Planungsvorgaben von 1933 hatte man für den Endausbau einen Offiziersanteil von 7% angesetzt, und für eine Übergangsperiode ein Absinken des Offiziersanteils auf 3% noch als tragbar bezeichnet. Nunmehr aber war der Offiziersanteil auf untragbare 1,3% abgesunken. Der Chef des Generalstabes lehnte jedoch eine Umgestaltung der Aufbauplanung mit dem Hinweis auf „die Not der Zeit" ab.[54]

Unmißverständlich machten auch zwei andere Amtschefs der Heeresleitung auf die fatalen Konsequenzen dieser Art Aufrüstung aufmerksam: im August 1936 wies das Allgemeine Heeresamt in einem Schreiben an die Heeresleitung darauf hin, daß nach beendetem Aufbau des geplanten „Angriffsheeres" die Rüstungsindustrie eine dann nicht mehr ausgelastete Produktionskapazität besäße. Damit stünde man vor der Alternative, entweder nach Ende der Aufrüstung den Einsatz der Wehrmacht ins Auge fassen oder aber jetzt schon eine Herabsetzung des Aufrüstungstempos beschließen zu müssen. Im Oktober 1936 verwies der Chef des Heereswaffenamtes ebenfalls unmißverständlich darauf, daß die 100%ige Durchführung des Aufbauplanes ... nur dann verantwortbar „erscheint, wenn man die feste Absicht (habe), die Wehrmacht zu bestimmtem, schon festgelegtem Zeitpunkt einzusetzen".[55]

Eindeutiger konnte man die Konsequenzen der von der militärischen Führung geplanten und durchgesetzten autonomen Aufrüstungspolitik nicht formulieren! Ein konfliktbestimmtes, einseitig auf militärische Machtmittel setzendes Politikverständnis hatte in Verbindung mit traditionellen hegemonialen Zielsetzungen nicht nur zu einer gefährdeteren Lage des Deutschen Reiches geführt, sondern auch Strukturen geschaffen, welche die Kriegsgefahr gefährlich steigerten.

Diese fatale Alternative – entweder mit unkontrollierbaren Folgen für die gesamte Volkswirtschaft unter Inkaufnahme fortschreitender Destabilisierung der internationalen Lage weiterrüsten, oder in naher Zukunft einen Einsatz der unfertigen Streitkräfte riskieren – hätte ein Eingehen auf die nicht allein von Schacht empfohlene „Streckung" der Aufrüstung, also die Verringerung von Tempo und Ausmaß verlangt. Kriegsminister und Oberbefehlshaber des Heeres lehnten dies jedoch entschieden ab, und zwar erneut mit dem Hinweis auf die angespannte internationale Lage.[56] Da die Destabilisierung der internationalen Machtverhältnisse jedoch in hohem Maße eine Folge der autonomen deutschen Aufrüstung war, kann man durchaus von einem selbstgeschaffenen circulus vitiosus sprechen, in den sich die führenden Militärs hineinbegeben hatten.

Diese Art von Militärpolitik, bewußt und entschlossen von der militärischen Führung gewollt im Einverständnis mit dem „Führer und Reichskanzler", geplant und durchgeführt gegen Warnungen aus den eigenen Reihen und trotz der vom Auswärtigen Amt und von Schacht aufgewiesenen Alternativen, hatte zu einer außenpolitischen, wirtschaftlichen und rüstungsmäßigen Problemlage geführt, welche nicht größere Sicherheit brachte, geschweige denn eine Chance, die angestrebte, auf militärische Macht gestützte Revisionspolitik durchsetzen zu können, sondern welche die Reichswehr- bzw. Wehrmachtführung zu einer immer risikoreicheren Aufrüstungspolitik trieb. Dabei war das Ausmaß der Risikobereitschaft, welches die damalige militärische Führungsgruppe zur Durchsetzung der Zielvorstellungen für notwendig erachtete, nicht nur innerhalb der Militär-Elite umstritten – wie die erwähnten Einsprüche und Warnungen beweisen –, sondern es wurde offensichtlich auch in oppositionellen Kreisen der traditionellen Führungseliten mit wachsender Sorge betrachtet. So wies eine aus diesen Kreisen stammende Denkschrift angesichts des offenkundigen Zusammenhanges von massiver Rüstung, Wirtschaftslage und internationaler Spannungssteigerung Anfang 1936 die militärische Führung nachdrücklich auf ihre Verantwortlichkeit hin, und zwar ausdrücklich unter Verweis auf den aus der preußisch-deutschen Militärstaats-Tradition wie aus den Zwängen des totalen Krieges abgeleiteten generellen Führungsanspruch der Militär-Elite: „. . . die Armee" – so heißt es da mit Anspielung auf den gesamtgesellschaftlichen Charakter eines kommenden Krieges – „trägt heute hundertprozentig die Verantwortung für alle etwaigen kriegerischen Verwicklungen. Da der moderne Krieg ein totaler ist, beschränkt sich die Verantwortung der Armee nicht auf das Militärische . . . Daraus geht hervor, daß das Volk in seiner Gesamtheit die Armee ausschließlich mit der Verantwortung für etwaige Komplikationen belastet, und zwar ausschließlich. Sollte es nun, was Gott verhüten möge, zu kriegerischen Verwicklungen kommen, so sind die moralischen Auswirkungen für die Armee unabsehbar." Die oder der Verfasser kommen daher zu der Schlußfolgerung: „Auf der Armee liegt ganz ausschließlich die Verantwortung für die kommenden Dinge. Vor dieser Feststellung gibt es kein Ausweichen."[57]

X.

Die nächste Entwicklungsphase von Mitte 1936 bis Anfang 1938 war durch eine eigentümliche Ambivalenz gekennzeichnet: sie brachte einerseits den beginnenden Übergang zur offenen Aggressionsvorbereitung, andererseits auch den Versuch der militärischen Führung, irgendwie mit den Folgen ihrer Militärpolitik fertig zu werden, ohne die grundsätzliche Zielsetzung zu ändern.

Im Jahr 1936 wurde offenkundig, wie diese Militärpolitik

die Weichen auf einen künftigen kriegerischen Konflikt hin gestellt hatte. Konkreter Ausdruck waren die Weisungen des Oberbefehlshabers der Wehrmacht für den Einsatz der Streitkräfte.[58] Diese Weisungen trugen einen Doppelcharakter: schon die erste Weisung vom Sommer 1936 enthielt alle Elemente einer aggressiv-expansionistischen Hegemonialpolitik: ein umfassend angelegter Koalitionskrieg gegen die Tschechoslowakei war das zentrale politische Thema dieser Weisung. Dieser Staat hatte schon zuvor im Vordergrund deutscher militärischer Planung gestanden; denn, wie der deutsche Generalstabschef im September 1937 zu seinem ungarischen Kollegen bemerkte: „Solange der Blinddarm – die Tschechei – in Mitteleuropa existiert, kann Deutschland kaum Krieg führen.“[59] Auf der anderen Seite wurden in dieser Weisung auch die Voraussetzungen für eine solche Kriegspolitik festgelegt. Insofern war sie ein Versuch, das Dilemma der autonomen Militärpolitik, auf das ja gerade um diese Zeit das Allgemeine Heeresamt mit brutaler Logik verwiesen hatte, zu bewältigen. Der in Aussicht genommene Krieg sollte nämlich isoliert bleiben. Das wollte man erreichen durch eine überlegene Koalitionsbildung, durch Ausnutzung einer speziellen internationalen Konstellation, durch die militärische Überlegenheit Deutschlands nach abgeschlossener Aufrüstung sowie durch die Schnelligkeit der militärischen Operationen, welche dritte Mächte vom Eingreifen abhalten sollte. Da diese Voraussetzungen weder gegeben waren noch sich abzeichneten, muß die Weisung zunächst als planerische Zielvorgabe und nicht als eine zur sofortigen Durchführung bestimmte Programmanweisung angesehen werden.

Ein Jahr später folgte unter dem Datum des 24. Juni 1937 die zweite Einsatzweisung. Sie war in noch stärkerem Maße Ausdruck des Bemühens der Militärs, die gefährlichen Folgen ihrer eigenen Militärpolitik zu bewältigen. Einerseits spiegelten sich in ihr die Veränderungen der weltpolitischen Konstellation, aufgrund derer man ein schwindendes Engagement der Großmächte in Mitteleuropa annahm: Abessinienkonflikt, spanischer Bürgerkrieg, japanische Aggression in China. Damit wäre eine günstige Konstellation für eine „aktive deutsche Politik" gegeben. Andererseits fixierte sie die Voraussetzungen und Bedingungen, unter denen zur Realisierung der geplanten kriegerischen Revisionspolitik geschritten werden dürfe. Insofern ist sie als Versuch der militärischen Führung anzusehen, den Entscheidungsprozeß der politischen Führung durch bestimmte gesamtpolitische und militärisch-strategische Festlegungen zu beeinflussen und sich so als sekundärem System indirekten Anteil an der politischen Entscheidungskompetenz zu verschaffen.

Erstens wurden äußere Voraussetzungen genannt: die Begrenzung der Zahl der Kriegsgegner in einem derartigen mitteleuropäischen Konflikt auf höchstens drei (CSR, Frankreich, u. U. Sowjetrußland), dazu ein Bündnis mit Ungarn, wohlwollende Neutralität Italiens und Polens, vor allem aber die absolute Neutralität Großbritanniens – eine Intervention dieses Landes wurde sogar als „Katastrophe" bezeichnet; zweitens interne Vorbedingungen: die volle Verwendungsfähigkeit der Streitkräfte, also die abgeschlossene Aufrüstung – eine Voraussetzung, die nicht vor 1940–43 gegeben war. Für das Jahr 1938 waren damit die militärischen Voraussetzungen noch in keiner Weise gegeben.

Im Verlaufe der zweiten Jahreshälfte 1937 zeichneten sich jedoch bedeutsame Veränderungen der internationalen Lage ab, die geeignet waren, auf den deutschen Entscheidungsprozeß eine verführerische und zugleich verwirrende Beeinflussung auszuüben. Die sowjetische Militärmacht schien seit dem Sommer durch Stalins große Säuberung vorerst paralysiert; im Donauraum war Ungarn auf einen Kurs der Zusammenarbeit mit Deutschland eingeschwenkt und begann um- und aufzurüsten; Jugoslawien war zum bevorzugten Handelspartner des Reiches geworden: jene für Deutschland günstige Kombination in Südosteuropa, die der Generalstab schon in einer Studie aus dem Jahr 1934 für erstrebenswert gehalten hatte, zeichnete sich ab. Polen hatte sich zudem an der Revision der tschechoslowakischen Grenzen interessiert gezeigt. Eine spürbare Entfremdung zwischen Großbritannien und Deutschland schien durch den Beitritt Italiens zum deutsch-japanischen Pakt ausbalanciert zu werden. Der Leiter der politischen Abteilung im Auswärtigen Amt, v. Weizsäcker, konstatierte zudem ein großes „Ruhebedürfnis" der Briten, die daher unter Umständen zu einem Arrangement mit Deutschland geneigt sein könnten. Allerdings wies er darauf hin, daß die „Zeit in Rüstungsfragen für England", nicht für Deutschland laufe. Daher „haben wir nicht beliebig langen Verhandlungsspielraum".[60]

Damit wies der hohe Diplomat auf das grundsätzliche Dilemma der deutschen Militärpolitik hin. Eine gefährliche Konstellation zeichnete sich ab; der durch die deutsche Aufrüstung in Gang gesetzte Rüstungswettlauf zwischen den Großmächten barg die Gefahr in sich, daß in absehbarer Zukunft Mächte mit besseren ökonomischen Ressourcen den deutschen Rüstungsvorsprung einholten, ihn gar überrundeten, bevor noch die Aufrüstung vollendet war. Jede militärisch abgestützte Revisionspolitik wäre somit unmöglich gemacht. Auf der anderen Seite konnte gerade diese Zwangslage die Versuchung aufkommen lassen, unter Ausnutzung einer momentanen günstigen internationalen Lage schon vor Abschluß der Aufrüstung loszuschlagen.

Genau mit diesem Argument konfrontierte Hitler am 5. November 1937 die Spitzenmilitärs und den Außenminister in der bekannten Besprechung in der Reichskanzlei.[61] Er legte dar, es sei sein „unabänderlicher Entschluß, in absehbarer Zeit gegen die CSR und Österreich gewaltsam vorzugehen". Generell setzte er den Zeitpunkt für etwa 1943/45 an, was der militärischen Planung entsprach. Dann jedoch hob er ausdrücklich den Zeitdruck hervor, unter dem das Reich stünde. Man müsse trotz unfertiger Rüstung sich bietende günstige Gelegenheiten ausnutzen. In späteren Jahren werde eine immer stärkere Kräfteverschiebung zuungunsten des Reiches eintreten. Er skizzierte sodann bestimmte Konstellationen, bei deren Eintreten schon zwischen 1938 und 1940 zum Expansionskrieg geschritten werden könnte.

Angesichts des Ablaufes der Ereignisse ist es unwichtig,

welche Motive Hitler zu den Ausführungen vom 5. November 1937 veranlaßt hatten. Entscheidend war, daß die militärischen Verantwortlichen und der Außenminister, insbesondere aber der Architekt der Aufrüstung, der Generalstabschef Beck, diese Darlegungen ernstnahm. Hitler schien ihnen zu einer Vabanque-Politik bereit. Ihre Bestürzung war nur zu verständlich, denn Hitler konfrontierte sie im Grunde mit den Konsequenzen ihrer eigenen Militärpolitik; diese hatte internationale Gegenwirkungen hervorgerufen, die den Zeitplan der Aufrüstung in absehbarer Zeit konterkarieren müßten. Also müsse man ihnen zuvorkommen. Hitler zog damit nur halsbrecherische Folgerungen aus einer Militärpolitik, auf deren nicht weniger halsbrecherische Konsequenzen ja auch Weizsäcker schon verwiesen hatte.

General Beck hatte offensichtlich diese Zusammenhänge und die ihr innewohnende Logik erkannt. Einige Tage später nahm er in einer ausführlichen Niederschrift Stellung.[62] Dieses Dokument ist in mehrfacher Hinsicht aufschlußreich. Bislang hat man daraus vornehmlich eine erste Warnung vor leichtfertiger Kriegspolitik herausgelesen. Diese enthielt sie in der Tat. Seine Einwände waren indessen primär methodischer Art, denn er betonte nachdrücklich seine Übereinstimmung in der strategisch-politischen Zielsetzung. Diese Methodendivergenz sollte sich bald zu einem Grundsatzkonflikt ausweiten. Beck erhob nämlich die Forderung, die Militär-Elite müsse mitverantwortlich am Entscheidungsprozeß über Krieg und Frieden beteiligt werden. Daher entwickelte er – ausgehend von Gedanken, die er schon früher erwogen hatte – in jenen Tagen ein methodisches Konzept, das jenes aufgezeigte Dilemma bewältigen sollte, das Hitler (wie auch Weizsäcker) mit seinem Hinweis auf den Zeitfaktor bloßgelegt hatte. Der General hoffte, daß durch drei Faktoren – forcierte Fortsetzung der Rüstung, geschickt angelegte Bündnispolitik sowie zeitlich begrenzte Entspannungsbemühungen – der Wettlauf mit den potentiellen Gegnern gewonnen und so ein temporäres machtpolitisches Übergewicht des Reiches in einer außenpolitisch aussichtsreichen Situation hergestellt werden könnte, ehe gegnerische Stärke und antideutsche Allianzbildungen jede Revisions- und Großmachtpolitik unmöglich machten. Dieses Konzept schlug sich weitgehend in den „Nachträgen" zur Wehrmachtweisung nieder, die im Dezember 1937 vom OKW in Zusammenarbeit mit dem Heeresgeneralstab erlassen wurden.[63] Sie sind Dokumente der Widersprüche und der Illusionen, letztlich der Hilflosigkeit gegenüber einer Situation, in die man sich selbst manövriert hatte.

Der Widerspruch: man hielt am Ziel, einem „Angriffskrieg gegen die CSR und damit der Lösung des deutschen Raumproblems" fest, unter der Bedingung, daß „Deutschland seine volle Kriegsbereitschaft auf allen Gebieten" erreicht habe, auch „wenn die eine oder andere Großmacht gegen uns eingreift"! Andererseits aber beschwor man „die Staatsführung, das politisch Mögliche (zu) tun, um Deutschland das Risiko eines Zweifrontenkrieges zu ersparen und jede Lage zu vermeiden, der Deutschland nach menschlichem Ermessen militärisch oder wirtschaftlich nicht gewachsen ist".

Die Illusion: Wenn sich die „politische Lage nicht oder nur langsam zu unseren Gunsten" entwickle, so werde „damit auch die Auslösung des Falles ,GRÜN' (= Krieg gegen die CSR) ... noch um Jahre hinausgeschoben werden". Wie aber – so muß man dann fragen – soll der rüstungswirtschaftliche Zugzwang, in dem das Reich stand, und damit die Gefahr einer Rüstungsüberflügelung gebannt werden? Auf diese Frage gibt die Weisung keine Antwort. Aus dieser Aporie wußten auch die militärischen Planer keinen anderen Ausweg als den, welchen Hitler ihnen schon am 5. November vor Augen gestellt hatte: notfalls schon Krieg *vor* Abschluß der Aufrüstung. „Tritt aber eine Lage ein, die ... die Wahrscheinlichkeit schafft, daß Deutschland außer Rußland keinen weiteren Gegner an der Seite der Tschechoslowakei findet, so wird der Fall ,GRÜN' auch vor der erreichten vollen Kriegsbereitschaft Deutschlands eintreten." Damit reduzierte sich im Endeffekt die deutsche Revisions- und Hegemonie-Politik auf die vage Hoffnung, daß irgendwann doch noch eine positive Lage eintreten werde, bevor der Rüstungswettlauf und die antideutsche Koalitionsbildung diese Politik endgültig unmöglich machte. In diese Lage war man durch die eigene Militärpolitik hineingeraten. Sie ließ der Militär-Elite keinen Spielraum mehr für eine nachhaltige Beeinflussung des Entscheidungsprozesses der politischen Führung.

XI.

Dazu sollte sie auch gar keine Möglichkeit mehr haben. Erstens kam es Anfang 1938 im Verlaufe der Blomberg-Fritsch-Krise zur Entmachtung der Militär-Elite; Hitler übernahm selbst den unmittelbaren Oberbefehl über die Wehrmacht und zog damit alle strategischen und militärpolitischen Entscheidungen exklusiv an sich. Zweitens begann er ab April mit vorgezogenen Aggressionsvorbereitungen gegen die CSR.

Die innere Voraussetzung dieser Kriegspolitik war die Instrumentalisierung des Militärs in der Blomberg-Fritsch-Krise. Sie stellt eine historische Zäsur in der Geschichte der preußisch-deutschen Militär-Elite dar. Diese sich als primär politisch-soziale Machtelite verstehende Militär-Elite wurde nunmehr zu einer bloß funktionalen Eliteschicht, zum reinen Exekutivinstrument der politischen Führung, degradiert. Zwar versuchte General Beck noch bis in den Sommer 1938 hinein, den traditionellen Mitverantwortungs- und Mitentscheidungsanspruch aufrechtzuerhalten und während der Sudetenkrise durchzusetzen; sein Rücktritt war jedoch das Eingeständnis, daß dieser Anspruch gescheitert war. Das bedeutete nicht weniger als eine klare historische Zäsur, einen Bruch der Kontinuität, in der Geschichte der preußisch-deutschen Militär-Elite. Die neuen Männer in der Heeresführung und im OKW verkörperten diese Diskontinuität, sie waren weder fähig noch willens, die Konzeption einer eigenständigen Rolle der Armee im Staat zu verkörpern, sie strebten nicht länger nach Teilhabe an der Macht und der Entscheidungskompetenz im Staat. Sie beschränkten sich zunehmend auf ihren militärisch-fachlichen Bereich.

Will man die Vielschichtigkeit der individuellen Standpunkte und Motivationen etwas schematisieren, dann kann man formulieren: Jene Gruppe, die in der Koalition mit einer nationalistisch-populistischen Massenbewegung vermeint hatte, sich eine neue Legitimitätsgrundlage für die Aufrechterhaltung ihres auch politischen Eliteanspruches verschaffen zu können, war mit ihrem Konzept gescheitert. Hitler und seine Partei schienen das Integrationsproblem gelöst zu haben, und zwar zu ihren eigenen Gunsten und auf Kosten der traditionellen Eliten. Zum Zuge kamen nunmehr die Vertreter einer Auffassung, die sich nur noch als militärisch-professionelle Elite innerhalb eines nationalistisch-totalitären Integrationssystems verstanden, dem insgesamt die Bewältigung der Problematik des modernen „technisch-industriellen Krieges" oblag.

In diesem Zusammenhang wird wiederum eine Kontinuitätslinie erkennbar, welche auch diese Vertreter des Militärs mit bestimmten preußisch-deutschen Traditionen verbindet: Die entscheidenden Elemente dieser Linie waren die außen- und die innenpolitischen Zielsetzungen. Die Verwirklichung eines wesentlichen Teilbereiches der innenpolitischen Zielprojektion – der autoritär strukturierte Staat –, erleichterte den Verzicht auf die Bewahrung der einstigen politischen Rolle. Dagegen konnten sie die Realisierung der außenpolitischen Zielsetzung, die Erlangung einer hegemonialen Stellung des Reiches in Europa, ohne Abstriche auch weiterhin verfolgen. Hierin lag zweifellos das stärkste Identifikationsmoment der damaligen militärischen Führung mit dem NS-System.

Das wurde in den folgenden Wochen und Monaten deutlich, als die Mehrzahl der hohen militärischen Führer Hitler folgte. Sie hielten die äußeren Voraussetzungen einer Politik des Kriegsrisikos für gegeben: Die Duldung des Anschlusses Österreichs durch die Garantiemächte des Systems von Versailles sowie die damit erfolgte erhebliche Verbesserung der geostrategischen und, relativ gesehen, auch der wehrwirtschaftlichen Lage des Reiches schienen eine günstige Lage für die Durchführung des Falles ‚GRÜN' zu bieten.

Mit der Österreich-Besetzung erhielt daher der deutsche

Entscheidungsprozeß eine neue Dynamik. Ausdruck dessen waren die Neufassung der Wehrmacht-Weisung, deren Ausarbeitung Hitler am 20.–21. April befahl und die am 30. Mai vorlag.[64] Zwei Tage zuvor erklärte er vor hohen politischen und militärischen Amtsträgern, die Tschechoslowakei müsse, wenn sich eine günstige Gelegenheit biete, in absehbarer Zeit zerschlagen werden.[65] Unter erneuter Darlegung seiner Lebensraumtheorien deutete er in diesem Zusammenhang sogar die Möglichkeit eines Krieges Deutschlands gegen die Westmächte an, dessen Ziel „die Erweiterung unserer Küstenbasis im holländischen und belgischen Raume" sein müsse. Die Tschechoslowakei müsse beseitigt werden, da sie einem sicheren deutschen Siege im Wege stünde. Ebenfalls betonte er die Notwendigkeit einer „äußerste(n) Beschleunigung unserer Rüstung". So erging bald die Anweisung, die materielle Ausstattung des Mobilmachungs-Heeres schon zum 1. April 1939 „in voller Höhe" sicherzustellen.[66] In Vorschau auf eine Auseinandersetzung mit den Westmächten begann die Marine damals ein gewaltiges, gegen Großbritannien gerichtetes Neubauprogramm (Z-Plan) zu entwerfen, und die Luftwaffe beschäftigte sich mit einem Umrüstungsplan, der eine Verfünffachung ihrer Streitkräfte vorsah. Das Heer wurde angewiesen, den Rüstungsplan vom August 1936 um ein ganzes Jahr vorzuziehen. Diese explosionsartige Rüstungsbeschleunigung, die entgegen der Skepsis des Heeres-Generalstabschefs tatsächlich in Gang kam, ist mit Recht wegen „der Festlegung auf ein geradezu selbstmörderisches Tempo und auf ein alle bisherigen Größenordnungen übersteigendes Maß der Rüstung" als „qualitativer Sprung" bezeichnet worden.

Der Rüstungsbeschleunigung folgte die operative Planung. Am 30. Mai erging die neue Aufmarschanweisung für den Fall ‚GRÜN', deren Entwurf zuvor von Hitler selbst in entscheidenden Punkten abgeändert worden war. War in dem Entwurf noch eine umfassende Zeitperspektive enthalten gewesen, so bestimmte Hitlers Neufassung nun, es sei sein „unabänderlicher Beschluß", die Tschechoslowakei „in absehbarer Zeit zu zerschlagen" und den Anlaß dazu „abzuwarten oder herbeizuführen". Militärisch und politisch am günstigsten sei „blitzschnelles Handeln auf Grund eines Zwischenfalls, durch den Deutschland in unerträglicher Weise provoziert wurde und der wenigstens einem Teil der Weltöffentlichkeit gegenüber die moralische Berechtigung zu militärischen Maßnahmen gibt".

Aber auch eine etwa dem Krieg vorausgehende Zeit diplomatischer Spannungen müsse „durch plötzliches ... überraschendes Handeln unsererseits ihren Abschluß finden, bevor der Gegner sich einen nicht mehr einzuholenden Vorsprung in der militärischen Bereitschaft" sicherte. Denn es müsse bereits „in den ersten 2 bis 3 Tagen eine Lage geschaffen werden, die interventionslüsternen gegnerischen Staaten die Aussichtslosigkeit der tschechischen militärischen Lage vor Augen" führe. Würden in den ersten Tagen keine greifbaren Erfolge erzielt, so träte „mit Sicherheit eine europäische Krise ein". Diese Erkenntnis müsse „den Führern aller Grade den Impuls zu entschlossenem und kühnem Handeln geben." Um rasche Erfolge und damit die Isolierung des Konfliktes sicherzustellen, solle der Einbruch in die CSR überraschend und mit massierten Kräften erfolgen.[67]

Diese Weisung war nicht nur bezeichnend für Hitlers Kriegswillen, sie war vor allem seine Antwort auf das politisch-strategische Dilemma der deutschen Militärpolitik, das er am 5. November 1937 angesprochen hatte. Blitzkrieg und strategisch-politische Überraschung – das war sein Rezept.[68] Damit sollte die Isolierung des geplanten kriegerischen Konfliktes gewährleistet und so auf einen Schlag der gordische Knoten einer verfehlten Militärpolitik durchgehauen werden. Der funktionale Gehorsam, den die militärische Führung – bis auf wenige Ausnahmen – Hitler fortan entgegenbrachte, erklärt sich wohl nicht zuletzt auch aus der Tatsache, daß der Diktator einen Ausweg aus der Aporie wies, in welche ihre eigene Militärpolitik sie geführt hatte. Daß damit der Weg in den Krieg betreten wurde, schreckte nicht; daß dies ein Weg von höchstem Risiko war, haben manche wohl erkannt. Die Mehrzahl von ihnen beruhigte sich indessen im Vertrauen auf die vermeintliche Leistungsfähigkeit des militärischen Instrumentes, auf eine günstige außenpolitische Konstellation oder auf den Effekt eines strategischen Überraschungscoups. Nur wenige, an ihrer Spitze der Generalstabschef Beck und sein Nachfolger Halder, sahen das Risiko als zu groß an. Sie machten, jeder auf seine Weise, gegen Hitlers Politik Front. Sie erkannten die Alternative, vor die sich die Militär-Elite mit ihrer Militärpolitik im Staate Hitlers manövriert hatten: funktionieren oder konspirieren. Vor dieser Alternative gab es in dem Moment kein Ausweichen mehr, als Hitler am 18. Juni und 7. Juli 1938 in neuen Weisungsentwürfen seine Absicht verkündete, ab 1. Oktober jede mögliche Gelegenheit „zur Lösung der tschechischen Frage" auszunutzen.[69] Seine Ankündigungen in der Weisung vom 30. Mai waren also keine theoretischen Erwägungen gewesen.

In dieser Situation ergriff Generalstabschef Beck die Initiative. Er hatte schon in einer Denkschrift vom 5. Mai 1938 gewarnt: ein Krieg gegen die CSR würde nicht zu isolieren sein, Großbritannien würde in den Krieg eintreten, einen Konflikt mit den Briten aber könne das Reich nie gewinnen. Eine „Lösung der tschechischen Frage", die auch er als irgendwann notwendig ansah – die Existenz der Tschechoslowakei in ihrer jetzigen Gestalt sei „für Deutschland unerträglich", hatte er Ende Mai geschrieben – könne gegenwärtig nur mit und nicht gegen Großbritannien gefunden werden.[70] An dieser Auffassung hielt er während der gesamten Sudetenkrise unbeugsam fest. Am 16. Juli legte er dem neuen Oberbefehlshaber des Heeres v. Brauchitsch diesen Standpunkt nochmals eindringlich dar und schlug dann vor, eine Einheitsfront der höheren Generalität in der Tschechenfrage herzustellen und damit die einheitliche Willensbildung der Heeresführung gegenüber der politischen Führung zu demonstrieren. Hitler werde dadurch vielleicht von seinen Kriegsplänen abzubringen sein. In einem Vortrag vom selben Tag verschärfte er seinen Vorschlag noch: Bliebe Hitler bei seinem Entschluß zum Kriege, sollten die Kommandierenden Generäle kollektiv zurücktreten. Das bedeutete einen entscheidenden Schritt über seine bisherigen Bemühungen hinaus, die sich alle noch im Rahmen der üblichen dienstlichen Routinemaßnahmen (Vorträge, Memoranden) gehalten hatten. Nunmehr faßte er einen Akt ungewöhnlicher Pression gegenüber dem Diktator ins Auge. Einige Tage später, in einer „Nachtrag am 29. Juli 38" überschriebenen Notiz ging er noch weiter und warf erstmals den Gedanken einer Regimereform auf.[71] Es sollte gegen die Kriegspolitik und gegen die zum Kriege treibenden „Radikalen" der Partei in der Umgebung Hitlers gehen, nicht gegen den „Führer" selbst. In der Vortragsnotiz vom 29. Juli 1938 nannte er die seiner Ansicht nach kriegstreiberischen Kräfte – nämlich den Außenminister v. Ribbentrop und den „Reichsführer-SS" Himmler – offen beim Namen, also auch den Repräsentaten jener Machtgruppe, die in der Fritsch-Affäre eine so unheilvolle Rolle gespielt hatte. Daraus wird klar, daß für den Generalstabschef der Kampf gegen eine verhängnisvolle Kriegspolitik zusammenfloß mit der langjährigen Auseinandersetzung um Stellung, Einfluß und Rolle der Armee im Staat. Zu diesem doppelten Zweck – Kriegsverhinderung und innerpolitischem Machtkampf – faßte er jene massive Pression ins Auge. Offenbar schwebte ihm eine Aktion etwa nach dem Muster des 30. Juni 1934 vor.[72]

Der Heeres-Oberbefehlshaber jedoch folgte seinen Vorschlägen nicht, ebensowenig taten dies die Kommandierenden Generäle, die auf Becks Drängen am 4. August zusammengerufen worden waren. Alle waren sich darin einig, daß ein Konflikt, in den die Westmächte eingriffen, das Ende Deutschlands bedeuten würde. Aber Becks apodiktische Meinung, daß der Krieg gegen die CSR *unvermeidlich* einen Krieg mit den Westmächten bringen würde, wurde von den höchsten Generälen des Heeres nicht geteilt: Die Berichte der Militärattachés in den wichtigsten europäischen Hauptstädten waren in dieser Frage nicht so eindeutig; und ein großangelegtes Kriegsspiel des Generalstabes schien auch zu beweisen, daß ein Konflikt mit der CSR militärisch rasch und erfolgreich zu beenden wäre. Beck resignierte und reichte am 18. August sein Entlassungsgesuch als Chef des Generalstabes ein: „Ich habe gewarnt – und zuletzt war ich allein", hat er rückblickend seine Lage kommentiert.[73]

Becks Rücktritt war eher ein Zeichen der Resignation als der Auflehnung. Es war auch das Eingeständnis, daß die Militärpolitik der Heeresführung in eine gefährliche Sackgasse geraten war. Sie hatte vor allem Hitler die Möglichkeit zu einer gefährlichen Vabanque-Politik gegeben. Der geplante Übergang zur Expansionspolitik geschah in Becks Augen verantwortungslos frühzeitig; aber gab es angesichts der Gegenkräfte, welche die Militärpolitik der Aufrüstung hervorgerufen hatte, überhaupt noch ein „Rechtzeitig"? Gab es überhaupt noch einen Ausweg aus dem Dilemma zwischen ökonomisch und innenpolitisch auf die Dauer untragbaren Aufrüstungskosten und den angelaufenen politisch-militärischen Gegenmaßnahmen der Großmächte, welche die deutsche Überlegenheit alsbald entscheidend relativiert hätten? Angesichts dieses Dilemmas und Hitlers Festhalten an seinen Kriegsplänen wählte der Generalstabschef den Rücktritt.

Becks Nachfolger, General Halder, zog die Konsequenzen aus der unklaren Lage. Einerseits entschloß er sich, mit den operativen Vorbereitungen eines Feldzuges gegen die CSR fortzufahren, wohl für den Fall, daß ein begrenzter Krieg doch möglich wäre. Andererseits bereitete der neue Generalstabschef, wohl schon seit längerem ohne Illusionen bezüglich des Charakters des Regimes, einen Staatsstreich für den Fall vor, daß Hitlers Politik tatsächlich zu einem Krieg mit den Westmächten führte. In der sogenannten „September-Verschwörung" von 1938 fanden sich um Halder hohe zivile und militärische Funktionsträger wie Canaris, Schacht, Witzleben und Stülpnagel. In dieser Verschwörung verband sich das Ziel der Kriegsverhinderung in sehr eigentümlicher Weise mit dem der Regimeänderung. Sie liefen daher auch auf zwei Ebenen ab: Einerseits setzte man bereits früher begonnene Geheimkontakte fort, um das Ausland, vor allem die Briten, zu einer festen Haltung gegenüber Hitler zu veranlassen und damit zugleich den zögernden Generälen die Gefährlichkeit der Lage zu demonstrieren; andererseits wurden die militärtechnischen Vorbereitungen für einen Staatsstreich in Berlin von der Gruppe um Oster und Gisevius im Auftrage Halders vorangetrieben.

In der zweiten Septemberhälfte 1938 geriet Europa dann an den Rand eines Krieges.[74] Das persönliche Engagement des britischen Premierministers Chamberlain und die Bereitschaft Mussolinis, einen Kompromißvorschlag zu unterbreiten, führten jedoch dazu, die von Hitler vom Zaune gebrochene Krise auf der Konferenz von München zu bewältigen. Die Westmächte hatten dies mit einer Mischung von Entgegenkommen (Selbstbestimmung für die Sudetendeutschen, Anschluß der Sudetenlande an Deutschland innerhalb der von Hitler geforderten Frist) und Härte (demonstrative Mobilmachungsmaßnahmen) erreicht. Damit hatten sie Hitler in eine Lage manövriert, in der er auf den von ihm gewünschten Krieg und auf die Vernichtung der gesamten Tschechoslowakei verzichten sowie die Internationalisierung der tschechischen Frage hinnehmen mußte. Chamberlain hatte um einen hohen Preis Hitlers Konzept ruiniert.

Für die nationalkonservative Opposition bedeutete „München" einen schweren Rückschlag. Die Verschwörer hatten genauso wie Hitler die Ratio der britischen Appeasement-Politik verkannt, die Kompromißbereitschaft mit Härte zum Zwecke der Herstellung einer dauerhaften Friedensorganisation Europas verband. Diese, nicht Hitlers Sturz, war Londons Ziel. Damit entfielen für die Verschwörer alle Voraussetzungen zum Handeln: Weder befahl Hitler den Angriff, noch erklärten die Westmächte den Krieg. Halder, der nach seiner eigenen Aussage seit dem 27. September jede Minute wartete, den Mitverschwörern das Zeichen zum Losschlagen zu geben, wurde nach Tagen der Putschvorbereitungen und des nervenaufreibenden Wartens von der Meldung über die bevorstehende Konferenz von München völlig aus dem Gleichgewicht gebracht. Der Heeresadjutant bei Hitler hielt in seinen Aufzeichnungen fest, der Generalstabschef sei „am Schreibtisch völlig zusammengebrochen, weint, hält alles für verloren".[75] Vielleicht sah Halder auch, daß sich damit das Dilemma der

Militärs fortsetzte bis zur nächsten Krise. Der instrumentalisierten Militär-Elite blieb nur noch die erwähnte Alternative „funktionieren oder konspirieren". Halder hat zeitweilig beides versucht – auch das ein Ausdruck des unaufhebbaren Dilemmas, in das das Militär sich hineinmanövriert hatte.

Hitler hat nie ein Hehl daraus gemacht, daß er das Übereinkommen von München als Niederlage empfunden hat. München wurde daher nicht Ende einer aggressiven Politik, sondern zum Ausgangspunkt weiterer Aggressionen. Am 21. Oktober erging eine Weisung an die Wehrmacht, die Besetzung Böhmens und Mährens und damit die Zerstörung der „Rest-Tschechei" vorzubereiten. Ab Dezember wurden die Planungen für die Fälle ‚ROT' (Frankreich) und ‚WEISS' (Polen) intensiviert und eine Planung ‚BLAU' (Großbritannien) begonnen. Auf „wehrwirtschaftlichem Gebiet wurden die rüstungs- und kriegswirtschaftlichen Vorbereitungen forciert und Maßnahmen getroffen, um das tschechoslowakische Potential rasch eingliedern zu können." Die Propaganda wurde auf die psychologische Kriegsvorbereitung der Bevölkerung umgestellt.

Daß nun keinerlei Widerspruch aus den Reihen der militärischen Führung mehr erfolgte, erklärt sich wohl aus der Faszination der jüngsten außenpolitischen Erfolge, die ohne einen scharfen Schuß errungen worden waren; es erklärt sich aber auch aus dem gewandelten Rollenverständnis der nunmehr an führenden Stellungen befindlichen Militärs und zeigt den Grad ihrer erfolgten Instrumentalisierung. So wies der neue Oberbefehlshaber des Heeres alle Kontaktversuche der Opposition zurück. Mehr noch, er intensivierte die ideologische Indoktrinierung der Armee in bislang ungekannter Weise. Die führenden Offiziere des OKW taten ebenfalls alles, um die Reduktion des Offizierskorps zu einer reinen Funktionselite voranzutreiben: Glaube, Gefolgschaftstreue und blinder Gehorsam sollten fortan an die Stelle eigenständiger Politik und autonomen Selbstverständnisses treten.[76]

Hitler seinerseits begann, in einer Reihe von Reden das militärische Führerkorps auf den kommenden Krieg einzustimmen. In diesen Ansprachen kritisierte er den „Pessimismus" innerhalb der militärischen Führungsschichten und zeichnete zugleich das Idealbild eines in blinder Zuversicht der politischen Führung folgenden Offiziers. Die Proklamierung eines neuen, der radikalisierten Führerdiktatur angemessenen Offiziersleitbildes, Hand in Hand mit politischer Einschüchterung, war der eine thematische Aspekt der sechs „Offiziersreden", die Hitler zwischen Januar und August 1939 hielt.[77] Der andere thematische Schwerpunkt dieser Reden war der Versuch, mehr oder minder unverhüllt seine Zuhörer auf sein Eroberungskonzept einzustimmen. Schon im Januar hatte er auf das Erfordernis verwiesen, „... neuen Raum zu gewinnen, den wir uns gewaltsam schaffen müssen ... das deutsche Volk mit seinen 110 Millionen Deutschen in Mitteleuropa macht mich ... hoffnungsfreudig und diesem geschlossenen Block wird und muß einmal die Welt gehören!"[78]

Diese Gedanken griff er nunmehr auf, um im Rahmen ausführlicher geschichtsphilosophischer und rasse-ideologischer Überlegungen ein visionäres Eroberungsprogramm darzulegen und die Offiziere von der zwingenden Notwendigkeit einer baldigen kriegerischen Expansion zu überzeugen. Unverhüllt deutete er dabei an, daß es sich um einen eindeutigen Weltanschauungs- und Rasse-Krieg handeln werde, in dem das „deutsche Raumproblem" ein für allemal gelöst werden müsse: „Das ist mein unabänderlicher Entschluß." In diesem Kampf müsse der deutsche Offizier begreifen, „daß dieser Kampf unendlich erleichtert wird in dem Augenblick, in dem der Offizier, so wie früher einst mit Schwert und Bibel, in dem Fall mit Schwert und mit Weltanschauung vor die Truppe hintritt ... Denn das ist es, was heute die Menschen letzten Endes begeistert, was sie vorwärts reißt. Das ist es, was die Nation allein auch in einem langen Krieg aufrechterhalten wird".[79]

Es ist schwer zu sagen, wie diese Ausführungen von den anwesenden Offizieren aufgenommen worden sind. Jedenfalls traf Hitlers Anweisung, die Kriegsplanung gegen Polen voranzutreiben, auf keinerlei entschlossene Opposition innerhalb der militärischen Führung. Schon am 3. April 1939 erging die Weisung für den Fall ‚WEISS‘. Die „Durchführung" sollte – so besagte sie – ab 1. September 1939 „jederzeit möglich" sein.[80] In dieser Weisung klang schon an, daß die polnische Frage für ihn in einen größeren Zusammenhang einzuordnen sei, in den der endgültigen Auseinandersetzung mit den Westmächten. Zwar rechnete er trotz einer Verhärtung der britischen Position (Garantie-Erklärung an Polen am 31. März 1939 und Einführung der allgemeinen Wehrpflicht in Großbritannien am 26. April 1939) für geraume Zeit immer noch mit der Möglichkeit einer Isolierung Polens – darin unterschied er sich gewiß von jenen höheren Offizieren, die hier realistischer dachten. Jedoch muß auch er bald mehr und mehr eine britisch-französische Intervention als naheliegend einkalkuliert haben. Seine Ausführungen vom 23. Mai 1939 vor den führenden Offizieren der Wehrmacht belegten jedenfalls, daß in seiner Sicht nunmehr der Konflikt mit Polen wohl doch nicht mehr zu trennen war „von der Auseinandersetzung mit den Westmächten".

Er schloß jetzt die Möglichkeit nicht mehr aus, daß ein Konflikt mit Polen die Westmächte auf den Plan bringen könnte. Zwar müsse weiterhin alles getan werden, den deutsch-polnischen Konflikt zu isolieren, aber wenn dies nicht gelänge, „dann gilt der Kampf in erster Linie England und Frankreich", dann sei es besser, „den Westen anzufallen und dabei Polen zugleich zu erledigen".[81] Damit war der Krieg mit Polen zu einer Funktion der Auseinandersetzung mit den Westmächten geworden. Die Vernichtung Polens sollte nun gleichsam ein „Vorschaltereignis"[82] werden: Sie sollte für den Kampf gegen die Westmächte Freiheit von jeder Rückenbedrohung bringen und für einen langdauernden Konflikt die notwendigen strategisch-ökonomischen Ressourcen verschaffen.

Zwar bemühten sich noch einige hohe Offiziere, darunter Generalstabschef Halder, zu warnen und ausländische Regierungen zu fester Haltung gegenüber kommenden Aggressionen zu veranlassen, aber insgesamt bestand die Reaktion der militärischen Führung aus einer Mischung von Willfährigkeit, Resignation, Fatalismus und Illusionen. Zu den Illusionen mag nicht nur die Hoffnung auf eine Wiederholung der vor einem Jahr in München erreichten Kompromißlösung beigetragen haben und darauf, daß der am 22. August 1939 abgeschlossene Pakt mit der Sowjetunion die Westmächte von einem Kriegseintritt abhalten würde; das Bündnis mit Moskau machte das Reich praktisch „blockadefest" und schlug damit zunächst das den Westmächten vorerst einzig verfügbare Kriegsmittel der Wirtschaftsblockade aus der Hand. Insgesamt aber war die passiv-gehorsame Haltung der militärischen Elite ein Symptom für die erfolgreiche Instrumentalisierung einer einst so bewußt politischen Elite.

Für die Mehrheit des höheren Offizierskorps war trotz mancher Detailkritik der Grundkonsens mit Hitler und seinem Regime offensichtlich breit genug, um auch nach dem Scheitern des eigenständigen Elite-Anspruches dem Regime loyal zu dienen.

Die Loyalität einer Mehrheit und die Opposition einer Minderheit sind in historischer Perspektive gleichsam als zwei Seiten einer Münze zu sehen, nämlich als unterschiedliche Reaktionen einer traditionellen Elite auf sich zuspitzende grundlegende Herausforderungen. In diesen divergierenden Reaktionen wird das Auseinanderdriften der bisher miteinander verbundenen Zielvorstellungen erkennbar: Für jene Offiziere, die hinfort allmählich in eine grundsätzliche Opposition zu Hitler hinüberglitten, wurde der politische Anspruch der Militär-Elite, nunmehr zunehmend auf übergreifende Verantwortungsethik gegründet, mehr und mehr das zentrale Moment ihres Verhaltens; dagegen haben jene Militärs, die sich mit dem Status einer funktionalen Elite abfanden, die außenpolitische Zielsetzung und die gesamtgesellschaftliche Vorbereitung und Führung eines Krieges als die ihr Verhalten maßgeblich bestimmenden Momente angesehen: Der Griff nach der europäischen Hegemonie, gar nach der Weltmachtstellung für das Deutsche Reich sowie die umfassende Militarisierung der Nation im Zeitalter des „technisch-industriellen Krieges" waren für sie die tragenden Elemente des Grundkonsens, der sie mit Hitler verband und der sie sein System stützen und seine Kriegspolitik bejahen ließ. Offensichtlich waren die Idee einer deutschen Hegemonie oder gar Weltmachtstellung und schließlich die Vorstellung einer deutschen Großmachtposition, die es zu bewahren galt, geeignet, den innenpolitischen Machtverlust der traditionellen Militär-Elite zu kompensieren. Jedenfalls wird man die fortdauernde Loyalität hoher Militärs gegenüber Hitler kaum erschöpfend mit einer bloß fachmilitärischen Einstellung oder pervertiertem preußischen Pflichtethos erklären können. In der zweiten Hälfte des Krieges kam schließlich noch die Erkenntnis dazu, daß die eigene funktionale Führungsposition mit der Erhaltung des Systems und des deutschen Nationalstaates inzwischen unlösbar verknüpft war.

Dieser Konsens wurde auch nicht gefährdet, als Hitler 1941 den Feldzug gegen die Sowjet-Union als rasse-ideologischen Vernichtungskrieg begann. Die politisch entmachtete Militär-Elite sah in diesem Krieg sowohl die Wiederaufnahme ost-politischer und militärstrategischer Konzepte aus der Zeit des Ersten Weltkrieges als auch eines ideologisch-gesellschaftspolitischen Vernichtungskampfes gegen einen Feind, den man schon hinter der großen Herausforderung der Revolution von 1918 gesehen hatte. So konnte außenpolitisch wie ideologisch der interne Machtverlust kompensiert werden. Damit wurde die militärische Führungselite aber „größtenteils indirekt, einige aber auch unmittelbar in die Verantwortung für den Ausrottungskrieg singulärer Art hineingezogen, den Hitler, alle kriegsrechtlichen Normen beiseite schiebend, auf dem Territorium der Sowjetunion führte."[83]

Am Ende stand trotz allem die „in ihrem Ausmaß erschreckende Integration ... in das Vernichtungsprogramm und die Vernichtungspolitik Hitlers",[84] ungeachtet der stillen Pflichterfüllung und des mißgeleiteten Idealismus vieler, ungeachtet auch mancher Unkenntnis, aber auch manchen Nichtwahrhaben- und Nichtwissenwollens.

Politisch wie historisch jedenfalls war mit dieser Art von Komplizenschaft das Ende der traditionellen Militär-Elite besiegelt, einer Militärelite, die einst angetreten war, die Nation gleichsam stromlinienförmig und umfassend für den totalen Krieg zu organisieren und die deutsche Großmachtstellung wiederzuerringen. Sie scheiterte gründlich: sie hatte nicht nur ein ökonomisch-rüstungswirtschaftliches Chaos geschaffen, sie hatte auch entscheidend zur eigenen Entmachtung beigetragen und den Weg in einen Krieg hinein mit geebnet, ohne die angestrebte optimale Vorbereitung auf diesen Krieg auch nur annähernd zu leisten bzw. rechtzeitig zu erkennen, daß dies unter den nationalen wie internationalen Rahmenbedingungen schlechthin unmöglich war. In der Niederlage des Hitler-Reiches war damit endgültig der Versuch gescheitert, in der „Entente" mit der nationalsozialistischen Massenbewegung ihre eigene politisch-soziale Sonderstellung auch in den tiefgreifenden politischen, sozialen, ökonomischen und ideologischen Wandlungen des 20. Jahrhunderts zu bewahren und auf diese Weise zugleich die Herausforderung zu bestehen, welche der „technisch-industrielle Krieg" für diese Machtelite sowohl politisch wie professionell darstellte. Dieser Versuch endete in Krieg und Niederlage, deren Ausmaß zuvor unvorstellbar waren. Sie vernichteten die überkommene Führungsschicht selbst, zerstörten den deutschen Nationalstaat und spalteten das alte Europa.

Klaus Schwabe
Deutsche Hochschullehrer und Hitlers Krieg
(1936–1940)

I.

In einer der bekanntesten Stellen von Hitlers „Mein Kampf"
heißt es: „Die Forderung nach Wiederherstellung der Grenzen des Jahres 1914 ist ein politischer Unsinn von Ausmaßen
und Folgen, die ihn als Verbrechen erscheinen lassen ... Denn
sie waren in Wirklichkeit weder vollständig in bezug auf die
Zusammenfassung der Menschen deutscher Nationalität noch
vernünftig in Hinsicht auf ihre militärgeographische Zweckmäßigkeit ... Damit ziehen wir Nationalsozialisten bewußt
einen Strich unter die außenpolitische Richtung unserer Vorkriegszeit. Wir setzen dort an, wo man vor sechs Jahrhunder-
ten endete. Wir stoppen den ewigen Germanenzug nach dem
Süden und Westen Europas und weisen den Blick nach dem
Land im Osten. Wir schließen endlich ab die Kolonial- und
Handelspolitik der Vorkriegszeit und gehen über zur Bodenpolitik der Zukunft. Wenn wir aber heute in Europa von neuem Grund und Boden reden, können wir in erster Linie nur an
Rußland und die ihm untertanen Randstaaten denken" ...[1]

Keine der Veröffentlichungen deutscher Hochschullehrer,
die Hitlers Außen- und Kriegspolitik kommentiert und gerechtfertigt haben, hat auf diese bekannten Passagen zurück-
gegriffen.[2] Was heute in der Geschichtswissenschaft in Ost
und West unbestritten ist – die Tatsache nämlich, daß Hitler
schon vor 1933 einen neuen europäischen Krieg ins Auge gefaßt und daß er nach seiner Ernennung zum Reichskanzler
auf einen solchen hingearbeitet hat, das war während des Hitlerregimes in der deutschen Öffentlichkeit ein Tabu, und der

stellvertretende Gauleiter von Berlin bezeichnete die „Unterstellung", daß Hitler kriegerische Absichten hege, auf einer Tagung des NSD-Dozentenbundes im Jahre 1937 ausdrücklich als „Hochverrat".[3] Auf dem Höhepunkt der Sudetenkrise im September 1938, um ein weiteres Beispiel zu nennen, wuchs dann im Raum München die Zahl von Sondergerichtsverfahren gegen Personen, die Hitler die Schuld an dem drohenden neuen Krieg zusprachen.[4] Hitler selbst ist sogar, wie seine Geheimrede vor deutschen Verlegern im November 1938 zeigt, geradezu betroffen gewesen über die Wirkung seiner Friedensdemagogie – er selbst sprach von seiner „Friedensplatte" – bei der deutschen Bevölkerung, die dadurch innerlich zu wenig auf einen Krieg vorbereitet worden sei.[5]

Diese Hinweise mögen genügen, um die Schwierigkeiten anzudeuten, die einer Untersuchung von Reaktionen deutscher Hochschullehrer auf Hitlers Kriegspolitik, wie sie hier vorgenommen werden soll, im Wege stehen. Hat es der Historiker doch gerade in dieser Frage mit einer gelenkten, ja manipulierten öffentlichen Meinung in Deutschland zu tun, die vor Ausbruch des Zweiten Weltkrieges gehalten war, die friedlichen Absichten Hitlers zu bekräftigen, und von der danach verlangt wurde, daß sie die Schuld am Kriege ausschließlich den Westmächten zusprach.[6] Diese Sprachregelung galt natürlich auch für Wissenschaftler, die sich über Hitlers Außenpolitik äußerten. Um deren Einstellung zu Hitlers Rolle in der Vorgeschichte des Zweiten Weltkrieges authentisch zu ermitteln, ist deshalb zweierlei nötig: Zum einen genügt es nicht, sich als Berichtszeitraum auf eine Phase vor Kriegsausbruch zu beschränken, in der von einem Krieg konkret öffentlich gar nicht gesprochen werden durfte; sondern man muß auch die Zeit unmittelbar nach dem Ausbruch des Krieges in das Blickfeld mit einbeziehen, in der allein erst die Gründe und Ziele des einmal ausgebrochenen Krieges erörtert werden durften und damit wenigstens im Nachhinein die Haltung verdeutlicht werden kann, die die Betreffenden mit einiger Wahrscheinlichkeit auch schon vor Kriegsbeginn eingenommen hatten. Zum anderen muß versucht werden, Zeugnisse vertraulicher

Art zu befragen, die die Einstellung erkennen lassen, die die Betreffenden ohne Rücksicht auf die offizielle Sprachregelung einnahmen.

Fragt man in der angedeuteten Weise nach der Haltung deutscher Hochschullehrer zu Hitlers Kriegspolitik, so ist damit auch das Problem ihrer Mitverantwortung für die publizistische Vertretung und Durchsetzung dieser Katastrophenpolitik aufgeworfen. Eine naheliegende Möglichkeit, diese Frage zu beantworten, läge in dem Versuch, die grundsätzliche Einstellung der deutschen Hochschullehrerschaft zum NS-Regime zu skizzieren und von daher zu folgern, daß alle deutschen Gelehrten, die ihre Sympathien für das Hitlerregime zu irgendeinem Zeitpunkt öffentlich kundgetan haben, zu dessen Stabilisierung und damit indirekt auch zur Katastrophe des Zweiten Weltkrieges beigetragen haben.

Dieser Weg wird im folgenden nicht eingeschlagen. Denn es reicht nicht aus und bleibt unbefriedigend, lediglich festzustellen, daß bestimmte Professoren durch eine wie immer geartete (vielleicht sogar ungewollte) Begünstigung des Hitlerregimes „objektiv" Hitlers Kriegspolitik in die Hände gearbeitet haben; sondern es ist im Interesse größtmöglicher Wirklichkeitsnähe nötig, nach der subjektiven Motivation im Einzelfall und nach der konkreten Stellungnahme zu einem neuen Weltkrieg als Möglichkeit und als Wirklichkeit zu fragen. Dann wird sich, wie wir noch sehen werden, herausstellen, daß von Fall zu Fall die Unterstützung des NS-Regimes keineswegs immer mit der Befürwortung eines neuen Krieges Hand in Hand gegangen ist. Nur um einen Hintergrund für die Stellungnahmen deutscher Wissenschaftler zu Hitlers Kriegspolitik zu vermitteln, sollen deshalb eingangs einige Charakteristika der politischen Grundhaltung der deutschen Hochschullehrerschaft während des „Dritten Reiches" wiedergegeben werden.

Was Hitler selbst betrifft, so wissen wir, daß seine eigenen ideologischen Gewährsleute nicht aus einem universitären, sondern einem literatenhaft-vulgärwissenschaftlichen Milieu stammten. Entsprechend herablassend blieb sein eigenes Urteil über „den deutschen Professor".[7]

Auf der anderen Seite ist Hitlers Anhang innerhalb der deutschen Universitäten bis zum Zeitpunkt seiner Ernennung minimal gewesen; zu den wenigen Hochschullehrern, die bereits vor 1933 Mitglieder der NSDAP gewesen sind, gehören der Physiker Starke, der Erziehungswissenschaftler Krieck, der Philosoph und Pädagoge Alfred Baeumler (der akademische Wortführer bei der berüchtigten Berliner Bücherverbrennung am 10. Mai 1933 und spätere Mitarbeiter Rosenbergs), ferner der Historiker Willy Hoppe.[8]

Die große Mehrheit der deutschen Professorenschaft der Weimarer Republik sympathisierte stattdessen mit der seit dem Ersten Weltkrieg radikalisierten konservativen Rechten.[9] Ideologisch ging bei diesen Gelehrten – vor allem Historikern wie z. B. Dietrich Schäfer oder Johannes Haller – die Verherrlichung staatlicher Macht und nationaler Größe Hand in Hand mit dem Kult der heroischen Persönlichkeit. Innenpolitisch lehnten sie Demokratie und Parlamentarismus ab und machten damit Front gegen die Weimarer Republik.

Was ihre außenpolitischen Zielvorstellungen indessen betrifft, so unterschieden sie sich, wie oft nachgewiesen worden ist, nicht grundsätzlich von ihren Gegnern, das heißt der Minderheit der deutschen Universitätslehrer, die wie Friedrich Meinecke oder Hermann Oncken auf dem Boden der Weimarer Republik standen.[10]

Gemeinsam mit diesen waren ihnen die Ablehnung der 1919 in Versailles geschaffenen Friedensordnung und die Forderung, diese Ordnung zu revidieren, das heißt die 1919 gezogenen Grenzen (vor allem gegenüber Polen) zu deutschen Gunsten zu verschieben und den Deutsch-Österreichern den Anschluß an das Reich zu ermöglichen. Die Frage war natürlich: wie! Doch bestand auch hier ein weitreichender Konsens zwischen republik-freundlichen und republik-feindlichen Professoren, insofern ein Revanchekrieg allgemein als aussichtslos abgelehnt wurde.[11] Nur in extremen Ausnahmefällen – so bei Karl Haushofer oder dem rechtsradikalen Münchener Historiker Karl Alexander von Müller – finden sich dem entgegenstehende Andeutungen.[12]

Damit ist nicht gesagt, daß die deutsche Hochschullehrerschaft insgesamt mit dem Aufkommen und schließlichen Erfolg der NS-Bewegung kaum etwas zu tun gehabt hätte. Vielmehr erzeugte der gängige außenpolitische Revisionismus unter ihnen eine Erwartungshaltung vor allem bei der studentischen Jugend, aus der die NS-Propaganda ihren Nutzen zog.[13] Noch mehr gilt dies für die nationalistische Stimmungsmache konservativer Hochschullehrer. Diese schuf eine Anfälligkeit für rechtsradikale politische Schlagworte, die den Einbruch der NS-Ideologie bei der Studentenschaft schon vor 1933 und bei den Professoren danach erst eigentlich verständlich macht.

Umfang und Wirkung der „Gleichschaltung" der deutschen Universitäten im Dritten Reich und die Stellung der Professorenschaft in diesem Prozeß sind in großen Zügen gleichfalls erforscht. Eine offene Opposition gegen das Regime hat es auf den deutschen Universitäten nach der „Machtübernahme" Hitlers praktisch nicht gegeben – wo sie aufzutreten drohte, schlug das Regime mit Zwangspensionierungen und Entlassungen zu. So verlor der bekannte Kieler Soziologe Ferdinand Tönnies seine Professur: Er hatte noch für den Februar 1933 eine Rede über die „Lehr- und Redefreiheit" verfaßt. In dem uns überlieferten Manuskript stellte er einen unmittelbaren Zusammenhang zwischen parlamentarischem Staat und Universität, grundrechtlich abgesicherter Lehrfreiheit und Freiheit der politischen Rede her.[14] Ähnlich ging es dem Berliner Historiker Hermann Oncken, der es gewagt hatte, vorsichtig und verklausuliert vor der im Namen des Hitlerregimes betriebenen Geschichtsklitterung zu warnen. Er wurde Opfer eines politischen Rufmordes, zu dem sich der fanatisch nationalsozialistisch gesonnene junge Historiker Walter Frank hergegeben hatte.[15] Derartige Einzelfälle dürfen freilich nicht darüber hinwegtäuschen, daß das NS-Regime den Lehrkörper der deutschen Universitäten in aller Regel nicht wegen offenkundiger oppositioneller Regungen gereinigt hat, sondern entweder wegen einer entschieden liberalen, sozialistischen oder in ganz wenigen Fällen (Arthur Rosenberg) kommunistischen Vergangenheit oder aber und vor allem aufgrund der jüdischen Abstammung der Betreffenden. Das führte dazu, daß 1938 etwa 28% der deutschen Ordinarien von 1933 ihre Stellung verloren hatten.[16] Die Mehrzahl der Professoren paßte sich mehr oder weniger an und blieb im Amte. Überzeugte Nationalsozialisten blieben auch danach in der Minderheit. Die Mehrheit war „gleichgeschaltet, aber nicht umerzogen, staatsloyal, aber nicht gewonnen, fachlich, aber nicht politisch engagiert".[17]

Regimegegner wie der Freiburger Historiker Gerhard Ritter oder sein agrarwissenschaftlicher Kollege Constantin von Dietze, der Berliner Philosoph Eduard Spranger und sein Kollege, der Althistoriker Ulrich Wilcken (um nur einige Namen zu nennen), die wissenschaftlich überlebten, waren gezwungen, dem Regime in einer mehr oder weniger verschlüsselten Form publizistisch entgegenzutreten oder aber in halböffentliche oder private Gremien auszuweichen, die sich der nationalsozialistischen Gleichschaltung weitgehend entziehen konnten. Die preußische Akademie der Wissenschaften und mehr noch die berühmte Berliner „Mittwochsgesellschaft", bald ein Mittelpunkt der konservativen Opposition gegen Hitler, lieferten Beispiele für derartige akademische „Freistätten", in denen es möglich blieb, das „Dritte Reich" aus wissenschaftlicher Warte offen zu kritisieren.[18] Eine andere Möglichkeit nur scheinbar „stillschweigender" Opposition bot der bewußte Verzicht auf jede denkbare Anleihe an Jargon und Ideologie des Nationalsozialismus in allen wissenschaftlichen Veröffentlichungen.[19]

Aus der Sicht des Regimes war dies dennoch eine keineswegs befriedigende Lage, und Beschwerden über den auf den deutschen Universitäten verbliebenen „liberalistischen Geist" tauchten immer wieder auf.[20] Bemühungen einzelner regimefreundlicher Gelehrter, wie sie der Philosoph Heidegger, der Geopolitiker Karl Haushofer, der Erziehungswissenschaftler Krieck oder der Physiker Stark mit dem Ziel unternahmen, zwischen der offiziellen Ideologie und ihrem Wissenschaftsverständnis Brücken zu schlagen, scheiterten mehr oder weniger schnell. Dies hatte mehrere Gründe: Zum einen verhinderte die Rivalität zwischen den verschiedenen Instanzen des NS-Regimes, die sich für die Wissenschaftspolitik verantwortlich fühlten, – so vor allem der Dauerkleinkrieg zwischen dem Amt Rosenberg und dem Reichsminister für Erziehung und Wissenschaft Rust – den Aufstieg einzelner regimetreuer Gelehrter zu einer wirklich überragenden wissenschaftlichen oder wissenschaftspolitischen Position. Außerdem war die von der NS-Parteiführung immer wieder verkündete Forderung, daß künftig die Wissenschaft nicht mehr „Selbstzweck" sein dürfe, sondern sich den Bedürfnissen des „deutschen Volkes" (also des Regimes) anzupassen habe, nicht geeignet, unabhängige Köpfe für das „Dritte Reich" zu gewinnen.[21] Es wurde im Gegenteil immer deutlicher, daß das Regime unabhängige wissenschaftliche Positionen letztlich nicht zu dulden bereit war, daß es andererseits aber auch keine schlüssige Vorstellung vom Wesen der Wissenschaft besaß, die eine gezielte Förderung oder gar Lenkung bestimmter seriöser Wissenschaftszweige ermöglicht hätte.[22] Im Bereich der Naturwissenschaften konnte sich ein derart ideologisch fixiertes, wissenschaftsfremdes Verhalten verheerend auswirken. Das erkannte nicht zuletzt die deutsche militärische Führung, die mit Recht befürchtete, daß ein Zurückbleiben in der Forschung sich auch nachteilig für die deutsche Rüstung bemerkbar machen würde. Deshalb kam schon mit der Verkündigung des Vierjahresplanes von 1937 das Prinzip wissenschaftlicher Effizienz wieder mehr zu Ehren, und auch in den Geisteswissenschaften konnten regimenahe Außenseiter nicht mehr auf eine bedingungslose Rückendeckung durch die zuständigen Stellen rechnen.[23] Damit boten die deutschen Universitäten in der zweiten Hälfte der dreißiger Jahre in gewisser Weise wieder das Bild einer relativen äußerlichen Normalität. Eine typische Dreigliederung im politischen Verhalten der deutschen Hochschullehrerschaft hatte sich herauskristallisiert: Auf der einen Seite die Minderheit der Gelehrten, die überzeugte Nationalsozialisten waren, daneben die große Masse der „Kollegen", die sich arrangiert hatten, die wissenschaftlich seriöse Forschung betrieben, es aber nicht unterließen, bei passender Gelegenheit in ihren Veröffentlichungen dem „Führer" ihre Reverenz zu erweisen, und schließlich die kleine Minderheit der Regimegegner, die freilich ganz ohne minimale äußerliche Konzessionen an das Regime publizistisch auch nicht zu überleben hoffen konnten.[24]

Auch im Verhalten der äußerlichen Mitläufer und der Regimegegner ist zu differenzieren, fiel doch die Bereitschaft zur Kritik am NS-Regime je nach den Sachbereichen, in denen es seinen Willen durchzusetzen versuchte, unterschiedlich aus. Am empfindlichsten und u. U. entschiedensten reagierten deutsche Hochschullehrer, wenn es um ihre ureigenste Domäne ging: die Freiheit sachgerechter Forschung. Hier riskierten sogar solche Wissenschaftler Kritik, die politisch mit den neuen Herren Deutschlands sonst konform gingen.[25] Und hier formulierten auch die Regimegegner ihre Ablehnung des Nationalsozialismus am eindrucksvollsten. So erklärte Eduard Spranger am 6. März 1935 in einem Vortrag vor der „Mittwochsgesellschaft": „Wer politische (= politisierte) Wissenschaft will, will im Grunde überhaupt nicht Wissenschaft. Denn der Wille zur Macht ist wesensmäßig etwas anderes als der Wille zur Wahrheit. Was aber in konkreter Problemerforschung wahr zu heißen verdient, ist ganz in das strenge Gewissen des einzelnen hineingeschoben ... Der Nationalsozialismus kann seinem Prinzip nach für den Standpunkt des subjektiven Gewissens in der Politik keinen Raum haben ... Es ist aber eine große Täuschung, wenn man glaubt, der Anspruch auf freie Wahrheitsfindung sei dasselbe wie das Recht freier subjektiver Meinungsäußerung ...". Der Berliner Philosoph zog damit den denkbar deutlichsten Trennungsstrich zwischen Hitlerdeutschland und einer sich noch ernst nehmenden deutschen Wissenschaft.[26]

Ebenso war eine Bereitschaft zu Kritik und (meist vertraulichem) Protest in breiterem Umfange zu erwarten, wenn das Regime – wie im Kirchenkampf – religiöse oder moralische Normen verletzte.[27] Schließlich stieß auch die nationalsozialistische Rassenideologie immer wieder auf mehr oder weniger deutlich formulierte Bedenken.[28]

An einer Stelle freilich fiel den meisten deutschen Hochschullehrern die Zustimmung zur Politik des Hitlerreiches, auch wenn sie keine Regimeanhänger waren, verhältnismäßig leicht: auf dem Gebiet der Außenpolitik. Gegner des Versailler „Systems", die sie in ihrer Mehrheit waren, konnten sie Hitlers außenpolitische Anfänge, seine, wie es schien, friedliche Revision des Versailler Vertrages, nur begrüßen. Dies ist nun auch die Stelle, an der unsere Untersuchung der Haltung deutscher Hochschullehrer zu Hitlers Außen- und Kriegspolitik einzusetzen hat. Greifbarer als der bloße Nachweis einer mehr oder weniger regimetreuen Grundeinstellung läßt sich aus den Kommentaren deutscher Wissenschaftler zu den einzelnen Schritten von Hitlers zunächst friedlicher Expansionspolitik und aus ihren Reaktionen auf die ersten Erfolge seiner Kriegspolitik ablesen, wie sie zu der Frage eines Krieges als möglicher Konsequenz von Hitlers Außenpolitik und dann zur Realität eines solchen Krieges – zu seinen Ursachen und seinen Zielen – gestanden haben. Wiewiet und wie lange, so ist insbesondere zu fragen, sahen sie in Hitlers Außenpolitik lediglich eine intensiviertere Fortsetzung der seit 1919 betriebenen deutschen Revisionspolitik gegenüber dem Frieden von Versailles? In welcher Weise legitimierten sie diese neue Außenpolitik für die deutsche Öffentlichkeit vor dem Hintergrund der deutschen Nationalgeschichte? Wiewiet ermutigten sie die Politik einer wachsenden Risikobereitschaft Hitlers? In welcher Weise ließen sie die Möglichkeit eines Krieges anklingen? Inwieweit deuteten sie die Anfänge von Hitlers Kriegspolitik als notwendige Fortsetzung der von Hitler bis zum Kriegsausbruch verfolgten Außenpolitik? Inwieweit glaubten sie sich in ihrer Billigung von Hitlers Außen- und Kriegspolitik durch die Siege des Sommers von 1940 bestätigt?

Befriedigende Antworten auf diese Fragen können nur gefunden werden, wenn einerseits neben publizistischen, soweit möglich, auch im Berichtszeitraum vertrauliche Quellen herangezogen werden und wenn andererseits aus der Masse des gedruckt vorliegenden Materials rigoros ausgewählt wird. Aus diesem Grund bleibt z. B. der gesamte Komplex der praktischen Beteiligung von Hochschullehrern an den deutschen Rüstungsanstrengungen oder auch den Verbrechen des Regimes (Euthanasie, Judenpolitik) hier ausgespart.[29] Das Gleiche gilt für den gesamten Aspekt der Militarisierung des Denkens, einen Vorgang, in dem sich Germanisten und Historiker (Frank, Pleyer), aber auch der Geopolitiker Karl Haushofer oder auch der Erziehungswissenschaftler Alfred Baeumler in gleich unbedenklicher, bisweilen bis ans Lächerliche grenzender Weise hervorgetan haben.[30] Dieser letzte Verzicht lag auch insofern nahe, als sich ein unmittelbarer Zusammenhang zwischen allgemein-militärischer Pose einerseits und tatsächlicher Kriegsbereitschaft andererseits in den Jahren 1938/39 bei den einzelnen Wissenschaftlern schlüssig nur selten nachweisen ließ. Nicht berücksichtigt wurden endlich (mit einer Ausnahme) auch die Theologen, weil über die Haltung der Kirchen an anderer Stelle in diesem Bande berichtet wird.

Zu Worte kommen sollen vielmehr nur solche Professoren, die öffentlich oder vertraulich zu Hitlers Außenpolitik Stellung genommen haben. Eine erste Durchsicht des Materials ergab, daß dies in erster Linie Juristen (vor allem Völkerrechtler), dann Historiker, Nationalökonomen und einige prominente Verfechter der NS-Ideologie in den Geisteswissenschaften (wie Ernst Krieck) gewesen sind. In diesem Personenkreis soll die bereits erwähnte Dreiteilung in den Kreis der überzeugten Regimeanhänger, die große Masse der „Mitläufer" und die Minderheit der Regimegegner vorgenommen werden, und zwar so, daß über die Regimeanhänger und Regimegegner jeweils unter Herausstellung prominenter Einzelpersönlichkeiten berichtet wird, während für die Masse der „Mitläufer" sich eine mehr generalisierende Darstellungsweise empfielt.

II.

Zu den bekanntesten Vertretern der NS-Ideologie auf den deutschen Universitäten gehörte der Erziehungswissenschaftler Ernst Krieck. Er war anfang 1932 zur NSDAP gestoßen und wurde nach 1934 in vieler Hinsicht der universitäre Vertrauensmann des Reichserziehungsministers Rust. Nacheinander war er Rektor der Universitäten Frankfurt und Heidelberg.

Sein Engagement für das Dritte Reich war nichts weniger als konfliktfrei. Als Exponent des linken Flügels der NSDAP verlor er schon nach der Röhm-Affäre an Einfluß. Seine Hoffnung, ein nationalsozialistischer Wilhelm von Humboldt zu werden, zerschlug sich an den Konflikten, in die er sich mit verschiedenen Stellen der Partei – so dem Amt Rosenberg – verwickelte, so daß er mehr und mehr resignierte und sein Biograph für die Zeit nach 1938 sogar von einer „inneren Emigration" dieses überzeugten Hitleranhängers spricht.[31]

Krieck war Herausgeber der Zeitschrift „Volk im Werden. Zeitschrift für Kulturpolitik", die sich als „kritisch-wissenschaftliches Organ der Front junger nationalsozialistischer Kräfte" an der Hochschule verstand und Sprachrohr seiner wissenschaftspolitischen Pläne war, ihm aber gleichzeitig auch die Möglichkeit einer ideologischen Einordnung der Weltereignisse aus seiner Sicht bot.[32] Die Beurteilungskriterien für Hitlers Außenpolitik entnahm er seinem Bild von der deutschen Geschichte im Zeichen der Rassenideologie. Insgesamt glich die geschichtliche Entwicklung des deutschen Volkes aus seiner Sicht einem umfassenden und langfristigen Überfremdungsprozeß – geistig bis ins hohe Mittelalter zurückreichend, politisch bis zum dreißigjährigen Krieg und der diesem folgenden Zersplitterung Mitteleuropas, die zur Fremdbestimmung des deutschen Volkes durch die Westmächte geführt hatte. Der Versailler Frieden bildete für ihn das Endglied der Kette, an die das deutsche Volk über Jahrhunderte hinweg gefesselt gewesen war.[33]

Sinn der Außenpolitik des „revolutionären" Deutschland konnte nur die Beseitigung dieses alten Übels sein. Als einen wichtigen Schritt auf diesem Wege begrüßte Krieck die Rheinlandbesetzung im Jahre 1936, kündigte diese doch eine langfristige Befriedung Europas mit Deutschland und Frankreich als gleichberechtigten Partnern in diesem Friedensbunde an. Ein deutsches Volk, das geschlossen hinter seinem Führer stehe, werde auch die Gefahren meistern, die wie z. B. das französisch-russische Bündnis diese neue Friedensordnung bedrohten.[34]

Aus der Perspektive einer Korrektur der Ergebnisse des dreißigjährigen Krieges konnte er auch die Eingliederung Österreichs und der Sudetendeutschen ins Reich nur begrüßen.[35]

Auch die Zerschlagung der Tschechoslowakei im März 1939 war für ihn mit seiner Vorstellung einer neuen Friedensordnung jenseits von englischem Imperialismus und der früheren europäischen Anarchie in Einklang zu bringen.[36]

In Übereinstimmung mit der Selbstdarstellung des Regimes bezeichnete er den Krieg als dem Deutschen Reich von England aufgezwungen. Er sprach jetzt von einem „geschichtlich entscheidenden Erwachen des nordischen Volks- und Rassebewußtseins und des daraus entspringenden Sendungsbewußtseins in Deutschland"; Großdeutschland sollte „Vorkämpfer der Neuordnung der Völker nach dem Prinzip der Gemeinschaft" „mit Rechtsordnung auf Gegenseitigkeit und Führung" werden. Der Kampf um „Selbstbehauptung und Weltgeltung" sei freilich nur in der ultima ratio ein Waffenkampf; dahinter stehe ein Kampf der Geister, in dem sich Deutschland als Herren- und Herrschaftsvolk schließlich rechtfertigen müsse.[37]

Diese Verherrlichung und Beschönigung von Hitlers Außenpolitik ist nun aber offenbar nicht Kriecks letztes Wort gewesen. Sein Biograph verweist z. B. auf eine Glosse Kriecks, in der dieser unter Berufung auf das abschreckende Beispiel Napoleons vor „Hybris" und einem Eroberungsfeldzug in den asiatischen Raum hinein im Sommer 1939 in der Tat gewarnt hat.[38] Krieck sei auch von dem kriegsvorbereitenden Charakter des Vierjahresplanes informiert gewesen, habe 1939 auch anderweitig zwischen den Zeilen für eine friedliche Politik plädiert und sei durch den Kriegsausbruch „tief deprimiert" gewesen.[39] Die letzte und unmittelbare Entscheidung lag für ihn dennoch im Kriege: „Die Hegemonialmacht", schrieb er

1940, „ist ebensowenig teilbar wie die innere Macht. Darin liegt alle Kriegsursache, und jedes darüberhinausgehende Gerede von Kriegsschuld ist Leim für Bürger. In einem Raum kann es nur eine Vollmacht geben. Sie geht nicht freiwillig, und wer selbst empor muß, verzichtet nicht. Darum hat der Krieg über die Bewährung beider zu entscheiden. Darin liegt Recht, Gerechtigkeit, Schuld und Sinn der Geschichte beschlossen. Die Gewalt des Stärkeren offenbart stets die höhere weltgeschichtliche Sendung."[40]

So hat sich denn Krieck als der Patriot, als der er sich verstand, auch sofort ganz in den Dienst der Goebbelsschen Propaganda gestellt. Seine außenpolitischen Zielvorstellungen waren schon vor dem Krieg so weitreichend gewesen, daß er nur mit einiger Naivität glauben konnte, daß Europa sich diese allein auf friedlichem Wege würde abtrotzen lassen. Wir wissen auch nicht, wieweit ihm die deutsche Besatzungspolitik bekannt gewesen ist, die nur allzu sehr dazu geeignet war, seine idyllischen Vorstellungen von „einem grenzenlosen Raum deutscher Sendung und Sehnsucht" zu korrigieren.

Auch innerhalb der deutschen Historikerschaft verkörperte nur eine kleine Minderheit den Typus des rückhaltlos überzeugten Nationalsozialisten. Als deren Vorbild konnte der Münchener Historiker Karl Alexander von Müller gelten. Dieser war vor 1933 zwar nicht der NSDAP beigetreten, gehörte von Haus aus auch eher einer sich modern gebenden konservativen Richtung an, besaß aber schon seit den frühen zwanziger Jahren Zugang zu den gesellschaftlichen Kreisen, in denen auch Hitler verkehrte. Müller war bereits im Ersten Weltkrieg als Annexionist hervorgetreten.[41] Das Hitlerregime förderte ihn, der in der deutschen Auslandspresse als der „Papen der deutschen Historiker" verspottet wurde, nach Kräften.[42] Zu seinen wissenschaftlichen Ehrenämtern gehörte das der Schriftleitung der „Historischen Zeitschrift".

Großdeutsch gesonnen, sah Müller den Anschluß Österreichs als Erfüllung eines tausendjährigen deutschen Ringens mit dem Ziel, wenigstens die „Kernmasse" des deutschen Volkes in Mitteleuropa zusammenzufassen. Er schrieb diesen Erfolg allein Hitler zu – auch das Verdienst, ihn ohne Krieg errungen zu haben. Die Begründung Großdeutschlands war für ihn der Beginn einer Gesundung Europas, ein erstes Stück eines neuen Aufbaus.[43] Der Krieg, so erklärte auch er, sei Deutschlands Wille nicht gewesen; England habe die deutsche Freundschaftshand ausgeschlagen. Es gelte jetzt die jüngere völkische Kraft gegen England einzusetzen, das wie alle alten Weltmächte aus seiner Alleinherrschaft nicht weichen wolle, obwohl Kapitalismus und Demokratie, die beiden Kräfte, die es verkörpere, schon seit dem Ersten Weltkrieg der Vergangenheit angehörten.[44]

Die Klischeevorstellung von gegen das „junge Deutschland" vereinten „morschen Systemen und Ideologien" des Westens taucht auch bei anderen nationalsozialistischen Historikern auf – so vor allem bei Walter Frank, dem Hauptvertreter der jüngeren Generation, der sich in der Rolle eines Treitschke im Deutschland Hitlers gefiel. Frank hatte im Hitlerreich zunächst Karriere gemacht, indem ihm die Leitung des 1935 gegründeten „Reichsinstituts für die Geschichte des neuen Deutschland" anvertraut wurde. Auch seine weiteren Hoffnungen scheiterten jedoch im Gestrüpp der Kompetenzstreitigkeiten des Hitlerreiches und an der Abneigung, die sein persönlicher Geltungsdrang bei verschiedenen Parteistellen erzeugte. In unserm Berichtszeitraum befand sich sein Stern schon im Sinken.[45]

Frank rühmte sich 1940, vor dem Kriege „ein Werk seherischer Wissenschaft" der Öffentlichkeit zugänglich gemacht zu haben. Er meinte damit das Mammutopus Christoph Stedings, „Das Reich und die Krankheit der europäischen Kultur". Der vor Beendigung seines Buches verstorbene Steding hatte dort massive Kritik an der politischen Kultur der neutralen Nachbarn Deutschlands geübt – für Frank 1940 eine gedankliche Vorwegnahme von Deutschlands Vormarsch in seine Nachbargebiete: In diesem Krieg, den Frank als „letzten rasenden Versuch des Internationalen Judentums, Hitler zu erwürgen," bezeichnete, sei Deutschland ausgezogen, Versailles zu revidieren; „aber das Schicksal und sein gewaltiger Abgesandter führten uns mitten hinein in eine beginnende Revision jenes Friedens, der im Jahre 1648 einst das jammervolle Ende des alten Heiligen Reiches ... besiegelte."[46]

Vor Kriegsausbruch hatte Frank das noch ganz anders gesehen: Seiner ausführlichen Einleitung des Stedingschen Buches fügte er eine Anmerkung bei, nach der aus Stedings Diagnose kein neuer deutscher Imperialismus herausgelesen werden dürfe; die deutsche Reichsführung habe vielmehr die Unversehrtheit der germanischen Kleinstaaten in Europa feierlich verbürgt![47]

Dies hatte nun auch einer der militantesten Vertreter der jüngeren Generation der damaligen deutschen Historiker getan: Kleo Pleyer, der Nachfolger des wegen seiner jüdischen Herkunft aus dem Amte entfernten Hans Rothfels. Pleyer, der an der tschechisch-deutschen Sprachgrenze aufgewachsen war, schon im Ersten Weltkrieg gedient hatte und während der zwanziger Jahre als Wortführer rechtsradikaler Studenten wegen Landfriedensbruches zeitweilig gerichtlich verfolgt wurde, war schon 1920 Mitglied der sudetendeutschen Nationalsozialistischen Arbeiterpartei geworden. Als Menschen und als Wissenschaftler hatte ihn der Grenz- und Sprachkampf ein für allemal geprägt. Schon 1937 verkündete er das Ziel einer „sinnvollen Zusammenordnung" „des deutschen und andersvölkischen Ostmitteleuropas". Er hoffte damit, den völkischen Wettbewerb „bändigen" zu können – und zwar durch eine „Bindung" an das Deutschtum, das einzige „Element der Einheitlichkeit" in diesem Raum. Bis dahin galt dort freilich das Gebot des Grenzkampfes, dessen Mittel unter der Devise „Not kennt kein Gebot" sich nicht an die Maßstäbe der christlichen oder bürgerlichen Moral halten könnten: „Die Großform des Grenzkampfes ist der Krieg."

Pleyer hat sich sofort nach dem Ausbruch des Zweiten Weltkrieges wieder an die Front gemeldet. Seine unmittelbare Reaktion auf den Kriegsausbruch hat er nicht festgehalten. Die heroisierende Kriegsbegeisterung, die er dann aber in der Folgezeit bis zu seinem Tod an der russischen Front äußerte, erlaubt die Vermutung, daß er wohl zu den Hochschullehrern gehört hat, die den Ausbruch des Zweiten Weltkrieges begrüßt haben.[48] Die deutsche „Mission im Osten", so schrieb Walter Frank in seinem Nachruf, sei Pleyers Lebensinhalt gewesen.[49]

Wie sich diese „Mission" konkret auswirkte, beschrieb der ebenfalls nationalsozialistische Hamburger Historiker Ernst Anrich mit den Worten: „Dieser Vorgang der Entstehung Großdeutschlands ... dieser gewaltige Vollzug der Umsiedlung und Aussiedlung, der Ausbreitung und Rückholung, der Expansion und der Konzentration gleichzeitig unter demselben Grundsatz der Entstehung einer organisch geschlossenen, völkisch-geographischen Ordnung ... das ist der Rückgriff über Jahrhunderte deutscher Geschichte".[50]

Einer ähnlich offenherzigen Deutung unterzog die Politik Hitlers der junge nationalsozialistische Historiker Werner Frauendienst. Seine Antrittsvorlesung an der Universität Halle vom 17.11. 1938 ordnete auch er dem Leitgedanken der „Überwindung von Versailles" unter, warnte aber davor, schon jetzt voreilig von deren Ende zu sprechen. Er verschwieg auch nicht, daß die ausgebliebene freiwillige Revision des Versailler Vertrages gemäß der Satzung des Völkerbundes eine „kriegsschwangere Situation" in Europa geschaffen habe. Zu den weltpolitischen Gefahren rechnete Frauendienst auch den „Weltbolschewismus", der durch das Bündnis zwischen Frankreich und der UdSSR wieder nach Europa gebracht worden sei. Doch tröstete er seine Hörer mit der Feststellung, daß die Münchener Konferenz das Versagen des französischen Bündnissystems in Osteuropa offenkundig gemacht und den Traum einer französischen Hegemonie zerstört habe. Da Hitler die Befreiung der Sudetendeutschen als seine letzte Forderung in Europa bezeichnet habe, sei der Weg zu einem gesunden Neuaufbau Europas frei.[51]

Die Zerschlagung der Tschechoslowakei wenige Monate später rechtfertigte Frauendienst dann mit der tausendjährigen Zugehörigkeit dieser Gebiete zum Lebensraum und Kulturboden des deutschen Volkes. Als Keil des französisch-sowjeti-

schen Bündnisses sei dieser Staat mehr und mehr zur Bedrohung Deutschlands und des Weltfriedens geworden.[52]

Deutschland als kriegführende Macht stellte Frauendienst
dann in die Nachfolge des friderizianischen Preußens, das ja
ebenfalls seine Position in Osteuropa durch die polnische Tei-
lung entscheidend verstärkt hätte. Frauendienst wagte es, von
einer „Eröffnung" des Krieges durch Deutschland zu sprechen – ähnlich wie Friedrich der Große 1756 einen Präventiv-
schlag geführt hätte. Politisch sah Frauendienst Deutschland
dennoch in der Defensive, gelte es doch, das von Hitler un-
blutig Errungene gegen die „senil" gewordenen Demokratien
in Westeuropa zu verteidigen, die die Beseitigung der Versailler „Weltordnung" hinzunehmen sich als nicht bereit erwiesen
hätten. Die Behauptung des von Deutschland bis zum Polenfeldzug erworbenen Besitzes kam für ihn bereits einem Siege
gleich.[53]

Von den hier zitierten Historikern liegen keine nicht-öf-
fentlichen Zeugnisse vor, die eine kritische Überprüfung des
Aussagewertes ihrer öffentlichen Stellungnahmen ermöglichen
könnten. Bei Karl Haushofer, dem Truppenführer des Ersten
Weltkrieges, dem Münchener Geographen und Vertreter der
Geopolitik, ist die Quellenlage wesentlich günstiger. Sein Fall
wird dadurch in einem doppelten Sinne interessant: Zum einen haben wir mit ihm den Hochschullehrer vor uns, der seit
den zwanziger Jahren zu dem inneren Umkreis um Hitler den
besten Zugang besaß; zum anderen sind dank der Edition seiner Briefe durch H. A. Jacobsen genügend vertrauliche Zeugnisse von ihm überliefert, um seine persönliche Haltung unabhängig von seiner „veröffentlichten Meinung" erkennbar zu
machen.[54]

Haushofer hatte in den frühen zwanziger Jahren mit seinem Studenten Rudolf Heß eine enge Freundschaft geschlossen, die auch dessen Aufstieg an die zweite Stelle der Hierarchie des NS-Reiches überdauerte. Über Heß geriet er dann
auch in den Bannkreis der NS-Bewegung (ohne selbst formell
Parteimitglied zu werden), in der er insbesondere als „Kämpfer" für das Deutschtum im Ausland Ansehen gewann.[55] Vor

allem vor 1933 ist er auch mehrfach mit Hitler selbst zusammengetroffen. Danach wurden seine Sympathien für die NS-Bewegung freilich in verschiedener Hinsicht strapaziert: Einmal war seine Frau von ihrer väterlichen Seite her jüdischer Abkunft, nach dem Rassenjargon des Regimes also „Mischling", so daß er mehrfach „Schutzbriefe" von Heß erhielt, die ihn und seine Frau vor Übergriffen bewahren sollten. Dann erregte die Betonung des Raumgedankens auf Kosten des Rasse-Prinzips in seiner geopolitischen Lehre bei einigen Parteikreisen Anstoß; ferner mußte er sich 1939 das Druckverbot eines seiner Bücher gefallen lassen, weil er dort die Südtirolfrage in einer Weise behandelt hatte, die den Unwillen Mussolinis hervorrief.[56] Vor allem war sein Sohn und Schüler Albrecht in seiner Eigenschaft als Mitarbeiter erst Ribbentrops und dann des Auswärtigen Amtes, nach anfänglich wohlwollender Haltung, seit Herbst 1938 zum erbitterten Opponenten Hitlers geworden.[57]

In seinen Veröffentlichungen gab sich Haushofer dessenungeachtet als unbedingter Verteidiger der Außenpolitik Hitlers, die er als die Verwirklichung seiner geopolitischen Theorien pries.[58] Im Mittelpunkt seiner, wie er betonte, „politischen" Wissenschaft stand die Konzeption des Lebensraums, das heißt des Gebietes, das unter Berücksichtigung natürlicher oder künstlicher Grenzen die Erhaltung des Lebens der dort wohnenden Lebewesen – z. B. ernährungsmäßig – sicherstellte, das Haushofer aber auch „wehrgeographisch" als militärischen Atemraum definierte.[59] Sein Ideal war die Selbstbestimmung der freien Volkspersönlichkeit in der von dieser selbst gewählten natürlichen Landschaft.

Im Gegensatz dazu, so wurde Haushofer seit den zwanziger Jahren nicht müde zu betonen, war der Lebensraum des deutschen Volkes seit Versailles weitgehend einer Fremdbestimmung unterworfen; er war verstümmelt und wies gleichzeitig eine hoffnungslose Überbevölkerung auf. Wenn sich eine Änderung dieser explosiven Lage nicht auf vertragsmäßigem Wege bewirken lasse, so schrieb er 1934, dann könnte Deutschland dadurch an die Seite der unterdrückten Großvölker Asiens geführt werden.[60] Doch gingen seine Hoffnungen über das Ziel, die deutschen Staatsgrenzen mit dem Siedlungsraum des deutschen Volkes in Übereinstimmung zu bringen, hinaus: Auch Böhmen müsse als „uraltdeutsches Land" eines Tages wieder an das deutsche Reich fallen.[61]

Entsprechend lautete sein Kommentar zum Ausbruch des Zweiten Weltkrieges: Die Westmächte, so schrieb er 1940, hätten alle Möglichkeiten zu einem befriedigenden wehrpolitischen Ausgleich der europäischen „Unmöglichkeiten" in den Wind geschlagen und den Kampf der „raumarmen Völker" „mit den vollen Wiegen" erzwungen.[62] Nachdem die Münchener Konferenz und eine Afrikatagung in Rom im Oktober 1938 „großartige Möglichkeiten" für eine internationale praktische Zusammenarbeit eröffnet hätten, sei „die Politik . . . des Fahrens von Europa und seiner gewaltigen überseeischen Habe auf einer westlichen und zentralen Achse Berlin–Rom" „wieder verlassen" worden. Das Streben der Westmächte nach „Einmischung überall und nach Allgegenwart" habe Deutschland veranlaßt, die UdSSR aus dem geplanten Einkreisungsring zu lösen. Den Krieg und dessen Ausweitung hätten „kleine plutokratische Gruppen in London und Paris" auf dem Gewissen, für deren „Hauptherold" er Churchill hielt.[63] Deutschland hätte dem Anspruch der Westmächte auf „raumpolitische Vormundschaft und alleinige Ausnutzung der Tragkraft noch unentwickelter Räume der Alten Welt . . ." entgegentreten müssen.[64]

Haushofer beanspruchte für die von ihm vertretene wissenschaftliche Disziplin, daß sie das »geographische Gewissen der Staaten" geworden sei. Die außenpolitische Entwicklung bis zum Kriegsausbruch bezeichnete er als Bestätigung dieser These, selbst die UdSSR habe Geopolitik „in größtem Stil" betrieben, als sie sich weigerte, Deutsche und Russen noch einmal für die Westmächte verbluten zu lassen.[65]

Merkwürdigerweise behauptete nun Haushofer unmittelbar nach dem Kriege, in einem ganz anderen Sinne als „Gewissen des Staates" gewirkt zu haben; will er doch Hitler am 10. 11. 1938 gewarnt haben, daß „jeder Schritt über das bisher Erreiche hinaus zu einer Katastrophe führen" würde.[66] Hitlers Gewaltpolitik im Sommer 1939 soll er dann als Sieg „mechanischer Kräfte" verurteilt haben, obwohl er es doch gewesen war, der das Mittel des Krieges zur Lösung von Lebensraumfragen im Prinzip immer gebilligt hatte.[67] Nachdem eine Verständigung zwischen Deutschland und den Westmächten nach dem Polenfeldzug mißlungen war, geriet er in „tiefste Depression".[68]

Haushofer liefert damit einen der frappierendsten Fälle einer klaffenden Diskrepanz zwischen persönlicher Einstellung und veröffentlichter Attitüde. Nachweislich hatte auch sein Sohn Albrecht schon Anfang 1937 von einer „gefährlichen Kriegsstimmung Hitlers" berichtet, und seit 1938 rissen dessen Warnungen vor einer von Deutschland ausgelösten europäischen Katastrophe nicht mehr ab.[69] Albrecht Haushofer ließ auch seinen Vater in keinerlei Zweifel, daß er erbitterter Gegner Hitlers geworden war.[70] Wie konnte Haushofer vor dem Hintergrund dieses Wissens ein Sprachrohr der offiziellen Außenpolitik des Dritten Reiches bleiben? Jacobsen bietet für diese erstaunliche Tatsache mehrere Erklärungen an: Haushofer sei gutgläubig-naiv gewesen und habe das NS-Regime stets durch die Brille von Rudolf Heß gesehen, den er für persönlich integer hielt. Als „jüdisch versippt" habe er sich zudem während der gesamten Hitlerzeit in existentieller Gefahr befunden (er ist nach 1941 auch mehrfach festgenommen worden) – eine Gefahr, die ein „Abspringen" selbst in Form des öffentlichen Schweigens riskant erscheinen lassen mußte. Am wichtigsten war aber doch wohl, daß er wie so zahlreiche Vertreter der konservativen Eliten sich in der Illusion gewiegt hatte, Hitler in seinem Sinne beeinflussen und von einer Vabanquepolitik abhalten zu können. Daß dies nicht der Fall gewesen ist, wurde ihm seit 1939 zusehends klarer und führte zu einer wachsenden Desillusionierung, ohne daß er seine Hoffnungen tatsächlich ganz aufgegeben hätte.[71]

Wie immer motiviert, hat Haushofer mit seinen geopolitischen Kommentaren, vor der damaligen deutschen Öffentlichkeit zweifellos eine quasi wissenschaftliche Legitimationsbasis für Hitlers Expansionspolitik im allgemeinen geliefert, selbst wenn er mit deren Zielen und Methoden nicht überall übereinstimmte und zum Beispiel die deutsch-russische Annäherung ernster nahm als Hitler selbst.[72]

Sind Haushofers öffentliche Kommentare zu Hitlers Kriegspolitik etwas pauschal und bisweilen verschwommen geblieben, so fiel der Beitrag der Juristen – vor allem Völkerrechtler wie Ernst Wolgast, Adolf Walz, Fritz Berber und ‚last but not least', Carl Schmitt – zur Legitimierung von Hitlers Außenpolitik um einiges präziser aus. Das lag zweifellos daran, daß bei der ganzen Debatte um die Revision des Versailler Vertrages die Völkerrechtler in Deutschland das große Wort geführt hatten. In gleicher Weise waren sie gefordert, als es um eine völkerrechtliche Verteidigung der deutschen Kriegspolitik ging.

Daß der deutsche Überfall auf Polen sogleich die Kriegserklärung der Westmächte an Hitlerdeutschland nach sich gezogen hatte, widersprach allen Prognosen, die der Berliner (auch für das Auswärtige Amt tätige) Völkerrechtslehrer Fritz Berber zuvor aufgestellt und publizistisch vertreten hatte. Danach hatte sich das offizielle England bis auf eine kleine militante Minderheit mit Rücksicht auf sein Empire 1938/39 mit der deutschen Vorherrschaft auf dem europäischen Kontinent längst abgefunden – mehr noch, es suchte sogar im eigenen wohlverstandenen Interesse Deutschlands Freundschaft.[73] Zu diesen Interessen mußte auch der Wunsch gehören, die im Kriegsfall „zwangsläufige" „unnatürliche" Kombination mit der UdSSR zu vermeiden, die die Achsenmächte mit Japan zwar nicht zu fürchten brauchten, die aber die Menschheit in einen zweiten Weltkrieg stürzen würde.[74]

Als dann das Unerwartete eingetreten und der Krieg ausgebrochen war, meinte Berber dies auf einen Wandel der britischen Deutschlandpolitik zurückführen zu müssen. England habe im März 1939 den Vorwand gefunden, zu seiner traditionellen Einkreisungspolitik zurückzukehren, für deren Erfolg es Polen eine Schlüsselrolle zugewiesen habe. Deshalb habe es auch alle Versuche einer friedlichen Beilegung des deutsch-polnischen Konfliktes hintertrieben, um Polen als östlichen Stützpfeiler seines Einkreisungssystems ja nicht zu verlieren: Aus der „Friedensschuld" von 1919 sei die „Kriegsschuld" von 1939 erwachsen.[75]

Eine um einiges genauere Stellungnahme zur Kriegsschuldfrage gab der Breslauer Völkerrechtler Axel Freiherr von Freytagh-Loringhoven ab. In einer schon 1940 veröffentlichten Darstellung rechtfertigte er Deutschlands Initiative für eine „Neuregelung" der Verhältnisse in Osteuropa mit dem dort herrschenden „sittenwidrigen" Zustand, daß einer neu erstandenen Großmacht wie Deutschland das Recht vorenthalten wurde, Millionen ihrer Volksgenossen von der Fremdherrschaft zu befreien und eine räumlich vom Mutterland getrennte Provinz (Ostpreußen) mit sich geographisch wieder zu vereinen.[76] Dem habe nicht nur die Vertragsbrüchigkeit der Polen seit dem Tode Pilsudskis entgegengestanden, sondern auch der Wunsch Großbritanniens, die bisherigen Errungenschaften Deutschlands in der Revision des Versailler Vertrages wieder rückgängig zu machen und zu verhindern, daß Deutschland seine ehemaligen Kolonien wieder zurückgewann.[77] Dies sei der eigentliche Sinn der britischen Garantieerklärung für Polen von Ende März 1939 gewesen. Angesichts polnischer Grenzverletzungen habe sich Deutschland rechtlich in der Defensive befunden, auch wenn es militärisch zum Angriff übergegangen sei.

Erleichtert worden sei Deutschland dieser Entschluß, indem es ihm gelungen war, die britischen Einkreisungsversuche durch das Bündnis mit der UdSSR zu durchkreuzen; habe man danach doch hoffen dürfen, daß die Westmächte auf die gegen Deutschland „vorbereitete" Krise „verzichten" würden.[78] Rußland aber mußte mit innerer „Notwendigkeit" zu der Verständigung mit Deutschland bereit sein, die „ihm keinerlei Risiko auflud und dem Partner die Hände gegen Polen freigab, das so sichtlich auf den bewaffneten Konflikt hindrängte". Deutschland und die UdSSR hätten darauf verzichtet, ihre Doktrin in das Land ihres neuen Vertragspartners zu exportieren, und wirtschaftliche Zusammenarbeit und Beratung in gewissen europäischen Fragen vereinbart.[79] Rückkehr zu Versailles oder nicht – dies war nach Freytagh-Loringhoven der Sinn des Krieges: Deutschland stehe zusammen mit Italien und Japan für eine neue Monroe-Doktrin, die die Einmischung „raumfremder" Mächte in die Lebensräume der Großmächte des Dreimächtepaktes verbiete.[80]

Der Breslauer Völkerrechtler hatte damit ein Stichwort aufgegriffen, das Hitler in seiner Rede vom 28. April 1939 verwandt hatte, um sich im Sinne des Mottos „Europa den Europäern" gegen Vermittlungsversuche des amerikanischen Präsidenten Roosevelt in der sich verschärfenden Lage in Europa zu verwahren.[81] Der deutsche Diktator dürfte dieses Schlagwort, vielleicht über Umwege, einer damals gerade erschienenen Schrift entnommen haben, die von einem der prominentesten regimetreuen und bis heute umstrittensten Staats- und Völkerrechtler stammte: Carl Schmitt.

Dieser schon in der Weimarer Republik hoch angesehene Rechtslehrer kam ursprünglich vom rechten Flügel des politischen Katholizismus her.[82] Als Kritiker des Parlamentarismus und Liberalismus und zuletzt als staatsrechtlicher Theoretiker des Präsidialsystems in der Spätphase der Weimarer Republik hatte er sich einen Namen gemacht und gehörte 1932/33 zu den engsten Beratern von Hitlers Vorgänger, Reichskanzler Kurt von Schleicher. Er hatte auf diesen seine ganze Hoffnung gesetzt, daß es ihm gelingen werde, die deutsche Staatskrise zu meistern und eine Regierung Hitler zu verhindern.

Von Haus aus also Gegner des Nationalsozialismus, kam er dennoch nach der „Machtergreifung" Hitlers durch Vermittlung von Papens sehr rasch mit den neuen Herren Deutschlands in Verbindung, von denen vor allem Göring und Hans Frank ihn als ihren Protégé betrachteten. Vollends nachdem er die im Zusammenhang mit der Röhmaffäre Ende Juni 1934 begangenen Morde für rechtens erklärt und Hitler als den obersten Gerichtsherren der Deutschen gefeiert hatte, galt er im In- und Ausland mehr und mehr als Kronjurist des neuen Regimes. Tatsächlich ist seine Stellung im Hitlerreich nie unangefochten gewesen. Nach der Ermordung seines vorherigen

Dienstherren, des Generals Kurt von Schleicher, fürchtete auch er um sein Leben. In den Folgejahren verdächtigten ihn Parteizeitungen immer wieder des Opportunismus, Klerikalismus oder reaktionärer Neigungen. Obwohl er sich auch an den parteioffiziellen Antisemitismus skrupellos anpaßte, zog er immer wieder die Kritik übereifriger Parteiführer – auch nationalsozialistischer Kollegen wie Otto Koellreuter – auf sich und wurde 1937 eine Zeit lang sogar vom Sicherheitsdienst observiert. Er wich weiteren Konflikten aus, indem er die Mehrzahl seiner politischen Ehrenämter abgab und eine juristische Erörterung innenpolitischer Probleme fortan vermied.

Stattdessen wandte er sich seit Anfang 1938 nun mehr und mehr völkerrechtlichen Fragen zu. Eine Frucht dieses neuen Interesses war seine aus einem am 1. April 1939 gehaltenen Vortrag hervorgegangene Schrift: „Völkerrechtliche Großraumordnung mit Interventionsverbot für raumfremde Mächte".[83] In dieser unmittelbar nach dem deutschen Einmarsch in Prag verfaßten Untersuchung wählte Schmitt als Ausgangspunkt die These Haushofers von dem Recht eines Landes mit wachsender Bevölkerung auf Raum und Boden. Doch diese geographisch motivierte Forderung war für ihn noch kein Rechtsprinzip: Zum Lebensraum gehörten auch ein Volk und eine Idee mit einem bestimmten Gegner vor Augen, „wodurch sie die Qualität des Politischen erhielt".[84] Das Vorbild fand er in der amerikanischen Monroe-Doktrin von 1823, als deren Kerngedanken er die „Unzulässigkeit von Interventionen raumfremder Mächte" herausstellte. In Europa richtete sich dieses Rechtsprinzip natürlich gegen die Westmächte, die im Namen des „liberaldemokratisch-kapitalistischen Legitimitätsprinzips" im mittel- und osteuropäischen Raum zu intervenieren drohten, zum Beispiel um dem in der Völkerbundsakte verankerten Minderheitenschutzrecht Geltung zu verschaffen. Dieses zugleich individualistische und universalistische Minderheitenschutzrecht hatte sich aber in Schmitts Augen überholt. An seine Stelle war das von Deutschland mit der Rede Hitlers vom 20. 2. 1938 verkündete „Volksgruppenrecht" getreten. Dieses schloß, wie schon zwischen Polen und dem Reich vereinbart, die Ablehnung „aller Assimilierungs-, Absorbierungs- und Schmelztiegel-Ideale" ein.[85] Dies sollte nun auch der völkerrechtliche Grundsatz sein, der künftig im mittel- und osteuropäischen Großraum gelten und dort von den „diesen Raum tragenden volkhaften und staatlichen Mächten", insbesondere aber dem Deutschen Reich, verwirklicht werden sollte, von dem dieser neue Grundsatz „ausstrahlte". Die deutsche Völkerrechtswissenschaft sollte das bisherige zwischenstaatliche Denken ebenso aufheben wie das universalistische Weltrecht, in dessen Namen die Westmächte an der „moralischen und juristischen Vorbereitung eines gerechten Krieges gegen das Deutsche Reich arbeiteten"[86]: „Der neue Ordnungsbegriff eines neuen Völkerrechts ist unser Begriff des Reiches, der von einer von einem Volk getragenen, volkhaften Großraumordnung ausgeht."[87] Nur der Begriff der Großraumordnung werde der Wirklichkeit einer verkehrstechnisch kleiner werdenden Welt gerecht. Anders als das imperialistische Völkerrecht sei er jedoch imstande, planetarisch zu gelten, ohne die Völker und Staaten zu vernichten:" Der Gedanke eines zu den Trägern und Gestaltern eines neuen Völkerrechts gehörenden Deutschen Reiches wäre früher ein utopischer Traum und das auf ihm aufgebaute Völkerrecht ein leeres Wunschrecht gewesen. Heute aber ist ein machtvolles Deutsches Reich entstanden. Aus einer schwachen und ohnmächtigen ist eine starke und unangreifbare Mitte Europas geworden, die imstande ist, ihrer großen politischen Idee, der Achtung jedes Volkes als einer durch Art und Ursprung, Blut und Boden bestimmten Lebenswirklichkeit, eine Ausstrahlung in den mittel- und osteuropäischen Raum hinein zu verschaffen und Einmischungen raumfremder und unvölkischer Mächte zurückzuweisen. Die Tat des Führers hat dem Gedanken unseres Reiches politische Wirklichkeit, geschichtliche Wahrheit und eine große völkerrechtliche Zukunft verliehen."[88]

Schmitts Vortrag erweckte in der deutschen Öffentlichkeit ein breites Echo und ein erhebliches Interesse.[89] Wie erwähnt hatte Hitler auf seine Thesen angespielt, – nicht ohne daß der

„Reichsrechtsführer" Hans Frank es für richtig hielt, Schmitt davor zu warnen, allzu ostentativ die eigene Urheberschaft an dieser Konzeption hervorzuheben, weil der Führer auf diesen „seinen" Einfall ganz besonders stolz gewesen sei.[90]

In den Folgejahren hat Schmitt seine Konzeption im Lichte der Ereignisse weiterentwickelt. Er stimmte Stedings Ablehnung der „neutralisierenden Geisteshaltung" der deutschen Nachbarstaaten zu.[91] Den deutsch-sowjetischen Grenz- und Freundschaftsvertrag vom 28. 9. 1939 betrachtete er als Bestätigung des Grundsatzes der Nichtintervention raumfremder Mächte. Das neue Prinzip habe die „friedensstörende Garantie und Intervention" raumfremder Mächte und das Bündnis zwischen „universalistischer Weltherrschaft" und „staatsbezogener Kleinräumigkeit" beseitigt.[92]

Schmitts Thesen lösten gerade in den ersten Kriegsjahren in Hitlerdeutschland eine breite völkerrechtliche Diskussion aus; sie lieferten den Ausgangspunkt für weiterreichende Großraumvorstellungen wie die Reinhard Höhns, eines Kollegen und Rivalen Schmitts, die das Nichtinterventionsprinzip nurmehr noch als minimales Kriterium eines Großraumes anerkennen wollten und darüber hinaus die „Bewährung der gleichen Lebensgrundsätze, die das Deutsche Reich in sich vorbildlich gestaltet hat", „im europäischen Lebensraum" forderten.[93]

Carl Schmitt hat im Nachhinein sein außenpolitisch-völkerrechtliches Engagement seit 1939 mit der Behauptung gerechtfertigt, er habe als „einziger Rechtslehrer dieser Erde ... das Problem des gerechten Krieges, einschließlich des Bürgerkrieges, in all seinen Tiefen und Gründen erfaßt und erfahren".[94] Einer seiner Interpreten macht zu seinen Gunsten geltend, daß er – Schmitt – den Krieg in dem Sinne „gehegt", das heißt in dessen Wirkung entschärft habe, daß er diesen durch die Großraumkonzeption „parzelliert" habe. Konkret gesprochen: Kriege ließen sich mithilfe von Schmitts Konzeption leichter regionalisieren und ein neuer Weltkrieg, der zugleich ein totaler sein würde, leichter vermeiden.[95]

Es kann nun gewiß nicht geleugnet werden, daß in Schmitts

Ausführungen die Erinnerung an den Ersten Weltkrieg mitschwingt – die Erinnerung an die Kreuzzugspropaganda, die 1917/18 vor allem von den Vereinigten Staaten ausgegangen ist und zu einer Ideologisierung der Kriegsgegensätze führte, die eine Verständigung unter den Kriegführenden zusätzlich erschwert hat.[96] Ernst Rudolf Huber, der führende Staatsrechtler des NS-Regimes, hielt Schmitt darüber hinaus zugute, daß die von diesem umrissene Großraumordnung die für den traditionellen Imperialismus charakteristische Praxis indirekter und damit unverantwortlicher Herrschaft beseitigen und an deren Stelle eine direkte und öffentlich verantwortliche Herrschaft setzen würde und daß sie eben mit dem Gedanken der Ordnung ein neues Rechtsprinzip geschaffen habe.[97] Für die Zeitgenossen – das zeigte die Aufnahme von Schmitts Thesen in der damaligen veröffentlichten Meinung – zählten indessen nicht diese juristischen Konstruktionen, sondern die aktuellen Bezüge, die seine Schriften aufwiesen. So gesehen, lieferte vor allem die Umdeutung der Monroe-Doktrin nichts anderes als eine völkerrechtliche Untermauerung von Hitlers Ansprüchen auf eine ausschließlich von Deutschland zu etablierende „Neuordnung" Mittel- und Osteuropas – oder in der Situation des Sommers von 1939: den Anspruch, allein und ohne Einmischung der Westmächte die Grenzen und den Status Polens festlegen zu dürfen. Einem willkürlichen Machtmißbrauch in der Verwirklichung dieser „Neuordnung" blieben dabei auch juristisch Tür und Tor geöffnet. Das hatten immerhin schon zwei zeitgenössische Kritiker Schmitts – Hermann Jahrreiß und (bemerkenswerterweise) der schon genannte Ernst Rudolf Huber – erkannt, wenn sie das Fehlen jeder inhaltlichen Bestimmung in Schmitts Konzeption einer neuen „Führungsordnung" in dem künftigen deutschen Großraum bemängelten und damit auch keinen wesentlichen Unterschied zwischen dieser neuen Ordnung und dem traditionellen, letztlich rein auf Macht und Gewalt beruhenden Imperialismus erkennen zu können erklärten.[98] Tatsächlich hat Schmitt am 29. September 1940 den Zweiten Weltkrieg als Kampf um eine neue Großraumordnung unter deutscher Führung bezeichnet und damit nachträglich den instrumentalen Charakter seiner Konzeption verraten. Was Schmitt damit geliefert hat, war „eine pseudojuristische Legalisierung der politischen Wirklichkeit" seiner Zeit im Zeichen der deutschen Expansion und von Hitlers Weltmachtträumen.[99] Wie Huber es ausdrückte, hatte Schmitt es verstanden, „neue Tendenzen und Strukturen unter der Oberfläche alter Systeme und hinter den Masken und Schleiern herkömmlicher Formeln zu spüren und durch begriffliche Fassung an das Licht und in das Bewußtsein zu heben".[100] Tatsächlich hat Schmitt in den Augen der deutschen Öffentlichkeit die deutsche Vorherrschaft in Europa legitimiert und darüber hinaus noch das Kunststück fertiggebracht, diese Rechtfertigung in der Theorie auch mit dem Selbstbestimmungsrecht der Völker in Übereinstimmung zu bringen. In diesem Sinne wurden die von ihm geprägten Schlagworte von der nationalsozialistischen Volkswirtschaftslehre übernommen, die eine „wirtschaftliche Selbstbestimmung" der Völker durch eine Überwindung des „jüdischen Beutekapitalismus" und die weitgehende Verselbständigung der neuen „völkischen Wirtschaftsordnung" vom Weltmarkt proklamierte.[101] In diesem Sinne sind dann die von ihm geprägten Schlagworte wie „raumfremde Intervention" und „Ordnungsidee" auch von der nationalsozialistischen Kriegspropaganda aufgegriffen und zum Beispiel von Karl Richard Ganzer, dem stellvertretenden Leiter des Frankschen „Reichsinstituts" für deutsche Geschichte, in dessen Bestseller „Das Reich als europäische Ordnungsmacht" historisierend ausgeschmückt worden.[102] Im Vorfeld des Kriegsausbruches aber war seine Theorie eines Interventionsverbotes nur allzugut geeignet, der Illusion, daß die Westmächte ein von Deutschland angegriffenes Polen sich selbst überlassen würden, Vorschub zu leisten, – eine Illusion, die ja nicht zuletzt auch Hitler gehegt und verbreitet hat.[103] So hat Schmitt als akademischer Lehrer das Klima seiner Zeit in einer Weise mitbestimmt, die Hitlers tatsächlichen und propagandistischen Absichten nur entgegenkommen konnte.

Wieder stellt sich die Frage nach der Motivation. Auf der

persönlichen Seite haben hier bei Schmitt sicher Ehrgeiz und Opportunismus ebenso mitgespielt wie auch ein Gefühl der politischen Verunsicherung, das aus seinen Konflikten mit verschiedenen Parteigrößen resultierte. Daß seine antiliberalen Ressentiments den Geist seiner Schriften über die Großraumordnung mitgeprägt haben, braucht demgegenüber nicht betont zu werden.

Wie Schmitt auf den Ausbruch des Zweiten Weltkriegs reagiert hat, ist nicht bekannt. Wie immer seine Schriften motiviert gewesen sein mögen, im Lichte seiner Argumente und bei dem Prestige, dessen er sich in der deutschen Öffentlichkeit erfreute, mußte seinen Lesern der Krieg Hitlers als gerecht erscheinen.

Mit der Würdigung dieses vielleicht einflußreichsten (nach außen hin jedenfalls) unbedingten Hitleranhängers unter der deutschen Professorenschaft soll der Überblick über Einstellungen nationalsozialistischer Hochschullehrer zu Hitlers Expansionspolitik abgebrochen und der Versuch einer Zwischenbilanz unternommen werden. Allen genannten Hitler-treuen Professoren ist zunächst gemeinsam, daß sie den Ausbruch des Krieges Anfang September 1939 in der Form eines zweiten Weltkonfliktes nicht begrüßt haben, und wie in der deutschen Öffentlichkeit, so war auch bei ihnen, soweit nachweisbar, von einer Kriegsbegeisterung nach Art der „Ideen von 1914" kaum die Rede.[104] Gemeinsam war diesen nationalsozialistischen Wissenschaftlern aber auch eine naiv-optimistische Fehleinschätzung der von 1938 bis 1940 gegebenen politischen Lage, und zwar sowohl was Hitlers eigentliche Ziele anlangte als auch die Reaktion der übrigen Großmächte auf dessen Kriegspolitik. Gleichzeitig steigerten sie mit ihren idealisierenden Deutungen der deutschen Kriegsziele die Erwartungen der deutschen Öffentlichkeit und trugen auch so zu einer unrealistischen Sicht der tatsächlichen Lage bei.

Manche unter ihnen – am deutlichsten Haushofer – waren im Grunde Imperialisten alten Stils geblieben, wie sich an ihrer Deutung des deutsch-britischen Konfliktes und ihren aus der Mottenkiste hervorgeholten Kolonialforderungen erwies. Carl

Schmitt, der sich ganz auf den Leitgedanken eines kontinentalen deutschen Großraumes konzentrierte, bildete hier eher eine Ausnahme. In der Rechtfertigung der Rolle Deutschlands beim Ausbruch des Krieges gingen alle mit der amtlichen Selbstdarstellung des Regimes konform – konnten wohl auch nicht anders. Auf jeden Fall lag hier ihr Beitrag zur deutschen Kriegspropaganda. Was die subjektive Ehrlichkeit ihrer Aussagen und ihre persönliche Motivation anlangt, so läßt sich nicht übersehen, daß gerade die prominentesten unter ihnen – Krieck, Frank, Haushofer und Schmitt – aus einer politisch verunsicherten Stellung heraus publizierten. Das Bedürfnis, sich nach außen hin zu profilieren, lag da denkbar nahe. Der Fall Haushofer bietet darüber hinaus einen Einblick in eine Art von „Realitätsverweigerung", die nicht nur für ihn charakteristisch gewesen sein dürfte, – das heißt eine Art krampfhaft-verzweifeltes Bemühen, Hitlers Außen- und Kriegspolitik wider besseres Wissen dann doch im Sinne der Selbstdarstellung des Regimes zu sehen. Hier gab natürlich die grundsätzliche Regimetreue den letzten Ausschlag.

III.

Eine derartig unbedingte Regimetreue, die Bereitschaft, die Politik Hitlers vor sich selbst in jeder Hinsicht gutzuheißen, lag bei der großen Masse der deutschen Hochschullehrer sicher nicht immer vor, die vor 1933 ja auch nicht der NSDAP angehört hatte. Vielmehr gab es Bereiche verbleibender mehr oder weniger ausgeprägtr Distanz – z.B. die Kirchen- oder die Hochschulpolitik des Regimes – neben „Zonen der Übereinstimmung".[105] Die Vermutung, daß Hitlers Außenpolitik auf jeden Fall vor dem Kriege zu diesen „Zonen" gehört hat, wurde bereits geäußert. Um dies zu illustrieren, sollen zwei Bereiche herausgegriffen werden, die geeignet waren, eine Übereinstimmung zwischen von Haus aus nicht vorbehaltlos nationalsozialistischen Hochschullehrern und der Politik Hitlers herzustellen – der großdeutsche Gedanke und die Reichsidee. Als Zeugen sollen hier nur Historiker befragt werden, standen diese doch diesen beiden Komplexen von Haus aus näher als die Vertreter anderer Disziplinen.

Der großdeutsche Gedanke besaß in dem Wiener Historiker Heinrich Ritter von Srbik seit den mittzwanziger Jahren seinen prominentesten Vertreter, wenn Srbik selbst auch lieber von einer „gesamtdeutschen" Geschichtsauffassung sprach, die den historischen Gegensatz zwischen Groß- und Kleindeutsch überbrücken sollte. Von dieser Absicht durchdrungen, verfaßte er sein umfangreiches Werk „Deutsche Einheit", das ihm vielfache Anerkennung einbrachte.[106] Auch für seine „gesamtdeutsche" Geschichtsauffassung gewann er zahlreiche Anhänger unter seinen Kollegen im „Reich" wie z. B. A. O. Mayer, A. Schulte, W. Schüßler und selbst Friedrich Meinecke, und was an ihr Kritik erweckte, war nicht ihre politische Grundausrichtung, sondern eine nach wie vor „österreichisch" erscheinende Sicht der preußischen Geschichte. Ungeachtet dessen wurde Srbik von Regimeanhängern wie Karl A. von Müller und Walter Frank hoffiert – und dies nicht ohne Erfolg, wie seine Mitgliedschaft im Direktorium von Franks Reichsinstitut erwies. Als Christ konnte sich Srbik allerdings nicht vorbehaltlos mit Hitlers Regime identifizieren. Eine totale Eingliederung Österreichs in das Reich wünschte er vor 1938 gleichfalls nicht.[107] Der völkischen Ausrichtung der nationalsozialistischen Außenpolitik stimmte er indessen zu. Auch er sah die „Zeit des einheitlichen, über dem Staate stehenden Volkstums" gekommen und erblickte in Mitteleuropa eine „große Raumindividualität" eigenen Charakters, in deren Zentrum als das „größte und führende Volk" die Deutschen lebten. Unter Rückgriff auf die Traditionen des mittelalterlichen deutschen Kaiserreiches sollte Deutschland ein neues Ordnungsprinzip in dieses Mitteleuropa einführen, in dem sich das rein nationalstaatliche Prinzip offenkundig nicht bewährt hatte. Auf der Grundlage nationaler Autonomie und der Anerkennung deutscher Auslandsvolksgruppen als eigene Rechtspersönlichkeiten sollte ein befriedigtes Mitteleuropa geschaffen werden.[108] Srbiks „Utopie" lautete: „Das Deutsche

Reich der feste nationalstaatliche Kern der Erdteilsmitte, mit ihm in festester nationaler Lebensgemeinschaft verbunden das heute rein deutsche Österreich, ferner angegliedert auf der Grundlage der Achtung ihrer Staatlichkeit und der Achtung ungehemmten Lebensrechtes ihrer Völker die ostmitteleuropäische Staatenwelt – eine Vereinigung der getrennten beiden Denkströme, des nationalstaatlichen und des universalistischen, eine Synthese auch des historischen Preußens und des historischen Österreichs. ... eine kombinierte Lebensform ohne imperialistischen Grundton, dem Lebensinteresse des deutschen Volks und der andern Völker Mitteleuropas und der Idee der Volksgemeinschaft und der Gerechtigkeit angemessen ...".[109]

Ungeachtet früherer Vorbehalte sah Srbik diesen seinen Traum dann doch mit dem Anschluß Österreichs und der Annexion Böhmens und Mährens erfüllt, schrieb er doch am 23. 4. 1938 seinem Schweizer Kollegen Werner Näf: „An unserem seit langem erprobten Verhältnis ändert es nichts, daß es nun kein Österreich mehr, nur ein großdeutsches Reich gibt. Sie wissen, wie sehr meine ganze heiße Sehnsucht und mein bescheidenes Arbeiten bei aller Heimattreue diesem ganz großen Ziel gegolten hat. ... die großdeutsche Reichsgründung ist das Resultat des Willens der Nation und der einmaligen Tat eines Österreichers".[110] Öffentlich sprach er von einem „Wendejahr der Weltgeschichte", von einem „Schlußakt einer tausendjährigen Geschichte".[111]

Die Einverleibung Böhmens und Mährens im März 1938 bildete für ihn den logischen Vollzug einer langen Geschichte, die gezeigt hatte, daß das tschechische Volk „immer" „einer deutschen Hand der Kraft und Gerechtigkeit" zu seinem „eigenen Wohl" bedurfte. Er sagte ihm eine Ära des Glücks, der Ordnung und des Gedeihens voraus.[112]

Srbiks Reaktion auf die kriegerische Konsequenz von Hitlers Expansionspolitik ist nicht bekannt. Immerhin verglich er (wohl erst 1941) den deutschen Führer indirekt mit Napoleon I. – in einer für Hitler nicht eben schmeichelhaften Weise.[113] Seine reichsdeutschen Korrespondenten, die seine gesamtdeutsche Geschichtsauffassung teilten – vor allem der Berliner Historiker Wilhelm Schüßler (nicht allerdings F. Meinecke) – übertrafen sich allerdings gegenseitig in ihrer Begeisterung über den Anschluß – der nach Schüßler Deutschland und Österreich endgültig zu den Siegern des Ersten Weltkrieges gemacht hatte – und die Errichtung des Protektorats Böhmen und Mähren. Schüßler, so schrieb dieser Srbik am 25. 9. 1939, hielt den einmal ausgebrochenen Krieg „für die Dauer" für nicht vermeidlich: „England kann aus traditionellen Gründen dieser deutschen, historisch-völkischpolitischen begründeten Stellung in Mittel- und Osteuropa nicht kampflos zusehen. Die ‚Methoden‘, die Art des Protektorats spielen daneben keine Rolle ..." Nur bei der Bewahrung der deutschen Stellung in Mittel- und Osteuropa und bei gleichzeitiger Niederkämpfung der balance of power Politik könne es eine Befriedung geben. Als „alter Bismarckianer" schätzte er wegen des „Russenpakts" (vom 23. August 1939) die Chancen dafür optimistisch ein.[114]

Daß es nicht zuletzt der großdeutsche Gedanke gewesen ist, der dem Expansionsstreben des Hitlerreiches als Treibstoff diente, machte Srbiks Wiener Kollege Wilhelm Bauer im Nachhinein deutlich, als er feststellte, daß die kleindeutsche Geschichtsschreibung sich nie „zu freier Bejahung des Machtbegriffs" habe durchringen können, deren Leitmotiv vielmehr die „Melodie der nationalen Selbstbescheidung" gewesen sei und die sich von der Idee eines Eroberungskrieges zaghaft abgewendet habe.[115] Hier erhielt die groß- bzw. gesamtdeutsche Geschichtsschreibung auf einmal eine politische Bedeutung!

Die Reichsidee, das heißt die Berufung auf das mittelalterliche Kaiserreich, war bereits in den einzelnen Äußerungen Srbiks angeklungen. Sie lieferte einen weiteren Bereich, mit Hilfe dessen deutsche Historiker den Weg zu einer Billigung von Hitlers Außen- und Kriegspolitik fanden. Bekanntlich besaß auch der Reichsgedanke eine Vorgeschichte, die auf jeden Fall bis in die Zeit der Weimarer Republik zurückreichte, in der national-konservative und katholische Publizisten sich bemühten, der „undeutschen" Republik und dem materialistischen Zeitalter das Ideal eines auf traditionellen Werten basierenden deutschen Reiches entgegenhielten.[116] In den Jahren 1938/39, als Hitler sein Großdeutsches Reich errichtete, war von Nationalsozialistischen Historikern, wie wir sahen, mehrfach die Forderung erhoben worden, doch den Westfälischen Frieden zu revidieren und zu der alten Reichsherrlichkeit der Zeit vor dem Dreißigjährigen Krieg zurückzukehren. In ähnlicher Weise stellte sich für Historiker des Mittelalters die Frage, „was das Reichspathos des Dritten Reiches mit dem Ersten Reich verbindet" (Heimpel).[117] Zwei Parallelen bzw. Traditionsstränge meinten sie hier erkennen zu können, an die das Dritte Reich anknüpfen konnte: Auf der einen Seite war dies die „deutsche Sendung" als Ordnungsmacht in Europa. So erklärte Theodor Mayer am 30. Januar 1940 in einer akademischen Rede: „Das großdeutsche Reich nimmt die geschichtliche Entwicklung dort auf, wo sie vor 700 Jahren unter den Staufern fallengelassen wurde." Es sei dies die Politik, die dem deutschen Volk als dem Volk der europäischen Mitte und dem deutschen Reich als dem politischen Mittelpunkt Europas die Aufgabe zumesse, im mitteleuropäischen Raum „eine planmäßige politische Ordnung herzustellen".[118]

Das Reich konnte indessen seine ordnungsstiftende Funktion nur wahrnehmen, wenn es sich seiner äußeren Feinde erwehrte. Dieser Feind stand aus der Sicht der dreißiger Jahre nicht mehr im Süden – die Problematik der kaiserlichen Italienpolitik besaß seit dem Achsenbündnis keine Aktualität mehr und wurde, auch im Zeichen der gesamtdeutschen Geschichtsauffassung, für erledigt erklärt.[119] Stattdessen erschien die Außenpolitik des Dritten Reiches als Fortsetzung der Ostexpansion des mittelalterlichen Kaisertums; hier aber galt, bis zum deutsch-sowjetischen Nichtangriffsvertrag, der Bolschewismus als Hauptfeind: Das Deutschland Hitlers in seiner Rolle als „Vorkämpfer" des Abendlandes in der Abwehr des „kulturzerstörenden Bolschewismus" stehe in der Tradition des mittelalterlichen Reiches, das Europa gegen den Ansturm von Awaren, Mauren, Magyaren und Mongolen abgeschirmt habe.[120]

Doch wie sollte die innere Ordnung dieses neuen deutschen Großreiches aussehen, wenn es die Traditionen des mittelalterlichen fortführte? Wieweit ließ sich der übernationale Charakter des mittelalterlichen deutschen Kaisertums mit den völkischen Grundsätzen des Dritten Reiches in Einklang bringen? Diese Frage wurde doppelt aktuell, als Hitler im März 1939 mit dem tschechischen Volk sozusagen einen „Fremdkörper" in sein Großdeutschland einführte. Während andere Historiker es bei dem Argument des tausendjährigen deutschen Kulturbodens in Böhmen bewenden ließen, unternahm es der aus Österreich stammende Münsteraner Rechtshistoriker Karl Gottfried Hugelmann, dieses Dilemma etwas genauer zu untersuchen.[121] Geist und Macht verknüpfend, so stellte er fest, sei die „Dynamik" des historischen Reichsbegriffs für die Gegenwart des Dritten Reichs wesentlich, das heißt die „Spannung und doch wieder Verbindung zwischen einem die Einheit des deutschen Volkes verwirklichenden Staat und einer über den deutschen Siedlungsboden hinausgreifenden Sendung und raumordnenden Macht".[122] Durch den völkischen Gedanken sei aber der deutsche Staat vor jeder Versuchung gefeit, im Sinne des alten Nationalismus nach einer „gewaltsamen oder auch nur künstlichen Assimilation anderen Volkstums" zu streben: „Mit der Verkündigung des Lebensrechtes der Völker an Stelle der Menschenrechte der französischen Revolution wird ein neuer Grundsatz vertreten, der geeignet ist, als Ordnungsprinzip zunächst für den mitteleuropäischen Raum mit seinem Völkermischgürtel Geltung zu erlangen." Freilich: „Wie dieser Kampf für die Eigengesetzlichkeit des mitteleuropäischen Raumes nicht mit einer Intervention in fremden Lebensräumen, so darf der Begriff des Lebensrechtes der Völker nicht mit schematischer Gleichheit der Völker verwechselt werden". Hinzu kämen die Notwendigkeiten des Krieges. Dennoch sei Deutschland nicht etwa zur Unterjochung sondern zur Ordnung des mitteleuropäischen Raumes berufen.[123] Im Protektorat Böhmen und Mähren werde das Deutsche Reich im Sinne der neuen „ethnokratischen" Ordnung (offenbar eine Wortprägung Hugelmanns) die „ursprünglichen Lebensrechte zweier Völker" (also der Tschechen und der Deutschen) berücksichtigen. In dieser Ordnung sei die „Volkspersönlichkeit" der Tschechen letztlich besser aufgehoben als in dem vergangenen tschechoslowakischen Staat, der mit der Prager Großmachtpolitik belastet gewesen und militärisch überanstrengt worden sei.[124] Die Tschechen müßten zu einer „Symbiose" mit den Deutschen bereit sein – eine Aufgabe, die ihnen angesichts der „fruchtbaren Kooperation" des Reiches mit der slawischen Großmacht – der UdSSR – leichter fallen müßte.[125] Auf jeden Fall habe Großdeutschland, indem es ein zweites Volk in sein Gebiet einbezogen habe, ein wesentliches Merkmal des erweiterten mittelalterlichen Reiches übernommen.[126] Also auch hier, mit deutlichen Anklängen an Carl Schmitt, der krampfhafte Versuch, Hitlers Gewalt- und Unterdrückungspolitik als Schutz- und Ordnungsfürsorge gegenüber den nichtdeutschen Völkern umzudeuten und ihr damit ein rechtlich-moralisches Mäntelchen umzuhängen! Ein solcher Versuch kann heute, gelinde gesagt, nur naiv anmuten. Und doch könnte man dem Verfasser zugute halten, daß er vielleicht immerhin versuchen wollte, Hitlers Eroberungspolitik an, wenn auch fragwürdige, Normen zu binden. Bei Hugelmann sind dies die Normen der „mittelalterlichen Weltanschauung", wie er betonte, nicht gewesen.[127] Dies galt jedoch sehr wohl für andere Historiker wie Hermann Heimpel und den schon erwähnten Heinrich Ritter von Srbik, die sich beide an der Debatte um die Reichsidee beteiligt haben. Bei beiden Historikern findet sich die Hervorkehrung eines „christlichen Universalismus" (so Srbik), der als „metaphysische Idee" das 1000jährige Reich „überwölbt" und dem deutschen Volk ein Sendungsbewußtsein vermittelt hätte: „Der christliche Universalismus aber war dem deutschen Volk nicht als Fremdgut äußerlich aufgeprägt. Er wäre niemals zum tiefen seelischen Besitztum der germanischen Stämme und der zusammenwachsenden Nation geworden, niemals hätte das deutsche Volk ... das christliche Europa ordnend überschatten können, wenn nicht die große Idee den Urgründen des eigenen Wesens ... gemäß gewesen und wenn nicht das Fremde an ihr ganz zum Deutschen geworden wäre. Schon das germanische Königtum hatte sakralen Charakter wie das deutsche Königsamt ...".[128]

Mit der Ableitung eines deutschen Sendungsbewußtseins aus dem mittelalterlichen Kaisertum befanden sich Historiker wie Srbik und Heimpel im Einklang mit der offiziellen Regimepropaganda, nicht jedoch mit ihrem gleichzeitigen Bestehen auf dem wesentlich christlich-universalen Inhalt dieses Sendungsglaubens. Diese Interpretation entsprach nicht nur ihrer persönlichen Bindung an den christlichen Glauben, sondern darf vielleicht gleichzeitig auch als Versuch gewertet werden, das NS-Regime, dessen Neigung zu Gewalttätigkeit nach innen schwer zu übersehen war, mindest programmatisch christlichen Normen zu verpflichten.

Daß diese Tendenz dem Regime nicht genehm war, das mußte Srbik erfahren, obwohl er seinen zitierten Aufsatz über die Reichsidee mit einer Verbeugung vor dem „Führer" und dem von diesem inaugurierten „Zeitalter der Volksgemeinschaft" enden ließ; verging doch kaum ein Jahr, bis er von einem Kulturfunktionär der „parteiamtlichen Prüfungskommission" des Reichsleiters Philipp Bouhler zur Ordnung gerufen wurde: Es sei nötig, so schrieb dieser, zum „germanischen Urgrund des Reichsgedankens" „durchzustoßen": „Die nationalsozialistische Weltanschauung hat von Anbeginn an die Ablehnung und Abkehr von ‚Universalismen' jeder Art bedeutet, die jetzt auch von der deutschen Wissenschaft vollzogen werden muß."[129]

Die Diskussion deutscher Historiker über den Reichsgedanken zu Beginn des Zweiten Weltkrieges muß also mit Vorsicht interpretiert werden, weil sie eine Übergangszone in der Publizistik zu Hitlers Kriegspolitik markiert, in der sich Elemente der Regimeakklamation mit solchen der nicht mehr ganz versteckten Regimekritik mischten. In dieser heute nicht leicht zu durchdringenden Grauzone, die unvermeidlich war, weil das Regime offene Kritik immer weniger duldete, befindet sich der Historiker nun auch, wenn er die Publizistik von Hitlergegnern in der deutschen Professorenschaft würdigen möchte.

327

IV

Obwohl der deutsche Widerstand inzwischen gründlich erforscht ist, befindet sich der Historiker, wenn er nach oppositionellen Tendenzen auf den deutschen Hochschulen in NS-Zeit fragt, auf einem immer noch weithin unbekannten Gelände. Die vertraulichen Zeugnisse, auf die es hier ankommt, sind vielfach während des Zweiten Weltkrieges – oft von den Betroffenen absichtlich – vernichtet worden oder noch nicht zugänglich. So scheint zum Beispiel über einen entschiedenen Hitlergegner wie den Kieler Nationalökonomen Jens Peter Jessen, der schließlich nach dem 20. Juli 1944 Opfer der NS-Justiz wurde, kein ausreichendes Material verfügbar zu sein, das eine eingehende historische Würdigung dieser Persönlichkeit ermöglichen könnte.[130] Man weiß auch für die Zeit bis 1940 von einer Reihe vor der weiteren Öffentlichkeit schweigenden – dem Regime selbst aber meist bekannten – Gegnern des Hitlerreiches wie den Physikern Otto Hahn und Max von Laue, dem Chemiker Karl Friedrich Bonhoeffer oder den Philosophen Karl Jaspers und Hans Driesch.[131]

Einer der ganz wenigen Fälle – vielleicht im Moment noch der einzige – eines Hitlergegners, der sich öffentlich zu Hitlers Außenpolitik zu Wort gemeldet und gleichzeitig für eine kritische Würdigung ausreichende persönliche Zeugnisse hinterlassen hat, ist der des Freiburger Historikers Gerhard Ritter.[132] An ihm sollen deshalb Möglichkeiten und Grenzen eines publizistischen Gegensteuerns gegen Hitlers Katastrophenpolitik illustriert werden.

Aufgewachsen in einem christlich-konservativen Milieu, Frontkämpfer des Ersten Weltkrieges, gleichzeitig Gegner der Alldeutschen, stand Ritter während der Weimarer Republik der DVP Stresemanns nahe. Seine 1931 erschienene Stein-Biographie läßt seine dem frühen 19. Jahrhundert verpflichtete liberale politische Grundhaltung erkennen. 1932 beteiligte er sich in Freiburg am Präsidialwahlkampf zugunsten Hindenburgs. Nach Hitlers Regierungsantritt plädierte er für die Bildung einer umfassenden liberalen Bürgerpartei (die Fusion von DDP und DVP), die, wie er hoffte, zusammen mit den gemäßigt konservativen Kräften ein Gegengewicht zu Hitler bilden würde.

Ritter war somit, wie besonders seine Briefe bezeugen, Hitlergegner der ersten Stunde – als Christ wegen des beginnenden Kirchenkampfes, als politischer Mensch wegen des Unrechtscharakters der Hitlerregierung, als Wissenschaftler wegen der rassistischen Manipulation des deutschen Geschichtsbildes durch das Regime.[133]

Im Spätherbst 1938, nach dem Judenpogrom der „Reichskristallnacht", bildete er dann mit einigen gleichgesonnenen Kollegen wie W. Eucken, K. Lampe und C. von Dietze einen vertraulichen Diskussionskreis, der später auch mit Goerdeler Kontakte pflegte. Den Winter 1944/45 verbrachte Ritter in der Untersuchungshaft der Gestapo.

Als der Patriot, als der Ritter sich verstand, teilte er den Wunsch der meisten seiner Kollegen nach einer grundlegenden Revision des Versailler Vertrages. Aus dieser Einstellung heraus begrüßte er persönlich und öffentlich die Wiederbesetzung des Rheinlandes durch deutsche Truppen im März 1936.[134] Den Anschluß Österreichs rühmte er gar als „die kühnste und glücklichste außenpolitische Tat unserer neuen Staatsführung".[135] Hinter derartigen Tarnfloskeln, die die Möglichkeit zum Publizieren überhaupt sicherstellten, verbargen sich bei Ritter freilich schon früh schwerste Besorgnisse. Schon 1937 hielt er eine neue „Weltkatastrophe" für wahrscheinlich.[136] Mit Bedenken verfolgte er insbesondere „mitteleuropäische", auf eine Südostexpansion des Reiches drängende Tendenzen. Hier erkannte er schon früh die politischen Absichten, die hinter der von Srbik verfochtenen „gesamtdeutschen" Geschichtsauffassung gestanden haben. Mißtrauisch schrieb er dem Wiener Kollegen: „Das Erbe der zwei Millionen Toten [des 1. Weltkrieges] verpflichtet. Wir freuen uns, daß das sogenannte Dritte Reich den daraus erwachsenden Anspruch Deutschlands auf Gleichberechtigung unter den Großmächten wieder zur Geltung gebracht hat. Wir ersehnen

den Tag, an dem das deutsch-österreichische Volk den Weg
‚heim ins Reich' finden wird. Aber wir sehen schlechterdings
nichts, was uns verlassen könnte, nun plötzlich die Lehren der
Bismarckzeit und des Weltkrieges in den Wind zu schlagen
und irgendwelchen ‚mitteleuropäischen' ‚Utopien' nachzuja-
gen. Die Gefahren, die Deutschland von außen umringen . . .
sind noch viel größer geworden . . . In einem solchen Augenblick von ‚mitteleuropäischen' Zukunftszielen zu hören, wirkt
stark beunruhigend . . .". Man werde die Sätze von Srbiks
(hier zitierter) Utopie in Prag und anderen europäischen
Hauptstädten mit großer Aufmerksamkeit lesen und fragen,
was Srbik wohl mit Angliederung meine.[137]

Sein Kommentar zum Ausbruch des Zweiten Weltkrieges,
in einem Brief an seine Mutter festgehalten, lautete dann:
„Gott schütze . . . Dich, in diesen schweren Zeiten, die noch
einmal über uns zu kommen scheinen! Wenn sie kommen, so
darf uns – menschlich gesprochen – vielleicht doch auch die
ferne Hoffnung ein wenig trösten: daß es ja dann wohl endlich ein Ende haben muß mit so viel Schrecklichem und Wi-
derwärtigem, das uns nun seit Jahren ängstigt . . ."[138] Vor der
„neuen Weltära", die der Krieg eröffnete, „grauste" ihn.[139]
Den deutschen Sieg über Frankreich begleitete er mit den folgenden brieflichen Äußerungen: „Siegesmeldung auf Siegesmeldung! Aber kann man sie wie 1914 anhören, kann man ju-
beln? Mir graust manchmal vor mir selber . . ."; und: „Wenn es
so weiter geht, ist tatsächlich der Krieg noch in diesem Sommer zuende, und selbst England dürfte dann nicht mehr unbe-
zwinglich sein. Das wäre dann ein so großer Erfolg, daß einem geradezu bange werden müßte davor. Denn wird das
Ergebnis nicht ein noch viel ärgeres, nur umgekehrt gerichtetes Versailles sein?"[140] Langfristig sah er einer weiteren Kette
„weltrevolutionärer größtenteils kriegerischer Vorgänge" entgegen . . .: „Diese ungeheure Machtballung in Mitteleuropa
wird der Welt nun keine Ruhe mehr gönnen . . .".[141] Den Begriff „Neuordnung Europas" hielt er für „Zeitungsge-
schwätz": . . . „Es gibt kein Europa mehr, und ‚Neuordnung'?
Mir graust . . ."[142]

Das alles konnte natürlich öffentlich nicht gesagt werden. Ritter fühlte sich dennoch, wie er im Juli 1940 schrieb, als politischer Historiker verpflichtet, „den politischen Standort unserer Epoche universalhistorisch zu bestimmen".[143] Dazu gehörte natürlich und zuallererst Hitlers Kriegspolitik. Zwar konnte Ritter keine Kritik an konkreten Entscheidungen Hitlers üben, wohl aber an der ethischen Grundausrichtung, auf der diese Entscheidungen basierten. Er tat es in einem „Schlüsselbuch", das er zunächst „Die Dämonie der Macht" betiteln wollte, dann aber im Sommer 1940 unter dem weniger verfänglichen Titel: „Machtstaat und Utopie" erscheinen ließ.[144]

Dieser eher schmale Band gab sich auf den ersten Blick wie eine gelehrte Untersuchung über das Staatsdenken der Renaissance aus. Für Ritter war er dennoch „sein Kriegsbuch"; ging es doch um das universale Problem des Gebrauches und Mißbrauchs von Macht in der Geschichte. Anhand der Beispiele von Machiavelli und Morus stellte er den „naiven Amoralismus" des florentinischen Staatsdenkers dem „moralisch verborgenen" Machtdenken des Engländers gegenüber – kontinentales und insulares Machtdenken, ein Vergleich der damals auch anderweitig gezogen worden ist. Das Problem dieses Buches war, daß Ritter nach außen hin nur für den „kontinentalen" Typus der Machtpolitik Stellung nehmen konnte, während er tatsächlich zusammen mit Morus einem ethisch legitimierten Einsatz von Machtmitteln den Vorzug gab. Seinem Buch war die Aufgabe zugedacht, seinen Zeitgenossen die Augen zu öffnen für die moralische Verwerflichkeit der vom Hitlerregime betriebenen Verherrlichung von physischer Macht, – die Aufgabe, an das Maßhalten in Krieg und Politik zu erinnern.[145] Ritters Schwierigkeit lag darin, daß er diese Tendenz nicht allzu deutlich herausstellen konnte; denn das hätte zu einem Publikationsverbot geführt. Versteckt, wie sie war, ist Ritters eigentliche Absicht auch von zeitgenössischen Lesern nicht immer erkannt worden.[146] Der Wirkung einer so versteckten Opposition waren also Grenzen gesetzt. Das Buch „Machtstaat und Utopie" bleibt dennoch ein Zeugnis des „anderen Deutschland" und dessen Existenz auf deutschen Hochschulen während der Hitlerzeit.

V.

Ziehen wir eine kurze Schlußbilanz! Das Verhalten des Historikers Ritter ist um so bemerkenswerter, als es auch in der Zeit der größten Erfolge Hitlers keinen grundsätzlichen Wandel aufweist. Konnte Hitler doch seit Kriegsausbruch den psychologischen Faktor für sich ausnutzen, der manche regimefreundliche Äußerung zeitgenössischer Wissenschaftler erklärt: den Solidarisierungseffekt, der sich mit der Gefährdung der nationalen Existenz Deutschlands durch den Krieg einstellte. Vertrauliche Zeugnisse auch regime-kritischer Wissenschaftler zeigen, wieweit dieser Effekt gewirkt hat.[147] Dazu kam die „normative Kraft des Faktischen" in Gestalt des deutschen Sieges über Frankreich. In diesem Moment sind, wie ein oft zitierter Brief Friedrich Meineckes zeigt, auch ausgesprochene Hitlergegner in ihrem Urteil verunsichert worden.[148] Diese Unsicherheiten können schon deshalb nicht überraschen, weil, wie wir sahen, publizistisch engagierte Wissenschaftler den ersten Schritten von Hitlers Revisionspolitik in der Regel applaudiert hatten. Es lag nahe, auch den Sieg über Frankreich als „Revision von 1918", als Rückgängigmachung der deutschen Niederlage im Ersten Weltkrieg zu bewerten.

Viel schwieriger ist es für den Nachlebenden, eine Erklärung für die zahllosen Traktate zu finden, in denen Gelehrte – Juristen und Historiker vor allem – für Hitlers Eroberungs- und Unterdrückungspolitik Stimmung gemacht haben, indem sie diese schönfärbten. Die Kommentare zur Zerschlagung des tschechischen Staates sind in dieser Hinsicht besonders enthüllend. Mag sein, daß der Versuch, Hitlers Eroberungs- und Unterdrückungspolitik als Erfüllung des nationalen Selbstbestimmungsrechts umzudeuten, im Einzelfall auch von dem Wunsch begleitet war, dem Regime die Normen vor Augen zu führen und einzuprägen, die es tatsächlich verletzte. Daß dies auf einer hoffnungslosen Fehleinschätzung Hitlers beruhte, braucht nicht betont zu werden.

Wie ausgeführt, dürften bei derartigen Anpassungen zusätzlich auch persönliche Faktoren mit im Spiel gewesen sein – wie zum Beispiel die Tatsache, daß selbst ein so entschiedener Anhänger des Regimes wie Carl Schmitt als unzuverlässig gelten konnte.

Wichtiger aber war doch immer wieder die Illusion, die diese Professoren mit den konservativen Politikern teilten, die sich 1933 mit Hitler verbündet hatten – die Illusion, Hitler in ihrem Sinne „steuern" und zu einer irgendwie doch normengebundenen Politik hinführen zu können. Mit dieser gewiß als patriotisch empfundenen Gutgläubigkeit, diesem politischen Opportunismus haben sie sich in ihrem Anspruch, ‚politische Wissenschaftler' zu sein, unglaubwürdig gemacht.

Hans-Erich Volkmann
Deutsche Agrareliten auf Revisions- und Expansionskurs

Vorbemerkung

Es ist eine Vielzahl von Studien erschienen, in der die Ideenwelt der Wilhelminischen und der Weimarer Zeit in ihrem
Einfluß auf das nationalsozialistische Denken untersucht wurde. Die Ergebnisse führen „zwar nicht zu einer Klärung der
nationalsozialistischen Ideologie, wohl aber zu einer Aufhel-
lung des geistigen Vorfeldes", in dem sie begründet lag, „und
zwar durch die Wirksamkeit bestimmter Personen und Kreise".[1] In diesem Kontext dürfen die Agrareliten nicht außer Betracht bleiben. Dabei wird eines deutlich: daß nämlich die nationalsozialistische Ideologie als Ideenkonglomerat keine in
sich geschlossene politische Programmatik darstellte, die man
mittels geschickter Propaganda in die Köpfe der deutschen
Bevölkerung pflanzte, sondern daß das vage Gedankenkon-
strukt aus den elitären Reihen der deutschen Gesellschaft heraus allmählich konkretisiert, fachkundig abgestützt wurde.
Nur so war die (zumindest Teil-)Identifikation unterschiedlicher Schichten mit dem politischen Phänomen Nationalsozialismus überhaupt möglich. Nur so konnten einflußreiche tradierte Interessengruppen in Gestalt von sogenannten Selbst-
verwaltungskörperschaften (siehe die Industriewirtschaft) den
Übergang von Weimar zum Dritten Reich nahezu unbeschadet vollziehen, konnte (siehe die Agrarwirtschaft) eine gewisse
personell-administrative und bewußtseinsmäßige Kontinuität
vom Kaiserreich über die Republik zum NS-Staat gewahrt
bleiben.

Unsere Betrachtung steht nicht unter der problematischen

Fragestellung, ob sich der Zweite Weltkrieg stringent aus der Kontinuität deutscher Geschichte erklärt. Die Kontinuität muß aber mit ins historische Kalkül einbezogen werden, um darzutun, daß überkommenes und übernommenes politisches Denken einer spezifischen sozialen Gruppe den Krieg als Mittel zur Konfliktlösung nicht ausschloß, daß der Nationalsozialismus von der politischen Ideengeschichte her Erbanlagen besaß, die den Krieg, in welcher Form und Dimension auch immer, möglich, ja wahrscheinlich machten. Diese Feststellung muß nicht heißen, „die Chancen einer anderen Entwicklung unterzubewerten".[2] Dem politischen Verhalten deutscher Agrareliten gegenüber der Weimarer Republik und dem Nationalsozialismus lagen hauptsächlich *drei* bewußtseinsphänomenologische Momente zugrunde. Zum einen das Eingeständnis, eine Krisensituation, entstanden aus mangelnder Anpassungsfähigkeit an die Bedingungen einer modernen Industriegesellschaft – noch dazu bei weltweiter Überproduktion mit Preiszerfall, seit 1929 verschärft durch die Symptome des globalen wirtschaftlichen Kollaps' – nicht aus eigener Kraft und auch nicht mit Hilfe eines dem politisch-parlamentarischen Pluralismus entsprechenden liberalen Wettbewerbssystems überwinden zu können. Zum anderen die nicht unbedingt mit Einsicht in das Unabdingbare verknüpfte Feststellung, ihrer angestammten Funktion als einer staats- und gesellschaftstragenden Schicht zumindest teilweise verlustig gegangen zu sein. Drittens die Nichtakzeptanz des Ausgangs des Ersten Weltkrieges mit den systemverändernden innen- und den durch Versailles bestimmten außenpolitischen Folgen und damit verbunden des Zerstiebens ihrer politischen Blütenträume. Ihr politisches Psychogramm wies also die Erschütterung ihres politisch-sozialen Rollen- und ihres ökonomischen Selbstverständnisses aus.

Die deutschen Agrareliten – und als solche betrachten wir die landwirtschaftlichen Spitzenfunktionäre, die politischen Willensträger in Parteien, Parlamenten und Regierungen, die Großgrundbesitzer, die Akademiker oder gleichwertig vorgebildeten Fachkräfte – tendierten, das verdeutlichen die standespolitischen Führungsgremien, mehrheitlich zum Rechtskonservativismus, gebärdeten sich antidemokratisch und im Blick auf Versailles revisionistisch (Dolchstoßlegende, Novemberverbrecher). Zwar gab es in der Weimarer Republik konfessionell gebundene, zumeist vernunftrepublikanische klein- und mittelständische Agrarverbände, waren etliche Repräsentanten der Landwirte dem demokratischen Parteienspektrum zuzurechnen; doch den agrarpolitischen Ton gab der antiparlamentarisch-großbäuerliche Reichs-Landbund (RLB) an, der sich zumeist der DNVP und deren späterer Absplitterung (Konservative Volkspartei) als politisches Sprachrohr bzw. als verlängerten politischen Arm bediente.

Auf all dies, auf die Affinitäten zwischen den agrarischen Eliten und dem Nationalsozialismus, auf die Frage, ob und in welchem Maße Exponenten des deutschen Bauerntums der Herrschaft Hitlers und seiner Partei Vorschub leisteten und ihr Unterstützung angedeihen ließen, kann im folgenden nur insoweit eingegangen werden, als sich Verbindungs- und Verständigungslinien zu Revisions- und Aggressionsabsichten deutscher Agrarrepräsentanten seit der Mitte der zwanziger Jahre ziehen lassen. Dabei beschränken wir uns auf zwei beispielhafte Komplexe.

Von der Osthilfe zur Ostexpansion

Als eine der Voraussetzungen nationalsozialistischer Herrschaft und damit des 1939 vom Zaun gebrochenen Konfliktes mit Polen muß gelten, daß sich die agrarischen Eliten – wie andere auch – mit bedeutsamen politischen Anliegen, derer sich die Weimarer Republik nur halbherzig angenommen hatte, bei Hitler und seinen Gesinnungsgenossen gut aufgehoben wußten. In diesem Zusammenhang ist unter anderem auf die Problematik der sogenannten Ostsiedlung und Osthilfe zu verweisen, deren Lösung sich insbesondere die DNVP und die sie nachhaltig stützenden ostdeutschen Agrarier angelegen sein ließen. Anknüpfungspunkt entsprechender Überlegungen war einmal die mit der Industrialisierung einhergehende Landflucht und der dadurch in Ostpreußen extrem zutage tretende rapide Bevölkerungsschwund; zum zweiten die die Agrarkrise verstärkend flankierende Überschuldung und letztlich die durch Versailles geschaffene Insellage Ostpreußens.

Frühzeitig hatten Repräsentanten des ostdeutschen Bauerntums auf eine intensive Besiedlung insbesondere Ostpreußens gedrängt, ein Ansinnen, mit dem allerdings antidemokratische und national-völkische Ambitionen und antipolnische Ressentiments verbunden waren. Genau dies aber hatten die demokratischen gouvernementalen Kräfte Preußens und des Reiches erkannt, weshalb sie bis Mitte der 20er Jahre alle entsprechenden Initiativen unterliefen.

Mit der Wahl des großagrarischen Interessenvertreters Paul v. Hindenburg zum Staatsoberhaupt im Frühjahr 1925 witterten die Protagonisten einer Ostsiedlung – noch innerhalb der Reichsgrenzen – Morgenluft. Man setzte nun auf eine „verständnisvolle Hilfe aus dem Reiche".[3]

Ein erstes Vorpreschen der DNVP in Richtung auf ein siedlungspolitisches Engagement des Reiches wurde zwar auf parlamentarischer Ebene gestoppt, führte aber zu entsprechenden planerischen Vorarbeiten in der Regierungsadministration, zu deren inhaltlicher und formaler Ausgestaltung die 1912 gegründete „Gesellschaft zur Förderung der inneren Kolonisation" (GFK) durch führende Persönlichkeiten, den Vorsitzenden Wilhelm Frhr. v. Gayl, seinen Stellvertreter Erich Keup und einen ihrer Geschäftsführer, Karl Maßmann, mit Rat und Tat beitrug. Frhr. v. Gayl besaß selbst keinen Grundbesitz. Dies konnte „freilich nicht darüber hinwegtäuschen, daß er den reaktionärsten Kurs des ostelbischen Junkertums vertritt".[4]

Der 1928 zum Vorsitzenden der DNVP gewählte Alfred Hugenberg hatte in dieser Gesellschaft ein gewichtiges Wort mitzureden, ein Mann, der als Mitglied der 1894 ins Leben gerufenen Ansiedlungskommission Posen über siedlungspolitische Erfahrungen verfügte. Ein Glückwunschschreiben v. Gayls zum 60. Geburtstag Hugenbergs verdeutlicht, wessen politischen Geistes Kinder die Mitglieder der GFK waren. In ihrer Vorstellungswelt flossen der Ostsiedlungsgedanke mit antislawischen Ressentiments, Revisions- und Expansionsdrang zusammen: Mit Wehmut wird in dem Schriftstück daran erinnert, daß die sich während des Krieges gebotenen Möglichkeiten „der Inangriffnahme einer gewaltigen Siedlungsaufgabe", und zwar im Osten wie im Westen, durch den mit der Dolchstoßlegende erklärten Zusammenbruch nicht hätten nutzen lassen, daß „alle diese weitausschauenden Pläne, deren Verwirklichung das deutsche Volk für Jahrhunderte zu einem festgefügten und unüberwindbaren Machtkörper gestempelt hätte", Makulatur geworden seien. Der Gratulant hatte aber die Hoffnung noch nicht aufgegeben, daß es zur „Stärkung und Verteidigung des deutschen Volkstums" gelingen werde, „gegenüber dem andrängenden geburtenreichen Slawentum" zumindest einen Wall zu errichten. „Wir harren der Zeit, da jene Saat ihre Früchte bringen wird und die jetzt hart um ihr wirtschaftliches und volkstumspolitisches Dasein kämpfenden zurückgebliebenen deutschen Außenposten mit dem großen Volksganzen wieder vereint sein werden".[5] Revision war eingefordert, militärische Mittel zu ihrer Durchsetzung blieben nicht ausdrücklich ausgeschlossen.

RLB und GFK stilisierten die Siedlung zu einer politisch brisanten Thematik, indem sie der ökonomischen Argumentation nun eine völkische, um nicht zu sagen rassische, hinzufügten, wenn sie Siedlung zum Schutz des „nationalgefährdeten Deutschtums im Osten" forderten und von der Notwendigkeit „nationalpolitischen Abwehrkampfes" sprachen.[6] Wenn der Präsident des RLB, Karl Hepp, bei der Reichsregierung in dem Sinne vorstellig wurde, „das ins Stocken geratene Siedlungswerk durch Zuführung von Reichsmitteln wieder flott zu machen", um „die bevölkerungspolitisch und national bedenkliche Entvölkerung der deutschen Grenzmarken abzuwenden" und in diesem Kontext von „Siedlungsnot" sprach, dann stand das wirtschaftspolitische Element bereits im Hintergrund der Überlegungen. In erster Linie ging es jetzt darum, einer polnischen Infiltration mit möglicherweise nachfolgender Dominanz in den deutschen Ostgebieten vorzubeugen.[7]

Der Gedanke des „Ostgrenzschutzes" nahm im Kabinett Luther und in dessen Administration Gestalt an. Man sprach nun von der Errichtung eines Grenzwalles im Osten, von einer „national- und kulturpolitische(n) Aufgabe größten Stils", um einer Polonisierung vorzubeugen, von der „Abwehr des slawischen Vorstoßes auf die deutsche Ostgrenze". Natürlich sollte diese „Abwehr" zunächst ausschließlich mit „friedlichen Mitteln geführt werden", wozu es einer zentralen Verteidigungsorganisation, nach Möglichkeit unter dem Reichsarbeitsminister, als „eine Art Chef der Heeresleitung für diesen Krieg", bedurfte.[8] Hier klingt das Bedauern darüber an, daß einem militärisch die Hände gebunden waren. Allein schon der militärische Sprachduktus läßt darauf schließen, wie nahe in der Siedlungsfrage militärische und nichtmilitärische Reflexionen beieinander lagen. Diese Äußerungen sind in der Historiographie denn auch als „in enger greifbarer Beziehung zu militärischen Überlegungen" begriffen worden.[9]

Mit dem Wechsel in der Reichskanzlerschaft von Luther zu Wilhelm Marx sollte sich das Blatt allmählich zugunsten der ostelbischen Agrarlobby wenden. Hindenburg hatte seine Position als Reichspräsident inzwischen so weit gefestigt, daß er sich immer unverhohlener in die eigentlichen Regierungsgeschäfte einzuschalten vermochte. So ließ er den Zentrumsführer Marx durch Vermittlung des Vorsitzenden der GFK, gleichzeitig Vertreter Ostpreußens im Reichsrat, v. Gayl, sein besonderes Interesse an der Frage der Ostsiedlung wissen. Und als sich neben der DNVP auch die DDP, nicht zuletzt auf Betreiben des braunschweigischen Bauernbündlers Heinrich Rönneburg, für die Sache einer zentralgelenkten Ostsiedlung mobilisieren ließ, war an einer diesbezüglichen Mehrheit im Reichstag nicht mehr zu zweifeln. 1926 stellte dieser entsprechende Mittel für die nächsten 5 Jahre zur Verfügung.

Da eine gezielte Ostsiedlung, wenn überhaupt, nur auf lange Sicht erfolgreich sein konnte, verbesserte sich die politische Stimmungslage, vor allem in Ostpreußen nicht. Defätismus machte sich breit, aber auch reaktionäre politische Agitation, die diesen Fatalismus als den Verlust Ostpreußens heraufbeschwörendes Drohgespenst am Berliner politischen Horizont aufziehen ließ, um Finanzspritzen für viele der tatsächlich überschuldeten Güter, aber auch außenpolitische Initiativen und Grenzschutzmaßnahmen zur inneren und äußeren Stabilität der Provinz anzumahnen. Die Furcht vor einer Überfremdung durch polnische Wanderarbeiter und Einwanderer, ja vor einer polnischen Aggression wuchs und wurde in durchsichtiger politischer Absicht durch führende Agrarkreise geschürt. Letztlich ging es nicht nur um die materielle Ostpreußenhilfe und um militärischen Schutz, vielmehr um den Sturz der Demokratie, die man entschlossener Taten für unfähig hielt. Es war an der Tagesordnung, „daß die rechts gerichteten (vom Großagrariertum beherrschten) Blätter dauernd Mißtrauen gegen die Regierung, sogar gegen die Person des Reichspräsidenten predig(t)en". Von Umsturz war die Rede, weil man in den Kommunisten die bevorstehenden Sieger aus der Ende der 20er Jahre beginnenden Konfrontation zwischen links und extremer Rechten aber auch zwischen den kommunistischen Kräften und denen der Republik vermutete. „Man redet, der Zusammenbruch sei unvermeidbar, er müsse zum Bolschewismus führen. Da sei es schon besser, diesen (gem. i. d. Zusammenbruch) nicht abzuwarten, sondern zwangsweise herbeizuführen, da man alsdann die Ereignisse in der Hand habe".[10]

Hindenburg, 1927 auf Initiative des erzkonservativen ehem. königl. Kammerherrn, mehrfachen Gutsbesitzers und Ehrenvorsitzenden des Landwirtschaftsverbandes Ostpreußen, Elard v. Oldenburg-Januschau, von der deutschen Wirtschaft mit dem ostpreußischen Gut Neudeck beschenkt, geriet immer mehr unter den Einfluß ostdeutscher Agrareliten, wurde ihr vornehmster Repräsentant und wirkungsvollster Sprecher. „Die Junker hatten ... durch ihr Geschenk ... versucht, das Reichspräsidialamt nach Ostpreußen zu verlegen".[11] In der Gewährung und Sicherung der Ostpreußenhilfe sah Hindenburg schließlich eine seiner vornehmsten Aufgaben. Ende des Jahres intervenierte er in diesem Sinne erstmals unmittelbar bei Reichskanzler Marx. Ostpreußen werde ohne massive Unterstützung aus dem Reich „eines Tages eine Beute des immer auf der Lauer liegenden polnischen Nachbarn", argwöhnte er. Für diesen Fall, und hier brach die Sorge des ehemaligen Feldherrn durch, sei „auch die Schlacht von Tannenberg umsonst geschlagen".[12]

Als das Staatsoberhaupt ohne entsprechende Rechtsgrundlage Ende 1927 von der Reichsregierung die sogenannte Ostpreußenhilfe erzwang, war diese zu einem der Prüfsteine der Demokratie geworden, an denen sie u.a. scheitern sollte. Auch wenn Hindenburg dies nicht expressis verbis aussprach, so kann doch kein Zweifel daran bestehen, daß er darauf hinzielte, die ostpreußische Insellage zu beseitigen. Jeder Hilfe mußte die Einsicht zugrundeliegen, „daß Ostpreußen in einer wirtschaftlich und politisch ganz *besonders* gefährdeten Lage sich befindet ... Ostpreußen ist gefährdetes Grenzgebiet und gegenwärtig der schwächste Punkt im Deutschen Reiche. Wenn dieser Grundsatz nicht anerkannt und festgehalten wird und wenn der Fall Ostpreußen nicht besonders, sondern nur im Rahmen anderer wirtschaftlicher Nöte behandelt wird, ist jede Hilfsaktion zur Wirkungslosigkeit verurteilt".[13]

Der Reichspräsident hatte die zureichende Ausgestaltung der Ostpreußenhilfe zur Maxime seiner Politik erhoben, an der er die Arbeit der letzten demokratisch gebildeten Reichsregierung und erst recht die der aufgrund seiner aktiven Intervention zustandegekommenen Präsidialkabinette maß. In Wiederholung des Vorganges von Ende 1927 forderte Hindenburg im Frühjahr 1930 den Regierungschef auf, die Ostpreußenhilfe zur Osthilfe auszuweiten. „Die Wiederaufrichtung des zusammenbrechenden Ostens" sei ein Gebot der Stunde. Er müsse daher „von der Reichsregierung nachdrücklich verlangen", daß „rasch und kräftig gehandelt" werde.[14] Als das Kabinett Hermann Müller sich dieser, Widerspruch ausschließenden, Aufforderung entzog, mußte es demissionieren, nicht zuletzt auch auf Druck der DNVP und der Deutschen Bauernpartei, die beide im Sinne des Staatsoberhauptes interpellierten.

Für Heinrich Brüning waren die geäußerten ostagrarischen

Wunschvorstellungen des Reichspräsidenten bindende politische Weisungen. In „Übereinstimmung mit dem Herrn Reichspräsidenten" kündigte er „eine durchgreifende und umfassende Osthilfe, Zug um Zug mit dem allgemeinen Agrarprogramm", an: „Gesundung der östlichen Landwirtschaft ist die Grundlage nationaler und volkspolitischer Rettung des deutschen Ostens".[15]

Daß ein schnell wirksames Agrarprogramm in der gebotenen Eile und unter Einhaltung demokratischer Spielregeln erfolgen und im Einklang mit der Preußischen Regierung realisiert werden könnte, daran zweifelte ein erheblicher Teil der Agrarlobby, selbst Brünings Parteifreund Andreas Hermes als einer der Spitzenfunktionäre der „Grünen Front" (Lose Arbeitsgemeinschaft zwischen RLB, Vereinigung der deutschen christlichen Bauernvereine, Deutscher Bauernschaft und Deutschem Landwirtschaftsrat). Schon zu Zeiten des Kabinetts Müller glaubte „die Landwirtschaft . . . nicht mehr, daß die notwendigen Maßnahmen zu erreichen sind über den schwerfälligen Apparat des Parlaments. Es wird darauf ankommen, den Reichstag auszuschalten, dem Reichsernährungsminister bzw. der Reichsregierung eine *Generalermächtigung* zu geben, die sie in die Lage setzt, sämtliche erforderlichen Maßnahmen mit sofortiger Wirkung ohne Rücksicht auf das Parlament zu treffen".[16] Mit der Berufung des DNVP-Abgeordneten und Präsidenten des RLB Martin Schiele zum Reichsminister für Ernährung und Landwirtschaft versuchte Brüning, dessen Partei auf seine Seite zu ziehen, erreichte aber lediglich deren personelle Spaltung. Die DNVP, an der Spitze der Parteivorsitzende und Gutsherr Alfred Hugenberg – „wenn für mich überhaupt noch wirtschaftliche Interessen in Frage kommen, so sind es landwirtschaftliche" – wollte den Zusammenbruch des demokratischen Staatswesens und damit verbunden die Gleichschaltung Preußens, um auf diese Weise alle möglichen Widerstände, die der Durchführung einer konsequenten Osthilfe im Wege standen, auszuräumen.[17] Die Osthilfeproblematik sollte für ihn den Ansatzpunkt bilden, um die Regierung Brüning zum Zwecke der eigenen Machtausübung auszuhebeln. „Das gegenwärtige Kabinett bedeutet die Gefahr des Ruins des gesamten nationalen Willens".[18] Für Hugenberg war „der nationale Wiederaufbau ... ohne eine gesunde Landwirtschaft nicht denkbar. Das Deutschtum ganzer großer Provinzen des Ostens steht und fällt mit ihr".[19] Diese nationale Erneuerung, wie die DNVP sie verstand, ließ sich mit einem parlamentarisch-demokratischen System, das u. a. für Versailles die Verantwortung trug, nicht bewerkstelligen, sondern nur auf dem Weg über die nationale Sammlung, d. h. durch ein Zusammengehen mit den Nationalsozialisten. Hugenberg gab sich überzeugt, „daß es bei dem Anwachsen der Nationalsozialisten unbedingt richtig ist, sie so bald wie möglich vor die Verantwortung zu stellen. Sie können das zeigen, was sie können oder was sie nicht können".[20]

Unter den Regierungen Brüning glommen Osthilfe und Ostsiedlung als schwelende Probleme zunächst mehr unter der sichtbaren Oberfläche des politischen Geschehens. Erst im Frühjahr 1932 loderte die Diskussion im Zusammenhang mit der wachsenden Furcht vor einem militärischen Zugriff Polens auf Danzig und andere deutsche ehemalige Ostgebiete wieder hell auf.

Der Direktor der Ostpreußischen Landgesellschaften v. Gayl wußte Hindenburg von der seelischen Zermürbung im Osten zu berichten, der – das stand zwischen den Zeilen eines Briefes – durch kredit-, schulden- und siedlungspolitische Anstrengungen allein nicht beizukommen sei. Erneut brachte er die militärische Komponente der Angelegenheit ins politische Gedankenspiel ein, wenn er feststellte, es lasse „die Widerstandskraft der Kreise, welche bisher Träger des nationalen Wehrwillens gegenüber den Polen" gewesen seien, beängstigend nach. „Diese Beobachtung ist auch den militärischen Stellen nicht entgangen. In dieser kritischen Zeit müßte alles vermieden werden, was geeignet sein kann, den Widerstandswillen zu schwächen".[21] Es gab in Sachen Revision und Vergeltung den Schulterschluß zwischen ostelbischen Großagrariern und den Militärs.

Diese Intervention, zu der sich eine Resolution der deutschnationalen Reichtagsfraktion gesellte, in der es hieß, es müsse alles unterlassen werden, was „die heute besonders wichtige seelische Widerstandskraft der Deutschen im bedrohten Osten" schwächen könnte,[22] bezog sich auf einen konkreten Vorgang: auf den Entwurf einer Siedlungsverordnung. Er bot dem ostdeutschen Großgrundbesitz und seinen Wortführern den eigentlichen aktuellen Anlaß zum Kesseltreiben gegen Brüning, weil er einmal die Möglichkeit der Enteignung irreversibel verschuldeten und unverkäuflichen Grundbesitzes und zum anderen die Verknüpfung von Siedlungs- und Arbeitsbeschaffungsprogramm vorsah. Großvolumig, noch dazu auf ihre Kosten, so hatte man sich in großagrarischen Kreisen die Siedlung nicht vorgestellt. Hier lief man gegen die entsprechenden Pläne Sturm, an der Spitze der Reichspräsident selbst. Auf seinem Gut Neudeck ließ er sich vor Ort die wirtschaftlichen aber auch politischen Sorgen der Großagrarier, rechtsnationaler Persönlichkeiten und Gewährsmänner seiner Nachbarschaft vortragen und machte sie zu seinen eigenen. Als Wortführer der deutschnationalen Opposition gegenüber Brüning fungierte v. Oldenburg-Januschau, hinter dem Hugenberg als eigentlicher Drahtzieher agierte.[23] Der erstere, die ostpreußischen Großagrarier Adolf v. Batocki, Hans-Joachim v. Rohr-Demmin u. a. bezeichneten die Brüningschen Siedlungspläne als kalte Bolschewisierung.[24] Der gefährdete Landadel verstand es, den Reichspräsidenten an seinen Sorgen partizipieren zu lassen, indem er an die „verwandten Gefühle" rührte.[25] Hindenburg, fest „in den Händen der Reaktion",[26] provozierte, indem er dem Verordnungsentwurf seine Zustimmung versagte, den Rücktritt der Regierung. „Den unmittelbaren Anstoß zu dem Sturz des Kabinetts Brüning hat die Siedlungsfrage gegeben ... Die tieferen Gründe der Beseitigung ... liegen darin, daß eine Schicht, die vorher im Staate keinen entscheidenden Einfluß mehr hatte, nämlich das Alt-Preußentum, die Herrschaft wieder an sich zu nehmen gewillt" war.[27]

Sie favorisierte den Repräsentanten norddeutschen Großbauerntums v. Papen als neuen Reichskanzler. U. a. hatte

Franz Wolfgang v. Hauenschild als Vertreter der von der DNVP abgespaltenen Christlich-Nationalen Bauern- und Landvolkpartei ein Kabinett „der besten Männer"[28] – natürlich aus der Sicht des Großgrundbesitzes – gefordert. Und in der Tat verfügte Hindenburg nicht nur die Ernennung v. Papens zum Reichskanzler, sondern auch dreier einflußreicher Deutschnationaler zu Ministern, darunter die des GFK-Vorsitzenden Wilhelm Frhr. v. Gayl zum Innen- und Magnus Frhr. v. Brauns zum Minister für Ernährung und Landwirtschaft, zugleich Ostsiedlungskommissar. Die agrarischen Reaktionäre konnten es zufrieden sein. Entschieden antidemokratisch, bedeutete die Regierung v. Papen den ersten Schritt in Richtung auf die offene Diktatur, und sie beseitigte in den Augen des ostelbischen Junkertums mit der Preußischen Regierung den Stolperstein auf dem Weg zu einer revisionistischen und an ihren Vorstellungen orientierten Osthilfe und -siedlung. Im Dualismus zwischen dem von der Industrie geforderten Primat der Außenwirtschaft und den von der Landwirtschaftslobby erwarteten Agrarschutzmaßnahmen schlug sich die Regierung v. Papen wo möglich auf die Seite der – insbesondere ostdeutschen – Großagrarier, „als läge die Erhaltung des pleitesten Großgrundbesitzes weit mehr im Staatsinteresse als die Sicherung des deutschen Exportes".[29]

Osthilfe- und -siedlungspolitik erfuhren nun einen qualitativen Sprung. Der Großgrundbesitz sollte vor Pfändung und Zwangsverkauf nach Möglichkeit verschont, auf Massen- zugunsten der elitären Individualsiedlung Nationalgesinnter verzichtet werden. Der ökonomische Aspekt trat hinter den ostpolitisch-militärischen zurück, wenn Schleicher, nun Reichswehrminister, auf die Funktion der Siedlung als Grenzsicherung abhob: „Daß ich als Wehrmin. den Siedlungsgedanken auf das wärmste begrüße, liegt auf der Hand. Für die Landesverteidigung ist es eine Lebensfrage, daß an der Ostgrenze eine mit ihrem Boden verwurzelte Bevölkerung steht".[30] Das Vorhaben kam allerdings nicht rasch genug zum Tragen, so daß auch die Regierung v. Papen nicht zuletzt deswegen das Vertrauen von RLB und Reichspräsident einbüßte.

Auf den ersten Blick mag man versucht sein, v. Papens Nachfolger v. Schleicher als einen Mann der ostelbischen Agrarlobby zu erachten. Hatte er doch im intriganten Zusammenspiel mit den dortigen Junkern bei Hindenburg erfolgreich den Sturz Brünings betrieben und als graue Eminenz in Reichswehrministerium und -präsidialamt eine zentrale Anlaufstelle für zahlreiche Eingaben im Sinne einer Intensivierung von Osthilfe und -siedlung gebildet, insbesondere dann, wenn sie im Zusammenhang mit dem Wehrgedanken standen. In Kreisen des ostdeutschen Militärs, das sich in enger gesellschaftlicher und gesinnungsmäßiger Verbindung zum Großagrariertum befand, hatte man v. Schleicher immer für eine gute Adresse gehalten, wenn es darum ging, in Berlin deutlich zu machen, „daß es darauf ankommt, an der Grenze eine zuverlässig deutschgesonnene Bevölkerung zu schaffen", wobei man „ausgeschiedene Angehörige der Reichswehr zur Ansiedlung in den vom Polentum bedrängten Kreisen für besonders geeignet" erachtete.[31] Doch bei näherer Betrachtung fällt auf, daß sich v. Schleicher nicht unbedingt mit den Vorstellungen des Ostagrariertums identifizierte. Nur Beschwerden, deren Ursache eine politische Chance besaßen, behoben zu werden, hatte er an den Reichspräsidenten oder -kanzler – zumeist kommentarlos – weitergereicht, da er „von der Sorte täglich einige Dutzend bekomme. Ich bin an sich immun gegen derartige Klagen".[32] Schon vor seinem Amtsantritt als Reichskanzler hatte er sich gegen eine Osthilfe, die lediglich an den Symptomen der Krise kurierte und gegen finanzielle Hilfe mit Strohfeuereffekt gewandt: „Ein Mittel, die Landwirtschaft von heute auf morgen wieder wohlhabend und dadurch politisch gemäßigt konservativ zu machen, gab und gibt es nun einmal nicht". Da orientierte er sich schon eher an Brünings langfristigem Bemühen um eine strukturelle Verbesserung der Landwirtschaft in den Ostgebieten. „Ich glaube . . ., daß man dieses Ziel . . . bei ruhiger und konsequenter Fortsetzung Ihrer Politik in Jahr und Tag doch erreichen wird".[33]

Anders als sein Vorgänger v. Papen hegte er nicht die Absicht, seine Regierung auf das Wohlwollen der vom Reichspräsidenten repräsentierten Großagrarier zu gründen. Eine ostdeutsche landwirtschaftliche Gesundung hatte eine politische Konsolidierung zur Grundvoraussetzung. Vor allem mußte jeglicher politischer Radikalisierung des Ostelbiertums zu Gunsten des Nationalsozialismus die Spitze gebrochen werden. Selbst die Oberschicht hatte in den Provinzialwahlen von Ende 1929 vielfach bereits „den ‚Nazi‘ gewählt … Mag auch das Programm der Nazis noch so wirr sein, so werden sie doch hoffentlich dem jetzigen jammerhaften Staatswesen den Garaus machen. … Vielleicht kommen wir so wieder hoch. … Man muß zugeben, daß die Nazis an *vaterländischer Opferwilligkeit* … die anderen stark in den Schatten stellen".[34] Schleicher verband daher die Absicht, den gemäßigten Flügel der NSDAP um Gregor Strasser in die Regierungsverantwortung zu nehmen und damit politisch zu disziplinieren mit dem Ziel, die NS-Bewegung zu spalten und dergestalt auch ihren ostdeutschen großagrarischen Anhang zu schwächen.

Hauptsächlich durch zwei Programmpunkte glaubte der neue Reichskanzler zumindest einen Teil der NSDAP zu sich herüberzuziehen, indem er nämlich der auch im nationalsozialistischen Aufgabenkatalog obenan stehenden Arbeitsbeschaffung höchste Priorität zuwies. In Verbindung damit brachte er eine forcierte Ostsiedlung, auf die er persönlich in seiner Eigenschaft als Reichswehrminister im Sinne eines wirkungsvollen Grenzschutzes ebenso Wert legte, wie die Hitler-Partei. „Denn letzten Endes sind es noch immer die Menschen auf eigener Scholle gewesen, die den besten Grenzwall gegen das Vordringen fremden Volkstums abgeben".[35] Aber Strasser versagte sich bekanntlich auf Druck Hitlers der Zusammenarbeit. v. Schleicher nahm zudem den Brüningschen Grundgedanken, den v. Papen fallengelassen hatte, wieder auf, in Ostpreußen, der Grenzmark, in Pommern und in beiden Mecklenburg die Siedlung schwerpunktmäßig auf dem im Osthilfeverfahren als nicht entschuldbar deklarierten, zu enteignendem Boden durchzuführen. Die Nachricht, Siedlung größeren Umfangs auf Kosten des Großgrundbesitzes betreiben zu wollen, schlug im gesamten „Osthilfegebiet wie eine Bombe" ein.[36] Es waren letztlich die „Landschaften" – auf Preußen beschränkte Hypothekenbanken –, die unter dem Einfluß der Großagrarier in den Leitungsgremien ihre Zins- und Tilgungsansprüche gegenüber ihren großbäuerlichen Gläubigern nun einfach nicht geltend machten und somit den Enteignungsverfahren schlechterdings die Grundlage entzogen.[37] Die ostdeutschen Großagrarier gingen sehr bald aus dieser zunächst einmal defensiven Position heraus zur politischen Offensive über. Der RLB beschuldigte die Regierung eines falschen Ansatzes ihrer Osthilfe- und Siedlungspolitik.

Aber auch wegen der Aufdeckung eines Skandals machte der RLB gegenüber der Regierung Schleicher Front: Es stand zu befürchten, daß der Reichskanzler Unterschlagungen und Korruption im Zusammenhang mit der Osthilfe nachgehen und versuchen würde, den Sumpf der Unregelmäßigkeiten auszutrocknen.

Der DNVP – auch im Kabinett Schleicher für die Agrarpolitik verantwortlich – ging es ums politische Überleben. Wollte sie ihr Schicksal an das des Reichskanzlers binden, mußte sie damit rechnen, ihrer großagrarischen Klientel verlustig zu gehen. Sie vollzog nun unter der Führung Hugenbergs eine konsequente Absetzbewegung vom Reichskanzler und suchte ihr Heil zielstrebig in der Koalition mit der NSDAP. Mit dem Gunstentzug der DNVP gab es für den Reichskanzler keine politische Zukunft mehr. „Wie Brüning, der ‚Agrarbolschewist', so stürzte auch Schleicher, weil er es gewagt hatte, an Ostelbien zu rühren".[38] Otto Meissner berichtet, der dem Reichspräsidenten persönlich verbundene konservative Kammerherr und Landwirtschaftsexperte Oldenburg-Januschau sei es gewesen, der dem zögernden Hindenburg verdeutlichte, es gäbe weder vom konservativen, noch agrarischen politischen Standpunkt aus stichhaltige Einwände gegen den NSDAP-Führer als Regierungschef. Im Gegenteil: „Die darniederliegende Landwirtschaft erwarte mit Zuversicht von ihm die Rettung vor dem Ruin".[39]

Aus der Tatsache heraus, daß es die Exponenten der – insbesondere ostdeutschen – Agrarlobby aus dem Umfeld Hindenburgs, an der Spitze v. Papen aber auch Hugenberg, waren, denen der Führer der NSDAP seine Bestallung zum Regierungschef verdankte, erwuchs ein unverhohlenes politisches Anspruchsdenken. Hitler hat jedenfalls zunächst die in ihn gesetzten Erwartungen erfüllt. Dies galt bezüglich des Osthilfeskandals, den er formal unter der Verantwortlichkeit Hugenbergs untersuchen, tatsächlich allerdings durch das „amtliche Ergebnis": „von Riesenskandalen der Osthilfe, Panama und Korruption" sei keine Rede, vertuschen ließ.[40]

Hitler hatte bereits früher Zusagen hinsichtlich der Wahrung des ländlichen großbetrieblichen Besitzstandes gemacht. So Anfang 1931 gelegentlich eines Gespräches mit dem zur NSDAP übergetretenen Eigner des Herrensitzes Liebenberg/Mark, Friedrich Svend Fürst Eulenburg Hertefeld, den der Führer der NSDAP als Köder benutzen wollte, um junkerliche DNVP-Anhänger in die Reihen seiner Partei zu locken: „nie und nimmer" werde er „auf eine Zerschlagung oder Enteignung größerer Güter" hinwirken.[41] Als der Regierungschef im Frühjahr 1933 Repräsentanten landwirtschaftlicher Großbetriebe empfing, insistierten diese noch einmal in dieser Frage, der sie in erster Linie nun eine sicherheitspolitische Bedeutung beimaßen. Auf Großgrundbesitz könne „um der Führer willen" nicht verzichtet werden, „die er in der Vergangenheit vielfach dem Volk gegeben hat und weiter geben muß, besonders im Osten, weil die dort unserem Volk gestellten schicksalsschweren Aufgaben nur gelöst werden können, wenn die führende Schicht aus erdgebundenen, mit ihrer ganzen Existenz in der Heimaterde verwurzelten Persönlichkeiten besteht".[42] Hier wurde sowohl an die historische Rolle des ostdeutschen Großgrundbesitzes als stete Quelle preußisch-deutschen Soldatentums erinnert, als auch dem wehrfreudigen Reichskanzler eine diesbezügliche neue Offerte unterbreitet. Dies brachte der politische Weggefährte Hugenbergs, der deutschnationale Staatssekretär im Reichsministerium für Ernährung und Landwirtschaft (Febr.–Sept. 1933) und Exponent des Pommerschen Landbundes, v. Rohr-Demmin, noch als

Hoffnung zu Papier, als er bereits Ämter und Einfluß verloren hatte. Für ihn verkörperte der „neue Staat" in politischer Struktur und politischem Wollen all das, was den Großgrundbesitz charakterisierte: „Preußentum, Armee, verwurzeltes Führertum und Gefolgschaftstreue".[43]

Vertreter Ostdeutschlands, die Hälfte Großgrundbesitzer, machten Hitler gegenüber ähnliche Ausführungen. Sie wollten das Ostproblem ebenfalls vorwiegend unter wehrpolitischen Gesichtspunkten betrachtet, mit ihm den „Schutz unserer Ostgrenzen" verbunden wissen. Politik gegenüber Ostdeutschland hieß für sie, „den nationalen Wehrwillen" aktivieren und steigern. „Die alte bodengewachsene Führerschicht ... wird auch in Zukunft der zäheste Verteidiger der gemeinsamen Scholle im Grenzkampf sein". Osthilfe und -siedlung mußten militärischen Notwendigkeiten Rechnung tragen, nicht zuletzt durch Truppenverlegung ins Land und durch die Einrichtung von Räumungs- und Hauptkampfzonen für den Fall eines militärischen Konfliktes mit Polen. Das Propagandaministerium wurde aufgefordert, der deutschen Bevölkerung nicht nur die Bedeutung seiner *derzeitigen* Ostprovinzen, sondern auch „der verlorenen Landesteile" eindringlich vor Augen zu führen.[44] Um eine Revisionspolitik effizient vorzubereiten und schließlich durch Erfolg zu krönen, hob die Delegation die Zweckmäßigkeit einer regierungsseitig „einheitlichen Behandlung der Ostfragen" und „einer einheitlichen Heranziehung der Wehrverbände zu gemeinsamer Arbeit" hervor, ein Begehren, mit dem sie bei Hitler offene Ohren fand. Er wies grundsätzlich „auf die Notwendigkeit einer Entwicklung nach dem Osten hin" und begründete dies damit, daß „die Weltabsatzmärkte Deutschlands ... immer mehr einschrumpfen" würden. Der Reichskanzler vermied es allerdings, diese seine Ausführungen zu konkretisieren, betonte aber mit Nachdruck, „es käme vor allen Dingen auf die Wiederherstellung der deutschen Wehrmacht an".[45]

Mit der Wahrung des in Versailles fixierten territorialen Besitzstandes durfte es allerdings nicht sein Bewenden haben. Hitler, das mußte die Revision sein: „Versailles wird ausgelöscht werden, und die Grenzen, die dort einem willen- und wehrlosen Volke ... diktiert worden sind, werden von demselben ... so neu festgesetzt werden, wie es die Leistungen der Vergangenheit und die Lebenserfordernisse der Zukunft verlangen", so ließ sich der Deutsche Ostbund – mitgetragen von führenden Köpfen des Ostagrariertums, Ehrenvorsitzender Hindenburg – unmittelbar nach Regierungsantritt vernehmen.[46]

Die Deutschnationalen waren als politische Vertretung ihrer großagrarischen Anhängerschaft eine programmatische Symbiose mit den Nationalsozialisten eingegangen, die sachlich über die Revision, zeitlich über ihre institutionelle politische Entmachtung hinaus anhielt.

Politische Seelenverwandtschaft zwischen Rechtskonservativen und Nationalsozialisten existierte auch bezüglich der Erweiterung des Lebensraumes. Lebensraum, Inbegriff rassisch- und ernährungswirtschaftlich motivierten Expansionsdranges, war beileibe kein spezifischer NS-Terminus. Geprägt hatten ihn bereits in der wilhelminischen Zeit die Alldeutschen – deren Ideologie z. B. von Hugenberg und Gayl mit in die DNVP eingebracht worden war –, die in diesem Zusammenhang auch den Stellenwert der Streitkräfte markiert hatten: „Wir wollen zum Ausdruck bringen, daß die Deutsche Wehrmacht auch ihre Verwendung finde, falls mißgünstige Nebenbuhler und Nachbarn unseren völkischen Bedürfnissen sich entgegenstellen. Unser rasch wachsendes Volk muß sein Daseinsrecht geltend machen, es muß für Neuland sorgen".[47] Seit dem Ersten Weltkrieg, vor allem nach der Okkupation der russischen Ostseeprovinzen, verband sich beim ostelbischen Grundbesitz der Gedanke der Aufsiedlung der deutschen Ostgebiete mit Plänen zur Ostexpansion.[48] Bei der Festlegung der Aufgaben der Baltikumfreikorps war diese Ideenkombination in der Variante von Antibolschewismus und siedlungspolitisch begründetem Hegemonialstreben wieder aufgetaucht. In solchem Wunschdenken blieb der (ost)deutsche Großgrundbesitz befangen. Schon in den entsprechenden Debatten 1930 hatte der Deutschnationale Fritz Kleiner im Reichstag keinen Zweifel daran gelassen, daß unter Osthilfe mehr zu verstehen sei, als revisionsorientierte ökonomische und territoriale Saturierung: Gesetzt den Fall, daß die nach dem Weltkrieg zwischen Baltischem und Schwarzen Meer geschaffenen labilen Verhältnisse einmal ins Rutschen kamen, mußte „Deutschland sich die entscheidende Stellung bei der Neuordnung der Dinge gesichert" haben. „Darum rufen wir nach jener elementaren, von der ganzen Nation getragenen Ostbewegung, die die Voraussetzung erfolgreicher deutscher Ostpolitik ist".[49] Der spätere deutschnationale Minister für Ernährung und Landwirtschaft im Papen-Kabinett, der Grundbesitzer Magnus Frhr. v. Braun, hatte in den parlamentarischen Osthilfedebatten zu erkennen gegeben, welch expansive Dynamik sich hinter den ostpolitischen Vorstellungen wortführender Großagrarier von jenseits der Elbe verbarg, wenn er feststellte, im Kern gehe es „um die Vorherrschaft Polens und unsere Entwicklungsmöglichkeiten im Osten".[50]

Verbal nur notdürftig kaschiert, hatte Kuno Graf v. Westarp, ehemaliger Vorsitzender der Deutschnationalen und derzeitiges Mitglied der aus der DNVP hervorgegangenen Konservativen Volkspartei, schon zwei Jahre zuvor eine expansive Ostpolitik verlangt, indem er den alten deutschen Kolonialgeist beschwor, dem der Wille zugrunde gelegen habe, „dem deutschen Volkstum neuen Lebensraum zu schaffen, deutsches Wesen nach Osten voranzutragen ... Heute ist an Stelle des vordringenden deutschen Wesens polnische Hochflut getreten ... Da gilt es, dieser ... einen Damm entgegenzusetzen".[51] Die Deutschnationalen verfügten indirekt sogar über ein militärisches Instrument, mit dessen Hilfe sich zu gegebener Zeit ihre politischen Forderungen durchsetzen ließen: über eine Armee im Wartestand, den „Stahlhelm", Bund der Frontsoldaten, der Mitglied der Harzburger Front und durch seinen Vorsitzenden Franz Seldte der ersten Hitler-Regierung wurde. Er demonstrierte augenfällig die militante Komponente der Agrarpartei, denn 1928 gehörten von 60 Stahlhelm-Mitgliedern im Reichstag 51 der DNVP an. Feindbilder und politisch-militärische Stoßrichtung der Deutschnationalen und des „Stahlhelm" erwiesen sich denn auch bereits 1928 als identisch, wenn es in dem Aufruf eines Landesverbandes hieß: „Wir hassen mit ganzer Seele den augenblicklichen Staatsaufbau . . ., weil er uns die Aussicht versperrt, unser geknechtetes Vaterland zu befreien und das deutsche Volk von der verlogenen Kriegsschuld zu reinigen, den notwendigen Lebensraum im Osten zu gewinnen, das deutsche Volk wieder wehrhaft zu machen".[52]

Zu Hitler bestanden offenkundig entsprechende gedankliche Affinitäten. Auf dem 10. Reichsparteitag der DNVP (19.9.31) hatte deren Vorsitzender Hugenberg für die kommende Generation „Freiheit und Raum" reklamiert, hatte, ohne dies kenntlich zu machen, in Hitlers Worten gefordert, „daß dem ‚Volk ohne Raum' Gebiete eröffnet würden, in denen es seiner tatkräftigen Rasse Siedlungsraum schaffen . . . könnte". Avisiert war nicht nur eine territoriale Expansion Deutschlands, sondern unausgesprochen auch die nach deutschen Ordnungskriterien vorzunehmende Umgestaltung der Slawen- und Bolschewistenherrschaft zugeschriebenen politischen und ökonomischen Mißstände: „Der Wiederaufbau des Ostens ist weit über die alten deutschen Grenzen hinaus nur durch Deutschland möglich".[53] Im Jahr darauf drückte sich der DNVP-Reichstagsabgeordnete und Staatsrechtler Axel Frhr. v. Freytagh-Loringhoven vor den Spitzen seiner Partei ähnlich unmißverständlich aus, wenn er mit der geforderten Wiedererlangung der Wehrhoheit den Willen nach Revision der Grenzen, insbesondere im Osten, und die Vorstellung von der „Errichtung eines Großdeutschen Reiches" verband. War Deutschland einmal militärisch stark genug, konnte man versuchen, „neuen Boden, neuen Raum für unser Volk zu gewinnen", um „es loszulösen aus dem Qualm der Großstädte, es wieder seßhaft, wieder zu einem geistig und leiblich gesunden Bauernvolke zu machen".[54] Die Grenzen zwischen der bauernideologischen und ostimperialen Vorstellungswelt von DNVP und NSDAP erwiesen sich am Ende der Weimarer Republik bereits als fließend.

Wie Hugenberg, so ging es auch Hitler letztlich nicht um

Revision, sondern um kolonisatorische Expansion: Die „Wiederherstellung der Grenzen des Jahres 1914" war für ihn aus völkischen wie militärgeographischen Erwägungen heraus „ein politischer Unsinn".[55] Nicht Rückgewinnung verlorengegangener Territorien und deren Besiedlung konnten das ostpolitische Ziel sein, sondern es ging ausschließlich um den „Gewinn eines Siedlungsgebietes, das die Grundfläche des Mutterlandes selbst erhöht und dadurch nicht nur die neuen Siedler in innigster Gemeinschaft mit dem Stammland erhält, sondern der gesamten Raummenge jene Vorteile sichert, die in ihrer vereinten Größe liegen".[56] Großgrundbesitzer Fürst Eulenburg-Hertefeld verbreitete frühzeitig unter seinen Standesgenossen den Kernsatz Hitlers, er trage sich für den Fall der Machtübernahme nicht mit dem Gedanken, „in breitem Umfange auf deutschem Boden zu siedeln." Siedlung war erst dann möglich, „wenn uns der entsprechende Raum zur Verfügung steht".[57]

Was Wunder also, daß die Regierung Hitler rasch unter den Erwartungsdruck der Repräsentanten deutschen „Dranges nach Osten" geriet. So erinnerte beispielsweise der Deutsche Ostbund den neuen Reichskanzler öffentlich an seine in „Mein Kampf" niedergelegte Lebensraumtheorie, derzufolge die Nationalsozialisten die Kolonial- und Handelspolitik der Vorkriegszeit beenden und zur östlich orientierten Bodenpolitik übergehen wollten. Das Schwert sollte dem Pflug den Weg bahnen: „‚Staatsgrenzen', so schreibt Adolf Hitler in seinem Bekenntnisbuche, . . . ‚werden durch Menschen geschaffen und durch Menschen geändert'".[58] Welche Hoffnungen führende Agrarier mit dem Kabinett der Nationalen Front verbanden, daß sie nicht auf Revision, sondern auf Expansion setzten, das machte die agrarpolitische Wochenschrift des RLB deutlich, wenn sie enthusiastisch konstatierte, mit der Einigung der Führer der Nationalen Bewegung sei „der Geist vom August 1914 . . . erwacht".[59]

Nach den Märzwahlen 1933 forderten ostelbische Eigner landwirtschaftlicher Großbetriebe bei Hitler eine dynamische, die Grenzen sprengende Regelung der sogenannten Ostangelegenheiten ein: als Lohn dafür, das die Bevölkerung der östlichen Landesteile des Reiches „mit erdrückender Mehrheit Ihnen ihre Stimmen gegeben hat".[60] Junkerliche Kreise signalisierten Hitler, zum Gelingen dieses Werkes tatkräftig beitragen zu wollen; ja, sie zweifelten nicht am geschlossenen völkischen Einsatz der gesamten Ostprovinzen zu Gunsten hegemonialer Expansion, wenn es staatlicherseits nur gelang, den entschlossenen Willen zu bekunden, diese Aufgabe auch wirklich anzupacken: „Hat die Bevölkerung in den Ostprovinzen wieder das Bewußtsein, daß der Lebenswille des ganzen deutschen Volkes geschlossen hinter einem von starker Hand einheitlich geführten, heimat- und schicksalsverbundenen Ostblock steht und daß sich die Dynamik und Lebensenergie des deutschen Volkes wieder auf den europäischen Ostraum richten müssen, so ist ihr kein Opfer zu schwer, ihr Schicksal für die Zukunft der deutschen Nation zu erfüllen".[61]

Der Reichskanzler stand bei den ostdeutschen Großagrariern und seiner dortigen bäuerlichen Wahlklientel im Wort, taktierte aber höchst vorsichtig. Er benötigte Ruhe an der außenpolitischen Front, spielte frühzeitig mit dem Gedanken eines zumindest zeitweiligen Arrangements mit Polen, um sich ungestört von äußerer Pression ökonomisch und technisch-militärisch in die Lage zu versetzen, zum geeigneten Zeitpunkt seine imperialen und ideologisch fixierten Kriegsziele anzusteuern. Schon im Blick auf die zukünftige Wehrwirtschaftgestaltung sagte Hitler den Erhalt des Großgrundbesitzes zu. Bei der kriegsvorbereitenden Lenkung von Anbau und Verteilung der agrarischen Produkte und im Krieg selbst boten großagrarische Einrichtungen bessere und übersichtlichere Erfassungseinheiten. Doch vermied der Regierungschef jeden öffentlichen Hinweis auf schnelle und durch Gewaltanwendung zu erreichende Lösungen des östlichen Grenz- und Territorialproblems. Er sprach vielmehr die Hoffnung aus, „daß nach 30 bis 40 Jahren eine innere Befriedung des deutschen Volkes erreicht sei" und betonte, „die gesteckten Ziele müßten auf friedlichem Wege erreicht werden".[62] Stabilisierung der Verhältnisse und Aufrüstung zwecks Revision waren in Wahrheit beabsichtigt, was eigentlich von den konservativ regressiven Großagrariern hätte verstanden werden müssen. Hatte doch ein deutschnationaler Politiker bereits 1924 eine „Diktatur" gefordert, „von der man möglichst nur wenig sprechen soll, die man aber wollen muß". Deren primäre Aufgabe habe in der „Schaffung einer außenpolitischen Ruhezeit" zu bestehen, „um den inneren Aufbau der Staatsmacht und der Wehrhaftigkeit zu ermöglichen" mit der Perspektive, „Deutschland aufzubauen und die verlorenen Gebiete eines Tages wieder zu erobern".[63]

Diese Absicht spiegelte sich auch in der Frühphase der nationalsozialistischen Ost-, in Sonderheit der Ostpreußenpolitik wider: „Ostpreußen erfordere aus staats-, wehr- und außenpolitischen Gründen eine besondere Unterstützung und damit eine Hebung des Vertrauens der in der abgeschnittenen Provinz lebenden Bevölkerung". Das Land sei in einer Weise von Polen „politisch bedroht", daß man ihm auch nur politisch beistehen könne.[64] Aus Kreisen der konservativen Agrareliten ist der Versuch unternommen worden, eine derart vorsichtige und von Taktik bestimmte Politik in der Ostpreußen- und damit Polenfrage zu konterkarieren, den nationalsozialistischen Reichskanzler öffentlich auf einen stringenten Revisions- und Expansionskurs festzulegen. Wie anders ist die Äußerung Hugenbergs auf der Weltwirtschaftskonferenz im Juni 1933 in London zu verstehen, letztlich müßten „dem ‚Volk ohne Raum' Gebiete eröffnet" werden, „in denen es seiner tatkräftigen Rasse Siedlungsraum" erschließen könne.[65] Im Zusammenhang mit angemeldeten Kolonialansprüchen gefallen, sollte die Forderung nach räumlicher Expansion, zur unangemessenen Zeit und am falschen Ort geäußert, den Reichsminister für Ernährung und Landwirtschaft den politischen Kopf, seiner Partei die Existenz und die Koalitionspartnerschaft kosten. Und so galten zu Hugenbergs und seiner Gesinnungsfreunde Unbehagen zunächst einmal „Versöhnung" und „Freundschaft" als die das Verhältnis zu Polen gestaltende Devise. An der Revisionsforderung selbst hielten prominente Großagrarier jedoch weiterhin öffentlich fest: „Dem polnischen Willen nach Erwerb Ostpreußens, der unverändert weiterlebt, muß nach wie vor der deutsche Wille zur Zurückgewinnung der entrissenen Gebiete entgegengesetzt werden". Doch galt es unter dem Druck der Verhältnisse, in den von Hitler intonierten Versöhnungsgesang mit einzustimmen. „Es liegt im Interesse des europäischen Friedens und beider Völker, daß der Streitpunkt des Korridors, ebenso wie die oberschlesische Frage auf friedlichem Wege gelöst ... werden".[66] Das war zwar enttäuschend, weil bei der polnischen politischen Mentalität ein relativ aussichtsloses Vorhaben. Aber immerhin hatte sich das politische Klima im Reich positiv verändert: Zwar bestand „militärisch ... äußerlich dieselbe Lage wie bisher". Aber: „Am Wehrwillen im Falle fremder Übergriffe brauchen wir nicht mehr zu zweifeln".[67]

Als Hitler dann 1938/39 die Danzig- und Korridorfrage aktualisierte und zusehends auf Konfrontationskurs zu Warschau ging, stieß dies bei Vertretern der alten konservativen Agrareliten auf positive Resonanz. Ja, man heizte die gespannte politische Atmosphäre bewußt auf. Selbst der seit 1933 politisch kaltgestellte Frhr. v. Gayl griff zur Feder, um sich an der allmählich einsetzenden Polenhetze zu beteiligen: Das Bewußtsein, seine nationalstaatliche Existenz deutschen Siegen, einen Teil seines territorialen Besitzstandes aber der deutschen Niederlage zu verdanken, die Furcht vor einer Revision des Versailler „Schandfriedens" lasse in Polen Haß aufkommen. Die Gaylsche Schlußfolgerung, der östliche Nachbar sei und bleibe daher „eine Bedrohung des Friedens", suggerierte natürlich die Forderung, dieser Bedrohung rechtzeitig und wirksam zu begegnen.[68] Wie, das machte er am Tag des Überfalls auf Polen, wenngleich noch vor dem Einmarsch deutlich, als er sich bemüßigt fühlte, zur moralischen Aufrüstung der Wehrmacht beizutragen, indem er an „das Wunder von Prostken" erinnerte: im Verlauf des polnisch-russischen Krieges 1920 hätten 2000 polnische Soldaten an der ostpreußischen Grenze vor 50 deutschen Polizisten – die sie für ein Jägerbataillon hielten – ihre Waffen gestreckt. „Es zeigte sich damals in seltener Deutlichkeit die unbegrenzte Furcht polni-

scher Soldaten vor deutschen Stahlhelmträgern ... Sollten ...
die vergangenen neunzehn Jahre ausreichen, um diese Furcht
... in den Herzen polnischer Männer völlig auszurotten?".[69]

Aber nicht nur hinsichtlich Polens verbanden agrarische Eliten mit Hitlers Herrschaft expansionistische Hoffnungen.
Frhr. v. Gayl drückte als einer ihrer vornehmsten Repräsentanten paradigmatisch sein Bedauern darüber aus, daß es während des Weltkrieges nicht gelungen sei, Deutschland auf Kosten Rußlands nach Osten auszudehnen und abzusichern:
„Eine ziellose, ewig zögernde, zu spät oder zu früh handeln-
de, sich zumeist mit Halbheiten begnügende Reichsleitung
wußte nicht, was sie mit den Großtaten des siegreichen Heeres anfangen sollte ... Die Niederlage Rußlands bot erstmalig
Möglichkeiten, im osteuropäischen Raum an der Reichsgren-
ze nachhaltig geordnete Zustände zu schaffen, den deutschen
Lebens- und Wirtschaftsraum zu weiten und schließlich ein
neues Europa vorzubereiten ... Statt dessen wurde ... ein
neues Polen, Deutschlands geschworener Todfeind, verkündet".

Nichts anderes verbarg sich hinter diesen Aussagen als die
stille Sehnsucht, dem NS-Regime möge nachträglich der Erfolg beschieden sein, der dem kaiserlichen Deutschland versagt blieb. Wie denn anders sollten die im Dezember 1940 formulierten Schlußsätze seiner Weltkriegsretrospektive verstanden werden: „Der Leser wird die Bitterkeit mitempfinden, mit
der mich einst das Versagen der politischen Reichsführung ...
erfüllte. Vielleicht ist es gerade in unseren Tagen weltbewe-
genden Geschehens nützlich, selbsterlebten Gegensatz zwischen militärischer und politischer Führung und seine Folgen
deutlich herauszustellen".[70]

Der kaiserlichen Armee zumeist als Reserveoffiziere und im
politischen Denken verbunden, genügte vielen Exponenten
des Agrariertums allein schon der Ausbau der Wehrmacht, um
sich, wenn nicht unbedingt mit der NSDAP, so doch mit der
Reichsführung zu arrangieren. Beispielhaft kann dafür wieder
Frhr. v. Gayl angeführt werden, der, politisch abgehalftert wie
die meisten seiner traditionell konservativen Gesinnungsge-

nossen, dennoch im Wehrwirtschaftsstab mitarbeitete, mit naiver Freude im alten Waffenrock als Gast an Manövern teilnahm, weil er zu Recht die politisch-militärischen Ziele von Wehr- und Staatsmacht für weitgehend identisch – auch mit den eigenen Überzeugungen – hielt.[71]

Das kann auch von einem weiteren prominenten Vertreter des RLB, von Hans Nagel, gesagt werden. Bis Ende 1928 war er persönlicher Referent des geschäftsführenden Präsidenten und Organisationsleiter dieser Standeseinrichtung gewesen, um dann die Präsidialabteilung der DNVP zu übernehmen, und letztlich zu deren geschäftsführendem Vorstandsmitglied und Leiter der Parteizentrale aufzusteigen. Er ließ sich, getrieben von seinem ausgeprägten Antibolschewismus (Beteiligter am Kapp-Putsch) als Major in der Wehrmacht reaktivieren, wo er es in verschiedenen verantwortlichen rüstungs- und kriegswirtschaftlichen Verwendungen bis zum Generalmajor brachte, nicht zuletzt in der maßgeblichen Funktion als Generalinspekteur der Wirtschaftsinspektion Ost. Nagel hat als ehemaliger deutschnationaler Agrarrepräsentant die von Herbert Backe entworfenen Leitlinien für die künftige Wirtschaftsorganisation des Ostens vorbehaltlos akzeptiert und angewendet, obwohl sie brutale Ausbeutungsmaßnahmen mit rassenideologisch begründeten Vernichtungsabsichten verbanden. Am deutlichsten kam dies in den im Mai 1941 verfaßten wirtschaftspolitischen Richtlinien für die besetzten Ostgebiete zum Ausdruck, die Nagel mit konzipiert hat. Dort hieß es unter anderem: „Viele 10 Millionen von Menschen werden in diesem Gebiet überflüssig und werden sterben oder nach Sibirien auswandern müssen. Versuche, die Bevölkerung dort vor dem Hungertode dadurch zu retten, daß man aus der Schwarzerdezone Überschüsse heranzielt, können nur auf Kosten der Versorgung Europas gehen. Sie unterbinden die Durchhaltemöglichkeit Deutschlands im Kriege, sie unterbinden die Blockadefestigkeit Deutschlands und Europas".[72]

Daß der Parteivorsitzende der Deutschnationalen, wie in London geäußert, nicht nur an territoriale Expansion zwecks Siedlung dachte, sondern an Autarkie in einem Großwirtschaftsraum, hatte er Hitler im Vorfeld der Konferenz wissen lassen: dort müsse man deutlich machen, daß Deutschland sich aus dem weltwirtschaftlichen Orchester zurückziehen werde. „Auf handelspolitischem Gebiete ist z. Zt. ein Weiterspielen auf der alten Leier in höchstem Maße gefährlich. Es würde immer wieder auf den alten, durch schmerzliche Erfahrungen widerlegten Gedanken hinauslaufen, die Möglichkeit des Exportes mit dem Ruin unserer Bauern zu erkaufen". Den Rückzug auf einen begrenzten Binnenmarkt lehnte er ab. „Deutschland würde dabei namentlich den Vorteil des Umstandes verlieren, daß es den Kern Mitteleuropas bildet. Es würde sich von den Möglichkeiten ausschalten, die sein östliches Hinterland bietet".[73] Eingeweihte wußten, daß Hugenberg „gerade in Agrarfragen ... den absoluten Autarkiegedanken vertritt". Von diesem Kern aus mußte Deutschland vielmehr seine konzentrischen handels- und machtpolitischen Kreise ziehen, um die so umschlossenen Länder seinen wirtschaftspolitischen Notwendigkeiten dienstbar zu machen. Hugenberg befand sich also durchaus im Einklang mit der nationalsozialistischen Autarkietheorie. Autarkie, so wie sie während des Dritten Reiches letztlich verstanden wurde, bedeutete ein Zweifaches: „Mit dem Übergang zu einer Wirtschaft, die sich möglichst weitgehend selbst versorgt", vollzog sich „gleichzeitig ... der Übergang zu einer ... raumgebundenen Volkswirtschaft!".[74] Einer der vehementesten Verfechter des Großraumgedankens innerhalb der NSDAP fand noch eine vorsichtige Formulierung, wenn er es als „eine Frage außenpolitischer Zweckmäßigkeit" bezeichnete, „wieweit ein Volk seine politischen Grenzen denen seines effektiven Herrschaftsbereichs – d. h. seines Raumes, den es sicher mit seinen See- und Landstreitkräften decken kann – annähert. Notwendig aber ist, daß sein Eigenwirtschaftsraum (Autarkie) d. h. alles, was es zur Aufrechterhaltung seiner wirtschafts- und staatspolitischen Existenz bedarf, innerhalb dieses seines Herrschaftsraumes liegt".[75] Unmißverständlicher gab sich da schon einer der später führenden Wehrwirtschaftsexperten, wenn er feststellte: „Wir haben es ... von jeher für unabweisbar ... gehalten, daß ... der Schwerpunkt der Wirtschaft unseres Volkes stets in unserem eigenen Raume liegt, daß die Ernährung unseres Volkes innerhalb seiner Grenzen gesichert ist, und daß die notwendigen Nahrungsmittel und Rohstoffe ... in erster Linie dort gekauft werden, wo sie im Falle von Verwicklungen im Bereich der eigenen Waffen liegen".[76] Die Nationalsozialisten redeten also keiner ökonomischen „Insularität" das Wort. Autarkie bedeutete planvolle, unter Sicherheitskriterien betriebene Außenwirtschaftspolitik. Einen derart ökonomisch motivierten Expansionsdrang als „imperiale Machtentfaltung" oder gar als „Streben nach Weltherrschaft" zu apostrophieren, wies die NSDAP entschieden zurück. Sie erblickte in der Autarkiepolitik lediglich das Ergebnis der, wie sie meinte, „richtigen Erkenntnis ..., daß die Schöpfung den Menschen den Selbsterhaltungstrieb in die Seele gelegt" habe. Die Ausrichtung der Außen- und Wirtschaftspolitik nach Osten provoziere nicht, wie es ein Mitglied des Reichswirtschaftsrates der Partei artikulierte, „Krieg um jeden Preis". Sie konnte „auch auf durchaus friedlichem, diplomatischem Wege"[77] erfolgen.

Der Annahme, diese Autarkietheorie sei eine originär nationalsozialistische Schöpfung, liegt allerdings ein Trugschluß zugrunde. In Anbetracht zerrütteter außenökonomischer Verhältnisse, hauptsächlich zurückzuführen einmal auf global zunehmenden Protektionismus bei gleichzeitiger Schaffung geschlossener, in großem Umfang sich selbst genügender Wirtschaftsräume unter der Ägide dominanter Mächte (USA mit Mittel- und Südamerika, Großbritannien mit Kolonien, Japan mit der großasiatischen Wohlfahrtszone), zum anderen auf die Weltwirtschaftskrise, war auch in Deutschland eine langsame Abwendung vom liberalen, freihändlerischen Weltwirtschaftsprinzip erfolgt. Es wurde allenthalben ersetzt durch großraumwirtschaftliches hegemoniales Denken, das auf eine wirtschaftlich begründete politische Vormachtstellung Deutschlands primär in Mittel-, Ost- und Südosteuropa hinauslief.[78]

Diese wirtschaftspolitische Konzeption der Autarkie im Großwirtschaftsraum ist in Varianten (z. B. Mitteleuropa-, Paneuropaplan) seit Friedrich List und Friedrich Naumann immer wieder Gegenstand von Gedankenspielen agrarwirtschaftlicher Eliten gewesen. Im Zuge der weltweit sichtbar werdenden Folgen des New Yorker Börsenkraches gewann sie zunehmend Anhänger, die ihr zu immer schärferen Konturen verhalfen. So hatten nach dem Weltkrieg in den Reihen der Agrarverbände, insbesondere im RLB und in der DNVP engagierte Alldeutsche – beispielhaft Hugenberg –, bereits vor 1914 Interessen- und Einflußsphären nicht nur im Osten, sondern auch im Südosten Europas gefordert, „um der germanischen Rasse diejenigen Lebensbedingungen zu sichern, deren sie zur vollen Entwicklung ihrer Kräfte bedarf, selbst wenn darüber so minderwertige Völker wie die Tschechen, Slowenen und Slowaken ihr für die Zivilisation nutzloses Dasein einbüßen sollten".[79]

Der RLB plädierte schon Mitte der zwanziger Jahre für eine Autarkiepolitik als „planmäßige Ausnutzung des uns noch verbliebenen Bodens". Autarkie konnte aber nicht Selbstgenügsamkeit sein: „Wirtschaftsautarkie ist eben die Verwirlichung der größtmöglichen Unabhängigkeit von ausländischen Wirtschaftsgebieten".[80] Die anzustrebende ernährungswirtschaftliche Unabhängigkeit, zumindest in wichtigen Bereichen, hatte eine unabdingbare Voraussetzung: Vorbereitung und Durchführung einer erfolgreichen Aufrüstung: „Die Wirtschaftsautarkie bedeutet: ... Militärpolitisch: Die Sicherstellung der Ernährungsbasis im Kriege, bei Blockaden und bei Inmitleidenschaftziehung durch Differenzen anderer Länder. Weltwirtschaftspolitisch: Die Schaffung einer geeigneten Rüstung als Basis für Handelsvertragsverhandlungen".[81]

Dafür war wiederum conditio sine qua non, daß man durch innenpolitische Veränderungen in Richtung auf den autoritären, militärisch starken Staat veränderte außenpolitische und -wirtschaftliche Bedingungsfaktoren schuf. Derartige Absichten hatte der RLB zu erkennen gegeben, wenn er den „Grundsatz der autoritären von den Parteien nicht abhängigen Staatsführung" bejahte, um auf diese Weise eine „grundsätzliche Umstellung der deutschen Wirtschaftspolitik von der ... Welthandelseinstellung zur Nationalwirtschaft"[82] zu erzielen. Vor allem der RLB votierte für eine planwirtschaftlich organisierte, grenzübergreifende Lebensmittelproduktion und -versorgung nach Maßgabe der in der Diskussion befindlichen Mitteleuropamodelle.[83] Er ließ nichts unversucht, der Regierung Papen eine binnenwirtschaftliche Orientierung im Sinne der Autarkie zu weisen, was in Anbetracht der Tatsache, daß Agrarminister v. Braun und Innenminister v. Gayl (beide DNVP) einer solchen Politik aufgeschlossen gegenüberstanden, nicht aussichtslos erschien. Denn nach einem internen Papier des Auswärtigen Amts mußte es „gelingen, gleichzeitig agrarisch in der Richtung der Autarkie, industriell in der Richtung des Welthandels zu arbeiten".[84]

Auch in den agrarlobbyistischen Parteien gewann die Idee eines sogenannten deutschen wirtschaftlichen Ergänzungsraumes zunehmend Anhänger. Nachdem bereits Reichswirtschaftsminister Hermann Dietrich (D Staats-P.) eine Durchsetzung des Prinzips der Bilateralität und des devisenlosen komplementären Tauschverkehrs ab Mitte der 30er Jahre angekündigt hatte,[85] schrieb sein Kabinettskollege Gottfried Reinhold Treviranus, Mitglied der Konservativen Volkspartei, in einer von der Studiengesellschaft für Mittel- und Südosteuropa herausgegebenen Schrift im Klartext das, was gemeint war: deutsche Aufgabe sei es, Gestaltungsfaktor der europäischen Wirtschaft zu werden, und zwar nach Maßgabe der „Idee Mitteleuropa, die von unserem großen Friedrich List erstmals geäußert, später von Friedrich Naumann ausgearbeitet wurde". Dieser Gedanke sei nun „zu Ende zu denken" und einer praktischen Lösung entgegenzuführen.[86]

1932 fand eine Liaison zwischen agrarischen Organisationen und dem Mitteleuropäischen Wirtschaftstag (MWT) statt, der sich die Vertretung gemeinsamer deutsch-österreichischer industrieller Interessen in Südosteuropa zum Ziel gesetzt hatte. Mehr noch: Es ging letztendlich um die „Neuordnung der wirtschaftspolitischen Verhältnisse in Mitteleuropa unter Wahrung der deutschen Interessen" insgesamt.[87] In agrarischen Führungskreisen immer noch vorhandenes Mißtrauen gegenüber einer möglicherweise rohstoff- und exportorientierten, Mittel- und Südosteuropa einbeziehenden wirtschaftlichen Raumpolitik auszuräumen, erschien der spätere Präsident des MWT, Tilo v. Wilmowsky, die geeignete Persönlichkeit. Als Großgrundbesitzer und industrieller Spitzenfunktionär sollte es ihm gelingen, einen Ausgleich zwischen land- und industriewirtschaftlichen Interessen herbeizuführen. In den Jahren 1929/30 stieß er vor allen Dingen noch beim RLB auf Skepsis, der damals mit Autarkie noch keine einheitliche, zuweilen noch national-binnenwirtschaftliche, wenngleich territoriale Revision einschließende Vorstellungen verband. Dies änderte sich erst nach der Nazifizierung des Präsidiums. Hingegen haben sich die Führung des Landwirtschaftsrates, der ritterliche Präsident der Deutschen Landwirtschaftsgesellschaft, Victor v. Websky, und der Hauptgeschäftsführer der Preußischen Hauptlandwirtschaftskammer, Theodor Graf Baudissin, gegenüber dem Gedanken der Errichtung eines mittel- und südosteuropäischen ökonomischen Hegemonialraumes als durchaus aufgeschlossen erwiesen.[88] Später wußte Wilmowskys enger Vertrauter, der Geschäftsführer des MWT, Max Hahn, den Agrariern zu versichern, daß „in einem Wirtschaftsraum, der außer Deutschland die gesamten mitteleuropäischen Länder von der Ostsee bis zum Schwarzen Meere umfassen würde", nicht nur „eine landwirtschaftliche Selbstversorgung durchaus in den Bereich der Möglichkeit rückte", wenn man eine entsprechende Arbeitsteilung und auf Ergänzung ausgerichtete Außenwirtschaftspolitik betrieb. Ein so umrissener Großwirtschaftsraum besaß auch noch einen anderen Vorteil, den die landwirtschaftlichen Standesrepräsentanten wohl zu schätzen wußten: „Nicht die 100% Autarkie kann als Ziel einer wirtschaftlichen Raumbildung angestrebt werden, sondern die Vergrößerung des handelspolitischen Schwergewichtes bis zu dem Punkte, der es auch großen Weltwirtschaftsmächten als ein Wagnis erscheinen läßt, mit solchem Raum in einen Handelskrieg verwickelt zu werden". Dies konnte insbesondere für die Phase einer Aufrüstung von unverkennbarem Nutzen sein. Und darum ging es schließlich, wenn MWT und landwirtschaftliche Spitzenverbände politisch zusammenfanden: Es ging darum, „daß der nationale Drang des deutschen Volkes nach Freiheit und Unabhängigkeit in dem Streben nach wirschaftlicher Selbstversorgung einen gewichtigen Helfer erlangen kann".[89]

Doch da sich die Präsidialkabinette von Brüning bis Schleicher als innenpolitisch zu labil, militärisch zu schwach erwiesen und ihre Mitglieder sich im nationalpolitischen Denken und Wollen auch nicht radikal genug gebärdeten, haben landwirtschaftliche Protagonisten eines großeuropäisch dimensionierten deutschen ökonomischen Hegemonialraums – vor allem der RLB – ihre Hoffnungen auch nicht auf sie, sondern auf eine Regierung Hitler – evtl. in Koalition mit der DNVP – gesetzt. Wenn gegen Ende der ersten Republik der im Präsidium stimmberechtigte Direktor des RLB Heinrich v. Sybel und einer der beiden Präsidenten der Organisation, Werner Willikens, das Parteibuch der NSDAP besaßen, dann nicht ausschließlich deshalb, weil man an der Spitze der RLB einer bereits weitgehend nazifizierten bäuerlichen Basis Rechnung tragen mußte. Diese personelle Konstellation war vielmehr auch der Ausdruck dafür, daß die standespolitisch maßgebende Institution das als Autarkie im Großwirtschaftsraum formulierte Heil für die deutsche Landwirtschaft letztlich von der Hitler-Partei erwartete, sich an ihr ausrichtete und ihre Machtübernahme mit lancierte. Einer nationalsozialistischen Regierung traute man die notwendige außenpolitische Energie zu, sowohl eine weitgehend weltmarktunabhängige europäische Binnenkonjunktur anzukurbeln, als vor allem auch die damit für die Landwirtschaft verbundenen Risiken auszuschalten. Denn die Erschließung und Beherrschung festländischer industrieller Rohstoff- und Absatzmärkte konnte dann nicht im Interesse der deutschen agrarischen Erzeuger liegen, wenn ihnen dergestalt in den landwirtschaftlichen Billig- und Überschußländern Ost- und Südosteuropas ernsthafte Konkurrenten erwuchsen. Ein großer, wie auch immer dimensionierter Binnenmarkt konnte nur für den Fall den ihm seitens der Landwirtschaftsverbände zugedachten Zweck erfüllen, daß es gelang, einen an deutschen Bedürfnissen bemessenen, von Deutschland programmierten und kontrollierten arbeitsteiligen Produktionsprozeß in Gang zu setzen, für ein geordnetes Preisgefüge zu sorgen und bilaterale Verrechnung bzw. Kompensation einzuführen.[90] In einem so funktionierenden mitteleuropäischen Wirtschaftsraum sah nicht nur der RLB, sondern beispielsweise auch der Deutsche Landwirtschaftsrat – Verband der agrarischen Veredelungswirtschaft – „die einzige Möglichkeit" deutscher landwirtschaftlicher Zukunftsgestaltung.[91] Postuliert wurde ein wirtschaftlicher Verbund von der Nord- und Ostsee bis zum Schwarzen Meer.

Auch unter dem nationalsozialistischen ideologischen Dach der Lebensraumtheorie und mit deren geopolitischer Ausweitung schienen solche Vorstellungen machbare Politik werden zu können. Als sich ein unverkennbarer Trend zum Nationalsozialismus abzeichnete, den konservative Machteliten ab 1930 bewußt beschleunigten, haben antiliberale publizistische, wirtschaftswissenschaftliche und industriewirtschaftliche Kreise den erfolgreichen Versuch gestartet, den vagen nationalsozialistischen Wirtschaftsaussagen im Sinne von Autarkie und Großraumwirtschaft ein konkretes Programm zu unterlegen. Es wurde von der NSDAP adaptiert, weil es auf ökonomischem Wege ihren rassen- und machtpolitischen Ambitionen entgegenkam. Die besagte wirtschaftspolitische Konzeption ist von Repräsentanten der Agrareliten, die in die Partei eintraten und in ihr dann gestaltend mitarbeiteten, mit entworfen worden, um als nationalsozialistische wirtschaftspolitische Alternative zu Freihandels- und liberaler Weltwirtschaftslehre dann ab 1933/34 verbindliche Richtlinienfunktion zu erlangen. Diese Agrarexponenten waren es, die Elemente bäuerlicher politischer Vorstellungswelt mit nationalsozialistischer Ideologie verschmolzen, dann wieder solches Gedankengut dem Bauerntum vermittelten.[92] In den Weimarer etablierten Parteien ungenügend repräsentiert, aus Abneigung gegenüber der Republik politisch weitgehend abstinent, sollte das in einem autoritären Staat nationalsozialistischer Prägung für viele Exponenten der Landwirtschaft anders werden. Innerhalb „der größten aller deutschen Bauernbewegungen, die getragen wird von Adolf Hitlers Nationalsozialistischer Deutscher Arbeiter-Partei", mußte der Bauer „an dem politischen Werden und Gestalten der ganzen Nation" teilnehmen.[93]

Daß die bekannten nationalsozialistischen agrarpolitischen Vordenker und Programmatiker fast ausnahmslos den landwirtschaftlichen Eliten entstammten, läßt sich namentlich nachweisen, von denen sich der Diplomlandwirt Heinrich Himmler weniger als Theoretiker, sondern während des Krieges im Osten als Pragmatiker einer rassisch orientierten Siedlungs- und Agrarpolitik verstand. Dabei ist hervorzuheben, daß seine entsprechende Überzeugung tief im überkommenen großbäuerlich-konservativen, rassisch-expansiven Denken wurzelte, die im Dritten Reich dann nur noch ihre extreme Zuspitzung erfuhr. Himmler zählte nämlich zu der der bündischen Jugend zuzurechnenden, dem völkischen Großgrundbesitz und dem ländlichen Unternehmertum nahestehenden Artamanen-Bewegung, deren Mitglieder 1927 bereits zu 80% der NSDAP angehört haben sollen. Einer der tonangebenden Persönlichkeiten dieser Organisation hatte bereits 1923 das formuliert, was sich im Grundsatz wenige Jahre später in Hitlers „Mein Kampf" wiederfinden ließ: „Haben wir ... durch Hochzucht und Aufbau wieder Kern und Achse gewonnen, dann wollen wir wieder ein Eroberervolk sein ... Land wollen wir haben! Unser Vaterland muß größer sein! Auf daß die deutsche Jugend wieder das alte Lied deutscher Auswanderer singe: ‚Nach Ostland wollen wir reiten'".[94]

Als Reichskommissar für die Festigung deutschen Volkstums war Himmler einer der Hauptverantwortlichen für die Durchführung dessen, was im Grundsatz bereits in den „Schriften zur Förderung der inneren Kolonisation" der

Deutschen Landbuchhandlung während des Weltkrieges gefordert worden war, nämlich die Schaffung eines deutschen Bevölkerungsgürtels gegenüber den Polen, und zwar jenseits der alten deutschen Grenze: die unmittelbar nach dem Einmarsch in Polen erfolgte Ansiedlung – hauptsächlich von Deutsch-Balten – im sogenannten Reichsgau Wartheland. Im Rückgriff auf alte und bekannte Vorstellungen sollte dieser Gau einen nicht zu durchbrechenden volkstumspolitischen Damm gegenüber dem Polentum darstellen, gleichzeitig aber auch die neue Kornkammer des Reiches bilden.[95] Wie hatte man von agrarischer Seite doch eines der Ziele des Ersten Weltkrieges beschrieben? „Ein breiterer Streifen Landes an unserer Ostgrenze, der eine dichte deutsche Bevölkerung erhielte, müßte politisch die Folge haben, die Polen des ‚preußischen Anteils‘ von der großen Masse des Polentums ... dauernd zu trennen". Auf diese Weise hoffte man, Deutschlands Handel und Gewerbe sowie landwirtschaftliche Erzeugung in einer Weise zu steigern, die ausreichte, um „die neugewonnene Weltmachtstellung Deutschlands d a u e r n d zu sichern. ... Der unerträgliche Druck, der auf dem ganzen Lande infolge Fehlens von Grund und Boden für das wachsende deutsche Volk herrscht, ... wird aufgehoben oder stark gemildert". Eine solche Lösung des Raumproblems bot den Vorteil, daß auf traditionellem Reichsboden keine sozialen und wirtschaftlichen Eingriffe nötig wurden. „Die herrschende Grundbesitzverteilung innerhalb der jetzigen Grenzen des Reiches und besonders Preußens braucht in dem Falle des Vorhandenseins anderweitigen Siedlungslandes keiner grundsätzlichen Veränderung unterzogen zu werden".[96] In Kreisen der konservativen Agrareliten quittierte man das kombinierte revisionistisch-expansive Vorgehen gegenüber Polen mit Genugtuung. „Erst 20 Jahre ... nach der Wiedererstarkung des Reiches war die Grundlage zu einer Wiedergewinnung des Verlorenen und einer Neuregelung der Grenzverhältnisse im Osten geschaffen ... Die Südgrenze Ostpreußens ist ... bis zur Narwa/Weichsellinie vorgeschoben. Die Ostgrenze deutschen Reichsgebietes ... schiebt sich ... über die Warthe vor ... In einem engen

Zusammengehen von Kriegsführung und Politik, wie es nur selten erfolgen kann, sind die neuen Grenzen in Osten geschaffen. ... Das Gebiet des Generalgouvernements ... kann als Vorfeld vor den Grenzen des deutschen Reichsgebietes angesehen werden". Mit dem territorialen Zuwachs und der sogleich in Angriff genommenen volkstumspolitischen Umgestaltung durfte es aber nicht sein Bewenden haben. Bedeutsamer war, daß „diese Neuregelung Vorbedingung und Gewähr für eine allgemeine politische Neuordnung und Stabilisierung im europäischen Osten ist".[97] Wie anders, als durch militärische Mittel sollte dies erreicht werden?

Erste expansionistisch-autarkistische Denkansätze lassen sich bei Werner Willikens finden, von Profession Landwirt, Angehöriger des RLB, NSDAP-Mitglied seit 1925, zunächst Ortsgruppen- und Bezirksleiter, ab 1928 Mitglied des Reichstags, dann Copräsident des RLB, 1930 im Braunen Haus in München, schließlich 1933 Staatssekretär im Preußischen, später im Reichsministerium für Ernährung und Landwirtschaft. Der RLB hatte ihn Hitler als preußischen Landwirtschaftsminister mit der Begründung vorgeschlagen, daß er die Persönlichkeit sei, die „die für die Lösung der schwerwiegenden landwirtschaftlichen Fragen gebotene Zusammenarbeit mit den entsprechenden Reichsressorts in der für den Erfolg unserer gemeinsamen Bemühungen nötigen Weise gewährleistet".[98] Wie es dem Selbstverständnis vieler – vor allem ostdeutscher – landwirtschaftlicher Großeigner entsprach, definierte Willikens deren Aufgabe als eine zweifache: 1. „In Hinsicht auf die Gestellung der Wehrkraft" und 2. dahingehend, „die Ernährung des Volkes aus eigener Scholle" sicherzustellen. Pflicht des Staates sei es hingegen, „den Grund und Boden, der nötig ist, um genügend Bauernfamilien ansiedeln und genug Lebensmittel produzieren zu können", aufzubringen.[99] Das im Frühjahr 1930 erschienene erste Agrarprogramm der NSDAP, das deutlich Willikens' Handschrift trug, wies bereits autarkistische Züge auf, ohne allerdings die Frage der Großraumwirtschaft, damals noch nicht parteiintern ausdiskutiert, anzuschneiden. Nach einer nationalsozialistischen

Regierungsübernahme mußte es vordringliche außenpolitische Aufgabe sein, „Ernährungs- und Siedlungsraum im großen für das wachsende deutsche Volk zu schaffen".[100] Der Begriff der Autarkie besaß in der nationalsozialistischen wirtschaftspolitischen Diskussion schon immer eine militant-aggressive Dimension, wurde aber agrarpolitisch zunächst mehr in den unmittelbaren Zusammenhang zur Ostpolitik gebracht. So stellte 1931 der Landwirt Dorner in einer Flugschrift der NSDAP fest, „Welthandel, Weltwirtschaft ... führen zur Schwächung der Nationalwirtschaft", weshalb die ökonomische Zukunft Deutschlands nicht in Übersee liegen könne. Vielmehr sei „die Stärkung der Binnenwirtschaft, neben neuer Raumerfassung", die Vorbedingung „zur Erneuerung der Volkskraft".[101]

Richard Walther Darré, der sich Hitler Mitte 1930 andiente und den „Agrarpolitischen Apparat" im Braunen Haus aufbaute, dachte in den gleichen Kategorien. Für ihn, den diplomierten Kolonial- und Landwirt mit Berufserfahrung im deutschen Osten und im Baltikum, hatte sich die überseeische Kolonialfrage historisch überlebt. Bauern- und Agrarpolitik mußten stets sowohl unter ökonomischen als auch rassischen Kriterien betrachtet werden: „Nur von einem wirtschaftlichen Standpunkt aus, dem der Gedanke von Blut und Boden gleichgültig ist und der sich nur für Rohstofferzeugung interessiert, können Kolonien zur Hauptsache werden". Für ihn war „das Ostproblem in seinem ganzen Umfange ... die Schicksalsfrage der Zukunft für unser Volk ...; im Osten schicken sich zwei ganz große Völker an, einen Kampf auf Leben und Tod um den geopolitischen Ostraum auszufechten: Slawen und Germanen ... Auf diesen Kampf hin muß unser Volk geschult werden ... Der Gedanke von Blut und Boden bedingt den Gedanken von Pflug und Schwert".[102] Die zeitweilige Verengung des Terminus Autarkie, „für uns: Sicherung der Ernährungsgrundlage des deutschen Volkes aus dem eigenen geschlossenen Siedlungsgebiete", war nur aus propagandistischen Erwägungen heraus erfolgt: „damit das Verständnis für die Bedeutung des agrarischen Ostens sich in der Öffentlichkeit möglichst schnell durchsetzt".[103] Es kam in erster Linie darauf an, das maßgebende, ostraum- und siedlungspolitisch fixierte Ständeorgan, den RLB, für den Nationalsozialismus zu gewinnen, ohne die bäuerliche Gefolgschaft durch die komplizierte und facettenreiche Großraumproblematik zu verunsichern. Dem Interessierten stand ab 1931/32 ohnehin eine Vielzahl von Publikationen zu dieser Thematik zur Verfügung, wobei die Spitzenfunktionäre der NSDAP eindeutige Stellungnahmen noch vermieden. Immerhin hieß es bei Darré: „Die Ernährung aus seiner Scholle ist Voraussetzung für jeden selbständigsein wollenden Staat.".[104] Territoriale Grenzen waren hier nicht abgesteckt. Es ergaben „sich sozusagen von selbst gewisse Gesetze für den Aufbau" des „inneren Marktes". Ein dieser Art gefestigtes Staatswesen erlag in der Folge nämlich einem gleichsam, wie es hieß, natürlichen Expansionsdrang, denn „auch sein Verhältnis zum Raume ... folgt dann gewissen Gesetzen, woraus sich wiederum seine Außenpolitik folgerichtig ableiten" ließ.[105]

Daß auch für ihn der Weg aus der Wirtschaftskrise in die Autarkie im Großraum führen mußte, und daß eine solche Richtung erfolgreich nur eingeschlagen werden konnte, wenn man über ein imponierendes militärisches Instrument verfügte, hatte *Darré* Anfang 1933 Reichskanzler v. Schleicher in wenig verklausulierten Sätzen wissen lassen: Deutschlands wirtschaftliches Desaster beruhe auf zweierlei: zum einen auf der Vernichtung seiner Streitmacht, zum anderen darauf, daß „die nach dem Weltkriege in allen Ländern einsetzenden Bestrebungen, in sich selbst ruhende Wirtschaftsräume herzustellen, ... der deutschen Ware den Absatzmarkt genommen" hätten.[106]

Zudem pflegte Darré, wie auch Himmler, intensive Kontakte zu dem führenden Mitglied des „Tat"-Kreises Friedrich Zimmermann – Pseudonym Ferdinand Fried –, dessen zahlreiche Veröffentlichungen über Autarkie im mitteleuropäischen Großwirtschaftsraum unter führenden Nationalsozialisten von Hand zu Hand gingen. Sein entsprechend ausgerichtetes Buch „Das Ende des Kapitalismus" soll nach Aussage von Otto Strasser „die Wirtschaftsauffassung der NSDAP mehr als irgendein anderes Buch beeinflußt" haben. Es „sei von allen Gauleitern und auch von Hitler selbst gelesen und erörtert worden".[107] Bei Zimmermann verband sich die Idee des mitteleuropäischen Wirtschaftsraumes nicht nur mit ökonomischen Überlegungen, sondern auch mit hegemonialen europäischen Neuordnungsvorstellungen, wie sie die Nationalsozialisten dann später zu realisieren suchten. Vorsichtig umschrieben liest sich das bei Darré 1934 dann so: „Autarkie ... bedeutet ..., daß sich ein Staat zunächst einmal auf seine natürlichen Lebensgrundlagen stellt und darüber hinaus den Versuch macht, auf dieser Grundlage mit den übrigen Staaten in ein neues, festes und natürliches Austauschverhältnis zu treten".[108] Die nationalsozialistische Großraumpolitik zielte in einem ersten Schritt auf einen möglichst hohen Grad der Selbstversorgung hin, die ein genügend großes Maß an außen- und wehrpolitischem Handlungsspielraum zur endgültigen Etablierung des hegemonialen Autarkieraumes garantieren sollte. Diese Bedeutung der Aufrüstung machte Darré schon kurz nach seiner Amtseinsetzung als Reichsminister für Ernährung und Landwirtschaft deutlich: Selbstversorgung sei nicht gleichbedeutend mit Selbstgenügsamkeit. Vielmehr bedürfe es der Erweiterung der Ernährungsbasis über die nationalen Grenzen hinaus, und zwar durch die Errichtung eines mehrnationalen Systems des Austausches von Agrarprodukten gegen Industriegüter: „Verläßt ein Volk diese natürliche Ernährungsgrundlage, so kann es seine Freiheit nur noch wahren durch Sicherung der außerhalb seiner Staatsgrenzen verlagerten Ernährungsgrundlage mit allen ihm zur Verfügung stehenden machtpolitischen Mitteln", insbesondere aber durch „die machtpolitische Sicherung der Verkehrswege, um seine Waren auch sicher an die Absatzmärkte heranführen ... und die benötigten Lebensmittel ebenso sicher einführen zu" können.[109]

Eine derartige machtpolitische Umgestaltung konnte dann nicht auf Ost- und Südosteuropa beschränkt bleiben; man durfte „dazu nicht einseitig den Blick nach Osten richten. Im Westen wirkt jedenfalls der geringere ,natürliche' Gegendruck. Welch schönes Ackerland liegt auch dort im Westen; nach unseren Begriffen von Kultur und Arbeit nicht halb genutzt", schrieb 1931 Darrés Stellvertreter im „Agrarpolitischen Apparat", im gleichen Jahr noch einer der Präsidenten des RLB.[110]

Der Landwirt Willikens hatte hier originäres agrarelitäres Gedankengut der Weltkriegszeit politisch weiterentwickelt. In der bereits erwähnten Schrift der Deutschen Landbuchhandlung aus dem Jahre 1915 hatte man sich schon mit der Inbesitznahme und Kolonisation europäischer Westgebiete befaßt: Überall schalle aus den Schützengräben Frankreichs und Belgiens eine Forderung der Besatzungstruppen: „Das Land, das von uns mit so viel Blut gedüngt ist, muß unser werden, auch in dem Sinne, daß Tausende von Kriegern auf ihm eine neue Heimat finden". Der deutsche Sieg, so hieß es in der Broschüre, erlaube „den Ausblick auf eine weitere Hinausschiebung unserer Grenze in bisher außerdeutsche industriereiche Gebiete des Westens und an die Handelsstraßen des Weltmeeres".[111]

Wie ungebrochen die konzeptionelle Kontinuität von Friedrich List über Friedrich Naumann hin zur nationalsozialistischen Großraumidee im Grundtenor erhalten blieb, verdeutlicht ein weiterer Rückblick auf das Jahr 1915. In dem genannten Traktat wird die natürlich deutsch dominierte Bundesgenossenschaft mit Österreich gefordert und als selbstverständliche Frucht eines Sieges bezeichnet, „die notwendig zu einem engeren wirtschaftlichen Zusammenschluß führt, der neu erschlossene Orient, eine sich verjüngende Türkei bieten weite wirtschaftliche Aussichten für uns. Alles dies, die neuen westlichen Gebiete, der wirtschaftliche Zusammenschluß mit Oesterreich-Ungarn, die Aussichten im Orient, bedeuten also für Deutschland eine starke Steigerung der Möglichkeit industrieller und Handelsentwicklung".[112] Nach dem Anschluß der Alpenrepublik im Jahre 1938 fiel die Bewertung dieses Ereignisses ähnlich aus.

Zur Riege der frühen Agrarexperten der NSDAP zählte eine Persönlichkeit, die im Verlauf des Zweiten Weltkrieges von Darré die Amtsgeschäfte als Reichsminister für Ernährung und Landwirtschaft und als Reichsbauernführer übernahm, Herbert Backe. Er stieß etwa gleichzeitig mit Darré zum Nationalsozialismus und schuf mit diesem zusammen den Agrarpolitischen Apparat der Partei. Backe hatte ein landwirtschaftliches Studium absolviert, war als Hochschulassistent wissenschaftlich, als Domänenpächter praktisch landwirtschaftlich tätig gewesen. Er hatte sich darüber hinaus als Vorsitzender des Kreises Alfeld/Leine innerhalb des RLB standspolitisch engagiert. Das nationalsozialistische Agrarprogramm ist von ihm entscheidend mitgestaltet worden. Sein fundamentales Buch „Um die Nahrungsfreiheit Europas. Weltwirtschaft oder Großraum" erschien zwar erst 1942, basiert allerdings auf wissenschaftlichen Studien, die er als Mitarbeiter des Wirtschaftsgeographen Erich Obst in Hannover bereits zwischen 1924 und 1927 konzipiert hatte. Wenngleich das Manuskript bis zum Erscheinen überarbeitet und kriegsbedingten Konstellationen Rechnung tragend, erweitert und aktualisiert wurde, so dürfte doch der Versuch, die Idee eines europäischen Großnahrungsraumes wissenschaftlich zu begründen, auf die Weimarer Zeit zurückgehen. Wie sein Lehrer Obst,[113] hatte sich auch Backe recht früh an Hand älterer raumwirtschaftlicher Konzeptionen mit dem Gedanken einer ernährungswirtschaftlichen Arbeitsteilung in Europa beschäftigt. Zweifelsfrei griff er dabei auf Agrartheoretiker zurück, die aus dem 19. Jahrhundert heraus ihren Einfluß bis in die Weimarer Republik hinein geltend zu machen wußten. Zu verweisen ist u. a. auf Gustav Ruhland (Volks- u. Landwirt 1860–1914) und Heinrich v. Thünen (Volkswirt u. Gutbesitzer 1783–1850). Wenn beide auch noch keine raumwirtschaftlichen Vorstellungen im Sinne der späteren nationalsozialistischen Autarkietheorie entwickelten, so galten sie doch als entsprechende Vordenker. Das NS-Regime feierte den ersteren als Gegner der freien Marktwirtschaft: „Sein ernährungswirtschaftl. Ziel war, die Brotversorgung des deutschen Volkes unabhängig vom Weltmarkt durch inländ. Erzeugung zu sichern".[114] Auf letzteren hat Backe sich ausdrücklich als geistigen Ziehvater berufen, wenn er 1942 feststellte: Während des Krieges sei „eine Verlagerung in der Versorgung mit Nahrungsmitteln und Rohstoffen erfolgt ... zugunsten der kontinentalen Großräume. Die Zunahme der Weltbevölkerung, die weitgehende Industrialisierung bisheriger Agrarausfuhrländer ließen in den letzten Jahrzehnten neue Riesenmärkte entstehen, neue ‚Thünensche Städte‘, um die sich ein entsprechendes Ringsystem legte. Wurden bisher alle Kontinente mit dem Mittelpunkt Westeuropas umfaßt, so zeigt sich nunmehr eine ‚Verwerfung‘ in der Richtung großraumwirtschaftlicher Neubildung".[115]

Backe macht einmal mehr deutlich, in welch hohem Maße die NSDAP agrarprogrammatisches Gedankengut bei konservativen Agrareliten entlehnte. Einige ihrere Exponenten haben dieses der Partei nachgerade angetragen.

Agrareliten und Kriegsvorbereitungen

Eine solche vom nationalsozialistischen Regime später im Rahmen seiner europäischen Autarkiebestrebungen verfolgte Politik ist also aus den Reihen der Agrareliten vor- und mitformuliert und schließlich mitgetragen worden. In diesem Zusammenhang ist u. a. daran zu erinnern, daß Direktor Heinrich Sybel dem RLB nicht oktroyiert wurde, sondern als dessen langjähriges Mitglied schließlich politisch zur NSDAP konvertierte; daß der geschäftsführende Präsident Eberhard Graf Kalckreuth bei der Reichspräsidentenwahl namens seiner Institution für den Kandidaten Hitler votierte; daß der deutschnationale Führer des „Pommerschen Landbundes", der spätere Staatssekretär der Koalitionsregierung Hitler-Papen-Hugenberg im Ernährungsministerium, Hans-Joachim Rohr-Demmin, die Wahl des Nationalsozialisten Willikens in das Präsidium des RLB als die „geplante engere Verbindung zur NSDAP" ausdrücklich gut hieß.[116]

Agrarische Eliten, hier verkörpert durch den RLB, haben die Selbstgleichschaltung betrieben. Dies noch zu Zeiten der Koalitionsregierung, und damit noch nicht aus einer politischen Not, die aus nachhaltiger Pression erwachsen war, wenngleich nach der Märzwahl 1933, die zugunsten der NSDAP herrschaftsstabilisierend wirkte. Hitler erhielt von zahlreichen Agrarrepräsentanten Huldigungsadressen; so sprach das Plenum des Landwirtschaftsrats dem Reichskanzler und seiner Regierung einstimmig das Vertrauen aus. Immerhin ist diese Wahl vom RLB als „Durchbruch des Nationalsozialismus zur Nation schlechthin" bezeichnet worden.[117] Sein erweiterter Vorstand war der Auffassung, es komme nicht darauf an, wie die Bauernschaft künftig organisiert werde. Wichtiger sei „die Aufrechterhaltung der im Kampfe um das neue Deutschland zwischen den aktivistischen Kämpfergruppen in Führung und Gefolgschaft entstandenen und bewährten Sinnesgemeinschaft".[118] Das Prinzip Führung und Gefolgschaft wurde akzeptiert. Als im Frühjahr 1933 der Vorsitzende der christlichen Bauernvereine unter fadenscheinigen Gründen verhaftet wurde, betrieb der RLB erfolgreich die Fusion mit dessen Vereinigung.

Dafür und für die rasche sogenannte Gleichschaltung bzw. Auflösung hatten diese Organisationen selbst bereits bestimmte Prädispositionen getroffen: „Der politische Sieg des Nationalsozialismus bedeutet zugleich die große Stunde der Bauernvereinsbewegung", stand Mitte 1933 im Organ des Dachverbandes zu lesen.[119] Politische Naivität in Verkennung des Wesens der neuen Machthaber oder Ausdruck gleichgerichteter Zielprojektion? Zumindest haben kritische Zeitgenossen das Letztere befürchtet: „Die derzeitigen Erscheinungen in der Vereinigung der christlichen Bauernvereine, die ihr Christentum schon schnell an den Reichslandbund, der von der christlichen Ideenwelt absieht und einen reinen Kampfbund darstellt, verraten hat, lassen im Zusammenhang mit den Erfahrungen, die uns die letzten Wochen gegeben haben, befürchten, daß weiteste Kreise der noch kirchentreuen Bevölkerung auf die Dauer sich nicht nur äußerlich der nationalsozialistischen Bewegung anschließen, sondern in ihrem weltanschaulichen Denken von ihr infiziert werden."[120]

Graf Kalckreuth war es auch, der wenig später die Initiative ergriff, um den Zusammenschluß der Bauernverbände unter die nationalsozialistische „Reichsführergemeinschaft des Deutschen Bauernstandes" (Schirmherr Hitler) zu erreichen. In der die Neuordnung des bäuerlichen Berufsstandes vorbereitenden, unter Vorsitz von Darré stehenden „Reichsführergemeinschaft" waren denn auch ausschließlich Exponenten der Agrareliten, auch Nichtnationalsozialisten, vertreten, u. a. der spätere bayer. CSU-Landwirtschaftsminister Alois Hundhammer. Der dann gegründete „Reichsnährstand" inkorporierte die RLB-Organisation mit fünf anderen Agrarverbänden und den Landhandelsorganisationen als sein tragendes administratives Gerüst. Damit „honorierte Darré die pronationalsozialistische Haltung, die die Funktionäre des Reichs-Landbundes seit 1930 unter Beweis gestellt hatten", auch wenn Kalckreuth seinen Präsidentenstuhl vorher hatte verlassen müssen.[121] In ihrer korporativen Substanz nahezu unangetastet und in ihrer Rechtsnatur bestehen blieb die Mehrzahl der Verbände mit technischer und züchterischer Aufgabe – Beweis für die zwischen ihnen und den Nationalsozialisten bestehende Vertrauensbasis. Gleichwohl verfiel eine große Zahl agrarischer Interessenvertretungen der Auflösung. Übrigens hatte der deutschnationale Staatssekretär Rohr-Demmin bereits ein Modell des späteren rüstungs- und kriegswirtschaftlich orientierten „Reichsnährstandes" entwickelt, das Darré dann plagiativ aufgriff. Schon Ende der Weimarer Republik war eine Landwirtschaftspolitik „unter Einwirkung des Staates" in Form einer „möglichst unmittelbare(n) Verbindung der Erzeugerorganisationen mit geeigneten Organisationen des Verbrauches", eine „Zusammenarbeit zwischen Staat und landwirtschaftlicher Selbstverwaltung" gefordert worden, wie sie im „Reichsnährstand" realisierbar schien.[122] Die Institution wurde als Selbstverwaltungskörperschaft öffentlichen Rechts installiert, innerhalb derer es einen großen Spielraum zur Wahrnehmung bäuerlicher Interessen gab. Vom Reichsbauernführer über den Reichsobmann zu den Landes- bis hin zu den Ortsbauernführern handelte es sich um ehrenamtliche Standesvertreter, wenngleich sie der Partei angehörten. Zwar wurde der Reichsbauernführer vom Reichskanzler ernannt, doch die übrigen Funktionäre setzte der Bauernrepräsentant Darré in seiner Doppelfunktion auch als Ressortminister ein. Der „Reichsnährstand" rekrutierte seine Beamten selbst, erließ Gesetze und konnte als Standes- und Schiedsgericht fungieren, dessen Urteile nur das Reichsgericht aufzuheben vermochte.

Die einzig verbindliche Vorgabe für den „Reichsnährstand" war seine funktionale Ausrichtung auf die land- und ernährungswirtschaftliche Kriegsvorbereitung, eine Aufgabenstellung, die er bis 1939 in weitgehender Selbstverantwortung wahrnahm. „Da wir von Anfang an unsere ganze Ernährungswirtschaft darauf abgestellt haben, in einer kriegerischen Auseinandersetzung das deutsche Volk im wesentlichen aus der deutschen Scholle zu ernähren, sind alle Maßnahmen seit 1934 praktisch als Maßnahmen für den totalen Krieg anzusehen".[123] Vertreter deutscher Agrareliten haben bewußt in diesem Sinne gewirkt und Verantwortung übernommen.

Ende 1935 wurden auch die Agrarwissenschaftler durch Zusammenschluß im „Forschungsdienst" in den kriegsökonomischen Vorbereitungsprozeß integriert, um sie auf natur-, wirtschafts-, organisationswissenschaftlicher wie propagandistischer Ebene in die „Erzeugungsschlacht" zu führen. Das Gros hat sich diesem Einsatz nicht entzogen, durch die staatlicherseits verordnete Aufgabenstellung auch nicht entziehen können, obwohl es sich bei der Einrichtung nur um eine lose Arbeitsgemeinschaft mit Koordinationsfunktion unter der wissenschaftlichen Leitung von Konrad Meyer, seit 1934 ordentlicher Professor für Agrarwissenschaften zunächst in Jena, dann in Berlin, als Obmann handelte. Beim Staatssekretär im Reichsministerium für Ernährung und Landwirtschaft hoch aufgehangen und gewissermaßen mit einem publizistischen Monopol versehen, kam am „Forschungsdienst" niemand vorbei, der sich berufliche Chancen ausrechnen wollte. Ständevertreter und Agrarwissenschaftler waren durch die „Gleichschaltung" der Selbstverwaltungsorgane und wissenschaftlichen Gremien wie Institute vielfältig an den Kriegspräparationen beteiligt, mußten oder wollten durch übertragene und übernommene Forschungsarbeiten an ihnen partizipieren. Wo die Grenzen zwischen Auftrag und Freiwilligkeit verlief, ist bei den an Institutionen gebundenen Publikationen kaum noch rekonstruierbar. Doch muß ein Unterschied gemacht werden zwischen denen, die still ihrer Forschung unter dem Aspekt der Verbesserung der deutschen Ernährungsgrundlage nachgingen und nachgehen mußten und jenen, die sich durch entsprechende Veröffentlichungen ohne Zwang in den Dienst nationalsozialistischer Kriegsvorbereitungen und -propaganda stellten bzw. sich ideologisch prostituierten. Gelegenheit hierzu bot sich u. a. in der bis dato allein agrarischen Sachfragen gewidmeten „Deutschen Landwirtschaftlichen Rundschau", nun in „Der Forschungsdienst" umbenannt. Zwar bildeten nach wie vor agrar- bzw. naturwissenschaftliche Themen den Hauptinhalt, doch bot die Zeitschrift nun auch für politische Beiträge Raum. Es waren vor allem junge Agrarwissenschaftler, die hier gegenüber dem NS-Regime ihren weltanschaulichen Obolus entrichteten, ob aus Überzeugung oder in karrieristischer Absicht, mag dahingestellt bleiben. Vor allem antisemitische Äußerungen waren es, zu denen im Dritten Reich niemand verpflichtet wurde, durch die sich hoffnungsfrohe Agrarwissenschaftler aber zu profilieren suchten. So hob denn ein Berliner Universitätsdozent als besonders bedeutungsvoll beim Bauerntag 1936 hervor, daß man sich in Goslar zur „Abwehr des jüdischen Bolschewismus ... verschworen" hätte, eine Aufgabe, die „für die deutsche Wissenschaft verpflichtendes Gebot" sei. „Der Forschungsdienst gehört zum Bauernstoßtrupp *Adolf Hitlers*. Die deutschen Professoren der Landwirtschaft sind heute froh und dankbar, daß sie ihren Dienst in Reih und Glied mit den Bauern und Landwirten tun als Schützen und – wenn sie gut schießen – als Scharfschützen der Bewegung".[124] Agrarhistoriker, wie der spätere Ordinarius und Rektor der Landwirtschaftlichen Hochschule/Universität Hohenheim, Günther Franz, machten da keine Ausnahme. Franz zählt zu jenen Kollegen, die historische Begebenheiten im Sinne nationalsozialistischer Erziehungsfragen gegenwartsbezogen doktrinär interpretierten; so, wie er über den Bauernkrieg schrieb: „Die Zinsknechtschaft der Juden und der großen Handelsgesellschaften sollte gebrochen werden".[125] Auf diese Weise half er wie andere mit, unter den agrarischen Eliten einen antisemitischen Gewöhnungseffekt zu erzielen, der den späteren Rassenkrieg gegen die Sowjetunion zu führen erleichterte, der ja durch die Gleichsetzung von Weltjudentum und weltrevolutionärem, abendländische Kultur und Ordnung bedrohendem Bolschewismus seine ideologische und moralische Legitimation erfahren sollte.

Agrarwissenschaftler stellten sich in großer Zahl noch in zweifach anderer Hinsicht in den Dienst nationalsozialistischer Kriegsvorbereitungen: zum einen durch sog. wehrwirtschaftliche Forschungen und Studien, zum anderen durch publizistische Aktivitäten. War doch die agrarökonomische Ausrichtung auf den Krieg mit Einschnitten in das versorgungswirtschaftliche Netz, d. h. mit Opfer- und Verzichtbereitschaft verbunden, auf die man Produzenten und Verbraucher einstimmen mußte. Dies um so mehr, als sich die Hungerkatastrophe als das am tiefsten ins allgemeine Bewußtsein gedrungene nichtmilitärische Ereignis des Weltkrieges erwiesen hatte.

Nach Gründung des „Reichsnährstandes" formulierte ein Wehrmachtoffizier, worum es ging: „Mußte auch vielfach das wehrwirtschaftliche Handeln vorausgehen, so bedarf es doch in zunehmendem Maße der Unterstützung seitens der Wissenschaft. Begriffe wollen geformt, eine neue Lehre will gestaltet sein. Ihre Gründe und Grenzen müssen dem deutschen Volk insgesamt erläutert werden".[126]

Mit nicht hinterfragter Selbstverständlichkeit bezogen deutsche Agrarwissenschaftler einen militärischen Konflikt als unausweichlich in ihre Arbeitsthemen mit ein, und dies bereits vor der öffentlich proklamierten sog. Wehrwirtschaft und vor der Gründung des „Reichsnährstandes". Beispielhaft sei auf die Anfang Februar 1933 abgehaltene agrarpolitische und -wissenschaftliche Tagung der Friedrich List-Gesellschaft abgehoben, die, schon seit 1931 vorbereitet, noch nicht unter nationalsozialistischem Einfluß stand. Hier, im Kreise der Creme der deutschen Agrarwissenschaft, hielt ein pensionierter Gene-

ral ein erläuterndes Referat zu seinem bereits vorher einge-
reichten Gutachten über „Wirtschaftsstruktur und Landesverteidigung". Der militär-politische Programmpunkt fügte sich
wie selbstverständlich in das Gesamtkonzept der Veranstal-
tung ein und wurde augenscheinlich von niemandem als de-
placiert empfunden. Unwidersprochen wurde im Sinne der
Landesverteidigung ein geschlossener Agrarmarkt planwirt-
schaftlicher Grundstruktur gefordert: „Zum mindesten ist eine
Erweiterung des nationalen Wirtschaftsraums durch wirtschaftlichen Zusammenschluß mit Ländern notwendig, die
den Export aufnehmen und den Importbedarf befriedigen
können. Wirkliche Sicherheit wäre aber nur dann gegeben,
wenn diese Einfuhr auch für den Kriegsfall aufrechterhalten
werden kann".[127] Auf dem Kongreß wurde eine Außenhandelspolitik befürwortet, die u. a. „die nationale Wehrfähigkeit
stärken", ferner „schwache Grenzen ... (Besiedelung des
Ostens zur Bildung eines völkischen Schutzwalles gegen das
vordringende Slawentum)" befestigen und die auf eine „Unterstützung der großen Politik auf die Richtung der Warenbe-
wegungen hinzuwirken suchen (Südosteuropapolitik Deutschlands, Empirepolitik Englands)" sollte.[128]

Fixpunkt aller wehrwirtschaftlich bestimmten, einen militärischen Konflikt einschließenden agrarökonomischen Versor-
gungskonzeptionen war das ernährungswirtschaftliche Desaster während des Weltkrieges. Die Verarbeitung der Welt-
kriegserfahrung geschah in Ansätzen schon in der Weimarer
Republik, wobei der liberaldemokratische Agrarwissenschaftler Aereboe eine Außenseiterposition einnahm. Er gewann in
Anbetracht der unzureichenden landwirtschaftlichen Basis des
Reiches die Überzeugung, Deutschland müsse sich zukünftig
ähnlichen militärischen Verwicklungen entziehen.[129] Sein Kollege Skalweit gelangte hingegen zu einer modifizierten
Schlußfolgerung: Um ein ähnliches ernährungswirtschaftli-
ches Defizit auszuschalten, war ein Krieg so zu führen, daß er
„rasch eine militärische Entscheidung erzwang. Diesem
Kriegsziel mußte alles übrige untergeordnet werden".[130]

Die nationalsozialistische Führung hat sich seine These zu

eigen gemacht, indem sie den Primat der Rüstung im wirtschaftlichen Geschehen postulierte und die Blitzkriegskonzeption favorisierte und umsetzte, derzufolge in zeitlich, territorial und materiell begrenzten Feldzügen die ökonomische Basis zwecks vermehrter Rüstungsanstrengungen und der politische Machtbereich partiell erweitert werden sollten.

Die Flut der Literatur über die Ernährungswirtschaft 1914–18 erklärt sich aus der in konservativen Köpfen festsitzenden – irrigen – Überzeugung, der Weltkrieg sei an der Heimat-, insbesondere an der Ernährungsfront verloren worden und könne in einem besser vorbereiteten Waffengang nachträglich noch einmal gewonnen werden: „Der Ernährungskrieg hat 1914–1918 das operative Handeln zunehmend beeinflußt und schließlich die Entscheidung gebracht".[131] Rückblick auf den Weltkrieg hieß u. a. auch, Perspektiven und Einsichten gewinnen für diesen gewünschten und offenkundig bevorstehenden nächsten militärischen Konflikt, und dieser Aufgabe verschrieben sich in staatlichen auftragsgebundenen Forschungsinstitutionen tätige Agrarwissenschaftler ebenso wie an den Hochschulen in eigener Verantwortlichkeit Forschende und Lehrende.[132] Ernährungswirtschaft wurde nun als „Wehrproblem" begriffen.[133] An den Universitäten wurden zahlreiche Dissertationen in Auftrag gegeben, die sich Spezialproblemen, so z. B. der Arbeitskräftefrage, im Weltkrieg zuwandten und zukunftsorientierte Rückschlüsse zulassen sollten. Fazit: „Der ‚zivile und militärische Dualismus' scheint ... das Grundübel der ländlichen Arbeiterfrage gewesen zu sein".[134] Von besonderem Interesse erwiesen sich Studien über Möglichkeiten und Grad der Selbstversorgung (Nationalwirtschaft) vor dem Hintergrund rüstungs- und kriegswirtschaftlich benötigter Blockadefreiheit.[135] Der 1933 zum ordentlichen Professor in Halle berufene Emil Woermann (landwirtschaftliche Betriebslehre) machte sich in diesem Sinne öffentlich Gedanken über die „Nationale Bedarfsdeckung in der Ernährungswirtschaft"[136] ganz allgemein, und der Berliner Hochschullehrer August Müller (Genossenschaftswesen) ließ unter dem Korreferat des Agrarökonomen Constantin v. Dietze ein NSDAP-Mitglied (seit 1930), – SA-Führer, leitender Funktionär der Deutschen Arbeitsfront – eine spezielle Fallstudie über „Deutschlands Brotgetreideversorgung im Blockadefall" anfertigen, die konkrete gesetzgeberische und ordnungspolitisch-organisatorische Anleitungen zum vorsorglichen Handeln parathielt.[137] Die Beispiele lassen sich vielfach ergänzen!

Erich Ludendorffs 1935 erschienener Schrift „Der totale Krieg" eingedenk, kreisten alle kriegsernährungswirtschaftlichen Gedanken um den voraussehbaren Tatbestand, daß „ein Zukunftskrieg ... sich nicht mehr allein an den Fronten abspielen" werde. Dies war eine konkrete Lehre aus dem Weltkrieg und aus der technologischen Entwicklung. „Der totale Krieg erfordert auch eine totale Mobilisation aller Kräfte des ganzen Landes".[138] Da war es nur einsichtig, den Primat des Militärischen bereits für die Friedenswirtschaft zu fordern. Und so begrüßte der Obmann des „Forschungsdienstes" Konrad Meyer ausdrücklich die 1938 erfolgte Gründung des fachübergreifenden „Reichsforschungsrates" unter Leitung des ordentlichen Professors an der Technischen Hochschule in Berlin und aktiven Generals der Artillerie Dr. Karl Becker, 1938–1940 Chef des Heereswaffenamtes.[139]

Den Vierjahresplan, der rüstungswirtschaftliche Konzentration und Tempobeschleunigung bedeutete und selbst den letzten politisch halbwegs sensiblen deutschen Intellektuellen die Realität konkreter Kriegsvorbereitungen deutlich werden ließ, haben auch die Agrarkundler in seiner wahren Intention erkannt. Einflußreiche Standesgenossen akzeptierten und propagierten das durch ihn avisierte, auf Krieg ausgerichtete ernährungswirtschaftliche und -politische Ziel: intensivierte Produktion, Vorratsbildung.[140]

Im Jahre 1938 ging man in der volks- und agrarwirtschaftlichen Literatur bereits vom Begriff Wehr- zum Terminus Kriegswirtschaft über. Der Frage der Versorgung im Konfliktfall galt die zukunftsorientierte Aufmerksamkeit. Die Ergebnisse von fünf Jahren NS-Agrarpolitik resümierte Landesbauernführer Dr. Richard Wagner befriedigt: „So wenig vorbereitet wie das Jahr 1914 wird uns ein neuer Ernstfall nicht mehr finden".[141] Wie wenig man unter diesem Ernstfall einen Angriff von außen verstand, beweist die allgemeine Begeisterung der Agrarwissenschaftler über die Angliederung Österreichs und die Eingliederung der Sudetengebiete. Erfreut war man nicht nur aus ökonomischer Sicht über die Schaffung eines nationalen agrarischen Großraumes,[142] sondern auch über die veränderte politische Konstellation: „Ein Volk – ein Reich – ein Führer! ist die große Gewißheit dieser für alle Zeiten denkwürdigen Tage politischer Wende", schrieb Konrad Meyer im Frühjahr 1938. „Freudig bewegt grüßen wir unsere Freunde in Deutsch-Österreich ... Dankerfüllten Herzens und geleitet von dem stolzen Bewußtsein, an dem einzigartigen Werk unseres Führers mitarbeiten zu dürfen, wollen wir einmütig zusammenstehen in der uns alle verpflichtenden Aufgabe: Es geht um unser deutsches Bauerntum, um unser Volk, um unser großes Deutsches Reich!".[143]

Daß die Annexion der sogenannten „Resttschechei" wie die Besetzung des Memellandes in agrarelitären Kreisen applaudierend zur Kenntnis genommen wurde, erscheint nach dem bisher Gesagten als selbstverständlich, wobei bemerkt werden muß, daß sich die Agrareliten diesbezüglich wie auch bei Österreich in gesinnungsmäßiger Harmonie mit dem größten Teil der deutschen Bevölkerung befanden. Unter wirtschaftlichen Gesichtspunkten wurde befriedigt festgestellt, daß das Protektorat nun das sudetendeutsche Zuschußgebiet ernährungsmäßig mitversorgen und daß das Memelgebiet Deutschlands angespannte landwirtschaftliche Mangellage entscheidend verbessern könne.[144]

Die vielseits gehegten Wunschvorstellungen von einer Einbeziehung Südosteuropas in einen deutschen ökonomischen Hegemonialraum schienen aufgrund der politisch-militärischen Konstellation des Jahres 1938 der Realisierung näher gerückt zu sein. Der uns bereits bekannte Repräsentant des Mitteleuropäischen Wirtschaftstages, Frhr. v. Wilmowsky, gab sich besonders zuversichtlich. Seit der Erweiterung des reichsdeutschen Territoriums um die „Ostmark" und insbesondere nach dem Münchner Abkommen war „eine politische Entwicklung vor sich gegangen, die die besten Grundlagen für die Weiterentwicklung der Wirtschaftsbeziehungen zum Südosten geschaffen" hatte. Die alte nationalsozialistische Forderung, „über die Handelsverträge bis zum Wirtschaftsbündnis zu schreiten", erwies sich aufgrund des militärischen Druckes, den man auszuüben vermochte, als umsetzbar.[145] In diesem Kontext müssen auch die Bemühungen verstanden werden, möglichst wissenschaftlich abgesicherte Erkenntnisse darüber zu gewinnen, was man von den einzelnen Staaten Südosteuropas agrarwirtschaftlich zu erwarten hatte. Fast alle renommierten Wirtschaftsforschungsinstitutionen beschäftigten sich mit dieser Problematik, und auch an den Universitäten wurden entsprechende Dissertationen vergeben, so von Konrad Meyer z. B. über „Die Landwirtschaft Ungarns und ihre Bedeutung für die Deckung des zusätzlichen Bedarfs Deutschlands an landwirtschaftlichen Erzeugnissen".[146] „Mit der Nahrungsfreiheit soll nicht eine rein autarke Wirtschaft angestrebt werden, sondern es soll einmal der deutschen Landwirtschaft die volle Abnahme ihrer Erzeugnisse gesichert werden, soweit sie diese im Rahmen des für die deutsche Wirtschaft Wünschenswerten hervorbringt, zum anderen wird erstrebt, die schwachen Stellen unserer landwirtschaftlichen Erzeugung zu stärken und zur Mitversorgung Länder heranzuziehen, die in jedem Falle eine Versorgung gewährleisten können".[147] Als Ungarn dies nicht mehr tat, wurde es 1944 okkupiert.[148]

Nach dem Einmarsch in die Tschechoslowakei erschien vielen Agrarexponenten der Überfall auf Polen nur als konsequenter Schritt, und dies nicht nur wegen langgehegter Revisionswünsche. Bei der Zerschlagung Polens mußte es sich erwartungsgemäß um mehr handeln, als um die Annullierung des Versailler Friedensvertrages und eine nach Osten vorzuverlegende Grenze. Die Kriegserklärungen Großbritanniens und Frankreichs boten geradezu die Chance, die Verhältnisse auf dem Kontinent grundlegend zugunsten Deutschlands zu verändern. Es mußte in dem als aufgezwungen deklarierten „Kampf um die Aufrichtung einer neuen Ordnung in Europa" gehen und „um eine politische, wirtschaftliche und soziale Umwälzung von einzigartigem, historischem Ausmaß".[149] In bekannten Forschungseinrichtungen wurden entsprechende Vorarbeiten geleistet. So hatte man im Institut für Konjunkturforschung bereits vor dem Krieg statistisches Material über die ernährungswirtschaftliche Versorgung in den einzelnen europäischen Staaten mit eindeutiger Zwecksetzung zusammengetragen: „Jede Großraumbildung und vor allem der Übergang von der freien zur staatlich gelenkten Wirtschaft hat eine gründliche zahlenmäßige Kenntnis aller Wirtschaftszweige zur Voraussetzung". Im Frühjahr 1943 von ausgewiesenen Agrarwissenschaftlern publiziert, sollte das Zahlenmaterial dazu dienen, die von Berlin aus betriebene sogenannte europäische Neuordnung voranzutreiben".[150]

Daß sie gelingen werde, daran kam aufgrund der geleisteten Kriegsvorbereitungen, an denen ja die Landwirtschaft nicht unbeteiligt war, kein Zweifel auf, zumal auch Technik und Wissenschaft, nicht zuletzt die agrarische, das ihre dazu beigetragen zu haben vermeinten: „Ist es Aufgabe der Geisteswissenschaft, die moralische und willensmäßige Seite unseres Existenzkampfes abzuschirmen und zu stärken, so ist es die Aufgabe aller naturwissenschaftlich-technischen Wissenschaftssparten, die vielseitigen Waffen, die der totale Krieg im militärischen wie im innerwirtschaftlichen Bereich erfordert, schmieden zu helfen". Dies schien gelungen zu sein. „Die deutsche Wehrmacht ist nicht zuletzt deswegen die beste der Welt und unbesiegbar, weil sie neben ihrer sonstigen, vor allem charakterlichen Qualität mit den Waffen der besten Wissenschaft und Technik der Welt ausgestattet ist!".[151]

Daß die Wehrmacht auch zur territorialen Ausdehnung und Sicherung einer bereits handelspolitisch erweiterten ökonomischen Basis zum Einsatz gelangen werde, daran bestand seit 1933 kein Zweifel mehr: „Sind ... die Voraussetzungen für ausreichende Wirtschaftsfunktion geschaffen, so tritt an die Wehrmacht die Aufgabe heran, dieser Wirtschaft ein möglichst ungestörtes Arbeiten zu ermöglichen. Für die zu diesem Zweck zu ergreifenden Maßnahmen ist ... der verfügbare

Raum maßgebende Grundlage und unabänderliche Voraussetzung. Aufgabe der Wehrmacht ist es, die Wirtschaft zu schützen, indem der Raum geschützt wird. Dies ist die defensive Mindestforderung. Weitergehende offensive Absichten sind Sache der militärischen Kraftreserve." Waren diese geschaffen und vorhanden, erschien es notwendig, „gestützt auf unsere militärische und wirtschaftliche Machtposition, die einen Angriff immerhin zu einer Sache mit verschiedenen Möglichkeiten stempelt, unsere volle Freiheit zu erlangen, auf gut oder bös. Denn es gibt keinen Weg, ein Volk zu knechten, das sich über seine Kraft klar geworden ist.".[152]

Fritz Fischer schreibt am Ende seines anregend-eleganten Essays zur Kontinuität der Machtstrukturen 1871 bis 1945, „das ‚Dritte Reich' und somit der Zweite-Weltkrieg wären nicht möglich gewesen ohne das Bündnis zwischen dem ... ‚Führer' ... und den traditionellen agrarischen und industriellen Machteliten, die zugleich in der Wehrmacht und in der Diplomatie dominierten".[153] Was die agrarische Führungsschicht anbetrifft, so läßt sich diese These weitgehend stützen. Nicht nur, daß sie und bäuerliches Fußvolk letztlich massenweise der Faszination des Nationalsozialismus erlagen und Hitler halfen, an die Macht zu kommen; mittels des NS-Regimes ließen sich macht- und wirtschaftspolitische Ziele verfolgen, die man bereits vor 1914 fixiert, im Weltkrieg vergeblich angesteuert hatte, von denen man aber gerade wegen des vermeintlich innerer Schwäche zuzuschreibenden militärischen Zusammenbruchs nicht lassen wollte. Ein starkes Deutschland, wie es von der NSDAP gefordert und versprochen wurde, sollte einen neuen Anlauf nehmen in Richtung auf das erträumte Ostimperium und die europäische Hegemonie. Die Idee der Autarkie im Großwirtschaftsraum gab diesem Bestreben eine neue, spezifisch nationalsozialistische Qualität, die aber letztlich dem Gedankengut der Agrar- und anderer Wirtschaftseliten entstammte, an die NSDAP herangetragen und von dieser adaptiert worden war. Im nationalsozialistischen Sinne waren die Agrareliten zu einem Gutteil motiviert nicht zuletzt durch die verinnerlichte, den Keim des Expansionismus in sich tragende Blut- und Boden-Ideologie, die ihnen zumindest propagandistisch die ihr Selbstwertgefühl stärkende Rolle des Blutsträgers der Nation zuwies. „Blut und Boden sind ... eine staatsbildende und staatserhaltende Kraft erster Ordnung. Dies stets erkannt zu haben, ist das besondere Verdienst der nationalsozialistischen Bewegung, diese Erkenntnis war zugleich das geistige Band, das Reichs-Landbund und Nationalsozialismus innerlich stets verbunden hat."[154]

Aus der Tatsache, daß Darré letztlich als Reichsbauernführer, als Reichsminister und Preußischer Minister für Ernährung und Landwirtschaft fungierte, kann gefolgert werden, daß die Landwirtschaft der einzige Sektor im Dritten Reich gewesen ist, in dem standespolitisches Interesse, parteiideologischer und staatspolitischer Wille durch eine Person zum Ausdruck gebracht wurden, ohne daß es bis zum Jahre 1941, soweit es den außenpolitischen Bereich betrifft, zu Zielkonflikten zwischen der Bauernschaft und ihrem Standes-, Partei- und Staatsrepräsentanten an der agrarpolitischen Spitze gekommen wäre.

Anmerkungen

Martin Broszat: Der Zweite Weltkrieg

1 Siehe vor allem *Eberhard Jäckel.* Hitlers Weltanschauung. Entwurf einer Herrschaft. Erw. Neuausgabe Stuttgart 1981. *Axel Kuhn,* Hitlers außenpolitisches Programm. Entstehung und Entwicklung 1919 bis 1939. *Klaus Hildebrand,* Deutsche Außenpolitik 1933–1945. Kalkül oder Dogma? Stuttgart 3. Aufl. 1976, *Bernd-Jürgen Wendt,* Großdeutschland. Außenpolitik und Kriegsvorbereitung des Hitler-Regimes, München 1987.

2 Vgl. hierzu u. a. den 1980 von *Dietrich Eichholtz* und *Karl Gossweiler* 1980 herausgegebenen Sammelband „Faschismus-Forschung. Positionen, Probleme, Polemiken". In einem Beitrag zu diesem Band („Auseinandersetzung mit bürgerlichen Faschismustheorien") suchten *Gerhard Lozek* und *Rolf Richter* schon damals darzulegen, daß die neuere Faschismus-Forschung in der DDR manche älteren Positionen der kommunistischen Faschismustheorie, z. B. die „von Anfang an unrichtige, jedoch nicht unerklärliche These vom „Sozialfaschismus" als wissenschaftlich unzutreffend" (S. 450) hinter sich gelassen habe und daß es auch ein Zerrbild sei, der marxistisch-leninistischen Geschichtstheorie zu unterstellen, sie beschränke sich darauf, „die faschistischen Machthaber als bloße Befehlsempfänger – Agenten – des Monopolkapitalismus oder bestimmter Monopolgruppen anzusehen" (S. 448). Daß die marxistischen Historiker in der DDR von der „Agententheorie" aber noch keineswegs losgekommen sind, zeigt im gleichen Band ein Beitrag von *Wolfgang Ruge* über „Monopolbourgeoisie, faschistische Massenbasis und NS-Programmatik". In diesem Beitrag bezeichnet Ruge die „Monopolherren" nicht nur als Förderer, sondern auch als „Züchter faschistischer Bewegungen" (S. 130). Dem entspricht auch die weitere in diesem Artikel gelieferte Interpretation Ruges, daß nach der anfänglichen Unterstützung mehrerer faschistischer Bewegungen durch die „Monopolherren" schließlich Hitler als der bestgeeignete „politische Agent" des Monopolkapitalismus zum Zuge gekommen sei. Ruge räumt lediglich ein, daß die zugunsten Hitlers schließlich erledigte Frage, wer der bestgeeignete Agent des Monopolkapitalismus sei, „der NSDAP-Führung und Hitler . . . einen gewissen (!) Handlungsspielraum gegenüber einzelnen ihrer Förder verschaffte". In Zukunft seien die Monopolherren „in mancher Beziehung an ihren Staragenten (!) gebunden" gewesen (S. 144). Demzufolge ist wohl

dem DDR-Historiker Rolf Richter zuzustimmen, der 1986 in einem Vorwort zu dem Sammelband „Aufsätze zum Faschismus" von Kurt Gossweiler bemerkte, trotz des „Wachstums- und Reifeprozesses" der Faschismus-Forschung in den letzten fünfzehn Jahren und des inzwischen erwachten „hohen Niveaus" stellten sich der Faschismus-Forschung in der DDR noch mancherlei Aufgaben und offene Fragen, z. B. „die Bestimmung der relativen Selbständigkeit der faschistischen Partei und des Staates" und die Entwicklung einer marxistisch-leninistischen Interpretation „des Primats der Politik im faschistischen Regime" (S. XXV).

3 Als Beispiel nenne ich zwei Arbeiten *Kurt Gossweilers,* die in der 1986 veröffentlichten Sammlung seiner „Aufsätze zum Faschismus" erneut publiziert wurden: Die zusammen mit *Alfred Schlicht* hrsgg. Dokumentation „Junker und NSDAP 1931/32" (zuerst veröffentlicht in der Zeitschrift für Geschichtswissenschaft 4/1967, S. 644–662, sodann in der Aufsatzsammlung von 1986, S. 230–259, auf die sich die folgenden Zitate stützen) sowie den Artikel „Junkertum und Faschismus" (zuerst 1973 veröffentlicht in der genannten Aufsatzsammlung S. 260–276): Aus der unbestreitbaren Tatsache, daß die großagrarische Lobby nicht zuletzt aufgrund ihrer engen Verbindung zum Reichspräsidenten von Hindenburg wesentlich zur Zerstörung der Weimarer Republik und zur Ernennung Hitlers zum Reichskanzler beigetragen hat, folgert Gossweiler allzu rasch, daß diese Junker-Klasse auch am Zweiten Weltkrieg eine Hauptschuld trage und beruft sich dabei auf eine Äußerung Wilhelm Piecks, der im Herbst 1945 im Zusammenhang mit der Bodenreform in der sowjetischen Besatzungszone erklärt hatte, daß die ostelbischen Junker „zu den ständigen Kriegstreibern" gehört hätten und „gemeinsam mit den Industrie- und Finanzkapitalisten" auch eine „Hauptschuld am Kriege und an den Kriegsverbrechen" trügen (S. 243 f.). Gossweiler stützt sich auf dieses Zitat, obwohl er in der interessanten Dokumentation, die ihm dazu Anlaß bot, an zwei Beispielen großagrarischer Junker (dem 1931 zur NSDAP übergetretenen Fürsten Eulenburg-Hertefeld und dem weiterhin der Deutschnationalen Volkspartei anhängenden, hitlerkritischen Grafen Arnim-Boitzenburg) nachweisen konnte, daß diese 1931/32 eine durchaus unterschiedliche Haltung zum Nationalsozialismus einnahmen. Gossweiler führt dies nur auf den Unterschied zwischen dem Typus des anpassungsfähigeren und dem Typus des stockkonservativen Junkertums zurück, nennt aber gar nicht die für Arnim von Boitzenburgs Hitler-Kritik fundamentale und in den von Gossweiler publizierten Briefen klar zum Ausdruck kommende kirchlich-christliche Grundüberzeugung, die, wie auch viele andere Beispiele bezeugen, im konservativen ostelbischen Adel eine wichtige Grundlage für manchen Widerstand gegen den Nationalsozialismus bildeten. Ein wichtiger Punkt seiner Argumentation besteht in dem Nachweis, daß namhafte

Vertreter der großagrarischen Lobby in den ersten Jahren nach 1933, als noch zu befürchten war, daß die nationalsozialistische Agrarpolitik wie zu Zeiten Brünings eine Entschuldung des Großgrundbesitzes mit der Auflassung und Aufsiedlung nicht mehr wirtschaftlicher agrarischer Großbetriebe verbinden könnte, mit allerlei ideologischen Anleihen beim Nationalsozialismus die Bedeutung der Beibehaltung einer landsässigen aristokratischen „Herrenrasse" herauszustellen suchten und außerdem auf die von Hitler schon in „Mein Kampf" propagierte künftige Landnahme im Osten verwiesen, durch die eine viel produktivere und großräumiger völkische Siedlungspolitik erreicht werden könne. Die offenkundige Berufung auf nationalsozialistische Weltanschauungs- und Programmelemente, um einen befürchteten Zugriff der Nazis abzuwenden (eine durchaus gängige Methode in beinahe allen Lagern der Gesellschaft während des Dritten Reiches), wird hier bei Gossweiler ohne weitere Belege umgemünzt in eine die nationalsozialistische Expansion mitbestimmende Ursache.

4 *Hans-Ulrich Wehler,* Bismarck und der Imperialismus, Köln/Berlin 1969; ders., Krisenherde des Kaiserreiches 1871–1918. Studien zur deutschen Sozial- und Verfassungsgeschichte, Göttingen 1970; ders., Das deutsche Kaiserreich 1871–1918, Göttingen 1980; ferner: *Andreas Hillgruber,* Die gescheiterte Großmacht. Eine Skizze des deutschen Reiches 1871–1945, Düsseldorf 1981; *Michael Stürmer* (Hg.), Das kaiserliche Deutschland. Politik und Geschichte 1870–1918, Düsseldorf 1970; *Adolf Grasser u. a.* (Hg.), Deutschlands Sonderung von Europa 1862–1945, Frankfurt/Berlin/New York 1984; *Gordon A. Craig,* Deutsche Geschichte 1866–1945, München 1980; *Jost Dülffer, Karl Holl* (Hg.), Bereit zum Krieg. Kriegsmentalität im wilhelminischen Deutschland 1890–1914, Göttingen 1986; *Immanuel Geiß,* Das deutsche Reich und die Vorgeschichte des Ersten Weltkrieges, München/Wien 1978; *Wolfgang J. Mommsen,* Imperialismus-Theorie. Ein Überblick über die neueren Imperialismus-Interpretationen, Göttingen 1977; *Geoff Eley,* Reshaping the German right. Radical nationalism and political change after Bismarck, New Haven 1980; *Richard Evans,* Society and politics in Wilhelmine Germany, London 1978.

5 Vgl. dazu u. a. *Joachim Petzold,* Die Entstehung der Naziideologie. In: Faschismus-Forschung. Positionen, Probleme, Polemik. Akademie-Verlag Berlin 1980, S. 261–278.

6 *Klaus von See,* Die Ideen von 1789 und die Ideen von 1914, Völkisches Denken in Deutschland zwischen Französischer Revolution und Erstem Weltkrieg, Frankfurt 1975.

7 Vgl. dazu *Martin Broszat,* Die Machtergreifung. Der Aufstieg der NSDAP und die Zerstörung der Weimarer Republik, dtv München 2. Aufl. 1987, insbes. S. 127 ff., und vor allem *Hagen Schulze,* Otto Braun oder Preußens demokratische Sendung. Frankfurt/Berlin/Wien 1973, insbes. S. 627 f.

8 *Joachim Petzold,* Wegbereiter des deutschen Faschismus. Die Jungkonservativen in der Weimarer Republik. Pahl-Rugenstein Köln 1978. Von einschlägigen Publikationen sind in der Bundesrepublik vor allem zu nennen: *Arnim Mohler,* Die konservative Revolution in Deutschland 1918 bis 1932. Ein Handbuch. 2. Auflage, Darmstadt 1973. *Kurt Sontheimer,* Antidemokratisches Denken in der Weimarer Republik. 2. Auflage München 1968; *Hans-Joachim Schwierskott,* Artur Moeller von den Bruck und der revolutionäre Nationalismus in der Weimarer Republik. Göttingen 1962; *Anton Mirko Koktanek,* Oswald Spengler in seiner Zeit, München 1968; *Detlev Felken,* Oswald Spengler. Konservativer Denker zwischen Kaiserreich und Diktatur, München 1988; *Bernhard Jenschke,* Zur Kritik der konservativ-revolutionären Ideologie in der Weimarer Republik. Weltanschauung und Politik bei Edgar Julius Jung. München 1971.

9 *Peter Gay,* Weimar culture, The outsider as insider, New York 1968.

10 Vgl. hierzu auch meinen Aufsatz „Zur Struktur der NS-Massenbewegung" in: Vierteljahreshefte für Zeitgeschichte 1/1983. Sowie *Peter Merkl,* The making of a storm trooper. Princeton 1980. Merkl hat auf der Basis einer relativ breiten autobiographischen Evidenz von NS-Aktivisten auch auf dem Wege quantitativer Auswertung feststellen können, daß deren Engagement in der NS-Bewegung vor allem innerhalb der SA weit mehr von der Attraktivität des pseudorevolutionären kämpferischen Einsatzes als von ideologischen Überzeugungen bestimmt war.

11 So z. B. *Manfred Weißbecker,* Nationalsozialistische Deutsche Arbeiterpartei (NSDAP). In: Die bürgerlichen Parteien in Deutschland, Bd. II. Leipzig 1970, S. 384–437; und *Joachim Petzold,* Die Demagogie des Hitler-Faschismus. Berlin 1982; *Kurt Gossweiler,* Ursprünge, Funktion und Erfolgsbedingungen faschistischer Bewegungen. In: *Kurt Gossweiler,* Aufsätze zum Faschismus. Akademie-Verlag Berlin 1986, S. 513–532.

12 Auch manche ausländische Beobachter waren von dem Nürnberger „Spektakel" sehr beeindruckt, so auch der amerikanische Deutschland-Korrespondent *William Shirer,* vgl. sein „Berlin Diary" (1942) mit der Reportage über den Nürnberger Parteitag von 1934.

13 Über die Volksstimmung in Deutschland in den Jahren und Monaten vor Kriegsbeginn informieren am besten die von *Heinz Boberach* hrsgg. SD-Berichte (Meldungen aus dem Reich 1938–1945. Vollständige Texte . . ., Bd. 1–17, 1984) sowie die von der Sozialdemokratischen Partei Deutschlands (Sopade) im Exil von Informanten in Deutschland zusammengetragenen Berichte (Deutschland-Berichte der Sozialdemokratischen Partei Deutschlands. (Sopade) 1934–1940. Salzhausen u. Frankf./M. 1980, 7 Bde. m. Register, hgg. von *Klaus Behnken*) außerdem *Marlis G. Steinert,* Hitlers Krieg und die Deutschen. Stimmung und Haltung der deutschen Bevölkerung im Zweiten

Weltkrieg, Düsseldorf/Wien 1970; für Bayern auch der im Auftrag des Instituts für Zeitgeschichte von *Martin Broszat, Elke Fröhlich* und *Falk Wiesemann* herausgegebene Band „Bayern in der NS-Zeit". Bd. I: Soziale Lage und politisches Verhalten der Bevölkerung im Spiegel vertraulicher Berichte, Oldenbourg München/Wien 1977; sowie *Ian Kershaw,* Popular opinion & political Dissent in the Third Reich. Bavaria 1933–1945, Oxford 1983.

14 So bei *Laurenz Demps,* Dokumente zur Funktion und Rolle der faschistischen Partei (NSDAP) bei der Vorbereitung des Zweiten Weltkrieges. In: Bulletin des Arbeitskreises „Zweiter Weltkrieg" Nr. 3/4 1977 (vgl. dort S. 63 f.).

15 Vgl. dazu vor allem *Bradley F. Smith,* Der Jahrhundert-Prozeß. Die Motive der Richter von Nürnberg. Anatomie einer Urteilsfindung. S. Fischer Frankfurt/M. 1977. Siehe dort insbes. die Kritik an dem Urteil gegen Rudolf Heß (S. 196 ff.).

16 Über Görings außenpolitische Aktivitäten und Zielsetzungen vgl. vor allem die neueren Darstellungen von *Alfred Kube,* Hermann Göring im Dritten Reich. Pour le mérite und Hakenkreuz, München 1986, von *Stefan Martens,* Hermann Göring. „Erster Palladin des Führers" und „Zweiter Mann im Reich", Paderborn 1985 und *R. J. Overy,* Goering. The ‚iron man‘, London 1984.

17 Die Tagebücher von Joseph Goebbels. Sämtliche Fragmente, hgg. von *Elke Fröhlich* im Auftrag des Instituts für Zeitgeschichte und in Verbindung mit dem Bundesarchiv. Teil I, Aufzeichnungen 1924 bis 1941, Bd. 1–4. München 1987.

18 In der Edition der Goebbels-Tagebücher ist dieses Wort als unsichere Lesart charakterisiert und wohl fälschlich als „angewandt" transkribiert worden.

19 Vgl. „Das politische Tagebuch Alfred Rosenbergs 1934/35 und 1939/40", hrsgg. von *Hans-Günther Seraphim,* dtv München 1964. Siehe dort insbes. Rosenbergs kritische Kommentare zum Hitler-Stalin-Pakt in den Tagebucheintragungen vom 22. 8. 1939.

20 In vieler Hinsicht symptomatisch für das Problembewußtsein in bezug auf den historischen Faktor Hitler aber auch für die Verlegenheit, diesen „Faktor" in eine aus marxistischer Sicht geschriebene Geschichte des Nationalsozialismus einzubeziehen, scheint mir gerade wegen ihres in der Faktendarstellung sonst gründlichen empirischen Vorgehens die von *Kurt Pätzold* und *Manfred Weißbecker* verfaßte „Geschichte der NSDAP 1920–1945", Pahl-Rugenstein Köln 1981 (Originaltitel der im Verlag der Wissenschaften Berlin vorangegangenen DDR-Veröffentlichung: „Hakenkreuz und Totenkopf. Die Partei des Verbrechens"). Nicht nur die Kennzeichnung der NSDAP als „Partei der deutschen Monopolbourgeoisie" (S. 11) knüpfte an tradierte Muster der leninistisch-marxistischen Faschismus-Theorie an, die Autoren der genannten Werke erklären auch programmatisch und polemisch mit

dem Blick auf die westdeutsche Nationalsozialismus-Forschung: „Das Ziel derer, die von einer angeblichen Identität des Willens von Hitler und den Ursachen des Geschichtsprozesses ausgehen, ist es vor allem, den objektiven Charakter der Aggressivität und Abenteuerlichkeit des deutschen Monopolkapitals zu leugnen" (S. 49). Pätzold und Weiß-becker verneinen in diesem Abschnitt, der offenbar der ideologischen Legitimation ihrer differenzierten Geschichte der NSDAP zu dienen hat, sogar die primäre Rolle Hitlers und des Nationalsozialismus bei der Anzettelung des Zweiten Weltkrieges, indem sie erklären, die bür-gerliche Geschichtsschreibung zu diesem Thema unterschlage, „daß die Verwirklichung der Kriegspläne in der NS-Zeit" von den weltwei-ten Auseinandersetzungen zwischen Sozialismus und Imperialismus sowie vom Konkurrenzkampf zwischen den imperialistischen Mäch-ten diktiert wurden, nicht von der Nazipartei und ihren Führern (S. 49). Ausdruck der daraus entstehenden, auch sprachlich-termino-logischen Verlegenheit ist es, wenn bei der Darstellung der konkreten Expansions- und Kriegs-Risikopolitik Hitlers in der Phase unmittelbar vor Beginn des Krieges der Name „Hitler" kaum genannt wird und statt dessen in unbestimmter Weise von der „faschistischen Führung", den „faschistischen Machthabern" (S. 288 f. und an vielen anderen Stellen) die Rede ist.

21 Einen guten Einblick in die Kontroverse zwischen den Historikern der Bundesrepublik in dieser Frage bietet der auf eine Konferenz in Wind-sor-Park bei London im Mai 1979 zurückgehende Sammelband *Wolf-gang Mommsen, Gerhard Hirschfeld* und *Lothar Kettenacker* (Hg.), Der „Führerstaat". Mythos und Realität. Studien zur Struktur und Politik des Dritten Reichs, Stuttgart 1981.

22 *Ian Kershaw,* Der Hitler-Mythos. Volksmeinung und Propaganda im Dritten Reich, Stuttgart 1980.

23 Als Beispiele seien hier nur genannt *Ernst Rudolf Huber,* Verfassungs-recht des großdeutschen Reichs, 2. Aufl., Hamburg 1939; ders., Wesen und Inhalt der politischen Verfassung, Hamburg 1935.

24 Aufschlußreich sind in dieser Beziehung die Erinnerungen des ehem. Chefs der preußischen geheimen Staatspolizei, *Rudolf Diels,* Lucifer ante portas. Zwischen Severing und Heydrich. Interverlag A. G. Zü-rich (o. J.), siehe dort insbes. S. 61 f.

25 Vgl. dazu u. a. *Joachim Fest,* Hitler. Eine Biographie, Frankfurt/Ber-lin/Wien 1973.

26 Vgl. dazu u. a. die einschlägigen Kapitel in meinem Buch: Der Staat Hitlers. Grundlegung und Entwicklung seiner inneren Verfassung, München 1969.

Ludolf Herbst: Der Krieg und die Unternehmensstrategie

1 Vgl. hierzu die Diskussion in der Zeitschrift Das Argument Jg. 10 (1968), Nr. 47: E. Czichon, Der Primat der Industrie im Kartell der nationalsozialistischen Macht, S. 168 ff.; D. Eichholtz u. K. Gossweiler, Noch einmal: Politik und Wirtschaft 1933–1945, S. 210 ff.; T. W. Mason, Primat der Industrie? – Eine Erwiderung, S. 193 ff. Dazu: E. Hennig, Thesen zur deutschen Sozial- und Wirtschaftsgeschichte 1933 bis 1938, Frankfurt 1973; ders., Monopolgruppen in der DDR, in: Leviathan 1 (1973), S. 135 ff.

2 Vgl. für diese älteren Positionen J. Kuczynski, Studien zur Geschichte des deutschen Imperialismus, Bd. I: Monopole und Unternehmerverbände, Berlin 1948; L. P. Lochner, Tycoons and Tyrant. German Industry from Hitler to Adenauer, Chicago 1954; H.-E. Kannapin, Wirtschaft unter Zwang, Köln 1966. Als analytisch weiterführend erwiesen sich: Arthur Schweitzer, Big Business in the Third Reich, Bloomington 1964; Kurt Gossweiler, Großbanken, Industriemonopole, Staat. Ökonomie und Politik des staatsmonopolistischen Kapitalismus in Deutschland 1914–1932, Berlin 1971.

3 Vgl. E. Czichon, Wer verhalf Hitler zur Macht? Zum Anteil der deutschen Industrie an der Zerstörung der Weimarer Republik, Köln 1967; H. A. Turner (jr.), Verhalfen die deutschen „Monopol-Kapitalisten" Hitler zur Macht, in: ders., Faschismus und Kapitalismus in Deutschland, Göttingen 1972, S. 9 ff.; D. Stegmann, Antiquierte Personalisierung oder sozioökonomische Faschismus-Analyse? Eine Antwort auf H. A. Turners Kritik an meinen Thesen zum Verhältnis von Nationalsozialismus und Großindustrie vor 1933, in: Archiv für Sozialgeschichte 17 (1977), S. 275 ff.; vgl. zuletzt das umfassende Werk: H. A. Turner (jr.), German Big Business and the Rise of Hitler, Oxford 1985 (dte. Ausgabe Berlin 1985).

4 Für die gegenteilige Auffassung vgl. H. A. Turner (jr.), Das Verhältnis des Großunternehmertums zur NSDAP, in: H. Mommsen u. a. (Hrsg.), Industrielles System und politische Entwicklung in der Weimarer Republik, Düsseldorf 1974, S. 919 ff., hier S. 929.

5 G. Kolko, American Business and Germany 1930–1941, in: Western Political Quarterly 15 (1962), S. 713 ff.; vgl. B. Martin, Friedens-Planungen der multinationalen Großindustrie (1932–1940) als politische Krisenstrategie, in: Geschichte und Gesellschaft 2 (1976), S. 66 ff.

6 B. C. Snell, American Ground Transport, Washington 1974 (Hrsg.: United States Senate. Committee on the Judiciary. Subcommittee on Antitrust and Monopoly), S. 17 ff.

7 Kolko, American Business (Anm. 5), S. 724.

8 Snell, American Ground Transport (Anm. 6), S. 22.

9 Hierauf machte bereits aufmerksam: K. Borchardt, Wirtschaftliche Krisen als Gegenstand der Unternehmensgeschichte, in: Zeitschrift für Unternehmensgeschichte 22 (1977), S. 81 ff.

10 Eine wissenschaftlichen Ansprüchen genügende Firmengeschichte, wie sie etwa für den größten britischen Chemiekonzern vorliegt, sucht man für deutsche Konzerne noch immer vergeblich: W. J. Reader, Imperial Chemical Industries. A History, 2 Bde. London 1970 und 1975. Sieht man einmal von den für nahezu jeden größeren deutschen Konzern vorliegenden unkritischen, mehr oder weniger „bestellten", Firmengeschichten ab, ist man durch einige neuere Untersuchungen über die IG-Farbenindustrie AG und die Vereinigten Stahlwerke relativ am besten informiert: P. Hayes, Industry and Ideology IG-Farben in the Nazi Era, London 1987; H. Tammen, Die IG. Farbenindustrie Aktiengesellschaft (1925–1933). Ein Chemiekonzern in der Weimarer Republik, Berlin (West) 1978; G.-H. Seebold, Ein Stahlkonzern im Dritten Reich. Der Bochumer Verein 1927–1945, Wuppertal 1981; G. Mollin, Montankonzerne und „Drittes Reich". Der Gegensatz zwischen Monopolindustrie und Befehlswirtschaft in der deutschen Rüstung und Expansion 1936–1944, Göttingen 1988.

11 Das Verdienst, den analytischen Wert der Imperialismustheorien für die westdeutsche Geschichtswissenschaft „entdeckt" zu haben, gebührt H.-U. Wehler und W. J. Mommsen: H.-U. Wehler (Hrsg.), Imperialismus, Köln 1972; W. J. Mommsen, Der moderne Imperialismus, Stuttgart 1971; ders., Der europäische Imperialismus, Göttingen 1979. Vgl. P. Hampe, Die „ökonomische Imperialismustheorie". Kritische Untersuchungen, München 1976.

12 Dies ist auch gegen die sehr anregenden Beiträge von H. Pogge von Strandmann einzuwenden, der die Imperialismustheorie auf die Zeit nach 1918 anwendet: H. Pogge von Strandmann, Deutscher Imperialismus nach 1918, in: D. Stegmann u. a. (Hrsg.), Deutscher Konservatismus im 19. und 20. Jahrhundert. Festschrift für Fritz Fischer, Bonn 1983, S. 281 ff.; ders., Imperialism and Revisionism in Interwar Germany, in: W. J. Mommsen, J. Osterhammel (Hrsg.), Imperialism and After. Continuities and Discontinuities, London 1986, S. 90 ff.

13 K. Lange, Der Terminus „Lebensraum" in Hitlers „Mein Kampf", in: Vierteljahrshefte für Zeitgeschichte 13 (1965), S. 426 ff.; A. Hillgruber, Die „Endlösung" und das deutsche Ostimperium als Kernstück des rassenideologischen Programms des Nationalsozialismus, in: Vierteljahrshefte für Zeitgeschichte 20 (1972), S. 133 ff.

14 K. Hildebrand, Vom Reich zum Weltreich. Hitler, NSDAP und koloniale Frage 1919–1945, München 1969; H. Stoecker (Hrsg.), Drang nach Afrika. Die koloniale Expansionspolitik und Herrschaft des deutschen Imperialismus in Afrika von den Anfängen bis zum Ende des Zweiten Weltkrieges, Berlin (Ost) 1977; vgl. ferner die Beiträge von H. Pogge von Strandmann (Anm. 12).

15 Für diese Form der zeitgenössischen Begriffsverwendung vgl. etwa: K. Krüger, Deutsche Großraumwirtschaft, Hamburg 1932, S. 44 ff. und passim; vgl. A. Kube, Außenpolitik und „Großraumwirtschaft". Die deutsche Politik zur wirtschaftlichen Integration Südosteuropas 1933 bis 1939, in: H. Berding (Hrsg.), Wirtschaftliche und politische Integration in Europa im 19. und 20. Jahrhundert, Göttingen 1984, S. 185 ff.

16 P. Krüger, Die Ansätze zu einer europäischen Wirtschaftsgemeinschaft in Deutschland nach dem Ersten Weltkrieg, in: Berding, Wirtschaftliche und politische Integration (Anm. 15), 149 ff.; R. Frommelt, Paneuropa oder Mitteleuropa. Einigungsbestrebungen im Kalkül deutscher Wirtschaft und Politik 1925–1933, Stuttgart 1977.

17 R. Fuchs, Die Kriegsgewinne der verschiedenen Wirtschaftszweige in den einzelnen Staaten an Hand statistischer Daten dargestellt, Zürich 1918, S. 36 ff.; L. Grebler/W. Winkler, The Cost of the World War to Germany and to Austria-Hungary, New Haven 1940, S. 60 ff., 106 f.

18 J. Kocka, Klassengesellschaft im Krieg 1914–1918, Göttingen 1973, S. 26; Grebler/Winkler, The Cost (Anm. 17), S. 105 ff.

19 Kocka, Klassengesellschaft (Anm. 18), S. 29; W. Fischer, Bergbau, Industrie und Handwerk 1914–1970, in: Handbuch der Deutschen Wirtschafts- und Sozialgeschichte, hrsg. v. H. Aubin/W. Zorn, Stuttgart 1976, Bd. 2, S. 800.

20 Kocka, Klassengesellschaft (Anm. 18), S. 21 ff.; Grebler/Winkler, The Cost (Anm. 17), S. 51 ff.; Tammen, IG. Farbenindustrie (Anm. 10), S. 37 ff.

21 Vgl. Grebler/Winkler, The Cost (Anm. 17), S. 26 ff., 34 ff.

22 R. Wagenführ, Die Industriewirtschaft. Entwicklungstendenzen der deutschen und internationalen Industrieproduktion 1860 bis 1932, Berlin 1933 (= Vierteljahrshefte zur Konjunkturforschung, Sonderheft 31), S. 22 f.

23 Fuchs, Kriegsgewinne (Anm. 17), S. 43 ff.

24 H. Schneider, Zur Analyse des Eisenmarktes, Berlin 1927 (= Vierteljahrshefte zur Konjunkturforschung, Sonderheft 1), S. 50; Wagenführ, Industriewirtschaft (Anm. 22), S. 24 f.; Ausschuß zur Untersuchung der Erzeugungs- und Absatzbedingungen der deutschen Wirtschaft, III. Unterausschuß (Enquête-Ausschuß III), Die deutsche eisenerzeugende Industrie, Berlin 1930, S. 13: Roheisen 43,4%, Flußstahl 36,3%, Halbzeug zum Absatz bestimmt 53,9%, Walzwerksfertigerzeugnisse 30,5%. Vgl. B. Weisbrod, Schwerindustrie in der Weimarer Republik. Interessenpolitik zwischen Stabilisierung und Krise, Wuppertal 1978, S. 36 ff.

25 Enquête-Ausschuß I, 5. Arbeits-Gruppe, Bd. 20 (Anm. 24), Der deutsche Außenhandel unter der Einwirkung weltwirtschaftlicher Strukturwandlungen, 2 Halbbände, Berlin 1932, S. 30. Im gleichen Zeit-

raum hatte Großbritannien einen Rückgang von 1,4% zu verzeichnen, die Quote Frankreichs stieg um 1,7%, die der USA um 4,3% und die Japans um 2,2%.

26 J. J. Pastor, Die Ausfuhr des deutschen Maschinenbaus und ihre volkswirtschaftliche Bedeutung, WISO Diss. Köln 1937, S. 61.

27 P. Czada, Die Berliner Elektroindustrie in der Weimarer Zeit. Eine regionalstatistisch-wirtschaftshistorische Untersuchung, Berlin 1969, S. 137 f.; 143 f.; Enquête-Ausschuß I/5/20, Außenhandel (Anm. 25), Bd. 2, S. 187 f.

28 H. Tammen, Die I. G. Farbenindustrie Aktiengesellschaft (1925–1933). Ein Chemiekonzern in der Weimarer Republik, Berlin 1978, S. 11 ff., 14 f., 35. Enquête-Ausschuß I/5/20, Außenhandel (Anm. 25), Bd. 2, S. 205: Die Teerfarbenexportquote stellte sich 1925 bereits wieder auf 60,8% und belief sich 1929 auf 61,7%.

29 C. Duisberg, Meine Lebenserinnerungen, Leipzig 1933, S. 128.

30 Tammen, I. G.-Farbenindustrie (Anm. 28), S. 35 ff., 38 f.; Enquête-Ausschuß III, Die deutsche Chemische Industrie, Berlin 1930, S. 136 ff., 143 ff.

31 Im Jahre 1926 übertraf der Stickstoffexport (243 Millionen RM) wertmäßig den Export von Teerfarben (216 Millionen RM): Enquête-Ausschuß I/5/20, Außenhandel (Anm. 25), Bd. 2, S. 203, so daß die Halbierung des Teerfarbenexports seit 1926 durch den Stickstoffexport ausgeglichen wird. Allerdings sackte der Anteil Deutschlands am Weltchemikalienexport insgesamt von 28,5% 1913 auf 22,4% 1925, stieg aber 1927 wieder auf 26% an und betrug im Durchschnitt der Jahre 1928–30 27%; berechnet nach C. Ungewitter, Wie steht die Chemische Industrie in der allgemeinen Krise? In: Die großen Chemiekonzerne Deutschlands 1931 (= Das Spezial-Archiv der deutschen Wirtschaft), Berlin 1931, S. 7.

32 K. Röseler, Unternehmer in der Weimarer Republik. Die Stellung der Unternehmer zur Entwicklung in Staat, Politik und Wirtschaft bis 1928, in Tradition 1968, S. 217 ff.; L. Albertin, Faktoren eines Arrangements zwischen industriellem und politischem System in der Weimarer Republik 1918–1928, in: Industrielles System (Anm. 4), S. 658 ff.

33 Vortrag vom 4. Sept. 1926 vor der Mitglieder-Versammlung, in: Veröffentlichungen des Reichsverbandes der deutschen Industrie, Heft 32, Berlin 1926, S. 55 f.

34 Duisberg, Lebenserinnerungen (Anm. 29), S. 138; zit. nach Röseler, Unternehmer (Anm. 32), S. 218.

35 G. Jasper, Die gescheiterte Zähmung. Wege zur Machtergreifung Hitlers 1930–1934, Frankfurt/M. 1986.

36 Zit. bei Tammen, I. G. Farbenindustrie (Anm. 28), S. 18.

37 Vgl. R. A. Brady, The Rationalization Movement in German Industry. A Study in the Evolution of Economic Planing, Berkeley 1933.

38 Tammen, I. G. Farbenindustrie (Anm. 28), S. 17 ff.; Die großen Chemiekonzerne (Anm. 31), S. 16 ff.; Enquête-Ausschuß III, Chemische
   Industrie (Anm. 30), S. 111 ff.
39 Seebold, Stahlkonzern (Anm. 10), S. 23 ff.; Enquête-Ausschuß III,
   Die deutsche eisenerzeugende Industrie, Berlin 1930, S. 29 ff.; Brady,
   Rationalization Movement (Anm. 37), S. 107 ff.
40 Brady, Rationalization Movement (Anm. 37), S. 108 f.
41 Ebenda, S. 74.
42 Pastor, Ausfuhr (Anm. 26), S. 3.
43 Brady, Rationalization Movement (Anm. 37), S. 147. Vgl. Das Daim-
   ler-Benz-Buch. Ein Rüstungskonzern im „Tausendjährigen Reich",
   hg. v. d. Hamburger Stiftung für Sozialgeschichte des 20. Jahrhunderts, Nördlingen 1987, S. 28 ff.
44 Brady, Rationalization Movement (Anm. 37), S. 171 ff.; Czada, Berliner Elektroindustrie (Anm. 27), S. 272 ff.
45 Brady, Rationalization Movement (Anm. 37), S. 110 ff.; Seebold,
   Stahlkonzern (Anm. 10), S. 32 ff.
46 Fischer, Bergbau (Anm. 19), S. 805.
47 Ebenda, Tabelle 5.
48 Brady, Rationalization Movement (Anm. 37), S. 122.
49 Tammen, I. G. Farbenindustrie (Anm. 28), S. 29 f.
50 Fischer, Bergbau (Anm. 19), S. 806.
51 Brady, Rationalization Movement (Anm. 37), S. 126; Enquête-Ausschuß III, Eisenerzeugende Industrie (Anm. 29), S. 248 ff.
52 Pastor, Ausfuhr (Anm. 26), S. 61; Enquête-Ausschuß I/5/20, Außenhandel Bd. 2 (Anm. 25), S. 174 ff.; Brady, Rationalization Movement
   (Anm. 37), S. 140 f.
53 Czada, Elektroindustrie (Anm. 27), S. 136 ff.; Enquête-Ausschuß I, 5,
   20, Außenhandel Bd. 2 (Anm. 25), S. 186 ff.
54 Enquête-Ausschuß III, Chemische Industrie (Anm. 30), S. 7 ff., 83 ff.;
   Enquête-Ausschuß I/5/20, Außenhandel Bd. 2 (Anm. 25), S. 196 ff.
55 Enquête-Ausschuß III, Chemische Industrie (Anm. 30), S. 86.
56 Einen informativen Überblick über die Rolle der deutschen Industrie
   in den internationalen Kartellen gibt: Verena Schröter, Die deutsche
   Industrie auf dem Weltmarkt 1929 bis 1933, Frankfurt/M. 1984,
   S. 290 ff.; von der zeitgenössischen und älteren Literatur vgl. J. Her-
   le/M. Metzner, Neue Beiträge zum Kartellproblem, Berlin 1929,
   H. Wagenführ, Statistik der Kartelle, in: Allgemeines Statistisches
   Archiv, 22 (1932), S. 241 ff.; R. Liefmann, Kartelle, Konzerne und
   Trusts, Stuttgart 1931; E. Hantos, Mitteleuropäische Kartelle im
   Dienste des industriellen Zusammenschlusses, Berlin 1931.
57 Fischer, Bergbau (Anm. 19), Tab. 7, S. 811.
58 G. Kiersch, Internationale Eisen- und Stahlkartelle, Essen 1954,
   S. 13 ff.; Ch. S. Maier, Recasting Bourgeois Europe. Stabilization in
   France, Germany, and Italy in the Decade after World War I, Prince-

ton 1975, S. 516 ff.; J. Bariety, Das Zustandekommen der Internationalen Rohstahlgemeinschaft (1926) als Alternative zum mißlungenen „Schwerindustriellen Projekt" des Versailler Vertrages, in: Industrielles System (Anm. 4), S. 552 ff.

59 Vgl. Kiersch, Eisen- und Stahlkartelle (Anm. 58), S. 18 und Übersichtstabelle S. 56.

60 Ebenda, S. 21.

61 J. Gillingham, Industry and Politics in the Third Reich. Ruhr coal, Hitler and Europe, London 1985, S. 22 f.; ADAP, Serie B, Bd. I, 1, Dok. 72; Bd. I, 2, Dok. 125.

62 Enquête-Ausschuß III, Chemische Industrie (Anm. 30), S. 131 ff.: Ausführungen des Sachverständigen Dr. Bosch über die Produktions- und Absatzverhältnisse der I. G. Farbenindustrie AG, Mai 1930.

63 Tammen, I. G. Farbenindustrie (Anm. 28), S. 29 ff.; Enquête-Ausschuß III, Chemische Industrie (Anm. 30), S. 133; Die großen Chemiekonzerne (Anm. 31), S. 37 ff.

64 Enquête-Ausschuß III, Chemische Industrie (Anm. 30), S. 133 f.

65 Tammen, I. G. Farbenindustrie (Anm. 28), S. 54 ff., 69 f. Vgl. zum Auslandsvermögen der IG: OMGUS, Ermittlungen gegen die I. G. Farbenindustrie AG, hg. v. d. Dokumentationsstelle zur NS-Sozialpolitik Hamburg, Nördlingen 1986, S. 29 ff.

66 Duisberg, Lebenserinnerungen (Anm. 29), S. 98.

67 Vgl. hierzu: V. Schröter, Die deutsche Industrie auf dem Weltmarkt 1929 bis 1933. Außenwirtschaftliche Strategien unter dem Druck der Weltwirtschaftskrise, Frankfurt/M. 1984; E. Teichert, Autarkie und Großraumwirtschaft in Deutschland 1930–1939. Außenwirtschaftliche Konzeptionen zwischen Wirtschaftskrise und Zweitem Weltkrieg, München 1984.

68 Schröter, Industrie (Anm. 67), S. 516, Tab. 2.

69 Ebenda, S. 518, Tab. 4.

70 Vgl. hierzu Enquête-Ausschuß I/5/20, Außenhandel (Anm. 25), Bd. 2, S. 511 ff.; W. G. Hoffmann, Das Wachstum der deutschen Wirtschaft seit der Mitte des 19. Jahrhunderts, Berlin 1965, S. 548 ff. (Tab. 134).

71 G. Kroll, Von der Weltwirtschaftskrise zur Staatskonjunktur, Berlin 1958, S. 95 ff.; R. Wagenführ, Die Bedeutung des Außenmarktes für die deutsche Industriewirtschaft, Berlin 1936, S. 32, 63.

72 Schröter, Industrie (Anm. 67), S. 522 (Tab. 11).

73 Ebenda, S. 519 (Tab. 5).

74 Vgl. zu dieser Feststellung ebenda, S. 38 f. Vor allem aber R. Wagenführ, Die Bedeutung des Außenmarktes für die deutsche Industriewirtschaft, Berlin 1936, passim.

75 Fischer, Bergbau (Anm. 19), S. 812 f.; Kroll, Weltwirtschaftskrise, S. 97 f.

76 F. Büchner, Hundert Jahre Geschichte der Maschinenfabrik Augs-

burg-Nürnberg, Frankfurt/M. 1940, S. 166 f.; vgl. Schröter, Industrie (Anm. 67), S. 199, Anm. 56 (Tabelle).

77 Schröter, Industrie (Anm. 67), S. 542 (Tab. 28); Ziffern nach: F. Schomerus, Geschichte des Jenaer Zeisswerkes 1846–1946, Stuttgart 1952, S. 272 ff., 298.

78 Czada, Elektroindustrie (Anm. 27), S. 192: Die Umsatzentwicklung verlief bei Siemens u. Halske (Rückgang von Indexziffer 101,6 auf 50,8; 1928/29 = 100) günstiger als bei den Siemens-Schuckertwerken (Rückgang von Indexziffer 93,8 auf 35,2). Der Starkstrombereich litt stärker unter der Krise als der Schwachstrombereich. Zu den absoluten Ziffern vgl. Schröter, Industrie (Anm. 67), S. 541 (Tab. 27).

79 Schröter, Industrie (Anm. 67), S. 540 (Tab. 26).

80 Ebenda, S. 73, 526 (Tab. 12).

81 Pastor, Ausfuhr (Anm. 26), S. 50, 61.

82 Büchner, MAN (Anm. 76), S. 166 f.

83 Czada, Elektroindustrie (Anm. 27), S. 316 (Tab. XXII); S. 137 (Tab. 39); Schröter, Industrie (Anm. 67), S. 541 (Tab. 27).

84 Schröter, Industrie (Anm. 67), S. 542 (Tab. 28); Ziffern nach Schomerus, Geschichte (Anm. 77), S. 272 ff., 298.

85 Enquête-Ausschuß I/5/20, Außenhandel (Anm. 25) Bd. 2, S. 196 ff.; W. Silbermann, Chemie-Industrie und Außenhandel, Hamburg 1938, S. 15 ff.; Schröter, Industrie (Anm. 67), S. 540 (Tab. 26).

86 Kiersch, Eisen- und Stahlkartelle (Anm. 58), S. 47, 189; Mollin, Montankonzerne (Anm. 10), S. 371. (Der Quellenverweis auf ebenda, S. 361 ist irreführend, da im Anhang 2 offenbar die Ziffern der Walzwerksproduktion mit den Ziffern der Benzolproduktion verwechselt worden sind.)

87 Mollin, Montankonzerne (Anm. 10), S. 371.

88 Ebenda, S. 376.

89 Vgl. hierzu Enquête-Ausschuß I/5/20, Außenhandel (Anm. 25) Bd. 2, passim.

90 Kiersch, Eisen- und Stahlkartelle (Anm. 58), S. 24 ff.

91 Schröter, Industrie (Anm. 67), S. 166.

92 Ebenda, S. 164 ff.; vgl. die Beiträge von A. Teichova, V. Schröter u. H. Schröter über die Südosteuropa-„Politik" von Mannesmann, der IG und Siemens in: A. Teichova/P. L. Cottrel (Hrsgg.), International Business and Central Europe, 1918–1939, New York 1983, S. 103 ff.; 139 ff.; 173 ff. Zur Außenhandelspolitik am Ende der Weimarer Republik vgl. H.-J. Schröder, Deutsche Südosteuropapolitik 1929–1936, in: Geschichte und Gesellschaft 2 (1976), S. 5 ff.; H. Sundhaussen, Die Weltwirtschaftskrise im Donau-Balkan-Raum und ihre Bedeutung für den Wandel der deutschen Außenpolitik unter Brüning, in: W. Benz/H. Graml (Hrsgg.), Aspekte deutscher Außenpolitik im 20. Jahrhundert, Stuttgart 1976, S. 121 ff.

93 Vgl. etwa: W. Schumann (Hrsg.), Griff nach Südosteuropa. Neue

Dokumente über die Politik des deutschen Imperialismus und Militarismus gegenüber Südosteuropa im Zweiten Weltkrieg, Berlin (Ost) 1973; H.-E. Volkmann, Außenhandel und Aufrüstung in Deutschland 1933 bis 1939, in: F. Forstmeier/H.-E. Volkmann (Hrsgg.), Wirtschaft und Rüstung am Vorabend des Zweiten Weltkrieges, Düsseldorf 1975, S. 81 ff.

94 Enquête-Ausschuß I/5/20, Außenhandel (Anm. 25), Bd. 2, S. 350 ff., 354 ff., 416 ff.; Schröter, Industrie (Anm. 67), S. 535 (Tab. 21), 537 (Tab. 23), 538 (Tab. 24); Czada, Elektroindustrie (Anm. 27), S. 145 f.

95 Enquête-Ausschuß I/5/20, Außenhandel (Anm. 25), S. 525 ff.; Schröter, Industrie (Anm. 67), S. 76, 81, 533 (Tab. 19); Czada, Elektroindustrie (Anm. 27), S. 145 f.; W. Beitel/J. Nötzold, Deutsch-sowjetische Wirtschaftsbeziehungen in der Zeit der Weimarer Republik, Baden-Baden 1979, S. 94 ff.

96 Schröter, Industrie (Anm. 67), S. 538 (Tab. 24); vgl. C. Ungewitter, Chemie und Außenhandel, Hamburg 1939, S. 31 ff. (Stat. Anhang).

97 Schröter, Industrie (Anm. 67), 535 ff. (Tab. 21), 23, 24); Enquête-Ausschuß I/5/20, Außenhandel (Anm. 25), Bd. 2, S. 418 f. (Tab. 316).

98 Vgl. zum Begriff „Kerneuropa" und zum Zusammenhang H. Gaedicke/G. v. Eynern, Die produktionswirtschaftliche Integration Europas. Eine Untersuchung über die Außenhandelsverflechtung der Europäischen Länder, Berlin 1933, insbes. S. 44 ff.

99 Enquête-Ausschuß I/5/20, Außenhandel (Anm. 25), Bd. 2, S. 591 f.

100 Vgl. Ch. P. Kindleberger, Die Weltwirtschaftskrise 1929–1939, München 1973, S. 137 ff., 257 ff., 292 ff.

101 S. Pollard, The Development of the British Economy 1914–1950, London 1962: D. H. Adlercroft, The Interwar Economy: Britain, 1919–1939, London 1970.

102 K. Krüger, Deutsche Großraumwirtschaft, Hamburg 1932, S. 44 ff.; H. Kraemer, Europäische Handelspolitik, Berlin 1930, S. 7 ff. (= Veröffentlichungen des RDI, Nr. 54); O. Leibrock, Weltwirtschaft oder Großraumwirtschaft? Leipzig 1933, passim. Eine Übersicht über die 1932 in Geltung befindlichen regionalen Ausnahmen von der Meistbegünstigung befindet sich in: Enquête-Ausschuß I/5/20, Außenhandel (Anm. 25), Bd. 2 (nach S. 656).

103 H. Wagenführ, Statistik der Kartelle, in: Allgemeines Statistisches Archiv 22 (1932), S. 241 ff.

104 Schröter, Industrie (Anm. 67), S. 290 ff.

105 Zum MWT und zum Südostausschuß vgl. Schumann, Griff nach Südosteuropa (Anm. 93), Einleitung passim und S. 51 ff., 58 ff.; K. Schwarzenau, Der „Mitteleuropäische Wirtschaftstag" - Geschichte und Konzeption einer Monopolorganisation von ihren Anfängen bis 1945, Diss. Leipzig 1974. Zum Rußlandausschuß vgl.: H.-J. Perrey, Der Rußlandausschuß der Deutschen Wirtschaft. Die deutsch-sowjetischen Wirtschaftsbeziehungen der Zwischenkriegs-

zeit, München 1985. Vgl. zum RDI: Die Bürgerlichen Parteien in Deutschland. Handbuch der Geschichte der bürgerlichen Parteien und anderer bürgerlicher Interessenorganisationen vom Vormärz bis zum Jahre 1945, Leipzig 1970, Bd. 2, S. 580 ff.

106 Rundschreiben des RDI vom 4. April 1932, zit. bei Schröter, Industrie (Anm. 67), S. 506/07.

107 Bericht der China-Studienkommission des Reichsverbandes der Deutschen Industrie Berlin 1930, S. 189 ff. (= Veröffentlichungen des RDI, Nr. 57); vgl. Schröter, Industrie (Anm. 67), S. 507 f.

108 Vgl. Stoecker, Drang nach Afrika (Anm. 14), S. 243 ff.; sowie die oben genannten (Anm. 12) Beiträge von Pogge von Strandmann.

109 Vgl. die in Anm. 102 genannten Arbeiten sowie das umfangreiche Material der Studie von Teichert, Autarkie und Großraum (Anm. 67), S. 143 ff.

110 Kraemer, Europäische Handelspolitik (Anm. 102), S. 7 ff.; Schröter, Industrie (Anm. 67), S. 520 (Tab. 6).

111 C. Duisberg, Der Weg aus der Krise, Rundfunkrede vom 31. Oktober 1930, in: ders., Abhandlungen, Vorträge und Reden aus den Jahren 1922–1933, Berlin 1933, S. 122.

112 C. Duisberg, Die Zukunft der deutschen Handelspolitik, Vortrag vor der Vollversammlung der IHK am 12. Nov. 1930, in: ders., Abhandlungen (Anm. 111), S. 123 ff., Zitat S. 126.

113 Kraemer, Europäische Handelspolitik (Anm. 102), S. 54. Sehr viel skeptischer fiel das Urteil der Wissenschaft aus: Enquête-Ausschuß I/5/20, Außenhandel (Anm. 25), S. 591. Hier wird Südosteuropa als eine „Gefahrenzone" für den deutschen Außenhandel bezeichnet und eine pessimistische Prognose über die „Kaufkraft" dieser Länder gegeben.

114 C. Duisberg, Die erste Bresche in den Zollmauern Europas, Wiener Neueste Nachrichten vom 5. April 1931, wiederabgedruckt in: ders., Abhandlungen (Anm. 111), S. 350 ff., Zitat, S. 351; vgl. ebenda, S. 131 ff.; D. Doering, Deutsch-österreichische Außenhandelsverflechtung während der Weltwirtschaftskrise, in: Industrielles System (Anm. 4), S. 514 ff.; F. G. Stambrok, The German-Austrian Custom Union Projekt of 1931: A Study of German Methods and Motives, in: Journal of Central European Affairs 21 (1961/62), S. 15 ff.; zu den Beteiligungen deutscher Firmen an österreichischen und tschechischen: A. Teichova/P. L. Cottrell, International Business and Central Europe, 1918–1939, New York 1983, S. 103 ff., 139 ff., 173 ff., 253 ff.

115 Martin, Friedensplanungen (Anm. 5), S. 70 ff.

116 H. Fürstenberg, Erinnerungen, Wiesbaden 1966, S. 196 f.; J. Weinert, Paneuropa-Bewegung 1922–1933, in: Die Bürgerlichen Parteien (Anm. 105), S. 465 ff.

117 Programm zit. bei Weinert, Paneuropa-Bewegung (Anm. 116),

S. 467; Richard N. Coudenhove-Kalergi, Paneuropa, Wien 1926 (1. Aufl. 1923), S. 152. Vgl. R. Frommelt, Paneuropa oder Mitteleuropa. Einigungsbestrebungen im Kalkül deutscher Wirtschaft und Politik 1925–1933, Stuttgart 1977, S. 11 ff., 62 ff.

118 Weinert, Paneuropa-Bewegung (Anm. 116), S. 466.

119 Zit. bei Tammen, I. G. Farbenindustrie (Anm. 10), S. 240 f.

120 C. Bosch, Das deutsche Industrieproblem, in: Deutsche Bergwerks-Zeitung Nr. 86 vom 13. April 1932; zit. bei Tammen, I. G. Farbenindustrie (Anm. 10), S. 243; sowie Bericht der Mannheimer Volksstimme Nr. 128 vom 12. Mai 1932, zit. ebenda, S. 418, Anm. 369.

121 Akten der Reichskanzlei, Regierung Hitler, I, 1, S. 111 ff.

122 Zitiert bei R. Neebe, Großindustrie, Staat und NSDAP 1930–1933, Göttingen 1981, S. 176.

123 Zitiert ebenda, S. 177.

124 Zu diesem Urteil kommt auch Teichert, Autarkie und Großraum (Anm. 67), S. 147. Allerdings arbeitet Teichert die Doppeldeutigkeit des Großraum-Begriffs nicht klar genug heraus.

125 Vgl. hierzu die Untersuchung von R. Wagenführ, Die Bedeutung des Außenmarktes für die deutsche Industriewirtschaft, Berlin 1936, vor allem seine Schlußfolgerungen auf S. 38.

126 Ebenda, S. 51 ff.

127 Vgl. die Ziffern für die IG., Siemens, AEG, VSt, Krupp und GHH bei Mollin, Montanindustrie (Anm. 10), S. 80 (Tab. 7); vgl. auch S. 296, Anm. 7.

128 Dies ist an den sinkenden Exportquoten der Konzerne ablesbar; für die VSt vgl. Mollin, Montanindustrie (Anm. 10), S. 100; für die IG Schröter, Industrie (Anm. 67), S. 540 (Tab. 26), sowie Ungewitter, Chemie (Anm. 96), S. 31 ff.

129 Hoffmann, Das Wachstum der deutschen Wirtschaft (Anm. 70), S. 393 f. (Tab. 76).

130 Tammen, I. G. Farbenindustrie (Anm. 28), S. 293 ff.; D. Petzina, Autarkiepolitik im Dritten Reich. Der nationalsozialistische Vierjahresplan, Stuttgart 1968, S. 36 ff., 96 ff.; vgl. jetzt die den Anteil der I. G. am Vierjahresplan auf ihr richtiges Maß herabstufende Arbeit von Mollin, Montankonzerne (Anm. 10), S. 64 ff., 293.

131 Vgl. dazu L. Herbst, Der Totale Krieg und die Ordnung der Wirtschaft. Die Kriegswirtschaft im Spannungsfeld von Politik, Ideologie und Propaganda 1939–1945, Stuttgart 1982, S. 127 ff., 341 ff.

132 Teichert, Autarkie und Großraum (Anm. 67), S. 148 ff.; vgl. Akten der Reichskanzlei. Die Regierung Hitler, I, 1, S. 483 ff.

133 Zu den Vorgängen am besten: Neebe, Großindustrie (Anm. 122), S. 181 ff.; vgl. auch Teichert, Autarkie und Großraum (Anm. 67), S. 159 f.

134 An Jacob Herle, 13. April 1933. Zit. bei Neebe, Großindustrie (Anm. 122), S. 187.

135 Vgl. Teichert, Autarkie und Großraum (Anm. 67), S. 160 ff. Allerdings ist die Interpretation der Belege bei Teichert begrifflich und methodisch etwas wirr.
136 Vgl. Petzina, Autarkiepolitik (Anm. 130), passim.
137 Vgl. M. Riedel, Eisen und Kohle für das Dritte Reich. Paul Pleigers Stellung in der NS-Wirtschaft, Göttingen 1973, S. 155 ff.
138 Zit. bei Mollin, Montankonzerne (Anm. 10), S. 74; vgl. für die vorangegangene Skizze ebenda, S. 102 ff., 110 ff.
139 Mollin, Montankonzerne (Anm. 10), S. 129 ff.
140 Hierüber wird vielleicht die bisher nicht publizierte Arbeit von G. Plumpe, Chemieindustrie in Deutschland. Die I. G. Farbenindustrie 1904–1945, MS, Universität Bielefeld 1987 Auskunft geben, die mir leider nicht zugänglich war. Vgl. Hayes, Industry (Anm. 10).
141 M. Ilgner, Exportsteigerung durch Einschaltung in die Industrialisierung der Welt, Jena 1938 (= Kieler Vorträge Nr. 53), S. 10 ff.
142 Martin, Friedens-Planungen (Anm. 5), S. 74 ff.
143 Dazu D. Eichholtz, Geschichte der deutschen Kriegswirtschaft, Berlin 1969, Bd. 1, S. 36 ff., 144 ff., 162 ff.; vgl. Herbst, Der Totale Krieg (Anm. 131), S. 127 ff.

Heinz Hürten: Katholische Kirche und nationalsozialistischer Krieg

1 Vgl. die Ausführungen von Heinrich Lutz über „das Versagen des anti-imperialistischen Programms [Papst Leos XIII.] innerhalb der einzelnen katholischen Bevölkerungsteile" in Europa: Ders., Über die Verantwortung der Gläubigen im Zeitalter der Gewalt, in: Maier, Hans, (Hg.), Deutscher Katholizismus nach 1945. Kirche, Gesellschaft, Geschichte, München 1964, S. 168 f.
2 Dies gilt etwa für Zahn, Gordon C., Die deutschen Katholiken und Hitlers Kriege. Graz 1965; Lewy, Guenter, Die Katholische Kirche und das Dritte Reich. München 1965, insbes. S. 249–266 und Wette, Wolfram, Ideologien, Propaganda und Innenpolitik als Voraussetzungen der Kriegspolitik des Dritten Reiches, in: Deist, Wilhelm, Messerschmidt, Manfred, Volkmann, Hans-Erich, Wette, Wolfram, Ursachen und Voraussetzungen der deutschen Kriegspolitik (Das Deutsche Reich und der Zweite Weltkrieg. Bd. 1). Stuttgart 1979. S. 23–173, insbes. S. 62–69.
3 Papst Leo XIII., Enzyklika Immortale Dei, in: Acta Sanctae Sedis 18 (1885) S. 161–180; deutsche Übersetzung bei Marmy, Emil, Mensch und Gemeinschaft in christlicher Schau. Dokumente. Freiburg (Schweiz) 1945. S. 571–602.
4 Weber, Max, Gesammelte Aufsätze zur Wissenschaftslehre, hg. von Winckelmann, Johann, Tübingen ³1968. S. 490 f.

5 Vgl. hierzu Repgen, Konrad, Die Außenpolitik der Päpste im Zeitalter der Weltkriege, in: Jedin, Hubert, und Repgen, Konrad. (Hg.), Die Weltkirche im 20. Jahrhundert (Handbuch der Kirchengeschichte. Bd. VII). Freiburg 1979. S. 36–96, insbes. S. 40–44. Dort auch ein Überblick über die internationale Literatur. Zur päpstlichen Funktion des pater communis vgl. auch Burkhardt, Johannes, Abschied vom Religionskrieg. Der Siebenjährige Krieg und die päpstliche Diplomatie. Tübingen 1985. S. 369–374.

6 Papst Benedikt XV., Enzyklika Ad beatissimi Apostolorum Principis, in: Acta Apostolicae Sedis 6 (1914) S. 565–581 und S. 630–646, deutsche Übersetzung bei Struker, Arnold, (Hg.), Die Kundgebungen Papst Benedikts XV. zum Weltfrieden. Freiburg 1917. S. 6–33.

7 Papst Benedikt XV., Apostolische Mahnung an die kriegführenden Völker und ihre Oberhäupter, in: Acta Apostolicae Sedis 7 (1915) S. 253–255, deutsche Übersetzung bei Struker S. 49–54.

8 Wie Anm. 5.

9 Papst Benedikt XV., Allokution an das Kardinalskollegium am 4. Dezember 1915, in: Acta Apostolicae Sedis 8 (1916) S. 465–468, deutsche Übersetzung bei Struker S. 65–67.

10 Papst Benedikt XV., Schreiben an den Kardinalvikar von Rom vom 4. März 1916, in: Acta Apostolicae Sedis 8 (1916) S. 58–60, deutsche Übersetzung bei Struker S. 60–65.

11 Acta Apostolicae Sedis 9 (1917) S. 417–420, deutsche Übersetzung bei Struker S. 72–79.

12 Papst Pius XI., Ansprache an spanische Pilger vom 14. September 1936, in: Acta Apostolicae Sedis 28 (1936) S. 373–381. In Deutschland konnten Übersetzungen nur in Auszügen veröffentlicht werden, welche die Kritik des Papstes am Nationalsozialismus unterdrückten. Zur Analyse der antibolschewistischen Tendenz dieser Rede vgl. die Emigrantenzeitschrift Deutsche Briefe vom 18. September 1936, jetzt bei Hürten, Heinz, (Bearb.), Deutsche Briefe 1934–1938. Ein Blatt der katholischen Emigration. Mainz 1969. Bd. 2. S. 376 f., mit dem Ergebnis: „Die Rede des Papstes enthält also nicht die von gewissen Seiten erwartete Förderung des antibolschewistischen Feldzuges, den Hitler führt."

13 Ansprache Papst Pius' XI. an die Teilnehmerinnen des Internationalen Kongresses katholischer Krankenpflegerinnen am 27. August 1935, in: Osservatore Romano vom 29. August 1935 mit offiziellem Kommentar in Osservatore Romano vom 30. August 1935; auszugsweise Übersetzung ins Deutsche in Berliner Katholisches Kirchenblatt 1935 Nr. 36 S. 10 f. sowie Bayerisches Klerusblatt 16 (1935) S. 643 f.

14 Papst Pius XII., Radioansprache an die Regierungen und Völker vom 24. August 1939, in: Acta Apostolicae Sedis 31 (1939) S. 333–335.

15 Friedlaender, Saul, Pius XII. und das Dritte Reich, eine Dokumentation. Reinbek bei Hamburg 1965. S. 35.

16 Deist, Wilhelm, Messerschmidt, Manfred, Volkmann, Hans-Erich, Wette, Wolfram, Der Weg in den Krieg, in: Aus Politik und Zeitgeschichte. Beilage zur Wochenzeitung Das Parlament B 34/35 vom 25. August 1979. S. 7.

17 Vgl. Anm. 12.

18 Vgl. Repgen S. 82.

19 Stratmann, Franziskus, Weltkirche und Weltfriede. Katholische Gedanken zum Kriegs- und Friedensproblem. Augsburg 1924. S. 98. Das Buch erschien unter den Veröffentlichungen des Katholischen Akademikerverbandes.

20 Ebd. S. 99 f.

21 Noppel, Constantin, Krieg, in: Staatslexikon, im Auftrag der Görres-Gesellschaft unter Mitwirkung zahlreicher Fachleute hg. von Hermann Sacher. 5. Auflage. 3. Bd. Freiburg 1929. Sp. 636–638.

22 Documents de la Vie intellectuelle. Revue mensuelle. Februar 1932.

23 Steffes, Johann Peter, Abrüstung. Eine Forderung der Weltmeinung und des Weltgewissens. Köln 1932.

24 Faulhaber, Michael von, Der Krieg im Lichte des Evangeliums. München 1915. S. 4.

25 So bei Lutz, Heinrich, Demokratie im Zwielicht. Der Weg der deutschen Katholiken aus dem Kaiserreich in die Republik 1914–1925. S. 43.

26 Brief Faulhabers an B. Meier vom 22. November 1932, in: Volk, Ludwig, (Bearb.), Akten Kardinal Michael von Faulhabers 1917–1945. Bd. I. Mainz 1975. S. 647 f.

27 Vgl. die Predigten und Ansprachen Faulhabers vom 9. Oktober 1921, in: Faulhaber, Michael von, Zeitrufe, Gottesrufe. Gesammelte Predigten. Freiburg 1932. S. 410, vom 22. August 1922, in: Ders., Rufende Stimmen in der Wüste der Gegenwart. Gesammelte Reden, Predigten, Hirtenbriefe. Freiburg 1931. S. 465–475 und vom 4. Mai 1925, in: Faulhaber, Zeitrufe S. 416.

28 Faulhaber, Rufende Stimmen S. 456.

29 Ebd. S. 457.

30 Ebd.

31 Ebd. S. 461.

32 Vgl. ebd. S. 449.

33 Vgl. ebd. S. 450.

34 Ebd. S. 451.

35 Ebd.

36 Ebd. S. 452.

37 Vgl. Ebd. S. 452–454.

38 Vgl. Faulhaber, Zeitrufe S. 398 f.

39 Ebd. S. 113.

40 Ebd.
41 Ebd. S. 114.
42 Ebd. S. 115.
43 Vgl. ebd. S. 113–116; ebenso Volk, Faulhaberakten Bd. I S. 601. Wette hat S. 69 die Haltung Faulhabers als Beweis dafür genommen, daß „die Geschichte der politischen Stellungnahmen der katholischen Kirche zum Thema ‚Krieg und Frieden' [...] eine Geschichte der Anpassung" sei. Es ist ihm offensichtlich entgangen, daß nach seinen eigenen Untersuchungen die späten zwanziger Jahre durch eine ausgesprochene Trendwende in der Haltung des Publikums zu Krieg und Frieden gekennzeichnet sind (vgl. seine Darstellung der nach 1925 anschwellenden Kriegsliteratur, der ein entsprechender Rückgang pazifistischer Buchproduktion gegenüberstand, S. 95 f.). Die intensivere Auseinandersetzung Faulhabers und anderer Kräfte im deutschen Katholizismus erfolgte in den späten zwanziger Jahren also nicht im Einklang mit einem Trend des öffentlichen Bewußtseins, sondern verlief geradezu antizyklisch.
44 Neuß, Wilhelm, Ein Priester unserer Zeit. J. Stoffels, Weihbischof von Köln. Einsiedeln, Köln, Straßburg 1934.
45 Strehler, Adolf, Christian Schreiber. Das Lebensbild eines Volksbischofs. Berlin 1933. S. 84–86.
46 Germania Nr. 459/1931.
47 Katholisches Kirchenblatt der Diözese Berlin Nr. 51 vom 20. 12. 31.
48 Druck u. a.: Kirchlicher Amtsanzeiger für die Diözese Trier Nr. 12 vom 10. Oktober 1923. Darin u. a.: „Wir bekennen den Grund, aus dem wir mitschuldig sind am Ausbruch des Krieges, am Niedergang des Reiches Gottes in Deutschland, am Verfall der christlichen Zucht und Ordnung. Denn es ist nicht zu leugnen: all der Betrug und Wucher und gemeine Mammonsdienst, die freche Ausgelassenheit und der frevelhafte Leichtsinn so vieler in unserer Zeit lastet schwer auf uns als unsres Volkes Schuld, daher als unsre Schuld. Wir bekennen uns schuldig und suchen unserer Sühnepflicht zu genügen durch geduldige Ertragung unserer Leiden, durch eine harte, ernste, sparsame Lebensführung, Ehrlichkeit und Redlichkeit." Später hieß es: „Wir wollen auch nicht zurückschrecken vor der schwersten Forderung der christlichen Religion, vor dem Gebot der Feindesliebe".
49 Druck u. a.: Kirchlicher Anzeiger für die Erzdiözese Köln, Stück 20 vom 15. September 1928 sowie vom Frohen Leben 8 (1928/29) S. 87.
50 Vgl. Volk, Faulhaberakten Bd. I S. 591.
51 Vgl. die Antwortschreiben ebd. Nr. 256 a–f.
52 Vgl. Riesenberger, Dieter, Die katholische Friedensbewegung in der Weimarer Republik. Düsseldorf 1976, Höfling, Beate, Katholische Friedensbewegung zwischen zwei Kriegen. Waldkirch 1979 sowie Breitenborn, Konrad, Der Friedensbund deutscher Katholiken 1918/19–1951. Berlin (DDR) 1981.

53 Blätter für den katholischen Klerus 4 (1923) S. 193.

54 Vgl. Anm. 44.

55 Vgl. Klerusblatt 6 (1926) S. 305 und Klerusblatt 9 (1928) S. 430.

56 Ebd. 10 (1929) S. 407 f.

57 Ebd. 13 (1932) S. 54.

58 Es muß dahin gestellt bleiben, ob beim gegenwärtigen Forschungsstand eine zusammenfassende Kennzeichnung der Haltung des deutschen Katholizismus im Ersten Weltkrieg bereits möglich ist.

59 Vgl. Klerusblatt 11 (1930) S. 363 f.

60 Dunin-Borkowski, Stanislaus v., Völkerversöhnung, in: Stimmen der Zeit 99 (1920) S. 385–401.

61 Noppel, Constantin, Im Kampf um den Frieden, in: Stimmen der Zeit 106 (1923) S. 179–190.

62 Lippert, Peter, Selig, die den Frieden schaffen, in: Stimmen der Zeit 107 (1924) S. 1–6.

63 Noppel, Constantin, Friedensbewegung, in: Stimmen der Zeit 110 (1925) S. 316–319; Ders., Kirche und Frieden, in: Stimmen der Zeit 117 (1929) S. 235–238.

64 Noppel, Constantin, Wehrproblem oder Friedensproblem, in: Stimmen der Zeit 116 (1929) S. 401–412.

65 Ebd. S. 402.

66 Ebd. S. 410.

67 Vgl. ebd. S. 412.

68 Pribilla, Max, Pazifismus. Ein Gespräch, in: Stimmen der Zeit 118 (1930) S. 269–284. Zitat S. 284.

69 Arnau, André, Unsere Aufgabe im Völkerbund, in: Stimmen der Zeit 120 (1931) S. 15–25.

70 Noppel, Constantin, Unsere Großväter und der Militarismus, in: Stimmen der Zeit 120 (1931) S. 59–64.

71 Noppel, Constantin, Um die Abrüstung, in: Stimmen der Zeit 121 (1931) S. 267–283, Zitat S. 267.

72 Ebd. S. 270.

73 Ebd. S. 273.

74 Ebd. S. 283.

75 Noppel, Constantin, Vor der Abrüstungskonferenz, in: Stimmen der Zeit 122 (1932) S. 350–352, Zitat S. 352. Die zunehmende Bejahung des Abrüstungsgedankens im deutschen Katholizismus ist auch an der vornehmlich literarisch bemühten Kulturzeitschrift „Hochland" abzulesen. 1924 war dort aus der Feder von Ernst Kemmer ein Artikel über „Nationalismus und Pazifismus" erschienen, der letzteren durchaus ambivalent betrachtete. Im Oktober 1925 hatte Carl Schmitt dort in seiner Abhandlung „Der Status quo und der Friede" den Vorwurf formuliert, es seien „die Friedensbemühungen des Völkerbundes nichts anderes als ein Mittel, um noch Schlimmeres zu tun als Krieg zu führen". Im Februar 1932 vertrat jedoch Heinrich Rom-

men die Ansicht, daß Sicherheit nur durch Abrüstung erreicht werden könne, „die Konsequenz aus der Untauglichkeit der Kriegsmittel" gezogen werden müßte, wenn der Weltkrieg „seinen geschichtlichen Sinn" nicht verlieren sollte, dürfe es keine neue Aufrüstung geben. Gleichzeitige kleinere Beiträge verdeutlichen die gewandelte Position der Redaktion.

76 Vgl. Jugendführung. Werkblatt für Jungführer. 20 (1929) S. 50.
77 Ebd. S. 146.
78 Zur Frage des Geländesports und Reichskuratoriums, in: Jungführer 23 (1932) S. 107–109. Zitate ebd. S. 108, der Text der Entschließung ebd. S. 107 f.
79 Jungführer 24 (1933) S. 121.
80 Ebd.
81 Clemens, Jakob, Wo stehen wir?, in: Jugendpräses. Werkblatt für Präsides 37 (1933) S. 2–9, Zitat S. 4.
82 Ebd.
83 Ebd. S. 6.
84 Vgl. ebd. S. 7.
85 Ebd.
86 Vgl. den Überblick bei Hehl, Ulrich v., Kirche und Nationalsozialismus, in: Rottenburger Jahrbuch für Kirchengeschichte 2 (1983) S. 11–29.
87 Stehkämper, Hugo, Konrad Adenauer als Katholikentagspräsident 1922 (Adenauer-Studien IV). Mainz 1977. S. 53.
88 Gordon jr., Harald J., Hitlerputsch 1923. Frankfurt/Main 1971. S. 385.
89 Stasiewski, Bernhard, (Bearb.), Akten deutscher Bischöfe über die Lage der Kirche 1933–1945. Bd. I. Mainz 1968. S. 787–844.
90 Patin, Wilhelm, Beiträge zur Geschichte der deutsch-vatikanischen Beziehungen in den letzten Jahrzehnten. Berlin 1942. S. 196.
91 Stasiewski I. S. 3–6.
92 Der Friedensbund der deutschen Katholiken wurde am 1. Juli 1933 endgültig verboten, Höfling S. 280 f.
93 Vgl. Hockerts, Hans Günter, Die Sittlichkeitsprozesse gegen katholische Ordensangehörige und Priester 1936/37. Mainz 1971.
94 Hirtenwort vom 19. August 1936. Druck: Stasiewski, Bernhard, (Bearb.), Akten deutscher Bischöfe über die Lage der Kirche 1933–1945. Bd. III. Mainz 1979. S. 453–456. Zitat S. 456.
95 Ebd.
96 Gemeinsames Hirtenwort der deutschen Bischöfe vom 19. August 1936. Druck: Stasiewski III S. 478–483.
97 Ebd. S. 479.
98 Ebd. S. 480.
99 Ebd. S. 481.
100 Ebd.

101 Volk, Ludwig, (Bearb.), Akten Kardinal Michael von Faulhabers 1917–1945. Bd. II. Mainz 1978. Nr. 572. S. 184–194.

102 Vgl. Hockerts, Hans Günter, Die Goebbels-Tagebücher 1932–1941. Eine neue Hauptquelle zur Erforschung der nationalsozialistischen Kirchenpolitik, in: Albrecht, Dieter, u. a., Politik und Konfession. Festschrift für Konrad Repgen. Berlin 1983. S. 359–392. hier S. 367–371.

103 Vgl. Anm. 101, Zitat S. 187.

104 Schreiben Faulhabers an den deutschen Episkopat vom 23. Dezember 1936. Faulhaberakten II Nr. 590. S. 242 f. Zitat S. 242.

105 Druck: Faulhaberakten II Nr. 592. S. 244–252. Zitat S. 245.

106 Ebd.

107 Ebd. S. 251.

108 Text der Enzyklika und des Faulhaberschen Entwurfs bei Albrecht, Dieter, (Bearb.), Der Notenwechsel zwischen dem Hl. Stuhl und der Deutschen Reichsregierung. Bd. I. Mainz 1965. S. 402–443. Die Protestnote der Reichsregierung mit dem Wort „Kampfansage" ebd. Bd. III. Mainz 1980. S. 238.

109 Löffler, Bernhard, (Bearb.), Bischof Clemens August Graf von Galen, Akten, Briefe und Predigten 1933–1946. Mainz 1988. Nr. 279. Bemerkenswert bleibt, daß der erste Grund für Galens Kundgebung die „Freudenkunde" war, daß der Bürgerkrieg ein Ende gefunden hatte.

110 Bayerisches Klerusblatt 17 (1936) S. 766.

111 Bayerisches Klerusblatt 19 (1938) S. 481–484, S. 503 f. und S. 516 f.

112 Gröber, Conrad, (Hg.) Handbuch der religiösen Gegenwartsfragen. Freiburg i. Br. 1937.

113 Ebd. Vorwort.

114 Ebd. S. 384.

115 Ebd. S. 629.

116 Ebd. S. 631 f.

117 Wette S. 94.

118 Klerusblatt 12 (1931) S. 67–70.

119 Bogler, Theodor, Soldat und Mönch. Ein Bekenntnisbuch. Köln 1936. Zur Wirkung in der Öffentlichkeit vgl. die Rezension in Hochland 35, 1 (1937/38) S. 407–409.

120 Bogler, Theodor, Tagebuch einer Frankreichfahrt. Köln 1938. S. 12.

121 Bogler, Theodor, Der Glaube von gestern und morgen. Briefe an einen jungen Soldaten. Köln 1938. Zu unserm Zusammenhang etwa S. 60–64, S. 82–88.

122 Oktoberheft 1934 S. 11 f.

123 Oktoberheft 1935 S. 28 f.

124 Michael 5 (1936) Nr. 1 vom 5. Januar 1936. Höfling S. 281 berichtet, daß die Anhänger des aufgelösten Friedensbundes deutscher Katholiken dieses Blatt als ihr Organ betrachteten.

125 Auszüge bei Friedlaender S. 36 f. Die Gründe für seine Behauptung,

daß „der überwiegende Teil des deutschen Klerus [. . .] auf allen Stufen der Hierarchie" die Auffassung Rarkowskis geteilt habe, sind unerfindlich. Zu Rarkowski s. Missalla, Für Volk und Vaterland. Die kirchliche Kriegshilfe im II. Weltkrieg. Königstein 1978. S. 73–102.

126 Löffler Nr. 290 Anm. 2.

127 Laros, Matthias, Was ist zu tun? Dülmen ³1940.

128 Ebd. S. 6.

129 Ebd.

130 Der Weg des Soldaten Johannes. Aus seinen Briefen und Tagebuchblättern. Als Manuskript gedruckt. Ein Exemplar im Besitz der Kommission für Zeitgeschichte, Bonn.

131 Vgl. Anm. 124.

132 Schreiben Riemers an Faulhaber vom 6. Juli 1940. Volk, Faulhaberakten II Nr. 786. S. 681 f. Zitate S. 681.

133 Vgl. Anm. 2 und Anm. 15.

134 Druck: Volk, Ludwig, (Bearb.), Akten der deutschen Bischöfe über die Lage der Kirche 1933–1945. Bd. IV. Mainz 1981. Nr. 477 S. 555–564.

135 Ebd. S. 555.

136 Ebd. S. 556.

137 Ebd. S. 557.

138 Ebd.

139 Ebd. S. 563.

140 Hetzer, Gerhard, Kulturkampf in Augsburg 1933–1945. Augsburg 1982. S. 210.

141 Das gemeinsame Hirtenwort der deutschen Bischöfe vom 19. August 1943 (Druck: Volk, Ludwig, Bearb., Akten deutscher Bischöfe über der Lage der Kirche 1933–1945. Bd. VI. Mainz 1985. Nr. 872/II) verurteilte u. a. die Tötung „an unschuldigen Geiseln und entwaffneten Kriegs- oder Strafgefangenen, an Menschen fremder Rassen und Abstammung" (Zitat S. 201). Die Predigt Galens vom 4. Juli 1943 mit ihrer Mahnung zu ritterlicher Kampfführung und der Verurteilung aller Rachepropaganda jetzt bei Löffler Nr. 383.

142 Vgl. Gotto, Klaus, Zum Selbstverständnis der katholischen Kirche im Jahre 1945, in: Albrecht, Dieter, Politik und Konfession und Hürten, Heinz, Bischofsamt im „Dritten Reich", in: Communio 14 (1985) S. 536–549.

143 Lewy S. 253–255.

144 Druck: Volk, Ludwig (Bearb.), Akten der deutschen Bischöfe über die Lage der Kirche 1933–1945. Bd. V. Mainz 1983. Nr. 670. S. 462–469.

145 Ebd. S. 463.

146 Schreiben Kerrls an Bertram vom 4. August 1941, Druck: Volk, Akten V Nr. 683 S. 506 f. Die Charakterisierung dieses Schreibens bei Lewy S. 254 ist irreführend.

147 Die vorstehenden Zitate bei Hockerts, Goebbels-Tagebücher S. 386.
148 Hirtenwort des bayerischen Episkopats vom 12. August 1941, Druck: Volk, Faulhaberakten II Nr. 823 S. 780–786.
149 Ebd. S. 781.
150 Ebd.
151 Ebd. S. 784 f.
152 Zitate bei Hockerts, Goebbels-Tagebücher S. 383. Einen Ansatz zur Untersuchung anderer als bischöflichen Äußerungen über die Stellung der Kirche zum Zweiten Weltkrieg bieten die Darlegungen über die an katholische Wehrmachtgeistliche versandten Predigtskizzen (vgl. Missalla, S. 155–169). Diese Texte standen jedoch so stark unter kriegsbedingten Kontrollmechanismen, daß sie nicht ohne weiteres als von taktischen Rücksichten unberührte Meinungsäußerungen genommen werden dürfen.
153 Ein markantes Zeugnis dieser Stellung dürfte das Schreiben sein, mit dem der Erzbischof von Freiburg, Conrad Gröber, am 12. 11. 1943 seinem Klerus die Hinrichtung des Geistlichen Max J. Metzger bekanntgab: „Zu meinem großen Bedauern sehe ich mich veranlaßt, meinem hochwürdigen Klerus mitzuteilen, daß einer unserer Diözesanpriester, der allerdings schon seit Jahrzehnten in der Diözese nicht mehr tätig war, eines politischen Verbrechens wegen zum Tode verurteilt worden ist. Alle Schritte, die unternommen werden konnten, sind zu seinen Gunsten unternommen worden. Dieser überaus traurige Fall soll uns eindringlich lehren, daß wir alles und jedes, was dem Vaterland in seiner schweren Zeit und damit auch uns selber irgendwie schaden könnte, peinlichst unterlassen, die ungeheuren Opfer und Erfolge unserer Soldaten im Felde dankbar und fürbittend würdigen, den Mut unserer Gläubigen in der Heimat stärken, die von schweren Verlusten Getroffenen christlich aufrichten, an das furchtbare Unglück eines verlorenen Krieges mit bolschewistischen Folgen denken und Tag für Tag Gott bitten, daß er, der Lenker der Geschicke aller Völker, unsere Heimat schütze und mit einem ehrenvollen, inneren und äußeren Frieden segne". Schwalbach, Erzbischof Conrad Gröber und die nationalsozialistische Diktatur. Freiburg 1985. S. 173.

Peter Krüger: Die Diplomaten und die Eskalation der Gewalt

* Das Zitat ist ein Ausspruch Bülows kurz vor seinem Tod 1936; Peter Krüger / Erich J. C. Hahn: „Der Loyalitätskonflikt des Staatssekretärs Bernhard Wilhelm von Bülow im Frühjahr 1933", in Vierteljahrshefte für Zeitgeschichte (= VfZ), 20 (1972), S. 410.
1 Fritz Fischer: Bündnis der Eliten. Zur Kontinuität der Machtstrukturen in Deutschland 1871–1945. Düsseldorf 1979.

2 Andreas Hillgruber: Die gescheiterte Großmacht. Eine Skizze des Deutschen Reiches 1871–1945. Düsseldorf 1980.

3 Wolfgang Ruge: „Stresemann – ein Leitbild?", in Wolfgang Michalka / Marshall Lee (Hrsg.): Stresemann. Darmstadt 1982, S. 72–97.

4 Gerhard Hirschfeld / Lothar Kettenacker (Hrsg.): Der „Führerstaat". Mythos und Realität. Stuttgart 1981.

5 Andreas Hillgruber: Hitlers Strategie. Politik und Kriegführung 1940–1941. Frankfurt am Main ²1982; Klaus Hildebrand: Deutsche Außenpolitik 1933–1945. Kalkül oder Dogma? Stuttgart ⁴1980. – Gesamtdarstellung deutscher Außenpolitik 1933–1939: Gerhard L. Weinberg: The foreign policy of Hitler's Germany. Chicago – London, Bd. I 1970, Bd. II 1980. Struktur und Institutionen: Hans-Adolf Jacobsen, Nationalsozialistische Außenpolitik 1933–1938. Frankfurt am Main – Berlin 1968. „Elite": Klaus Schwabe (Hrsg.): Das diplomatische Korps 1871–1945. Boppard 1985. Macht und Krieg: Franz Knipping / Klaus-Jürgen Müller (Hrsg.): Machtbewußtsein in Deutschland am Vorabend des Zweiten Weltkrieges. Paderborn 1984.

6 Akten zur deutschen auswärtigen Politik 1918–1945 (= ADAP), Serie B, Bd. II/2, S. 7.

7 Peter Krüger: Die Außenpolitik der Republik von Weimar. Darmstadt 1985, S. 504.

8 Akten der Reichskanzlei, Weimarer Republik. Die Kabinette Marx I und II. S. 828 f. – Die rhetorische Annäherung an Bismarcks Landtagsrede vom 30. 9. 1862 ist unverkennbar: „Nicht durch Reden und Majoritätsbeschlüsse werden die großen Fragen der Zeit entschieden [. . .] sondern durch Eisen und Blut."

9 Gustav Stresemann, Schriften. Berlin 1976, S. 140.

10 Deutsches Zentralarchiv Potsdam 60 966; gedruckt in: Militärgeschichtliche Mitteilungen, 13 (1973), S. 77–94.

11 Leonidas Hill (Hrsg.): Die Weizsäcker-Papiere 1933–1950. Frankfurt am Main – Berlin – Wien 1974, S. 60.

12 Leonidas Hill (Hrsg.): Die Weizsäcker-Papiere 1900–1932. Berlin – Frankfurt am Main – Wien 1982, S. 337, 346.

13 Weizsäcker 1933–1950, S. 60.

14 Fundort siehe Anm. 10.

15 Peter Krüger: Versailles. Deutsche Außenpolitik zwischen Revisionismus und Friedenssicherung. (dtv, Deutsche Geschichte der neuesten Zeit.) München 1986, S. 204.

16 ADAP, B XVI, S. 36, 601.

17 ADAP, B XIX, S. 473 f.

18 ADAP, B XX, S. 192.

19 Krüger, Außenpolitik, S. 523–551.

20 Beispiel: Politisches Archiv des Auswärtigen Amts, Bonn (= PA), Büro St.S., Pol. B, Bd. 3 (Instruktion an Kirchholtes, 19. 2. 1931); Bd. 7 (Instruktion an Forster, 10. 1. 1936).

21 Frühes Beispiel: ADAP, B XV, S. 527.
22 Peter Krüger: „Hitlers Machtergreifung und der Verfall der Diplomatie", in: Bohemia, 25 (1984), S. 279–294.
23 Krüger, Außenpolitik, S. 516–520.
24 ADAP, C III, S. 657–661
25 ADAP, B XIX, S. 232, 234, 237.
26 PA, St.S., Pol. B, Bd. 6.
27 ADAP, B XIX, S. 241 f.
28 Krüger / Hahn, S. 384. – Eine biographische Skizze: Peter Krüger:
   Bernhard Wilhelm v. Bülow (Auswärtiges Amt, Gedenkfeier zum
   100. Geburtstag, 18. 6. 1985), gedruckt Auswärtiges Amt, Bonn 1985.
29 PA, Nachlaß Bülow, Bd. 8, II 2 c und III 1 A.
30 PA, Nachlaß Bülow, Bd. 5 (Brief an Trautmann, 24. 11. 1919); Krüger / Hahn, S. 382 f.
31 PA, St.S., Pol. B, Bd. 2.
32 PA, St.S., Pol. B, Bd. 2 (27. 12. 1930).
33 ADAP, B XIX, S. 234 f., 237.
34 ADAP, C I, S. 146; Krüger / Hahn, S. 402.
35 Krüger / Hahn, S. 397 f.
36 Peter Krüger: „Struktur, Organisation und außenpolitische Wirkungsmöglichkeiten der leitenden Beamten des auswärtigen Dienstes
   1921–1933", in: Schwabe (Anm. 5), S. 158–166.
37 Reichsgesetzblatt 1933, Teil I, S. 175–177. Dazu umfassend Hans
   Mommsen: Beamtentum im Dritten Reich. Stuttgart 1966.
38 PA, St.S., AB, Bd. 1 (Aufzeichnung Bülows vom 30. 8. 1933). – Jacobsen, S. 20–45.
39 Kurt Doß: „Vom Kaiserreich zur Weimarer Republik", in: Schwabe,
   S. 81–100; ADAP, C V, S. 1095; PA, St.S., Pol. AI, Bd. 3 (Vermerk
   vom 16. 4. 1936); PA, St.S., Pol. B, Bd. 10 (Brief an Trautmann, 2. 6.
   1933).
40 Donald McKale: Curt Prüfer. German diplomat from the Kaiser to
   Hitler. Kent (Ohio) und London 1987.
41 Das endete 1936. – John Heinemann: Hitler's first foreign minister.
   Los Angeles/London 1979, S. 86–116; Hans-Jürgen Döscher: Das
   Auswärtige Amt im Dritten Reich. Berlin 1987, S. 51–66. – Umfassend
   Hans Mommsen: „Hitlers Stellung im nationalsozialistischen Herrschaftssystem", in Hirschfeld / Kettenacker, S. 43–70.
42 ADAP, B XVI, S. 168; C II, S. 292.
43 ADAP, C II, S. 462; C III, S. 207–212.
44 ADAP, C I, S. 826.
45 ADAP, C II, S. 317.
46 ADAP, C III, S. 681, 797–799; Krüger, Bohemia 1984, S. 290.
47 PA, St.S., Pol. B, Bd. 10.
48 Akten der Reichskanzlei. Die Regierung Hitler, Teil I: 1933/34,
   S. 908.

49 ADAP, C III, S. 997–1000.
50 Weizsäcker 1933–1950, S. 76, 80 f., 84.
51 Wolfgang Michalka: Ribbentrop und die deutsche Weltpolitik 1933–1940. München 1980, S. 50–106; Döscher, S. 145–152; Heinemann, S. 126–132, 138–143; Jacobsen, S. 252–318.
52 Akten der Reichskanzlei, Hitler, S. 50 f., 62 f.
53 ADAP, C III, S. 207–212, 315–322. Siehe auch den Beitrag von Klaus-Jürgen Müller in diesem Band.
54 Krüger / Hahn, S. 396.
55 Weizsäcker 1933–1950, S. 70, 75 f.
56 ADAP, C I, S. 440; C III, S. 528.
57 ADAP, C II, S. 462; C III, S. 794; Weizsäcker 1933–1950, S. 83.
58 Gespräch mit Botschafter a. D. Herbert Richter am 13. 3. 1988.
59 Heinemann, S. 134–147.
60 Heinemann, S. 109–119.
61 Weizsäcker 1933–1950, S. 110; Heinemann, S. 141.
62 ADAP, D I, S. 132–137; Michalka, S. 149–171, 215–226.
63 Döscher, S. 184.
64 Weizsäcker 1933–1950, S. 96 f.
65 Der tschechoslowakische Staatspräsident Beneš faßte 1937 seine Befürchtungen so zusammen: „Sein enges Verhältnis zu Rußland, das ihm immer zum Vorwurf gemacht werde, habe nichts zu tun etwa mit einer Ähnlichkeit der Ideologien, es sei geboren aus der Notwendigkeit der europäischen Kräfteverteilung und aus der Erkenntnis, daß Rußland, ganz gleich, welches Regime dort herrsche, eine politische Realität darstelle. Er hoffe, daß eine Einigung Deutschlands mit Rußland noch lange auf sich warten lasse, denn eine solche Einigung wäre das Schlimmste, was Europa passieren könne. Sie würde nicht mehr und nicht weniger als eine Aufteilung Europas in Interessenzonen bedeuten!"
Siehe Peter Krüger: „Unter der Drohung bipolarer Großmacht-Konstellation. Die Tschechoslowakei zwischen Deutschland und der Sowjetunion 1937/38", in: Ferdinand Seibt (Hrsg.): Die böhmischen Länder zwischen Ost und West. Festschrift für Karl Bosl zum 75. Geburtstag. München und Wien 1983, S. 298.
66 Weizsäcker 1933–1950, S. 100 f.
67 Weizsäcker 1933–1950, S. 109 f., 121 f.
68 Weizsäcker 1933–1950, S. 122.
69 Rainer A. Blasius: Für Großdeutschland – gegen den großen Krieg. Ernst von Weizsäcker in den Krisen um die Tschechoslowakei und Polen. Köln und Wien 1981; Marion Thielenhaus: Zwischen Anpassung und Widerstand. Deutsche Diplomaten 1938–1941. Paderborn 1984.
70 Hans von Herwarth: Zwischen Hitler und Stalin. Erlebte Zeitgeschichte 1931–1945. Frankfurt a. M., Berlin, Wien, 1982, S. 159–183.
71 Weizsäcker 1933–1950, S. 109.

Klaus Jürgen Müller: Deutsche Militär-Elite in der Vorgeschichte
des Zweiten Weltkrieges

1 Hierzu vgl. Francis L. Carsten, Reichswehr und Politik 1918–1933, Köln/Bonn 2. Aufl. 1965, S. 25 f.; Friedrich v. Rabenau, Seeckt – Aus seinem Leben, Leipzig 1940, S. 117 f.; Hans Meier-Welcker, Seeckt, Frankfurt/M. 1967, S. 200 f. sowie Quellen zur Geschichte des Parlamentarismus und der politischen Parteien, 2. Reihe: Zwischen Revolution und Kapp-Putsch. Militär und Innenpolitik, bearb. v. Heinz Hürten, Düsseldorf 1977, S. 30 ff.

2 Zit. nach Fritz Fischer, Krieg der Illusionen. Die deutsche Politik von 1911 bis 1914, Düsseldorf 1969, S. 1.

3 Wilhelm Groener. Lebenserinnerungen. Jugend, Generalstab, Weltkrieg, hrsg. v. F. Frhr. Hiller v. Gaertringen, Göttingen 1957, S. 468 f.

4 Zit. nach Carsten, S. 52.

5 Hierzu und zum folgenden vgl. Klaus-Jürgen Müller, Armee und Drittes Reich 1933–1939, Paderborn 1987, 2. Aufl. 1989, S. 11–31 (dort auch die entsprechenden Belege und Lit. Hinweise).

6 Vgl. Stig Förster, Der Doppelte Militarismus. Die deutsche Heeresrüstungspolitik zwischen Status-quo-Sicherung und Aggression 1890–1914, Wiesbaden 1985.

7 Zu Seeckt vgl. Meier-Welcker; der zit. Ausspruch nach Carsten, S. 185.

8 Zit. nach Wilhelm Deist, Zum Problem der deutschen Aufrüstung 1933–1936, in: FRANCIA 5 (1977), S. 549.

9 Die Zitate in Thilo Vogelsang, Neue Dokumente zur Geschichte der Reichswehr 1930–1933, in: Vierteljahrshefte für Zeitgeschichte 2 (1954), S. 409 und in: Carsten, S. 336.

10 Vgl. Meier-Welcker, S. 343 f. und Carsten, S. 146 f. sowie Rabenau, S. 316 ff. Ähnliche Formulierungen schon in einem Memorandum vom 4. 2. 1920: Meier-Welcker, S. 294 f. und Carsten, S. 78 f.

11 Zit. nach Meier-Welcker, S. 470 ff. und 472 f.

12 Vgl. Anm. 10.

13 Ebd.

14 Zit. nach Carsten, S. 79 f.

15 Zit. nach Carsten, S. 218 ff.

16 Text in ADAP, B I/1, Nr. 144; vgl. dazu die kontroversen Interpretationen von Michael Geyer, Aufrüstung oder Sicherheit. Die Reichswehr in der Krise der Machtpolitik 1924–1936, Wiesbaden 1980, S. 126 ff. und Peter Krüger, Die Außenpolitik der Republik von Weimar, Darmstadt 1935, S. 345 ff., dem hier gefolgt wird. Vgl. auch Hans-Adolf Jacobsen, Militär, Staat und Gesellschaft in der Weimarer Republik, S. 347 und 353, in: Karl Dietrich Bracher, M. Funke, H.-A. Jacobsen (Hrsg.), Die Weimarer Republik 1918–1933, Bonn 1987 (= Studien zur Geschichte und Politik Bd. 251).

17 So die Formulierung von Krüger, S. 345.
18 Vgl. Meier-Welcker, S. 532 und Rabenau, S. 474 f. (dort der Text).
19 So Seeckt auf der „Führer-Reise 1923", zit. nach Meier-Welcker, S. 317; zuerst der Begriff „Führerheer" erwähnt in Seeckts Aufzeichnung (s. o. unter Anm. 18) vom 14. 1. 1921.
20 Zit. in Rabenau, S. 519 ff.
21 Vgl. hierzu Geyer, Reichswehr, S. 81 ff. und passim; insbesondere Joachim v. Stülpnagels Vortrag vom Februar 1924 „Gedanken über den Krieg der Zukunft", in: BA-MA, Depot Joachim v. Stülpnagel N 5/10.
22 Brief Joachim v. Stülpnagels an General Hasse vom Juni 1925, in: ebd. N 5/20.
23 Zit. nach Meier-Welcker, S. 537.
24 Ebd.
25 Zit. nach Geyer, Reichswehr, S. 81, aus: Blomberg, Erinnerungen bis 1933, Teil III, Manuskript im BA-MA N 52/2.
26 Zit. nach Meier-Welcker, S. 537.
27 Zum folgenden vgl. Geyer, Reichswehr, S. 76 ff.
28 Hierzu vfl. Geyer, Reichswehr, S. 198 ff.; ders., Deutsche Rüstungspolitik 1860–1980, Frankfurt/M. 1984, edition surkamp NF 246, S. 131 ff.; Wilhelm Deist, Die Aufrüstung der Wehrmacht, in: Ursachen und Voraussetzungen der deutschen Kriegspolitik = Bd. I, Das Deutsche Reich und der Zweite Weltkrieg, hrsg. vom Militärgeschichtlichen Forschungsamt, Stuttgart 1979, S. 382 ff. Weitere Literatur bei Müller, Armee und Drittes Reich, S. 29 ff.
29 Hierzu vgl. Peter Bucher, Der Reichswehrprozeß. Der Hochverrat der Ulmer Reichswehroffiziere 1929/30, Boppard 1967 (= Militärgeschichtliche Studien 6).
30 Zum Zusammenhang vgl. Müller, Armee, S. 29 f.
31 Vgl. Michael Geyer, Das Zweite Rüstungsprogramm 1930–34, in: Militärgeschichtliche Mitteilungen (= MGM) 17 (1975), S. 125–172, und ders., Rüstungspolitik, S. 136 ff. sowie Deist, Aufrüstung, S. 387.
32 So die Formulierung bei Heinz Höhne, Franz von Papen, in: Wilhelm v. Sternburg (Hrsg.), Die deutschen Reichskanzler von Bismarck bis Schmidt, Königstein/Ts. 1985, S. 333.
33 Vgl. hierzu Andreas Hillgruber, Militarismus am Ende der Weimarer Republik und im „Dritten Reich", in: Ders., Großmachtpolitik und Militarismus im 20. Jahrhundert, Düsseldorf 1964, S. 37 ff.; Joachim R. Nowak, Kurt v. Schleicher – Soldat zwischen den Fronten, Diss. phil. Würzburg 1969; Thilo Vogelsang, Kurt v. Schleicher, Göttingen 1965 (= Persönlichkeit und Geschichte 39); Friedrich-Karl v. Plehwe, Reichskanzler Kurt v. Schleicher, München 1983 sowie vor allem Axel Schildt, Militärdiktatur mit Massenbasis? Die Querfront-Konzeption der Reichswehrführung unter General von Schleicher am Ende der Weimarer Republik, Frankfurt/M. 1981; vgl. auch Geyer, Rüstungspolitik, S. 136 f. und Joachim Petzold, Alternative zur faschistischen

Diktatur? Die Regierungskonzeption des Generals Kurt von Schleicher, in: Militärgeschichte 22/1983, S. 16–31.

34 So Schildt, Querfront, S. 185 und 75 ff.

35 Vgl. dazu die verschiedenen Äußerungen Schleichers mit gleichem Gehalt, in: Akten der Reichskanzlei. Weimarer Republik: Das Kabinett v. Schleicher, bearb. von A. Golecki, Boppard 1986, Nr. 16, 25, 55, 56 sowie die Einleitung des Bearbeiters, S. LIII; vgl. auch die Redeauszüge bei Cuno Horkenbach (Hrsg.), Das Deutsche Reich von 1918 bis heute, Berlin 1932, S. 260 f.

36 Vgl. außer den Arbeiten von Geyer und Deist sowie den unter Anm. 33 genannten Arbeiten auch die Einleitung von Golecki, in: Akten der Reichskanzler, Das Kabinett Schleicher, S. LIII ff. Golecki spricht von einer „von Auf- und Umrüstungsabsichten mitinspirierte populistische Fundierung eines autoritären Präsidialregimes" (S. XXI) und von einer „dem Parteien- und Verbändeeinfluß entzogene(n) Neukonstituierung der Gesamtgesellschaft und der Regierungsgewalt" (S. LVI).

37 Vgl. allgemein Krüger, Außenpolitik, S. 546 ff.; vgl. insbesondere Franz Knipping, Deutschland und Frankreich und das Ende der Locarno-Ära 1928–1931, München 1987, Kap. VI und VII, speziell S. 191 ff.

38 So Michael Salewski, Zur deutschen Sicherheitspolitik in der Spätzeit der Weimarer Republik, in: VjZG 22 (1974), S. 144 f.

39 Hierzu und zur folgenden Interpretation vgl. Müller, Armee und Drittes Reich, S. 31 ff.

40 Thilo Vogelsang, Neue Dokumente zur Geschichte der Reichswehr 1930–1933, in: VjZG 2 (1954), S. 434 ff., neuerdings auch in: Müller, Armee und Drittes Reich, Dok. 118, S. 263 ff.

41 Vgl. dazu die ausgezeichnete Darstellung der NS-Außenpolitik bis zum Kriegsausbruch von Manfred Messerschmidt, Außenpolitik und Kriegsvorbereitung, in: Das Deutsche Reich und der Zweite Weltkrieg, Bd. I, Stuttgart 1979, S. 535–702, hier S. 571–579.

42 Vgl. Klaus-Jürgen Müller, General Ludwig Beck, Studien und Dokumente zur politisch-militärischen Vorstellungswelt und Tätigkeit des Generalstabschefs des deutschen Heeres 1933–1938, Boppard/Rhein 1980, S. 46–56, die Zitate dort S. 49 und S. 48 mit entsprechenden Belegen.

43 Abgedruckt bei Müller, Armee und Drittes Reich, Dok. 122–124.

44 Zur Marine- und Luftwaffenrüstung vgl. Deist, Aufrüstung, S. 449 ff. und 473 ff.

45 Müller, Armee und Drittes Reich, Dok. 124 und 128.

46 Zu dieser Debatte vgl. Müller, Beck, S. 176 ff. sowie die Dokumente 119, 125, 126, 128.

47 Vgl. Bülows Grundsatz-Memorandum vom 13. 3. 1933, in: Günter Wollstein, Eine Denkschrift des Staatssekretärs Bernhard v. Bülow

vom März 1933. Wilhelminische Konzeption der Außenpolitik zu Beginn der nationalsozialistischen Herrschaft, in: MGM 13 (1973), S. 77–94.

48 Stülpnagels Memoranden abgedruckt bei Müller, Armee und Drittes Reich, Dok. Nr. 126, 127, 132; vgl. auch die Aufzeichnungen des Generalstabschefs Beck, ebd. Dok. Nr. 125, 131, 135; das Zitat aus der Aufzeichnung Stülpnagels vom 11. 4. 1935, ebd. Dok. 132.

49 Zitat in „Stellungnahme des Truppenamtes" vom 9. 7. 1935, abgedr. bei Müller, Armee und Drittes Reich, Dok. 134, S. 293.

50 Abgedruckt bei Müller, Armee und Drittes Reich, Dok. 136; allgemein dazu vgl. Müller, Beck, S. 206 ff. und Deist, Aufrüstung, S. 429 ff.

51 Text bei Wilhelm Treue, Hitlers Denkschrift zum Vierjahresplan 1936, in: VjZG 3 (1955), S. 184–210; kurzer, eingehender Abriß der rüstungswirtschaftlichen Problematik bei Bernd-Jürgen Wendt, Großdeutschland. Außenpolitik und Kriegsvorbereitung des Hitler-Regimes, München 1987 (= Deutsche Geschichte der neuesten Zeit), dtv 4518, S. 123–134.

52 Zit. bei Wilhelm Deist, Zum Problem der deutschen Aufrüstung 1933–1936, in: Francia 5 (1977), S. 431; der erwähnte Vortrag des Chefs des Heereswaffenamtes in BA-MA RH 8/v. 957 (Vortrag vom 9. 5. 1934).

53 Georg Thomas, Breite und Tiefe der Rüstung, in: Militärwissenschaftliche Rundschau 2 (1937), S. 189–197.

54 Vgl. Müller, Armee und Drittes Reich, S. 102 f. und ebd. Dok. 133 und 139, dort auch die Zitate.

55 Schreiben des Allgemeinen Heeresamtes, ebd. Dok. 140; Stellungnahme des Heereswaffenamtes, in: BA-MA RH 2/v. 240 vom 10. 10. 1936.

56 Müller, Armee und Drittes Reich, S. 102 f.

57 Abgedr. bei Müller, Armee und Drittes Reich, Dok. 137.

58 Zur folgenden Analyse vgl. Müller, Armee und Drittes Reich, S. 105–110 und Müller, Beck, S. 239–279 und Deist, Aufrüstung, S. 518–528. Texte der Weisungen bei Müller, Armee und Drittes Reich, Dok. 142, 144, 150, 157.

59 Zit. nach Nicholas Reynolds, Beck. Gehorsam und Widerstand. Das Leben des deutschen Generalstabschefs 1935–1938, Wiesbaden/München 1977, S. 106.

60 Leonidas E. Hill (Hrsg.), Die Weizsäcker-Papiere 1933–1950, Berlin/Frankfurt a. M. 1974, S. 118 f.: Aufzeichnung vom 10. 11. 1937.

61 Text in ADAP, D, I, S. 25–32; zur Textkritik und Überlieferung vgl. Wendt, Großdeutschland, S. 11–37 und Müller, Armee und Drittes Reich, S. 106, Anm. 187.

62 Abgedr. bei Müller, Beck, S. 489–501 (Dok. 43). Dieses Dokument ist übrigens eine Bestätigung der Authentizität der Aufzeichnungen Hoßbachs.

63 Abgedr. in IMT XXXIV, S. 745 ff., die Anlagen, in: ADAP, D, VII, S. 547–551; zur Interpretation vgl. Müller, Beck, S. 263 ff.

64 Aufzeichnung des Wehrmachtadjudanten Hitlers, Schmundt, vom 22. 4. 1938 (abgedr. bei Müller, Armee und Drittes Reich, Dok. 148 und ADAP, D, II, S. 190 f.); Weisungsentwurf vom 20. 5. 1938 (ebd. Dok. 150 und ADAP, D, II, S. 236 ff.), Neue Weisung vom 30. 5. 1938: ADAP, D, II, S. 281 ff. und IMT XXV, Dok. 388-PS.

65 Rede Hitlers vom 28. 5. 1938, abgedr. bei Müller, Beck, Dok. 45 (dort auch Angaben über andere Überlieferungen).

66 Vgl. hierzu Michael Geyer, Rüstungsbeschleunigung und Inflation, in: MGM 30 (1981), S. 121–186, die Zitate dort S. 136. Vgl. auch ders., Deutsche Rüstungspolitik, S. 150 ff. mit der These, daß der damalige Rüstungssprung den Charakter des Regimes verändert habe.

67 Vgl. Anm. 66.

68 Zur Kontroverse über Begriff, Inhalt und Genese des „Blitzkrieg-Konzeptes" vgl. gegen die älteren Auffassungen von Klein, Milward, Hinsley u. a. jetzt Williamson Murray, The Change in the European Balance of Power 1938–39, Princeton 1984, S. 37 ff. sowie Wilhelm Deist, The Wehrmacht and German Rearmament, London 1981. Die ältere Auffassung, die einen substantiellen Zusammenhang herstellte zwischen ökonomischen Bedingungen und Blitzkrieg-Strategie wird dadurch relativiert.

69 Texte in ADAP, D, II, S. 337–380; abgedr. auch in Müller, Armee und Drittes Reich, Dok. 157.

70 Beck: Betrachtungen zur gegenwärtigen militärpolitischen Lage, vom 5. 5. 1938, in: Müller, Beck, Dok. 44 und Müller, Armee und Drittes Reich, Dok. 149; vgl. auch Weizsäckers Aufzeichnungen vom 8. 6. 1938 mit ähnlicher Akzentsetzung: Weizsäcker-Papiere, S. 129 ff. Ähnlich schon Weizsäckers Aufzeichnung vom 10..11. 1937, ebd. S. 118.

71 Denkschrift Becks vom 16. 7. 1938: Müller, Beck, Dok. 49; Vortragsnotiz vom 6. 7. 1938: ebd. Dok. 50; „Nachtrag" vom 19. 7. 1938: ebd. Dok. 51.

72 Zu dieser Interpretation vgl. Müller, Beck, S. 302–311.

73 Zur Zusammenkunft vom 4. 8. 1938: Müller, Beck, S. 310 sowie Klaus-Jürgen Müller, Das Heer und Hitler, Stuttgart 1969, S. 335 ff. Wichtige Berichte der Militärattachés abgedr. in Müller, Armee und Drittes Reich, Dok. 164; zum Kriegsspiel 1937/38 vgl. Müller, Beck, S. 298–301.

74 Vgl. hierzu allgemein die Darstellungen bei Messerschmidt, Außenpolitik, S. 638 ff. und Wendt, Großdeutschland, S. 134 ff.

75 Heeresadjutant bei Hitler 1938–1943. Aufzeichnungen des Majors Engel, hrsg. von Hildegard v. Kotze, Stuttgart 1974, S. 39.

76 Vgl. den Erlaß des OKW über „Erziehung des Offizierkorps" vom 18. 12. 1938, abgedr. in: Heinz Helmert u. Helmut Schnitter, Eine ge-

heime Verordnung des Heeres über „Erziehung im Offizierkorps", in: Zf MG 4 (1965), S. 456–461; Teilabdruck, in: Müller, Armee und Drittes Reich, Dok. 46. Vgl. auch Erlaß des Wehrmachtführungsstabes (Entwurf) vom 19. 10. 1938, in: Müller, Armee und Drittes Reich, Dok. 46.

77 Auszüge bei Jochen Thies, Architekt der Weltherrschaft. Die „Endziele" Hitlers, Düsseldorf 1976, S. 110 ff. und Müller, Armee und Drittes Reich, S. 120 f. Abdruck der Rede Hitlers vom 10. 2. 1939 ebd. Dok. 167.

78 Ungedruckt, BA-MA: RH 26/-10/255.

79 Zitat aus Rede vom 10. 2. 1939, vgl. oben Anm. 77.

80 ADAP, D, VI, Nr. 185 und IMT XXXIV, S. 381–408; abgedr. auch in Müller, Armee und Drittes Reich, Dok. 170 und 171.

81 Schmundt-Niederschrift über Hitlers Ausführungen während einer Besprechung in der Reichskanzlei am 23. 5. 1939: ADAP, D, Bd. VI, S. 477–483.

82 Messerschmidt, Außenpolitik, S. 674.

83 So Andreas Hillgruber, Militarismus am Ende der Weimarer Republik und im „Dritten Reich", in: ders., Großmachtpolitik und Militarismus, S. 49 f.

84 So Helmut Krausnick, in: ders., und Hans H. Wilhelm, Die Truppe des Weltanschauungskriegs. Die Einsatzgruppen der Sicherheitspolizei und des SD 1938–1942, Stuttgart 1981, S. 278.

Klaus Schwabe: Hochschullehrer

1 Adolf Hitler, Mein Kampf, München 1934, S. 736 bzw. 742. Für bibliographische Nachweise hat der Verf. seinen Mitarbeitern an der RWTH Aachen, insbesondere Herrn Guido Müller, zu danken.

2 Die einzige Ausnahme, die ich gefunden habe, findet sich bei Albert Brackmann, Krisis und Aufbau in Osteuropa, Berlin (Ahnenerbe Verlag) 1939, S. 65, jedoch mit dem bezeichnenden Kommentar, Hitlers Hinweis auf Osteuropa sei „nicht in dem Sinne gemeint, als ob wir nun nach alter Wikingerart als Eroberer in die weiten Steppen Rußlands und der vorgelagerten Länder einfallen und neues Land durch Eisen und Blut gewinnen sollten, habe Hitler selbst doch in seiner Rede vom 6. 10. 1939 den Gedanken einer Eindeutschung des Landes zwischen Donau und Ural von sich gewiesen; für eine derartig imperialistische Art, so fügte B. hinzu, gebe es in der Tat keine Beweise in der deutschen Geschichte, dies sei vielmehr typisch englische Art.

3 Nationalsozialismus und Wissenschaft, hg. vom NSD-Dozentenbund, Gau Berlin, Berlin 1937, S. 8.

4 Ian Kershaw, Der Hitler-Mythos. Volksmeinung und Propaganda im Dritten Reich, München 1980, S. 121.

5 Hans Ulrich Thamer, Verführung und Gewalt. Deutschland 1933–1945, Berlin 1986, S. 600.

6 Willi A. Boelcke (Hg.), Wollt Ihr den totalen Krieg? Die Geheimen Goebbels-Konferenzen 1939–1943, München 1969, S. 54, 68.

7 Hitler, Mein Kampf, S. 243, 483, 533.

8 Hans Schleier, Die bürgerliche Geschichtsschreibung der Weimarer Republik, Berlin 1975, S. 26 f.

9 Das Folgende stützt sich auf den jüngsten Überblick von Hellmut Seier, Die Hochschullehrer im Dritten Reich, in: Klaus Schwabe (Hg.), Deutsche Hochschullehrer als Elite 1815–1945 (Deutsche Führungsschichten der Neuzeit, Bd. 17, Büdinger Forschungen zur Sozialgeschichte 1983), Boppard 1988, S. 247–295; für die Historiographie vgl. u. a. Karl Ferdinand Werner, Das NS-Geschichtsbild und die deutsche Geschichtswissenschaft, Stuttgart 1967, ders., Machtstaat und nationale Dynamik in den Konzeptionen der deutschen Historiographie 1933–1940, in: Franz Knipping, Klaus-Jürgen Müller (Hg.), Machtbewußtsein in Deutschland am Vorabend des Zweiten Weltkrieges, Paderborn 1984, S. 327–361; ferner: Peter Lundgreen (Hg.), Wissenschaft im Dritten Reich, Frankfurt 1985; dort u. a. Klaus Schreiner, Führertum, Rasse, Reich. Wissenschaft von der Geschichte nach der nationalsozialistischen Machtergreifung, S. 165–218; auch: Manfred Heinemann (Hg.), Erziehung und Schulung im Dritten Reich, Stuttgart 1980, und Manfred Funke, Universität und Zeitgeist im Dritten Reich, in: Aus Politik und Zeitgeschichte, Beilage zu: Das Parlament, 22. 3. 1986, S. 3 ff.

10 Vgl. dazu Christoph Weisz, Geschichtsauffassung und politisches Denken, Münchener Historiker der Weimarer Zeit, Berlin 1970, S. 101, 240, 249, 251, 269 ff.; ferner Schleier, S. 74.

11 Schleier, S. 70.

12 Haushofer, Rede vom 29. 6. 1924, bei Hans-Adolf Jacobsen, Karl Haushofer. Leben und Werk, Bd. 1, Boppard 1979, S. 246: Haushofer erklärte danach, das Recht auf Lebensraum müsse man „erhalten" oder „erfechten". Für Müller vgl. Schleier (Anm. 8), S. 169, und Weisz (Anm. 10), S. 241, 255.

13 Werner, Machtstaat, S. 360.

14 Karl Dietrich Erdmann, Wissenschaft im Dritten Reich, Kiel 1967, S. 12.

15 Helmut Heiber, Walter Frank und sein Reichsinstitut für Geschichte des neuen Deutschland, Stuttgart 1966, S. 172 ff., 212 ff.

16 Seier (Anm. 9), S. 253.

17 Ebd., S. 265.

18 Leo Stern (Red.), Die Berliner Akademie der Wissenschaften in der Zeit des Imperialismus, Teil 3: Die Jahre der faschistischen Diktatur

1933 bis 1945, Berlin 1979, S. 47, 72 f., 220 f.; Klaus Scholder (Hg.), Die Mittwochs-Gesellschaft. Protokolle aus dem geistigen Deutschland 1932 bis 1944, Berlin 1982, S. 22 f., 26 f., 30 ff. Bemerkenswerterweise gehörten diesem Kreis auch einige überzeugte Regimeanhänger wie der Rassenkundler Eugen Fischer an. Menschliche Integrität, d. h. Verschwiegenheit, eignete aber auch diesen, so daß die „Mittwochs-Gesellschaft" erst nach dem 20. Juli 1944 in den Verdacht der Gestapo geriet (ebd., S. 22). Vgl. ferner: Klaus Schwabe, Rolf Reichardt (Hg.), Gerhard Ritter, Ein politischer Historiker in seinen Briefen (= Schriften des Bundesarchivs, Bd. 33), Boppard 1984, S. 76 ff.

19 So der Mittelalter-Historiker Gerd Tellenbach, dessen eines Hauptwerk („Libertas" . . .) während des Krieges in englischer Übersetzung in Großbritannien erscheinen konnte (Church, State and Christian Society at the time of the Investiture Contest, Oxford 1940). Vgl. Gerd Tellenbach, Aus erinnerter Zeitgeschichte, Freiburg 1981, S. 56, 106. Eines der zahlreichen anderen Beispiele lieferte der Königsberger Historiker Theodor Schieder (vgl. Lothar Gall, Theodor Schieder, 1908–1984, in: Schriften des Historischen Kollegs. Dokumentationen, München 1987, S. 46 f.).

20 Reece Kelly, National Socialism and German university teachers. The NSDAP efforts to create a National Socialist professorate and scholarship. Phil. Diss. University of Washington 1973, S. 372; Schreiner (Anm. 9), S. 179; Quelle z. B.: Reichsdozentenführer Walter Schultze, auf: Erste Reichstagung der Wissenschaftlichen Akademien des NSD-Dozentenbundes, München 1939, S. 13 f.

21 Besonders massiv Heinrich Härtle, Mitarbeiter Alfred Baeumlers im Amt Rosenberg und Verfasser einer Nietzsche-Studie aus NS Sicht: „Philosophie wird für uns in Zukunft nur möglich sein als begrifflich wissenschaftliche Ausformung der Grundsätze unserer Weltanschauung. Und alle philosophischen Begriffe und Kategorien, welche diesen Grundsätzen entscheidend widersprechen, müssen so oder so überwunden werden . . . Damit ist zugleich eine Bindung der Wissenschaft festgelegt, die wir für alle Kulturgebiete rücksichtslos durchzusetzen haben: die Bindung an das Schicksal unseres Volkes. Wissenschaftler, die ihr Denken . . . in den Dienst des deutschen Schicksalskampfes stellen, . . . werden . . . ausgezeichnet. Umgekehrt scheuen wir uns keinen Augenblick, mit aller Härte gegen Wissenschaftserscheinungen und Wissenschaftler vorzugehen, welche sich am Lebenskampf unseres Volkes vergehen. Wissenschaftlicher Landes- und Hochverrat ist für uns genau so zu sühnen wie ein anderes Staatsverbrechen. Und wir scheuen nicht davor zurück, . . . einen Schädling des Volkes auch dann ins Konzentrationslager zu stecken, wenn er sich wissenschaftlicher Titel, Begriffe und Methoden bedient . . ." (Heinrich Härtle, Weltanschauung und Wissenschaft, in: Natio-

nalsozialistische Monatshefte, Jg. 10, H. 114, Sept. 1939, S. 776).
Auch Erste Reichstagung (Anm. 20), S. 16, 19. Vgl. auch Lundgreen,
Wissenschaft im Dritten Reich (Anm. 9), S. 14.

22 Seier, S. 286.

23 Seier, S. 286.

24 Ernst Nolte, Zur Typologie des Verhaltens der Hochschullehrer im
Dritten Reich, in: Aus Politik und Zeitgeschichte, Beilage zur Wo-
chenzeitung das Parlament, B 46/65, 17. 11. 1965; Schreiner
(Anm. 9), S. 232.

25 So der Tübinger Medievist Heinrich Dannenbauer: vgl. Schreiner
(Anm. 9), S. 186 ff.

26 Scholder, Mittwochskreis (Anm. 18), S. 113. Ähnlich Hermann
Oncken. Vgl. dazu Klaus Schwabe, Hermann Oncken, in: H.-U.
Wehler, Hg., Deutsche Historiker, Bd. 2, Göttingen 1971, S. 94.

27 Scholder (Anm. 18), S. 88, 234; Schwabe (Hg.), Ritter, Briefe
(Anm. 18), S. 270 f., 273, 291, 339. Unter dem Eindruck der amorali-
schen Grundtendenz des Nationalismus überdachte Ritter auch seine
historiographische Position und distanzierte sich von dem relativisti-
schen Denken des Historismus (ebd., S. 69 f., S. 307 ff.). Ähnlich sein
Freund und Kollege, der Freiburger Volkswirtschaftler Walter Euk-
ken, Die Überwindung des Historismus, in: Schmollers Jahrbuch für
Gesetzgebung, Verwaltung und Volkswirtschaft, Jg. 62 (1938),
1. Halbbd., S. 63–86.

28 Schreiner (Anm. 9), S. 187 ff., 205 f., 217; Leo Stern, Berliner Akademie (Anm. 18), S. 220, 236 f.

29 Dazu u. a. Alan D. Beyerchen, Wissenschaftler unter Hitler. Physiker
im Dritten Reich, Köln 1980; Hubert Laitko u. a., Wissenschaft in
Berlin, Berlin 1987, S. 502 ff.; Michael H. Kater, Das „Ahnenerbe"
der SS 1935–1945. Ein Beitrag zur Kulturpolitik des 3. Reiches,
Stuttgart 1974; auch Seier (Anm. 9), S. 278.

30 Dazu Heiber (Anm. 15), S. 687 f.; Wandula Dahle, Der Einsatz einer
Wissenschaft. Eine sprachinhaltliche Analyse militärischer Termino-
logie in der Germanistik 1933–1945, Bonn 1969; für Haushofer s. u.
S. 306 ff.: für Baeumler vgl. Alfred Baeumler, Männerbund und
Wissenschaft, Berlin 1940, S. 122, Vortrag v. 3. 4. 1933; doch auch
Baeumler betonte 1934, daß Deutschland jeder Gedanke an Expan-
sion fernliege (A. Baeumler, Der politische Volksbegriff, in: ders.,
Politik und Erziehung, Berlin 1943, S. 48 f.).

31 Gerhard Müller, Ernst Krieck und die nationalsozialistische Wissen-
schaftsreform, Weinheim 1978, S. 139 ff.

32 So Volk im Werden, Jg. 6 (1938), S. 553.

33 Krieck, Germanische Grundzüge im deutschen Geschichtsbild, in:
Historische Zeitschrift, Bd. 159 (1939), S. 524–537.

34 Krieck, Das Problem Europa, in: Volk im Werden, Jg. 4 (1936),
S. 221 ff.

35 Krieck, Das Jahr 1938, in: Volk im Werden, Jg. 7 (1939), S. 1 f.

36 Krieck, Gravitation der Macht, in: Volk im Werden, Jg. 7 (1939), S. 394, ders., Das Problem Europa (Anm. 28), S. 222.

37 Krieck, Volkscharakter und Sendungsbewußtsein, Leipzig 1940, S. 5, 162, 168; ähnliche Vorstellungen bei Alfred Baeumler schon in einem Vortrag von 1934, in: ders., Politik und Erziehung, 3. Aufl., Berlin 1943, S. 48 f.

38 Krieck, Menschengötter und Gottmenschen, in: Volk im Werden, Jg. 7 (1939), S. 187 f.; Müller, Krieck, S. 154.

39 Müller, Krieck, S. 144, 154. Müller hat diese Hinweise quellenmäßig nicht bis zum letzten genau belegt.

40 Zitiert bei Werner, Machtbewußtsein (Anm. 9), S. 336.

41 K. Schwabe, Wissenschaft und Kriegsmoral. Die deutschen Hochschullehrer und die Grundfragen des Ersten Weltkrieges, Göttingen 1969, S. 68.

42 Heiber (Anm. 15), S. 267.

43 K. A. v. Müller, Der 10. April 1938 in der deutschen Geschichte, in: ders., Vom alten zum Neuen Deutschland. Aufsätze u. Reden 1914–1938, Stuttgart 1938, S. 316 ff.

44 K. A. v. Müller, Deutschland und England, Berlin 1939; auch die Erklärung im Vorsatzblatt der Historischen Zeitschrift, Bd. 161 (1940).

45 Heiber (Anm. 24), S. 833, 911, 938 ff.

46 Frank, Die Geisteswissenschaften im Kriege, Rede vom 18. 5. 1940, in: Historische Zeitschrift, Bd. 163 (1941), S. 16 f.; Heiber (Anm. 24), S. 681. Ähnlich: Adolf Rein, Warum führt England Krieg, Berlin 1940, S. 41, 45. Diese Vorstellung taucht auch bei Hitler selbst auf (vgl. S. 61 in diesem Band).

47 W. Frank, Christoph Steding (Einleitung zu C. Steding, Das Reich und die Krankheit der europäischen Kultur, Hamburg 1938, S. XVII.).

48 Kleo Pleyer, Die Kräfte des Grenzkampfes in Ostmitteleuropa, Hamburg 1937, S. 5 ff., 8, 41 ff.; dazu Walter Frank, Kleo Pleyer, Ein Kampf ums Reich, in: Historische Zeitschrift, Bd. 166 (1942), S. 507–553, und Heiber (Anm. 15), S. 397 ff., 1165 ff., 1197 ff.

49 Frank, Pleyer, S. 552.

50 Ernst Anrich, Deutsche Geschichte 1918–1939. Geschichte einer Zeitwende, Leipzig 1940, S. 156.

51 Werner Frauendienst, Die Überwindung von Versailles, Halle 1939.

52 Frauendienst, Böhmen und Mähren unter deutscher Führung, in: Berliner Monatshefte Bd. 17, 1 (1939), S. 287–296.

53 Frauendienst, Friderizianisches Deutschland, in: Berliner Monatshefte, Bd. 17, 2 (1939), S. 909–916.

54 Hans-Adolf Jacobsen, Karl Haushofer, Leben und Werk, 2 Bde., Boppard 1979.

55 Jacobsen, Bd. 1, S. 220 f.

56 Jacobsen, Bd. 2, S. 379 f., 387 ff.

57 Jacobsen, Bd. 1, S. 345 ff.

58 Ebd., S. 461.

59 Ebd., S. 246.

60 Haushofer, Weltpolitik von heute, o. O. 1934, S. 215.

61 Jacobsen, Bd. 1, S. 249, 256.

62 Haushofer, Wehrpolitische Geographie. Grundlagen einer Wehrkunde, hier zit. nach 3. Aufl., Berlin 1941, S. 171 ff.

63 Haushofer, Wehrpolitische Geographie, S. 174; vgl. auch Haushofer an Heß, 22. 6. 1940, bei Jacobsen, Bd. 2, S. 432: „Neugestaltung Europas ist schon etwas großes, aber Freiheit der Meere ... Entwaffnung der Schwarzen, des Untermenschen bis auf lokale Polizeiverwendung Ausgewählter in Afrika selbst, Kooperation Europas in Afrika, mit Aushändigung unsrer verbesserten Kolonien ... das zieht noch mehr! ... Dein alter Freund ... hat Dir immer die Wahrheit gesagt ... und dazu gehört jetzt, daß Ihr noch mehr, was ja doch in den Taten der Fall ist, auch in den Worten der Welt klarmachen müßt, daß Ihr, und nicht die Plutokraten, Freimaurer und das auserwählte Volk um Roosevelt in Eurer Sache die allgemeine der Menschheit verfechtet ...".

64 Jacobsen, Bd. 1, S. 176.

65 Ebd., S. 393, 461; vgl. auch H.s Geburtstagsartikel für Hitler vom 20. 4. 1939, im Berliner „Lokalanzeiger", zit. bei Jacobsen, Bd. 1, S. 373. Vgl. dazu auch: Dan Diner, „Grundbuch des Planeten". Zur Geopolitik Karl Haushofers, in: Vierteljahrshefte für Zeitgeschichte, Jg. 32 (1984), H. 1, S. 12 f.

66 Hitler habe ihn daraufhin zwar nicht angebrüllt, ihn danach aber nie wieder zu sich kommen lassen (bei Jacobsen, Bd. 1, S. 343).

67 Jacobsen, Bd. 1, S. 246, 256, 389, 463; ders., Bd. 2, S. 567.

68 Nach einer Tagebucheintragung seiner Frau, bei Jacobsen, Bd. 1, S. 389.

69 Jacobsen, Bd. 2, S. 311, 354, 357, 361, 386, 416 ff.

70 A. Haushofer an Martha H., 16. 11. 1938, bei Jacobsen, Bd. 2, S. 361.

71 Jacobsen, Bd. 1, S. 375 ff., bes. S. 389.

72 In einem Brief an Heß verwies Haushofer auf seine schon vor dem 1. Weltkrieg liegende Befürwortung einer deutsch-russisch-japanischen Kontinentalpolitik; allerdings brauchte das „Zusammenspiel mit dem Teufel" seine Vorsicht (bei Jacobsen, Bd. 1, S. 393 f.).

73 Fritz Berber, Die britische Außenpolitik der Nachkriegszeit, in: Hochschule für Politik (Hg.), Politische Probleme der britischen Reichs- und Außenpolitik, Berlin 1939, S. 62 f.; ders., Prinzipien der britischen Außenpolitik (= Schriften des deutschen Instituts für außenpolitische Forschung, Bd. 6), Berlin 1939, S. 32.

74 Fritz Berber, Bilanz des Jahres 1938, in: Monatshefte für Auswärtige Politik, Jg. 6 (Jan. 1939), S. 11.

75 Fritz Berber, Das Jahr 1939 in der Weltpolitik, in: Jahrbuch für Auswärtige Politik, Jg. 6 (1940), S. 1–10; ders., Deutschland und England 1933–1939, Essen 1940, S. 3.

76 A. Frh. v. Freytagh-Loringhoven, Kriegsausbruch und Kriegsschuld
1939, Essen 1940, S. 111 ff.

77 Ders., Deutschlands Außenpolitik 1933–1941, 9. Aufl., Berlin 1941,
S. 310 f.

78 Freytagh-Loringhoven, Deutschlands Außenpolitik 1933–1940,
7. Auflage, S. 229, 235. Die letzte Passage fehlte dann in der 9. Auflage, d. h. nach dem deutschen Überfall auf die UdSSR. Stattdessen
meldete der Verfasser jetzt – bemerkenswert auf der Höhe der Situation – Bedenken bzgl. der Dauerhaftigkeit dieser Zusammenarbeit
an, da Moskau weiter sein Ziel in einer Weltrevolution sähe und entweder bei einem Erlahmen Deutschlands in seinem Kampf gegen die
Westmächte oder seinem Siege in Europa geplant habe, ihm „in den
Arm zu fallen" (Freytagh-Loringhoven, Deutschlands Außenpolitik,
9. Auflage, S. 229).

79 Ebd., 7. Auflage, 1940.

80 Ebd. (9. Aufl.), S. 313.

81 Joseph W. Bendersky, Carl Schmitt. Theorist for the Reich, Princeton 1983, S. 258.

82 Für das Folgende vgl. Bendersky, S. 43 ff. passim, und Bernd Rüthers,
Entartetes Recht. Rechtslehrer und Kronjuristen im Dritten Reich,
München 1988, S. 101 ff.

83 Carl Schmitt, Völkerrechtliche Großraumordnung mit Interventionsverbot für raumfremde Mächte. Ein Beitrag zum Reichsbegriff im
Völkerrecht, Berlin 1939.

84 Schmitt, Großraumordnung, S. 34.

85 Ebd., S. 64.

86 Ebd., S. 80, 86.

87 Ebd., S. 87.

88 Ebd., S. 88.

89 Bendersky, S. 255 ff.

90 Ebd., S. 258 f. Dazu Hans Frank, Ansprache am 20. 5. 1939 (in:
Schmollers Jahrbuch für Gesetzgebung usw., Jg. 63 (1939), 2. Hbbd.,
S. 4): „Weder auf dem Gebiete der Rechtspolitik noch auf dem
Gebiete der Wirtschaftspolitik ist der Führer abhängig von der Meinung irgendeines anderen. Der Führer hat sich seine Meinung selbst
gebildet, und niemand ist befugt zu sagen, daß er dem Führer
wissenschaftlich vorgedacht hätte, was dieser praktisch ausgeführt
hat . . .".

91 Carl Schmitt, Neutralität und Neutralisierungen, in: Deutsche
Rechtswissenschaft, Bd. 4, April 1939, S. 115.

92 Ders., Raum und Großraum im Völkerrecht, in: Zeitschrift für Völkerrecht 24 (1941), S. 176 ff.

93 Reinhard Höhn, Großraumordnung und völkisches Rechtsdenken, in: Reich, Volksordnung, Lebensraum, Bd. 1 (1941), S. 273 ff.
94 Rüthers, S. 150.
95 Mathias Schmitz, Die Freund-Feind-Theorie Carl Schmitts. Entwurf und Entfaltung, Köln 1965, S. 199, 203.
96 Carl Schmitt, Über das Verhältnis der Begriffe Krieg und Feind (1938), in: ders., Positionen und Begriffe im Kampf mit Weimar–Genf–Versailles 1923–1939, Nachdruck: Berlin 1988, S. 249 f.
97 Ernst Rudolf Huber, „Positionen und Begriffe". Eine Auseinandersetzung mit Carl Schmitt, in: Zeitschrift für die gesamte Staatswissenschaft, Bd. 101 (1941), S. 1 ff., bes. S. 40, 42 ff.
98 Nach Schmitz, S. 208, schrieb Jahrreiß: „Ein Herrschaftszusammenhang soll es nicht sein. Was aber dann, wenn nicht etwa für den einzelnen Großraum eine verschleierte Situation derart bestehen soll, wie sie Großbritannien für seine Weltführung in Anspruch nimmt?" Ähnlich argumentierte Huber („Positionen und Begriffe", vgl. Anm. 97, S. 42 ff.): „Ob die werdende Großordnung, die Schmitt . . . geschildert hat, zu einem neuen Völkerrecht führen wird, das wird eben davon abhängen, ob sie ein Imperialismus im Sinne der bloßen Machtausweitung sein wird, oder ob die führenden Völker, die in der Mitte solcher Großräume stehen, der Verantwortung genügen, die ihnen der Besitz der Macht auch gegenüber den zugeordneten Völkern auferlegt . . . Erst die Zukunft kann entscheiden, ob er den Grundbegriff einer neuen Epoche des Völkerrechts in kühner Vorwegnahme konstituiert hat."
99 Schmitz, S. 209.
100 Lothar Gruchmann, Nationalsozialistische Großraumordnung. Die Konstruktion einer „deutschen Monroe-Doktrin", Stuttgart 1962, S. 141 (auch für das Folgende).
101 K. W. Rath, Imperialismus und völkische Wirtschaftsordnung, in: Erste Reichstagung der wissenschaftlichen Akademien des NSD-Dozentenbundes, München, 8.–10. Juni 1939, München 1939, S. 92, 94.
102 Karl Richard Ganzer, Das Reich als europäische Ordnungsmacht, Hamburg 1941, S. 27, 49 ff., 54, 91 ff., 96, 130, 135. Dazu Heiber (Anm. 15), S. 375 ff.
104 Militärgeschichtliches Forschungsamt, Das Deutsche Reich und der Zweite Weltkrieg, Bd. 2, Stuttgart 1979, S. 111; Kershaw (Anm. 4), S. 125 f.
105 So Werner, Machtstaat (Anm. 9), S. 351.
106 Vgl. Jürgen Kämmerer (Hg.), Heinrich Ritter von Srbik. Die wissenschaftliche Korrespondenz des Historikers 1912–1945 (Deutsche Geschichtsquellen d. 19. u. 20. Jh., hg. v. d. Hist. Komm. an d. Bayer. Ak. d. Wiss., Bd. 55), Boppard 1988, S. 406 f., 412, 415, 419, 424.
107 Dazu wieder Heiber, Walter Frank, S. 211 ff.; ferner Kämmerer,

Srbik, Korr., S. 460 f., auch S. 426, Anm. 2. Zur Anschlußfrage: Srbik an O. Redlich, 6. 7. 1936, ebd., S. 459.

108 Srbik, Gesamtdeutsche Geschichtsauffassung, in: Historische Zeitschrift, Bd. 156 (1937), S. 232, und ders., Mitteleuropa. Das Problem und die Versuche seiner Lösung, Weimar 1937, S. 38 f.

109 Srbik, Zur gesamtdeutschen Geschichtsauffassung, S. 237.

110 Srbik an Näf, 12. 4. 1938, in: Kämmerer, Srbik, Korr., S. 487.

111 Srbik, Die deutsche Wissenschaft und die Wiener Akademie im Großdeutschen Reich. Rede vom 23. 11. 1938, in: Almanach der Akademie der Wissenschaften Wien für das Jahr 1938, Jg. 88 (1939), S. 163.

112 Srbik, Deutsche Führung – der Segen des böhmischen Raumes, in: Sudetendeutsche Monatshefte, Jg. 6 (1939), S. 228.

113 Adam Wandruszka, Heinrich Ritter von Srbik – Leben und Werk, in: Anzeiger, Österreichische Akademie der Wissenschaften, phil.-hist. Klasse, 115. Jg. (1979), Wien 1979, S. 360 (genaue Datenangabe fehlt).

114 Bei Kämmerer, Srbik, Korr., S. 509.

115 Zit. bei Werner, Machtstaat (Anm. 9), S. 350.

116 Dazu und für das Folgende K. Schreiner, Führertum (Anm. 9), S. 191, K. Werner, NS-Geschichtsbild (Anm. 9), S. 88 ff.

117 Schreiner, S. 196, Werner, Machtstaat (Anm. 9), S. 348 f.

118 Zit. bei Schreiner (Anm. 9), S. 200.

119 Ebd., S. 201.

120 Ebd., S. 198, auch S. 197 für verwandte Vorstellungen bei Hans Rothfels; Werner Philipp, Nationalsozialismus und Ostwissenschaften, in: Nationalsozialismus und deutsche Universität; Veröffentlichung der Freien Universität Berlin, Berlin 1966, S. 56.

121 Karl Gottfried Hugelmann, Der völkische Staat und der Reichsgedanke, in: Deutsche Rechtswissenschaft, Bd. 5 (1940), S. 179–201; Werner, NS-Geschichtsbild (Anm. 9), S. 72 (für Haller).

122 Hugelmann, S. 187.

123 Ebd., S. 189, 192.

124 Ebd., S. 191, 196.

125 Ebd., S. 195.

126 Ebd., S. 192.

127 Ebd., S. 187.

128 Srbik, Die Reichsidee und das Werden deutscher Einheit, in: Historische Zeitschrift, Bd. 164 (1941), S. 458 f. Vgl. auch H. Heimpel, Deutschlands Mittelalter – Deutschlands Schicksal (1933), in: ders., Deutsches Mittelalter, Leipzig 1941, S. 29 f., dazu Schreiner (Anm. 9), S. 196 f. Ein umgekehrtes Beispiel lieferte der vom Regime aus dem Amte verjagte Karlsruher Historiker Franz Schnabel, dessen Gegnerschaft zum Nationalsozialismus außer Frage steht. In seinem Aufsatz „Böhmen im Zeitalter des nationalen Erwachens" (in: Hoch-

land, Jg. 36, H. 1 – Oktober 1938 –, S. 12 f., 20) distanzierte er sich deutlich vom Antisemitismus, indem er diesen als Ausfluß eines slawischen Nationalismus einordnete, fand aber anerkennende Worte für die Einigung der Sudetendeutschen Partei als Voraussetzung für die „Lösung" des „deutsch-tschechischen Problems". Bekanntlich war diese Einigung nicht ohne Nachhilfe des NS-Regimes zustande-gekommen. Klang dieser Satz nicht wie Beifall für einen Erfolg der NSDAP? Ebenso ambivalent wirkt heute die von Schnabel ausge-sprochene Ablehnung des Prinzipes von Abstimmungen zur Festle-gung nationaler Grenzen (Schnabel, Staatsgrenzen und Volksgren-zen. Ein Beitrag zur modernen Geistesgeschichte, in: Hochland, Jg. 37, 1. H., Oktober 1940, S. 182).

129 Gerhard Krüger, Um den Reichsgedanken, in: Historische Zeit-schrift, Bd. 165 (1942), S. 471.

130 Vgl. Erdmann, Wissenschaft im Dritten Reich, S. 13 f.

131 Dazu Beyerchen, S. 98 f., und: Hans Driesch, Lebenserinnerungen, München 1951 (während der NS Zeit geschrieben).

132 Ich stütze mich im Folgenden auf die vor einigen Jahren erschienene Briefedition Ritters und deren biographische Einleitung: Klaus Schwabe, Rolf Reichardt (Hg.), Gerhard Ritter. Ein politischer Hi-storiker in seinen Briefen (Schriften des Bundesarchivs, Bd. 33), Bop-pard 1984. Ein weiterer Regimegegner, dessen Briefe veröffentlicht vorliegen, ist Eduard Spranger. Doch findet sich in dessen Korre-spondenz aus der Zeit der späten dreißiger Jahre lediglich eine höchst verschlüsselte Kritik an der Kriegspolitik Hitlerdeutschlands (Eduard Spranger, Briefe 1901–1963, hg. von Hans Walter Bähr (= Spranger, Gesammelte Schriften, Bd. 7), Tübingen 1978, S. 193, 196). Spranger hat sich öffentlich zu Hitlers Außenpolitik, soweit er-sichtlich, nicht geäußert. Gleiches gilt für Friedrich Meinecke, der in seinem Briefwechsel die Außenpolitik Hitlers an einer Stelle zwar vorsichtig kritisierte (Meinecke an Kaehler, 21. 8. 1939, in: Friedrich Meinecke, Ausgewählter Briefwechsel, Stuttgart 1962, S. 354), sich mit den militärischen Erfolgen der deutschen Armeen – bei allen im-mer wieder anklingenden politischen Vorbehalten – doch weitgehend identifizierte (Briefwechsel, S. 192, 357, 364. Vgl. Anm. 148!).

133 Vgl. Schwabe, Ritter, Briefe, S. 66 ff., 263 ff., 284 f., 291.

134 Ebd., S. 80 f., 296.

135 Ebd., S. 81.

136 Ebd., S. 67, 70 f., 321 f., 322, 338.

137 Ritter an Srbik, 24. 7. 1937, ebd., S. 326 ff.; Srbik-Zitat über dessen „Utopie" s. o. S. 321. Ritter hat diesen Brief nicht abgeschickt, weil er diese Warnung für gefährlich und zwecklos hielt (an Oncken, 4. 8. 1937, ebd., S. 329). Ein Kritiker von Srbiks großem Werk „Deutsche Einheit", der Leipziger Historiker Erich Brandenburg, schloß seine Rezension in einem politischen Sinne, der sich mit Ritters Kritik

deckte: „Ich glaube nicht, daß eine von solchen Gefühlen geleitete Deutung unserer Geschichte dem Suchen ... unserer Zeit die historische Grundlage geben kann, denn ihr steht als politisches Ziel ein alle Stämme gleichmäßig umschließender einheitlicher Nationalstaat vor Augen, der ohne Herrschaftsanspruch im Kreise der gleichberechtigten Nachbarstaaten steht ..." (E. Brandenburg, Deutsche Einheit, in: Historische Vierteljahrsschrift, Bd. 30 (1936), S. 770). Wie sehr sich die Fronten zu diesem Zeitpunkt noch überschnitten, zeigte Meinekkes prinzipielle Zustimmung zu Srbiks „Utopie", wenn auch erst nach einer Überwindung des gegenwärtigen „bornierten Nationalismus", „vielleicht nach schwersten Katastrophen". Brandenburg bezeichnete der Berliner Historiker als „harthörig und hartköpfig" (Meinecke an Srbik, 23. 7. 1937, in: Kämmerer, Srbik, Korrespondenz (Anm. 106), S. 475).

138 Ritter an seine Mutter, 2. 9. 1939, ebd., S. 343. Im Rückblick behauptete Ritter, nie während des Krieges an einen endgültigen deutschen Sieg geglaubt zu haben. Einen baldigen Kriegsausbruch fürchtete er schon nach der Münchener Konferenz (an Oncken, Ende Sept. 1939, ebd., S. 338).

139 Ebd., S. 345.

140 An Oncken, 15. 5. 1940, ebd., S. 350, und an seine Mutter, 29. 5. 1940, ebd., S. 351.

141 An Oncken, 17. 7. 1940, ebd., S. 353.

142 An H. Witte, 12. 12. 1940, ebd., S. 360.

143 Ebd., S. 353.

144 G. Ritter, Machtstaat und Utopie. Vom Streit um die Dämonie der Macht seit Machiavelli und Morus, München 1940.

145 Ritter an R. Nürnberger, 26. 11. 1940: „Wenn ich von ‚Überwindung der Dämonie der Macht im modernen Volksstaat' spreche, so behaupte ich ... nur dies: daß der moderne Staat mit den Mitteln einer unerhörten Vergewaltigung der Gewissen die Spannung zwischen Macht und ‚bürgerlicher Moral' zu überwinden strebt, oder wie ich es ausdrücke auf S. 143: ‚Sittliches und politisches Bewußtsein wieder ununterscheidbar in eines zu verschmelzen strebt', und daß das ‚für den Fortbestand echter Sittlichkeit und Rechtlichkeit' die allergrößte Gefahr bedeutet, deuten die letzten Zeilen des Textes ... für den Wissenden deutlich genug an ...". Hier liege der Gefahr der Zeit, und dies dem modernen Menschen zu Bewußtsein zu bringen, sei der Zweck seines Buches (ebd., S. 359 f.).

146 Ebd., s. 358.

147 Vgl. dazu die Briefe Hans-Lietzmanns, innen- und vor allem kirchenpolitisch eines Hitler-Gegners: Hans Lietzmann, Glanz und Niedergang der deutschen Universität. 50 Jahre deutscher Wissenschaftsgeschichte in Briefen an und von Hans Lietzmann, hg. von Kurt Aland, Berlin 1979, S. 988, 999, 1008; ein anderes Zeugnis, von

einem Emigranten stammend: Hubert Jedin, Lebensbericht, hg. von Konrad Repgen, Mainz 1984, S. 110 f.

148 Friedrich Meineke an S. A. Kaehler, 4. 7. 1940, in: Meinecke, Briefwechsel (Anm. 132), S. 363 f.: „Das Gewaltige, das wir erlebt haben, stellt sich ja mit jedem Tag als noch gewaltiger heraus. Gewiß, man muß in Vielem umlernen, aber nicht in Allem. Unzweifelhaft richtig wird jetzt verkündet, daß in dem deutschen Siegszuge sich auch die revolutionäre Dynamik des 3. Reiches auswirke. Aber mit fällt dabei ein Wort Fontanes von ca. 1893 ein: Es ist fast, als ob die große Triebkraft für notwendige Revolutionen mehr im Schlechten als im Guten der menschlichen Natur liege ... Freude, Bewunderung und Stolz auf dieses Heer müssen zunächst auch für mich dominieren. Und Straßburgs Wiedergewinnung! Wie sollte da das Herz nicht schlagen. Es war doch eine erstaunliche, und wohl die größte positive Leistung des 3. Reiches, in vier Jahren ein solches Millionenheer neu aufzubauen und zu solchen Leistungen zu befähigen. Und die Hoffnung regt sich leise, daß von diesem Heere aus nun auch im Inneren ein freierer Atemraum für unser einen sich bilden könne ...“.

Hans-Erich Volkmann: Deutsche Agrareliten auf Revisions- und Expansionskurs

1 Kurt Sontheimer, Antidemokratisches Denken in der Weimarer Republik, in: Der Weg ins Dritte Reich. München 1983, S. 42–62, hier S. 45.

2 Wie Thomas Nipperdey, 1933 und die Kontinuität der deutschen Geschichte, in: Michael Stürmer (Hrsg.), Die Weimarer Republik. Königstein/Ts. 1980, S. 374–392, hier S. 389, unterstellt.

3 Adolf v. Batocki, Ostpreußische Probleme, in: Deutsche Allgemeine Zeitung, Nr. 205, 2. 5. 1925, S. 1 f., zit. n. Gerhard Schulz, Deutschland am Vorabend der Großen Krise. Berlin, New York 1987, S. 175–176.

4 Berliner Tageblatt, 31. 5. 1932.

5 Schreiben v. Gayls, 17. 6. 1925, an Hugenberg, in: Archiv für Innere Kolonisation 17.1925, S. 58–59, hier S. 59.

6 Brief des Mitglieds d. Geschäftsführung d. GFK, K. Maßmann, 10. 4. 1926, an Hans Ponfick, zit. n. Schulz, Deutschland, S. 177.

7 Zit. n. ebd., S. 178.

8 Aufz. Min.Rat Kurt Wachsmann als Grundlage seines Vortrages, 8. 2. 1926, bei einer Ressortbespr. zit. n. ebd., S. 180–181.

9 Schulz, Deutschland, S. 181.

10 Brief Walter Graf v. Brockdorff-Ahlefelds, 6. 12. 1925, an Kurt v. Schleicher. BA-MA (Bundesarchiv-Militärarchiv) NL v. Schleicher, N 42/54.

11 So der ehem. St. Sekr. i. Preuß. Min. f. Handel u. Gewerbe, Hans Staudinger, Wirtschaftspolitik im Weimarer Staat. Bonn 1982, S. 108. Zur Kontroverse um den Einfluß der ostelbischen Junker auf *Hindenburg* vgl. Wolfgang Weßling, Hindenburg, Neudeck und die deutsche Wirtschaft, in: Vierteljahrschrift für Sozial- und Wirtschaftsgeschichte 64.1977, S. 41–73.

12 Brief Hindenburgs, 3.12. 1927, an Marx, in: Henning v. Borcke-Stargordt, Der ostdeutsche Landbau zwischen Fortschritt, Krise und Politik. Würzburg 1957, S. 36–38, hier S. 37.

13 Ebd.

14 Brief Hindeburgs, 18.3. 1930, an Müller, zit. n. Dieter Hertz-Eichenrode, Politik und Landwirtschaft in Ostpreußen 1919–1930. Köln, Opladen 1969, S. 334.

15 Brüning v. d. Reichstag, 1.4. 1930, in: Verhandlungen des Reichstags, IV. Wahlperiode 1928. Sten. Ber., Bd. 427, S. 4730.

16 Niederschr. üb. eine Bespr. von Vertretern des Reichsverbandes der Deutschen Industrie mit Repräsentanten der Landwirtschaft, 1.3. 1930, in: Politik und Wirtschaft in der Krise 1930–1932. Düsseldorf 1980, S. 67–71, hier S. 67.

17 Aufz. üb. d. Parteivorstandssitzung der DNVP, 25.4. 1930, ebd., S. 138–149, hier S. 138.

18 Ebd., S. 139.

19 Brief Hugenbergs, 3.4. 1930, an Hitler, ebd., S. 114–116, hier S. 115.

20 Niederschr. üb. eine Vorstandssitzung der DNVP, 24.7. 1930, ebd., S. 314–324, hier S. 318.

21 Brief Gayls, 24.5. 1932, an Hindenburg, ebd., S. 1486–1487, hier S. 1487.

22 Entschließung v. 24.5. 1932. BA (Bundesarchiv) R 43/I 1289.

23 Vgl. Heinrich Muth. Agrarpolitik und Parteipolitik im Frühjahr 1932, in: Staat, Wirtschaft und Politik i. d. Weimarer Republik. Festschr. Brüning. Berlin 1967, S. 360.

24 Vgl. dazu *Otto Meissner,* Staatssekretär unter Ebert – Hindenburg – Hitler. Hamburg 1950, S. 222–225.

25 Gustav Stolper, Deutsche Wirtschaft seit 1870, fortgeführt v. Karl Häuser/Knut Borchardt. Tübingen 1966³, S. 131.

26 Tagebuchaufz. Karl Passarges, Reg.Rat b. Reichskommissar f. Osthilfe, 30.5. 1932, in: Politik und Wirtschaft, S. 1506–1508, hier S. 1506.

27 Rede d. Vors. d. Deutschen Staatspartei u. Reichsfinanzministers Hermann Dietrich, 12.6. 1932, v. d. Gesamtvorstand seiner Partei, ebd., S. 1533–1537, hier S. 1535.

28 Walter Görlitz, Hindenburg – Ein Lebensbild. Bonn 1953, S. 374.

29 Hellmuth v. Gerlach, Papens agrarischer Ständestaat, in: Die Weltbühne 28.1932.2, S. 492–495, hier S. 493.

30 Rundfunkrede Schleichers, 26.7. 1932, in: Schulthess' Europäischer Geschichtskalender 73.1932, S. 128–131, hier S. 131.
31 Brief d. Chefs d. Stabes 2. Division Wehrkreiskommando II, Stettin, üb. Eindrücke d. Besichtigung d. Grenzgebiete, 24.5. 1928, an v. Schleicher. BA-MA NL v. Schleicher N 42/54.
32 Brief Schleichers, 18.3. 1930, an St.Sekr. *Otto Meissner* i. Büro d. Reichspräsidenten. Ebd.
33 Brief v. Schleichers, 24.2. 1931, an Brüning. Ebd.
34 Brief Gen.Maj. a. D. *Albrecht v. Thaer,* 13.3. 1930, an v. Schleicher. In: Politik und Wirtschaft, S. 92–94, hier S. 93.
35 Rundfunkrede v. Schleichers, 15.12. 1932, in: Das Kabinett von Schleicher. Boppard a. Rh. 1986, S. 101–117, hier S. 104.
36 Zeitungsdienst des Reichsland-Bundes, zit. n. Ostland 14.1933, S. 7.
37 Vgl. Aufz. d. Sitzung d. Ausschusses d. Reichsregierung f. ländliche Siedlung, 31.12. 1932, in: Das Kabinett v. Schleicher, S. 170–175.
38 Erwin Topf, Die grüne Front. Der Kampf um den deutschen Acker. Berlin 1933, S. 291.
39 Meissner, Staatssekretär, S. 265. „Allgemein kann ich ... sagen, daß mein Versuch der Einflußnahme auf *Hindenburg* getreu meiner alten Linie auf eine Beseitigung des Parlamentarismus und Herstellung einer Diktatur (sic!) abzielte". Elard v. Oldenburg-Januschau, Erinnerungen. Leipzig 1936, S. 218. Vgl. auch Albert Schreiner, Die Eingabe deutscher Finanzmagnaten, Monopolisten und Junker an Hindenburg für die Berufung Hitlers zum Reichskanzler (November 1932), in: Zeitschrift für Geschichtswissenschaft (ZfG) 4.1956, S. 366–369, die auch der Präs. d. RLB, *Graf Kalckreuth,* unterschrieben hatte.
40 Verhandlungen des Reichstags, VIII. Wahlperiode 1933, Bd. 457, Anl. Nr. 20.
41 Niederschr. Eulenburg-Hertefelds üb. d. Gespräch v. 24.1. 1931, zit. n. Kurt Pätzold/Manfred Weißbecker, Geschichte der NSDAP 1920–1945. Köln 1981, S. 144.
42 Ausz. aus d. vorher schriftlich niedergelegten, vor *Hitler* mündlich gemachten Ausführungen, 27.4. 1933, in: Die Regierung Hitler I, Boppard a. Rh. 1983, S. 398–399, hier S. 399 Anm. 3.
43 v. Rohr-Demmin, Beitrag zur Deutschen Agrarpolitik. Unveröffentl. Denkschrift 1934. BA Kleine Erwerbungen, Nr. 404, S. 69 (79).
44 Ausz. aus d. Vortragsmanuskript d. Vorstandsvorsitzenden d. Deutschen Reichskreditgesellschaft, O. Chr. Fischer, am 27.4. 1933 *Hitler* übermittelt, in: Die Regierung Hitler I, S. 389, Anm. 6.
45 Verm. üb. d. Empfang v. Vertr. Ostdeutschlands d. d. Herrn Reichskanzler am 26.4. 1933. BA R 43 II/125.
46 Die Angst der Polen: Hitler bedeutet die Revision, in: Ostland, 14.1933.8, S. 71.
47 So d. Vorsitzende d. Alldeutschen Verbandes, Heinrich Claß, 1913,

zit. n. Karl Moersch, Kräfte, Tendenzen, Strömungen in Großindustrie und Großgrundbesitz, in: Oswald Hirschfeld (Hrsg.). Auf dem Weg ins Dritte Reich. Bonn 1981, S. 85–107, hier S. 87.

48 Vgl. dazu Gerhard Schulz, Staatliche Stützungsmaßnahmen in den deutschen Ostgebieten, in: Staat, Wirtschaft und Politik in der Weimarer Republik. Berlin 1967, S. 141–204, hier S. 158–159.

49 Verhandlungen des Reichstags, IV. Wahlperiode 1928, Sten. Ber., Bd. 428, S. 6343/44.

50 Berliner Börsenzeitung, Nr. 139, 23. 3. 1930, zit. n. Bruno Buchta, Die Junker und die Weimarer Republik. Berlin-O. 1959, S. 87.

51 Verhandlungen des Reichstags, V. Wahlperiode 1930, Sten. Ber., Bd. 445, 25. 3. 1931, S. 1968.

52 Aufr. d. Stahlhelm-Landesverbandes Brandenburg, 2. 9. 1928, zit. n. Wette, Ideologien, Propaganda und Innenpolitik als Voraussetzungen der Kriegspolitik des Dritten Reiches, in: Ursachen und Voraussetzungen der deutschen Kriegspolitik. Das Deutsche Reich und der Zweite Weltkrieg, Bd. I, Stuttgart 1979, S. 25–173, hier S. 41.

53 Hugenbergs weltwirtschaftliches Programm. Deutschnationale Flugschrift Nr. 352. BA NL Hugenberg Nr. 87.

54 Rede v. Freytagh-Loringhoven, 25. 6. 1932, vor d. Reichsführertagung d. DNVP, zit. n. Wette, Ideologien, S. 46.

55 Adolf Hitler, Mein Kampf. München 1939[390–394], S. 736.

56 Ebd., S. 741.

57 Aufz. Friedr. Svend Eulenberg-Hertefelds üb. ein Gespräch mit Hitler, 24. 1. 1931, zit. n. Pätzold/Weißbecker, NSDAP, S. 144.

58 Ostland 14.1933, S. 91.

59 RLB 13, 4. 2. 1933, S. 41.

60 Ausz. aus d. Manuskript Fischer, Hitler vorgetr. b. einem Empfang v. Vertretern Ostdeutschlands, 26. 4. 1933, in: Die Regierung Hitler I, S. 389, Anm. 6.

61 Ebd.

62 Verm. üb. d. Empfang einer Abordnung d. Reichsgrundbesitzer-Verbandes, 27. 4. 1933, b. Hitler. Ebd., S. 398–400, hier S. 399.

63 Streng vertr. Denkschrift d. stellvertr. DNVP-Vors. u. Rittergutsbesitzers Schlange-Schöningen, 19. 5. 1924, an Hugenberg, zit. n. Wette, Ideologien, S. 44.

64 Aufz. üb. eine Chefbesprechung, 5. 7. 1933, in: Die Regierung Hitler I, S. 618–626, hier S. 619, 621, 622.

65 Hugenberg-Memorandum, Juni 1933, in: Akten zur Deutschen Auswärtigen Politik C, Bd. I,2, S. 557–562, hier S. 561.

66 Frhr. v. Gayl, Der politische und wirtschaftliche Kampf um Ostpreußen seit dem Ende des 19. Jahrhunderts. Leipzig 1934, S. 26.

67 Ebd., S. 25.

68 Berliner Lokal-Anzeiger, 13. 8. 1939. BA Nachlaß v. Gayl Nr. 14.

69 Ebd., 1. 9. 1939.

70 Mit Schwert und Feder! BA Nachlaß v. Gayl Nr. 2.
71 Vorentwürfe u. einzelne Aufz. üb. Politiker usw. BA Nachlaß v. Gayl Nr. 4.
72 Der Prozeß gegen die Hauptkriegsverbrecher vor dem Internationalen Militärgerichtshof, Bd. 36, Dokument 126-EC, S. 135–157, hier S. 145.
73 Brief Hugenbergs, 16. 4. 1933, an Hitler. BA R 43 II/368 a. An dem in Genf tagenden, die Weltwirtschaftskonferenz vorbereitenden Sachverständigenausschuß hatte der RLB bereits gerügt, daß er weiterhin von der Vorstellung der Restitution des Weltmarktes ausging: „Eines jedenfalls ist klar: wer die veröffentlichten weltwirtschaftlichen Gedankenreihen ausgiebig auf sich wirken läßt, wird in seinem nationalwirtschaftlichen Denken nur noch gefestigt. Der Traum einer von außen kommenden Rettung zerrinnt auch hier. Als kategorischer Imperativ bleibt die nationale Selbsthilfe". Weltwirtschaft und Nationalwirtschaft, in: RLB 13. 4. 3. 1933, S. 119–120, hier S. 120.
74 Obwurzer, Selbstversorgung (Autarkie) im Dritten Reich. Berlin 1933, S. 87.
75 W. Daitz, Außenhandel und Ostraumpolitik, in: Nationalsozialistischer Wirtschaftsdienst 13, 27. 5. 1932, S. 2 f., zit. n. Teichert, Autarkie, S. 222.
76 Hunke, Die Lage, in: Die deutsche Volkswirtschaft 3.1934, S. 481–482, hier S. 482.
77 Alfred Pfaff, Der Wirtschaftsaufbau im Dritten Reich. München 1932, S. 10.
78 Vgl. Hans-Erich-Volkmann, Das außenwirtschaftliche Programm der NSDAP 1930–1933, in: Archiv für Sozialgeschichte 17.1977, S. 251–274.
79 So der 1. Vors. des Alldeutschen Verbandes, Claß, zit. n. Moersch, Kräfte, S. 87.
80 RLB 5.1925, S. 965.
81 Neumann, „Autarkie", in: Der Deutschen-Spiegel (Konservativ-reaktionär u. auch großagrarisch orientiert) 3.1926, S. 413–415, hier S. 415.
82 Entschl. d. Bundesvorstandes d. RLB, 12. 10. 1932, in: Reichs-Landbund (RLB) 12.1932, S. 465 f.
83 Boetticher, Das Problem der handelspolitischen Neuordnung Mitteleuropas, in: RLB 10.1930, S. 387 f.
84 Referentenentwurf, 10. 6. 1932, zit. n. Das Kabinett Papen. Boppard a. Rh. 1988, S. 72/73, Anm. 2. D. Manu wurde mir freundlicherweise v. Bearb. vor d. Veröff. z. Verf. gestellt.
85 Vgl. dazu Teichert, Autarkie, S. 105.
86 Wilhelm Gürge; Wilhelm Grotkopp (Hrsg.), Großraumwirtschaft. Berlin 1931, Geleitwort, S. 8.
87 Rundschr. d. deutschen Gruppe d. MWT, 31. 3. 1931, zit. n. Ros-

witha Berndt, Wirtschaftliche Mitteleuropapläne des deutschen Imperialismus (1926–1931), in: Wiss. Zeitschrift d. Martin-Luther-Univ. Halle-Wittenberg, Gesell.- u. Sprachwiss. Reihe 14.1965, S. 227–236, hier S. 233.

88 Tilo Frhr. v. Wilmowsky, Rückblickend möchte ich sagen . . . Oldenburg, Hamburg 1961, S. 189–190.

89 Max Hahn, Autarkie oder Raumwirtschaft? in: Volk und Reich 8.1932, S. 129–134, hier S. 133/134.

90 Boetticher, Problem handelspolitischer Neuordnung, in: RLB 10.1930, S. 387 f.

91 Jahresbericht von 1930, in: Archiv des Deutschen Landwirtschaftsrates 49.1931, S. 262.

92 Vgl. z. B. Hermann Schneider (M. d. R., Rittergutspächter), Unser täglich Brot. Lebensfragen der deutschen Landwirtschaft. NS-Bibliothek 19, München 1931[2]; Johann Dorner (Landwirt), Bauernstand und Nationalsozialismus. NS-Bibl. 15, München 1931[3].

93 Karl Poppe (landwirtsch. Gaufachberater Weser-Ems d. NSDAP, stellv. Präs. d. Landwirtschaftskammer Oldenburg), in seinem Geleitwort zu Walther v. Schwichow (prom. Dipl.-Landwirt, landwirtsch. Berater d. NSDAP), Der Bauer von Morgen. Gedenken über die deutsche Landwirtschaft im dritten Reich. Bremen 1932.

94 Bruno Tanzmann, Die Sendung der deutschen Jugend, in: Deutsche Bauernhochschule 3.1923, zit. n. Friedrich Grundmann, Agrarpolitik im Dritten Reich. Hamburg 1979, S. 22.

95 Vgl. dazu Hans-Erich Volkmann, Zur Ansiedlung der Deutsch-Balten im „Warthegau", in: Zeitschrift für Ostforschung 38.1981, S. 527–558.

96 Keup (Vorstandsmitglied d. GFK), Die Notwendigkeit der Gewinnung neuen Siedlungslandes, in: Bauernland im Osten. Berlin 1915, S. 10–19, hier S. 14; 15.

97 Ber. Nr. 3 d. Landesstelle Ostpreußen f. Nachkriegsgeschichte üb. „Die Frage der Grenzsicherung des preußischen Staates im Osten (1940). Verf. v. Gayl. BA Nachlaß v. Gayl, Nr. 15.

98 Schreiben Graf Kalckreuths, 24. 4. 1933, an Hitler. BA NL Hugenberg, Nr. 37.

99 Werner Willikens, Nationalsozialismus und Landvolk, in: Nationalsozialistisches Jahrbuch 1929, S. 192–199, hier S. 193.

100 Parteiamtliche Kundgebung über die Stellung der NSDAP zum Landvolk. München, März 1930, in: Schneider, Unser täglich Brot, S. 26–32, hier S. 30.

101 Dorner, Bauernstand, S. 30.

102 Entwurf, 15. 8. 1930, zu einem Plan für das Arbeitsgebiet einer agrarpolitischen Abteilung bei der NSDAP, zit. n. Gies, Darré, S. 41.

103 Weisung a. d. Redner d. Abt. Ostland i. Agrarpolit. Apparat, zit. n. Edgar v. Schmidt-Pauli, Die Männer um Hitler. Berlin 1932, S. 151.

104 Entwurf, 15. 8. 1930. BA NL Darré II/46.
105 Zur Wiedergeburt des Bauerntums, 1. 7. 1931, in: Richard Walther Darré, Um Blut und Boden. Reden und Aufsätze. München 1940, S. 66.
106 Brief Darrés, Jan. 1933, an v. Schleicher. BA R 43 II/192.
107 Zit. n. A. Barkai, Das Wirtschaftssystem des Nationalsozialismus ... 1933–1936. Köln 1977, S. 57, Anm.
108 Völkischer Beobachter, 7. 12. 1934, zit. n. Bernhard Braun, Die Autarkiebestrebungen Deutschlands. Diss. Nürnberg 1939, S. 10.
109 R. Walther Darré, Das Ziel, in: Hermann Reischle (Hrsg.), Deutsche Agrarpolitik. Berlin 1934, S. 7–21, hier S. 11; 12.
110 Werner Willikens, Nationalsozialistische Agrarpolitik. München 1931, S. 46.
111 Keup, Die Notwendigkeit der Gewinnung neuen Siedlungslandes, in: Bauernland im Osten. Berlin 1915, S. 10–19, hier S. 11; 12.
112 Ebd., S. 12/13.
113 Vgl. dessen Schrift üb. Die Großraumidee in der Vergangenheit und als tragender politischer Gedanke unserer Zeit. Breslau 1941.
114 Der Neue Brockhaus, Bd. 3. Leipzig 1941, S. 775.
115 Zit. n. Heinz Haushofer, Ideengeschichte der Agrarwirtschaft und Agrarpolitik im deutschen Sprachgebiet, Bd. II. München, Bonn, Wien 1958, S. 317.
116 Pommersche Landpost, 16. 1. 1932, zit. n. Klaus-Dieter Hoeft, Die Agrarpolitik des deutschen Faschismus als Mittel zur Vorbereitung des Zweiten Weltkrieges, in: ZfG 7.1959, S. 1205–1230, hier S. 1216.
117 Grüne Wochenschau des RLB, 29. 4. 1933. BA NL Wegener Nr. 35.
118 Ebd., 22. 4. 1933.
119 Obermeyer, Bauernvereinsbewegung und Nationalsozialismus, in: Der Bauernstand 1933, S. 201–205, hier S. 203, zit. n. Klaus Müller, Agrarische Interessenverbände in der Weimarer Republik, in: Rheinische Vierteljahrsblätter 38.1974, S. 386–405, hier S. 404.
120 Brief d. kath. Theologen und Publizisten Konrad Algermissen, 31. 3. 1933, an Adolf Kardinal Bertram, zit. n. Hans Müller, Katholische Kirche und Nationalsozialismus. München 1963, S. 84/85.
121 Hans Bürger, Die landwirtschaftliche Interessenvertretung in der Zeit von 1933 bis zur Gegenwart ... Diss. Erlangen 1966, S. 38 ff., hier S. 50.
122 Hans Schlange-Schöningen, Acker und Arbeit. Oldenburg i. O. 1932, S. 59/60.
123 Erkl. v. St.Sekr. Backe, 6. 2. 1943, zit. n. Wilhelm Herferth, Der faschistische „Reichsnährstand" und die Stellung seiner Funktionäre im Bonner Staat, in: ZfG 10.1962; S. 1046–1076, hier S. 1054.
124 Max Schönberg, Reichsbauerntag, Vierjahresplan und Wissenschaft, in: Der Forschungsdienst, Bd. 3.1937, S. 61–69, hier S. 62.
125 G. Franz, Der deutsche Bauernkrieg (1), in: Der Forschungsdienst 1.1936, S. 22–25, hier S. 24.

126 Warlimont, Volk und Wehrwirtschaft, in: Volk und Wehrkraft. Jahrbuch der Deutschen Gesellschaft für Wehrpolitik und Wehrwissenschaften 1936, S. 26–40, hier S. 35/36.

127 Wolfgang Muff, Wirtschaftsstruktur und Landesverteidigung, in: Deutsche Agrarpolitik im Rahmen der inneren und äußeren Wirtschaftspolitik, T. 4. Gutachten. Oeynhausen 1933, Nr. VII, S. 9.

128 Hermann Bente, Zur Problematik eines Systems der deutschen Außenhandelspolitik. Ebd., Nr. XVII, S. 2.

129 Friedrich Aereboe, Der Einfluß des Krieges auf die landwirtschaftliche Produktion in Deutschland. Stuttgart 1927, hier vor allem S. 205.

130 August Skalweit, Deutsche Kriegsernährungswirtschaft. Stuttgart 1922, S. 5, zit. n. Martin Kutz, Kriegserfahrung und Kriegsvorbereitung. Die agrarwirtschaftliche Vorbereitung des Zweiten Weltkrieges in Deutschland vor dem Hintergrund der Weltkrieg I-Erfahrung, in: Zeitschrift für Agrargeschichte und Agrarsoziologie 32.1984, S. 59–82, hier S. 73.

131 Walter Hahn; Gemeinschaftsarbeit der Ernährungswirtschaftlichen Forschungsstelle Berlin, Der Ernährungskrieg. Grundsätzliches und Geschichtliches. Hamburg 1939, S. 67.

132 Vgl. dazu u. a. Dr. F(lorian) Lorz (Stabsleiter im Stabsamt des Reichsbauernführers), Kriegsernährungswirtschaft und Nahrungsmittelversorgung vom Weltkrieg bis heute. Hannover 1938.

133 v. Schwichow (vgl. Anm. 93), Die Ernährungswirtschaft als Wehrproblem, in: Deutsche Wehr 39.1935, S. 257–260.

134 Hans Fuhrmann, Die Versorgung der deutschen Landwirtschaft mit Arbeitskräften im Weltkriege. Diss. Würzburg 1937, S. 85.

135 Beispielhaft Diplomlandwirt Dr. Hans von der Decken (Institut für Konjunkturforschung, Berlin), Deutschlands Versorgung mit landwirtschaftlichen Erzeugnissen unter besonderer Berücksichtigung der Auslandsabhängigkeit. Berlin 1935; derselbe, Entwicklung der Selbstversorgung Deutschlands mit landwirtschaftlichen Erzeugnissen. Berlin 1938.

136 Goslar 1937.

137 Peter von Wriechen, Deutschlands Brotgetreideversorgung im Blockadefall. Diss. Berlin 1937. C. v. Dietze, wie eigentlich alle Agrarwissenschaftler kein überzeugter Marktwirtschaftler, brachte der nationalorientierten Agrarpolitik des NS-Regimes durchaus Sympathien entgegen. Gleichwohl zählte er als einer der wenigen seiner Zunft politisch nicht zu den NSDAP-Anhängern. Zwar stammt eine der ersten Darstellungen nationalsozialistischer agrarpolitischer Maßnahmen und Leistungen aus seiner Feder, doch ließ sie jegliches ideologisches Beiwerk vermissen. Gemeint ist sein Aufsatz: Agrarpolitik im Deutschen Reich Anfang 1933 bis Mitte 1934, in: Jahrbücher für Nationalökonomie und Statistik, Bd. 140.1934, S. 427–459).

138 Kommentar, in: Der Forschungsdienst Bd. 3.1937.6, Schrifttums-Nachweis B 2, S. 129.

139 Konrad Meyer, Drei Jahre Forschungsdienst, in: Forschung für Volk und Nahrungsfreiheit. Berlin 1938, S. 1–8, hier S. 8.

140 Vgl. Schönberg, Reichsbauerntag, S. 64.

141 Richard Wagner, Die Ernährungssicherung im Kriege, in: Wissen und Wehr 19.1938, S. 708–719, hier S. 719.

142 Hans von der Decken, Der Nahrungsraum Großdeutschlands. Die neue Ernährungslage nach Eingliederung der deutschen Gebiete in der Tschechoslowakei, in: Die Ernährung, Bd. 3.1938, S. 309–316.

143 Vorspann zu: Der Forschungsdienst, Bd. 5.1938.7.

144 Vgl. Hans von der Decken; Hans-Jürgen Metzdorf, Die ernährungs-wirtschaftliche Bedeutung des Protektorats Böhmen und Mähren und des Memellandes. Leipzig 1939.

145 Vortrag von T. Frhr. v. Wilmowsky über: Entstehung, Entwicklung und Arbeit des Mitteleuropäischen Wirtschaftstages, Nov. 1938, zit. n. Griff nach Südosteuropa. Neue Dokumente über die Politik des deutschen Imperialismus und Militarismus gegenüber Südosteuropa im zweiten Weltkrieg. Berlin-O. 1973, S. 26.

146 Diss. von Otto-Hermann Gaebel, Berlin 1936.

147 Ebd., S. 2.

148 Vgl. Michael Riemenschneider, Die deutsche Wirtschaftspolitik ge-genüber Ungarn 1933–1944. Ein Beitrag zur Interdependenz von Wirtschaft und Politik unter dem Nationalsozialismus. Diss. Mainz 1984, Frankfurt/M. 1987.

149 Konrad Meyer, Unsere Aufgabe, in: Der Forschungsdienst Bd. 8.1939, S. 463–467, hier S. 463.

150 So Prof. Ernst Wagemann (Direktor des Deutschen Instituts für Wirtschaftsforschung) in seinem Vorwort zu Hans von der Decken; Hans-Jürgen Metzdorf, Europas Ernährungswirtschaft. Hamburg 1943.

151 Meyer, Unsere Aufgabe, S. 464.

152 Hans Steinberger, Wirtschaft, Raum und Wehrmacht, in: Deutsche Wehr 6.1933, S. 484–485, hier S. 485.

153 Fritz Fischer, Bündnis der Eliten. Düsseldorf 1979, S. 93.

154 Grüne Wochenschau d. RLB, 22. 4. 1933. BA NL Wegener Nr. 35.

Die Autoren

Martin Broszat, geb. 1926 in Leipzig; Studium der Geschichte, Philosophie, Germanistik, Anglistik in Leipzig und Köln 1946–1952; seit 1956 Mitarbeiter und seit 1972 Direktor des Instituts für Zeitgeschichte, Honorarprofessor an der Universität München; zahlreiche Veröffentlichungen in Buchform, Aufsätzen und Beiträgen zu Sammelbänden in bezug auf die Vorgeschichte und Geschichte des Nationalsozialismus; thematisch am meisten berührend mit dem Beitrag in diesem Sammelband „Der Nationalsozialismus. Weltanschauung, Programm und Wirklichkeit", Stuttgart 1960; „Der Staat Hitlers", München 1969, und „Die Machtergreifung. Der Aufstieg der NSDAP und die Zerstörung der Weimarer Republik", München 1984.

Ludolf Herbst, geb. 1943, studierte Geschichte, Germanistik, Philosophie und Politikwissenschaft an der Universität Göttingen, wurde dort 1973 mit einer Arbeit über „Die Verfolgung der Ersten Internationale durch die Großmächte während der Bismarckzeit" (Göttingen 1975) promoviert und habilitierte sich 1981 mit der Studie „Der Totale Krieg und die Ordnung der Wirtschaft. Die Kriegswirtschaft im Spannungsfeld von Politik, Ideologie und Propaganda 1939–1945" (Stuttgart 1982). Er ist stellvertretender Direktor des Instituts für Zeitgeschichte und Honorarprofessor an der Universität München. Hauptarbeitsgebiete: Geschichte der Zwischenkriegszeit und des Nationalsozialismus; Internationale Beziehungen nach dem Zweiten Weltkrieg. Neuere Publikationen: (Hrsg.), Westdeutschland 1945–1955, München 1986; Option für den Westen. Vom Marshallplan zum deutsch-französischen Vertrag, München 1989; (Hrsg.) zusammen mit Constantin Goschler, Wiedergutmachung in der Bundesrepublik Deutschland, München 1989.

Heinz Hürten, geb. 1928 in Düsseldorf. Studium an der Universität Münster. 1970 Habilitation an der Universität Bonn. Langjähriger Mitarbeiter am Militärgeschichtlichen Forschungsamt, Freiburg i. Br. Seit 1977 ord. Professor für Neuere und Neueste Geschichte an der Katholischen Universität Eichstätt. Hauptwerke: (Hrsg.) Deutsche Briefe 1934–1938. Ein Blatt der katholischen Emigration. Mainz 1969. Reichswehr und Ausnahmezustand. Ein Beitrag zur Verfassungsproblematik der Weimarer Republik. Opladen 1977. (Hrsg.) Militär und Innenpolitik 1918–1924. Düsseldorf 1977–1980. Friedenssicherung und Abrüstung. Graz 1983. Kurze Geschichte des deutschen Katholizismus 1800–1960. Mainz 1985. Verfolgung, Widerstand und Zeugnis. Kirche im Nationalsozialismus. Main 1987.

Peter Krüger, geb. 1935, o. Professor für Neuere Geschichte (Lehrstuhl II, 19. und 20. Jahrhundert) an der Philipps-Universität Marburg; Hauptarbeitsgebiete: die Geschichte der internationalen Beziehungen und Verfassungsgeschichte im 19. und 20. Jahrhundert; Veröffentlichungen zum Thema: Die Außenpolitik der Republik von Weimar (Darmstadt 1985); Versailles – Deutsche Außenpolitik zwischen Revisionismus und Friedenssicherung (München 1986); Untersuchungen zur Struktur und Entwicklung des deutschen auswärtigen Dienstes sowie zur deutschen Außenpolitik 1918–1945.

Klaus-Jürgen Müller, geb. 1930 in Hamburg, o. Professor für Neuere Geschichte an der Universität der Bundeswehr Hamburg, Professor an der Universität Hamburg. Veröffentlichungen u. a. Das Heer und Hitler (1969); General Ludwig Beck (1980); Militär, Politik und Gesellschaft in Deutschland (1979; 3. Aufl. 1981; engl. Ausgabe 1987); Armee und Drittes Reich 1933–1939 (2. Aufl. 1989); Das Ende der Entente Cordiale (1956).

Klaus Schwabe, o. Prof. für Neuere Geschichte an der RWTH Aachen, geb. 1932. Studium an den Universitäten Erlangen, FU Berlin, Oxford, Ohio, USA, Freiburg. Dort Promotion (1958) und Habilitation (1969). 1972–1980 o. Prof. für Mittlere und Neuere Geschichte m. bes. Berücksichtigung der anglo-amerikanischen Geschichte an der Universität Frankfurt, seit 1980 an der RWTH Aachen. Publikationen: Wissenschaft und Kriegsmoral. Die deutschen Hochschullehrer und die Grundfragen des Ersten Weltkrieges, Göttingen 1969; Deutsche Revolution und Wilson-Frieden. Die amerikanische und die deutsche Friedensstrategie 1918/19 zwischen Machtpolitik und Ideologie. Düsseldorf 1971; Gerhard Ritter. Ein politischer Historiker in seinen Briefen. Boppard 1984 (zus. mit Rolf Reichardt); Woodrow Wilson, Revolutionary Germany, and Peacemaking. Chapel Hill 1985. – Hg.: Die Ruhrkrise 1923, Paderborn 1984; Deutsche Hochschullehrer als Elite 1815–1945, Boppard 1988; The Beginnings of the Schuman Plan, Baden Baden 1988.

Hans-Erich Volkmann, geb. 1938, Prom. 1963 mit „Die russ. Emigration: Deutschland 1919–1929" (Würzburg 1966), Habilit. 1971 mit „Die deutsche Baltikumpolitik zw. Brest-Litovsk u. Compiègne (Köln, Wien 1970). Leitender Wissenschaftlicher Direktor am Militärgeschichtlichen Forschungsamt und Professor für Neuere und Neueste Geschichte an der Universität Freiburg. Veröffentlichungen u. a. Außenhandel und Aufrüstung in Deutschland 1933–1939. In: F. Forstmeier/H.-E. Volkmann (Hrsg.): Wirtschaft und Rüstung am Vorabend des Zweiten Weltkrieges.

Düsseldorf 1975, S. 81–131. Politik, Wirtschaft und Aufrüstung unter dem Nationalsozialismus. In: M. Funke (Hrsg.): Hitler, Deutschland und die Mächte. Düsseldorf 1976, S. 269–291. Ökonomie und Machtpolitik. Lettland und Estland im politisch-ökonomischen Kalkül des Dritten Reiches (1933–1940). In: Geschichte und Gesellschaft 2. 1976, S. 471–500. Die NS-Wirtschaft in Vorbereitung des Krieges. In: Das Deutsche Reich und der Zweite Weltkrieg, Bd. 1, Stuttgart 1979, S. 177–368, durchgesehene u. ergänzte Ausgabe als Fischer-Taschenbuch, Frankf./M. 1989, S. 209.

Buchanzeigen

Zur Herrschaft des Nationalsozialismus

Martin Broszat/Horst Möller (Hrsg)
Das Dritte Reich
Herrschaftsstruktur und Geschichte
2. verbess. Auflage 1985.
287 Seiten. Paperback
(Beck'sche Reihe Band 280)

Peter Longerich
Die braunen Bataillone
Geschichte der SA
1989. 285 Seiten. Gebunden.

Helmut Altrichter/Josef Becker
Kriegsausbruch 1939
Beteiligte, Betroffene, Neutrale
1989. Etwa 240 Seiten. Paperback
(Beck'sche Reihe Band 393)

Bernd Rüthers
Entartetes Recht
Rechtslehren und Kronjuristen im Dritten Reich
2. verbess. Auflage 1989. 230 Seiten. Broschiert.

Norbert Frei/Johannes Schmitz
Journalismus im Dritten Reich
1989. 224 Seiten. Paperback
(Beck'sche Reihe Band 376)

Europäische Literatur gegen den Faschismus 1922–1945
Hrsg. Thomas Bremer. 1986.
256 Seiten. Paperback
(Beck'sche Reihe Band 315)

Verlag C. H. Beck München

Widerstand und Verfolgung

Ger van Roon
Widerstand im Dritten Reich
Ein Überblick
4. erweiterte Auflage 1987.
272 Seiten. Paperback
(Beck'sche Reihe Band 191)

Helmuth James von Moltke
Briefe an Freya 1939–1945
Hrsg. von Beate Ruhm von Oppen
1988. 632 Seiten mit 10 Abb.
und 1 Faksimile. Leinen.

Wolfgang Benz (Hrsg)
Die Juden in Deutschland 1933–1945
Leben unter nationalsozialistischer Herrschaft
2. unveränderte Auflage 1989. 779 Seiten. Gebunden.

Else R. Behrend-Rosenfeld
Ich stand nicht allein
Eine Jüdin in Deutschland 1933–1944
Mit einem Nachwort von Marita Kraus
1988. 280 Seiten. Paperback
(Beck'sche Reihe Band 351)

Christabel Bielenberg
Als ich Deutsche war 1934–1945
Eine Engländerin erzählt
Nachdruck 1988 der 5. Aufl. der
Originalausgabe. 320 Seiten. Paperback
(Beck'sche Reihe Band 326)

Adam Czerniakow
Im Warschauer Getto
Tagebuch des Adam Czerniakow 1939–1942
1986. XXVI, 303 Seiten. Gebunden.

Verlag C. H. Beck München